同济大学学术专著(自然科学类)出版基金项目

轨道交通联合开发实施机制研究

潘海啸　王　蕾　著

同济大学出版社
TONGJI UNIVERSITY PRESS

内 容 提 要

本书首先在对美国及国内一些学者对轨道交通联合开发的相关定义基础之上，结合相关理论，分析了美国、加拿大、中国香港、中国台湾等国家和地区的城市轨道交通联合开发实践经验。随后，构建起联合开发实施框架——联合开发的实施机制。最后，结合国内城市联合开发实例进一步验证联合开发的实施要素和实施框架，并提出相应的构建合作机制，即：在实施过程中，政府、轨道交通机构、开发商三者需要形成良好合作关系，从主体联合要素、空间联合要素及资金联合要素三方面完全联合，充分发挥站点地区价值，同时也需要创造外部制度环境，即作为城市开发的管理者，政府需要通过体现信息共享和激励相容的机制设计促进和保障联合开发的顺利实施，包括规划管理、土地管理方面改进以及在机构组织、政策支持、法律完善等方面促进和保障联合开发的顺利实施。本书主要读者对象为城市开发的建设者和管理者，特别是对于涉及轨道交通建设相关的城市开发具有重要的参考价值。

图书在版编目(CIP)数据

轨道交通联合开发实施机制研究 / 潘海啸，王蕾著
. —上海：同济大学出版社，2019.7
ISBN 978-7-5608-8605-3

Ⅰ. ①轨… Ⅱ. ①潘… ②王… Ⅲ. ①城市铁路—轨道交通—交通运输管理—研究 Ⅳ. ①U239.5

中国版本图书馆 CIP 数据核字(2019)第 132488 号

同济大学学术专著(自然科学类)出版基金项目

轨道交通联合开发实施机制研究

潘海啸　王　蕾　著

责任编辑 陆克丽霞　胡晗欣　**责任校对** 徐春莲　**封面设计** 陈益平

出版发行　同济大学出版社　www.tongjipress.com.cn
(地址：上海市四平路 1239 号　邮编：200092　电话：021-65985622)
经　　销　全国各地新华书店、建筑书店、网络书店
印　　刷　常熟市大宏印刷有限公司
开　　本　787 mm×1092 mm　1/16
印　　张　15.5
字　　数　387 000
版　　次　2019 年 7 月第 1 版　2019 年 7 月第 1 次印刷
书　　号　ISBN 978-7-5608-8605-3

定　　价　80.00 元

前　　言

随着我国经济持续高速发展，人们的收入水平不断提高，私人小汽车数量迅猛增长，相应的交通、环境、能源问题不断涌现。特别是大城市，道路拥挤、交通堵塞已成为出行者心里挥之不去的“阴霾”。与此同时，随着城市规模不断扩张，常规公交已经不能满足日常出行需求，此时就需要选择适合大城市高强度土地开发模式的大运量公共交通。已有研究普遍认为，轨道交通是改善城市交通状况的重要途径，是未来大城市交通的发展方向，也是城市可持续发展的必然选择。现阶段，轨道交通作为解决城市交通问题的主要手段已逐渐成为我国各大城市发展的关注点，但现实中仍存在不少问题，一方面，如何实现轨道交通和城市空间之间的有效整合，促进轨道交通沿线用地的充分利用，仍是城市可持续发展的现实问题；另一方面，轨道交通大规模的建设始终存在建设资金缺口以及运营亏损等经济与财政方面的压力，如何有效实现外部效益内部化，实现轨道交通建设的经济与财政可持续发展，仍是一个需要积极探索的问题。

在此背景下，一方面，以轨道交通站点与周边地区的联合开发作为筹措建设资金、弥补运营亏损的方式之一，在国内外城市实践中已有许多成功案例。另一方面，以轨道交通站点与周边地区的联合开发作为实现公共交通与土地利用的整合方式，并作为满足多方利益主体需求的一种途径也已逐步获得认可。但由于种种原因，我国城市轨道交通联合开发仍需改进提高。广州、深圳、上海等城市虽有相关探索与实践，但仅为个别站点或单条线路的零星探索，包括车站和车辆段上盖物业开发、沿线地块开发等。而对于整个轨道交通建设运营以及城市开发所起到的作用有待提高。此外，尽管国内各地正进入如火如荼的轨道交通建设期，并且正在运营的轨道交通数量也不在少数，但在开发建设中还是有诸多需要解决的难题，其中亟待解决的仍属建设资金的短缺。而从美国、加拿大、日本等国，以及中国香港、中国台湾等地区成功的案例可以看出，将轨道交通站点与周边地区进行联合开发是解决这一问题的重要手段，但如何促进实施，国内尚未有成熟的研究。此外，我国大陆地区与国外及港澳台地区在体制和政策上有着很大的不同，不能一味地照搬这些国家及地区成功的实践经验，而是需要探索出与我国体制政策相符的开发方法，这就显得尤为重要。因此，本书通过对国内城市轨道交通联合开发建设活动进行深入的思考、分析及研究，提出适合于我国相关制度背景下的轨道交通联合开发的实施机制。

首先，在对美国及国内一些学者关于轨道交通联合开发定义的研究基础之上，对轨道交通联合开发的定义进一步分析并从狭义和广义两个层面予以界定。本书主要基于狭义轨道交通联合开发定义，提出问题，搭建研究框架。

其次，结合相关理论，在分析美国、加拿大、中国香港、中国台湾等国家和地区的城市轨道交通联合开发实践经验的基础之上，对于作为一项城市开发活动的轨道交通联合开发的具体实施过程进行分析，对其实施特征和实施要素进行总结。通过案例的分析研究，发现轨道交通联合开发实施是一种基于目标导向的实施过程；联合开发的成功实施需要在公共部门和私营机构之间确立良好的合作关系。此外，法律保障和政策支持是联合开发顺利实施的重要因素。

随后，在国内外发达地区关于城市轨道交通联合开发实践经验基础之上，本书初步搭建联合开发实施框架，即联合开发的实施机制。联合开发是一个完整的实施过程，由前期准备和合作实施这“两阶段”组成，包括六个实施步骤和多个实施环节。另外，联合开发实施由公私合作实施和外部制度环境两部分组成。其中，公私合作实施主要是政府、轨道交通机构和开发商三方利益主体，基于主体要素、空间要素和资金要素的联合；外部制度环境则需要政府通过法律规范以及相关政策的制定来创造，从规划管理、土地管理方面，鼓励公共部门和私营机构之间的合作，从而推动联合开发的实施。

最后，结合国内城市轨道交通联合开发实例进一步验证轨道交通联合开发的实施要素和实施框架。通过国内城市案例分析研究发现，尽管国内其他城市的一些轨道交通联合开发零星探索得以实施，但是仍存在着一定的差距：一方面，从主体联合要素、空间联合要素及资金联合要素上来看，未能实现完全联合开发，站点的地区价值也未能最大限度得到利用。具体而言，公共部门与私营机构之间未能形成良好的合作关系；轨道交通站点的地区空间未被充分利用；公私部门之间未能形成风险共担、利益共享，从而无法实现溢价回收。另一方面，国内其他城市轨道交通联合开发探索仍仅限于个别站点或单条线路的零星探索，未能形成实施机制，政府在促进轨道交通联合开发的相关政策及法规上也存在着实施的障碍。因此，轨道交通联合开发的成功实施及机制构建，一方面需要内部构建合作机制，即在实施过程中，政府、轨道交通机构、开发商三者需要形成良好的合作关系，从主体联合要素、空间联合要素及资金联合要素三方面完全联合，充分发挥站点的地区使用价值；另一方面，需要外部制度环境创造，即作为城市开发的管理者，政府需要通过信息共享和激励相容的机制设计促进和保障联合开发的顺利实施，包括在规划管理、土地管理方面加以改进以及在机构组织、政策支持、法律完善等方面促进和保障联合开发的顺利实施。希望本书能对改善我国轨道交通联合开发机制有所启发。

本书的有关研究受到国家自然科学基金项目“轨道交通网络化条件下宜居型TOD发展模式优化研究”（编号：51778431）及“多模式绿色交通导向的城市空间布局优化与调控研究”（编号：51478320）的支持，在此深表感谢。

著　者

2019年6月

目　录

1 绪　　论

1.1 发展背景

城市化发展的过程中,城市交通问题一直是核心问题之一。城市化进程的加速带来了交通需求的迅速增长以及城市布局的调整。一方面,随着我国经济持续高速发展,人们收入水平不断提高,私人小汽车数量迅猛增长,相应的交通、环境、能源问题不断涌现。特别是大城市,道路拥挤、交通堵塞已成为出行者心里的“阴霾”。另一方面,随着城市规模的不断扩张,常规公交的运能已经不能满足日常出行需求,因而就需要选择适合大城市高强度土地开发模式的大运量公共交通。已有研究普遍认为,轨道交通是改善大城市交通状况的重要途径,也是城市可持续发展的必然选择[1]。现阶段,轨道交通作为解决城市交通问题的主要手段已逐渐成为我国各大城市发展的关注点,2017 年我国大陆地区已有城市轨道交通 28 617 km。在我国城市化发展的进程中,尽管对于轨道交通能在一定程度上解决大城市的交通问题这一认知已达成共识,但现实情况中仍存在不少问题,如一方面,如何实现轨道交通和城市空间之间的有效整合,促进轨道交通沿线用地的充分利用仍是城市可持续发展的现实问题。正如铃木博明等所言,轨道交通和土地利用的有效整合,从“意识到的共识”成为“被忽视的现实”[2]。另一方面,轨道交通如此大规模的建设始终存在建设资金缺口以及运营亏损等经济与财政方面的压力,如何实现外部效益内部化,实现轨道交通经济与财政的可持续发展仍是一个需要积极探索的问题。

1.1.1 大城市空间扩展迅速,交通出行需求猛增

我国自改革开放以来,城市规模持续扩张,根据《中国统计年鉴 2016》[3],全国城镇人口从 1981 年的 20 171 万人,占比 20.16%,增长到 2015 年的 77 116 万人,占比 56.10%,增长了 2.82 倍;城市建设用地从 1981 年的 6 720 km^2 增长到 2015 年的 51 584 km^2,增长了6.68 倍,特别是 2001—2010 年,建设用地平均每年增长约 7.4%,超过以往任何时期。其中,大城市发展迅速,改革开放初期,我国大多数城市的规模都较小,尚未出现超过 200 km^2 的城市,超过 100 km^2 的城市仅有北京、上海、沈阳、天津、哈尔滨、吉林、武汉和广州 8 个城市,小于 50 km^2 的城市数量占到 80%。到 20 世纪 90 年代初,北京、上海、沈阳、天津的城市规模都已超过 200 km^2。21 世纪初,城市进入快速发展期。2009 年,上海、北京、广州和深圳的主建成区面积均突破 800 km^2,全国超过 200 km^2 的城市达到 30 个[4]。

以上海为例,伴随着改革开放历程,上海市常住人口总量持续增长。根据 2016 年上

海市统计年鉴[5]，1982—2016 年，上海市常住人口总量从 1 186 万人增至 2 419 万人，净增 1 233 万人，增幅超过 100%。其中，2000—2010 年是上海人口增长的高峰期，10 年内上海市常住人口增长了 661 万人。上海全市建设用地规模在 2011 年已达到了 2 961 km^2，占全市陆域面积的 43.6%，超过了上一轮规划的控制指标。2000 年以来，上海总人口以年均 3.4%的速度增长，人口密度由 2000 年的 2 588 人/km^2，增加到 2016 年的3 809人/km^2，成为全国人口密度最大的城市。

城市用地面积的扩张，城市人口规模的增加以及人口密度的提升，使得城市居民的交通出行需求飞速增长，其中公共交通需求也不断上升。然而，我国城市路面公交能力却在相对退化，自 20 世纪 70 年代到 90 年代中期，全国公交车数量和线路长度分别增长了 2.5 倍和 2.8 倍，但相对交通能力范围却是逐年下降的。例如，通勤时间内，20 世纪 70 年代大城市公共汽车平均行驶速度为 30 km/h，80 年代为 20 km/h，90 年代降到 10～13 km/h，致使新投入车辆的运能被运输速度下降而抵消，居民出行效率变得越发低下。

1.1.2　城市轨道交通建设已迈入快速发展时期

我国城市轨道交通建设自 20 世纪 60 年代初起步，进入 21 世纪以来，各大城市的轨道交通建设进入了一个新的快速发展时期，以北京、上海、广州为代表的一批特大城市先后规划了较大规模的远景线网并相继建设和投入运营。由于经济实力和技术水平的限制，中国城市轨道交通建设相对起步较晚。在 2000 年之前，全国仅有北京、天津、上海、广州四个城市拥有轨道交通线路。进入 21 世纪以来，随着中国经济的飞速发展和城市化进程的加快，特别是 2004 年至 2018 年，上海城市轨道交通也进入大发展时期。2012 年，我国城市轨道交通建设完成投资1 914 亿元，比上年增加 286 亿元，增长 17.6%。截至 2016 年 12 月 31 日，中国共有 30 座城市开通了城市轨道交通运营，共计 133 条线路，总长 4 152.8 km。其中，地铁 3 168.7 km，占 76.3%；其他制式城轨交通运营线路长 984.1 km，占 23.7%[6]。其中，以上海为例，截至 2016 年年底，上海的现状轨道交通网络已达 682.5 km，涉及 16 条线，共 390 个站点。规划网络 1 051 km，22 条线，共 599 个站点[7]。此外，就全国来看，截至 2016 年年底，全国已有 57 个城市的轨道交通线网规划和建设规划获批，在交通领域投资规模仅限于城市轨道交通和公路，市场空间巨大。我国正处于城市轨道交通高速发展时期，今后还将修建城市轨道 6 000 多公里，投资将达 4 万亿元。由此可见，我国的城市轨道交通行业步入了一个跨越式发展的新阶段，中国已经成为世界最大的城市轨道交通市场。北京、上海等大城市轨道交通运营已进入了网络化运营时代。

根据国办发〔2003〕81 号文[8]提出的建设地铁的三个指标，即城市人口超过 300 万人、GDP 超 1 000 亿元、地方财政一般预算收入超 100 亿元，全国已有近 50 个城市符合条件，我国轨道交通发展潜力巨大。伴随着 2008 年北京奥运会、2010 年上海世博会、2010 年广州亚运会的筹备与承办，北京、上海、广州三个城市已经成为我国国内城市轨道交通网络建设的先驱。

国际经验表明，在一定城市人口规模基础之上，城市化率与轨道交通发展有一定的关系。当一个国家的城市化率超过 60%~70%，城市轨道交通将实现高速发展以解决大城市交通拥堵问题，从而拉动城市轨道交通建设投资迅速增加。以日本、德国、法国和美国为例，当这些国家的城市化率超过 60%~70%的时候，建设城市轨道交通的城市数量开始大幅增加。也就是说，当一国城市化率发展到一定水平时，城市轨道交通开始迎来爆发式增长。综上所述，一个国家轨道交通建设的发展，与其城市化水平紧密相关。最近的二三十年来，我国城市化进程明显加快，城市化率由 1979 年的 17.9%，提高到 2011 年的 51.27%。截至 2011 年末，全国共有设市城市 658 个。预计到 2020 年，中国的城市化率将达到 60%。另据 2015 年年底发布的《中国统计年鉴 2016》[3]，上海市城镇化率已达 87.60%，北京为 86.50%，天津为 82.64%，均超过了 60%。全国各大省市中城镇化率超过 60%的除三大直辖市外，还包括重庆、广东、辽宁、浙江、江苏、福建、内蒙古七个省市[4]。

根据国内各大城市轨道交通实际建设情况及建设需求，伴随着中国城镇化进程的加速以及城市人口的进一步增加，城市轨道交通建设已成为继铁路大规模投资之后新的投资热点。“城市轨道交通建设进入到一个与城镇化整合的、全新的、高度发展阶段”[9]

1.1.3 轨道交通建设面临耗资巨大，经营亏损严重的发展障碍

“根据预算，上海的轨道交通 1～13 号线，预计总投资 2 380 亿元，政府至少要拿出 35%的资本金就是 833 亿元，现在只到位 700 亿元不到，还有 200 亿元，我也不知道哪里来。”[10] 上海投资资金缺口超千亿，原上海市市长直言不知钱从哪儿来。

一方面，我国城市轨道交通建设进入快速发展时期，轨道交通建设需求量大，投资建设资金总量巨大。据悉，截至 2013 年年底，国家已批准了 36 个城市的线网规划和建设规划，并且批准了其中 28 个城市部分项目的可行性报告。这些获批的 28 个城市在建线路 87 条，在建里程 2 163 km，可研批复总投资达 12 364 亿元[11]。如此巨大的建设量，其所需的建设资金总量是巨大的。表 1-1[12] 是 2004 年我国部分城市轨道交通建设的资金需求，可以看出，我国各大城市在轨道交通方面所需的资金投入相当巨大。迄今为止，我国城市轨道交通的建设与经营主要还是依靠市、区二级政府的财政投入及各大银行的贷款来承担，资金来源渠道单一，政府财政压力很大。根据中国城市轨道交通沿线开发建设与规划管理问题及需求调查分析，轨道交通投入运营及建设过程中，轨道交通建设占到城市整个财政收入的比重是非常高的，苏州和南宁基本上是接近 10%左右，给城市财政造成了很大的压力。[4]

另一方面，城市轨道交通项目投资大，建设和回报周期长，资金难以回收等特点，使得轨道交通建设资金存在缺口，运营地铁出现亏损。具体来看：① 项目投资资金量大。如表 1-2[13] 所示，初步估算地铁每公里所需投资金额达 3 亿～6 亿元。相对于城际列车而言，单位投资金额是其 3 倍；② 建设和回报周期长。从城市轨道交通项目的建设周期来看，从可行性研究获得批复到土建开工需要经历 21～27 个月的时间。根据《城市轨道交通工程项目建设标准》(建标 104—2008)，工程可行性研究获得批复之后，还需要经历总体设计(5～6 个月)、初步设计(6～9 个月)、施工图设计(10～12 个月)才能进入土建施工阶段，如表 1-3[14] 所示。整个建设周期在 4～5 年。

表 1-1　国内部分轨道交通规划及资金需求

城市名称	线路数/条	里程/km			预计总投资/亿元
		总规划	已建设	需建设	
北京	13	408	55	353	1 700
上海	21	780	65	715	3 000
广州	5	129	19	110	600
天津	3	75	7	68	135
深圳	13	362		362	1 800
武汉	7	212		212	80
南京	12	300		300	1 500
重庆	1	18		18	33
成都	1	23		23	30
杭州	2	50		50	152
西安	1	20		20	74
哈尔滨	1	17		17	30

根据国际经验，一条城市轨道交通线路从设计规划到建成通车一般需要 8 年左右的周期，而城市轨道交通网络的建立则需要一个更长的时间。以建设速度较快的深圳为例，从开建第一条轨道交通线路到初步形成 177 km 轨道交通网络，花费了 11 年的时间，远长于其他基础设施建设周期。

有研究表明，一般轨道交通项目效益回报可分为三个阶段：

第一阶段，项目建设阶段（一般为 4 年），对沿线的房地产、商贸行业的发展产生明显的促进作用；

第二阶段，项目成长阶段，即从项目投入运营到项目现金流的收支平衡（大约需 10 年），沿线形成了成熟繁荣的经济带；

第三阶段，项目的成熟，即从项目运营的收支平衡到收回投资（大约需 15 年），规模效益增强，项目产生收益[14]。比如上海轨道交通 4 号线预计的投资回收期就是 15 年。

投资回报难，盈利水平低。轨道交通系统具有管制性的特征，即政府对它的票价和服务水准等进行管制，其票价不能无限制提高。加上长期以来轨道交通在政府政策导向上一直属于公益性的国有福利建设模式，票价定位比较低，因此亏损经营、政府补贴是在中国国内各大城市的轨交公司中存在的普遍现象。按照当前国内城市轨道交通运行模式和财务成本核算方法计算，每开通 1 km 轨道交通线路，就需每年补贴 400 万～900 万元。北京市政府以往每年用于轨道交通的运营补贴接近 10 亿元，近年来每年 5 亿元用于补亏。广州轨道交通 1 号线 2000 年运营亏损 2 500 万元，2001 年的运营成本达 2.3 亿元。武汉轻轨 2004 年开始营业，第一年合计成本每天 55 万元，而票价加广告的总收入每天才

8万元左右，其缺口是巨大的。

以上海市为例，到2020年将建成17条轨道交通线（共计810 km），届时将基本实现市内交通轨道化。按平均每公里造价5亿元计算，总投资约需4 050亿元。其中，根据1997年7月相关统计[15]，上海轨道交通1号线总投资65.53亿元，全长21.35 km，每公里的造价是3.07亿元，与现在因为造价昂贵而引起很大争议的上海磁悬浮的每公里造价几乎等同（磁悬浮是30 km，总造价99.43亿元[16]）。据一位投资专家分析，轨道交通1号线如果按照商业回报率来计算，票价应该定在50元，这显然是不现实的。目前，上海轨道交通1号线的票价，按乘坐公里数来划分，依次为2元、3元、4元。比起轨道交通1号线，上海轨道交通2号线总投资额达120亿元，每公里的造价上升到6.3亿元。2号线2000年投入营运，2001年票务收入为1.47亿元，2002年全年票务收入增长迅速，达到了2.25亿元，但赢利的梦想还是一个未知数。范利祥等[15]指出"假设按50%的负债率、每年4%的还债利息计算，上海轨道交通2号线每年的利息支出就要2.4亿元。"以此计算，上海轨道交通2号线每年的收入连还利息都不够，更别说每年上亿元的营运成本，其中电费支出占比约40%。

表1-2　城市轨道交通主要技术特征

特征	城际列车	轻轨	地铁
线路	地面、高架	地面、高架	地下
运能/(万人次·h^{-1})	2～5	1～3	3～6
站间距/m	30～100	5～10	10～20
最小间隔/min	3	2	2
平均速度/(km·h^{-1})	160～300	60～120	40～100
编组/辆	4～8	2～4	6～8
投资金额/(亿元·km^{-1})	0.8～2.0	0.7～1.8	3.0～6.0

表1-3　城市轨道交通项目的周期分析

项目	周期
城市轨道交通线网规划	8～10个月
项目建议书及预可行研究	5～6个月
工程可行性研究	6～8个月
总体设计	5～6个月
初步设计	6～9个月
施工图设计	10～12个月

1.2 相关概念

1.2.1 轨道交通

关于轨道交通的定义，不同的著作可能会给出略有差异的说法，《城市公共交通常用名词术语》(GB 5655—1985)中，给出了这样的描述："通常以电能为动力，采取轮轨运转方式的快速大运量公共交通之总称。"在其他相关的著作中，对轨道交通还有这样的一个定义："城市中使用车辆在固定轨道上运行且主要应用于城市客运的交通系统。它是一种路权基本隔离的公共交通方式，通常用轨道来引导列车运行方向，大多数为电力牵引，是城市公共交通的重要组成方式"[17]。尽管这两种定义的说法稍有差别，但是它们的本质是一样的。

本书所研究的"轨道交通"为"城市轨道交通"。"城市轨道交通"包含以下几种不同的交通方式：地铁、轻轨、有轨电车、独轨交通、新交通、高速磁浮列车与市郊列车等。地铁是占用地下空间的一种交通方式，通常在高峰时期，它的单向断面客流可高达每小时 50 000 人次。因此，地铁是本书的主要关注点，其他类型不列入本书的讨论范围。

1.2.2 站点地区

实践证明，轨道交通的建设能够对沿线的城市经济活动产生廊道效应，使得对可达性依赖性强的经济活动集中于沿线布置。本书所讨论的站点地区主要指轨道交通"站"和"场"相"毗邻的土地"，一般指的是以站点为圆心，半径为 500 m 的"圆圈"之内。而交通换乘点或者是终点站地区，城市经济活动的规模应该更大且聚集程度会更明显，因而这些站点具有形成新城市中心的优势，如果认真总结并分析影响站点地区发展的各变化因素，可以对站点周边地区的建设有更准确的定位。对于轨道交通影响区的确定尚未得到共识，目前相关研究较多地采用圈层划分的方法。轨道交通在大都市外围地区的影响范围甚至可以达到 3 000 m[18]。

1.2.3 联合开发定义界定

由于国内外关于城市轨道交通联合开发的模式和方法各不相同，对于轨道交通联合开发在国际、国内也没有一个统一、标准的定义。目前，国内联合开发相关定义主要是借鉴美国城市土地协会对于联合开发的定义，即："联合开发不仅指公共和私人合作的实际建筑行为，还包括双方的密切合作，因而需要通过书面契约来规范彼此的行为，即规定私人团体、各主管运输机构及国有团体之间的权责利。"[19]。除美国城市土地协会的定义外，美国其他相关文献中也对联合开发的定义进行了界定。

1.2.3.1 美国城市土地协会对联合开发的定义

联合开发(Transit Joint Development，TJD)概念源于北美地区的研究。其中，比较有代表性的定义为美国城市土地协会对联合开发的定义。美国城市土地协会把联合开发定义为一项房地产开发(Real Estate Development),特征是依赖运输设施所提供的市场活动及区域利益,并与轨道交通服务和车站设施紧密相连。这种房地产开发包括例如地下通道、过街天桥、人行横道等非直接的行人通道及通往轨道交通车站的道路。美国城市土地协会从实务角度和理论角度来定义联合开发[19]。其中,从实务层面上,定义联合开发为:与市民公交车站有关的房地产开发计划,此种房地产开发通常涉及较大规模,它可与交通运输车站的开发相配合而进行计划与执行。从理论层面上,定义联合开发为:位于交通运输系统附近,用于集结高密度人口,并可减少交通时间及成本,从而发挥最大效益的房地产开发活动。此外,美国城市土地协会认为"联合开发不仅指公共和私人合作的实际建筑行为,还包括双方的密切合作,因而需要通过书面契约来规范彼此的行为,即规定私人团体、各主管运输机构及国有团体之间的权责利"。联合开发对于公共和私人的利益各得其所:公共与私人设施成本降低,提高客运系统使用效率,运输资本支出有效控制,提升城市空间设计品质,开发者的投资回报率提高,并可控制和管理城市的成长和发展等。由此可见,美国城市土地协会联合开发定义不仅强调房地产开发和交通设施的结合,更强调其公私部门的合作开发,侧重于利益主体之间的合作关系。

1.2.3.2　相关学者对联合开发的定义

其他学者将联合开发分为两类:① 一般性的定义,按作用范围界定,是一种围绕车站的较小规模的以公共交通为导向的开发(Transit-Oriented Development, TOD);② 具体性的定义,侧重于作用特征上的界定,在联合开发概念中增加了资金、制度、法律以及政策等方面特征[20]。

第一类的相关定义描述主要有:联合开发是与公共交通服务以及车站设施紧密相连的房地产开发,并能够充分利用公交设施产生的市场和区位效益[21]。联合开发是对于公共交通设施特定服务半径的开发,这种开发与没有公共交通设施的开发形式有所不同[22]。联合开发项目所在的位置和获得的空间开发权是交通部门用来改善其交通设施的[23]。这种房地产开发是和车站或者其他交通设施结合在一起的[24]。此类定义描述的侧重点在于作用的范围,大多以公交站点为圆心,步行 500 m 左右为服务半径。

第二类的相关定义描述主要有:一种公私合作的方式,旨在减少公交系统运营和车站的建设开支,或者通过公私财政资源合理分配促进公交设施的建设[25]。一个公共部门和私人个体或部门之间的任何正式的具有法律约束力的安排,不仅包括私营机构将所获收益直接支付给公共部门,也包括私营机构承担一部分公共部门所需的运营成本。这种安排是基于双方对在公共交通设施附近进行房地产开发能够获取更多潜在价值或更高土地收益的一致认可之上的[26]。此类的开发交易涉及私人项目在公有土地或公共空间上的开发权利。此类定义更多地强调联合开发在财务、制度、法律以及相关政策等方面的专业性特征。依据 R. Cervero 等[33]对联合开发的相关定义,将联合开发分为收入共享和支出分担两种类型。这种公私合作关系最终反映的是一种资金方面的关系,分类方式体现了经济性。根据 R. Cervero 分类,收入共享包括土地租赁、空间权开发、车站接口或连接费用项目、特许租赁、效益估算区等。支出分担包括共享建设费用、利益激励机制(如提供密度奖励)以减少施工成本以及联合使用相关设备如空调系统等。R. Cervero[26]将资金方面的公私合作也作为联合开发的范畴,因此,按照 R. Cervero 定义,将轨道交通沿线地区的土地出让金返还以及土地增值税的征收也作为联合开发的形式之一。

依据 R. Cervero[26]对联合开发的定义,提出了联合开发的三个特征[27]:① 存在一个两方或多方之间具有法律约束力的协议;② 存在私营机构对公共部门的某种形式的报酬,采用收入支付或成本分担的方式;③ 各方自愿遵守协议的所有条款和条件。R. Cervero认为联合开发的核心要素是“等价交换”理念[26]。可以说是公共部门和私营机构鉴于公共交通设施这一因素或触媒,相互之间进行的等价交换。对于私营机构而言,开发者获益是由于临近公交车站,具有可达性的优势,从而获取更高的租金和更多的使用率。对于公共部门而言,公交机构通过共享建设成本,收取租金,或者通过增加潜在客流量来获利。代表公共一方的政府或交通机构以资源和责任作为等价物转换给了私人开发商。因为双方都认为联合开发能够获益,它常常被视为一个“双赢”的命题。联合开发的目标包括了获得价值、鼓励开发、地产集中、社区维持、土地使用控制和设计控制等[19]。联合开发是公共交通站点与周边用地协调发展的一种形式,涉及政府部门、房地产开发商以及站点服务的周边社区居民等利益群体,通过发挥融资作用来协调城市公共交通和土地利用的相互关系。

1.2.3.3 国内对于联合开发的相关研究

目前,国内对于联合开发的相关研究较少,主要照搬美国城市土地协会的相关定义。除此之外,国内对于联合开发存在以下几类定义:

(1) 轨道交通与周边用地协调发展的形式。袁奇峰等[28]认为,联合开发是轨道交通与周边用地协调发展的一种形式。它较好地解决了公共服务设施与土地、不动产之间的关系,是公共与私人资源有效结合的最佳方式。联合开发不仅能提供更高品质的活动、较完善的公共设施,而且能开辟轨道交通发展的收益来源。

(2) 资源经营及利用模式。陈运来、骆汉宾[29]认为,联合开发是基于城市轨道交通及土地利用而发展起来的一种新的资源经营及利用模式。其中,资源经营是指通过市场化运作方式将用轨道交通某些相关资源的开发及经营所获取的收益来弥补轨道交通的巨大建设资金和运营成本;资源利用是指处在城市建设主体的角度明确城市轨道交通各种资源要素之间的相互约束,通过对资源的调用和协调来达到资源收益最大化和成本最低的目标。

(3) 项目开发模式。宋宏、马宁[30]认为,联合开发是指政府部门或代表政府部门的机构与私人经济组织组成联合开发团体进行项目开发。作为项目开发可采用的模式之一,可以从几个方面去理解联合开发:从理论上,在项目开发中,引入外部资源与项目本身形成一个新的项目整体,由此产生大于项目整体内部各个子项目单独开发所产生效益的总和的一种项目开发模式;从实务上,项目开发参与各方为完成项目开发、取得预期效益,以合同、契约为指导、约束,形成优势互补的联合体,共同开发、共同分享的一种项目开发模式;从主体上,项目开发参与方是政府部门或代表政府部门的机构与金融机构、私人开发商等的各种可能组合;从对象上,联合开发的客体大多是投资额度巨大、开发难度很高、涉及利益关系复杂的大型项目,如城市轨道交通项目、高速公路项目、旧城区改造项目等。

(4) 不动产开发模式。阮哲明[31]认为,联合开发其实质是一项不动产开发。所谓联合开发就是将交通设施与不动产紧密结合起来,依靠交通设施所提供的市场活动和区位优势,推动地区发展。联合开发涉及面相当广泛,不仅包括不动产本身,还包括通往轨道交通站点的整个通道(地下通道、天桥等)空间以及周边用地的开发。

(5) 建设联合,主体联合。宋聚生、司美林[32]通过对相关定义总结分析,提炼出联合开发的两层含义:一是指轨道交通建设与房地产开发的联合。通过统一规划和建设,实现城市轨道交通与房地产项目的互动发展,即以轨道交通带来的可达性带动周边一定范围内的房地产开发,并将其收益以适当的方式补偿轨道交通的建设与运营,同时,通过房地产开发活动形成的良好商住环境来吸引公众居住、消费,从而进一步培育和增加城市轨道交通的客源,提高收益。二是指政府与民间的联合。联合开发的参与实体通常包括政府部门、轨道交通机构、房地产开发公司等,即在联合开发的实施过程中强调政府、轨道交通机构与房地产开发公司之间的多方协调与合作,使政府的法定职能(如强制征地权)与房地产开发商的资金、管理手段等有效结合,促进设计目标的顺利达成,并在参与方实现"多赢"的基础上,实现社会效益最大化。

1.2.3.4 既有定义研究总结

根据国内外相关文献对于联合开发的定义,在 R. Cervero[20]的分类基础之上,我们将联合开发定义分为两类:一类为狭义的联合开发定义,强调公共交通设施和周边土地开发在空间上紧密相连的关系。因此,狭义的联合开发是基于公私合作的一种公共交通设施与周边土地利用相结合的房地产开发。另一类为广义的联合开发定义,强调一种公私资金的合作关系,更强调的是一种"等价交换"理念。因此,广义的联合开发是一种公共交通设施和房屋建设及土地开发之间的公私长期合作运作的方式。因此,广义的联合开发概念涵盖了狭义的联合开发概念。具体两类定义的特征如图 1-1 所示。

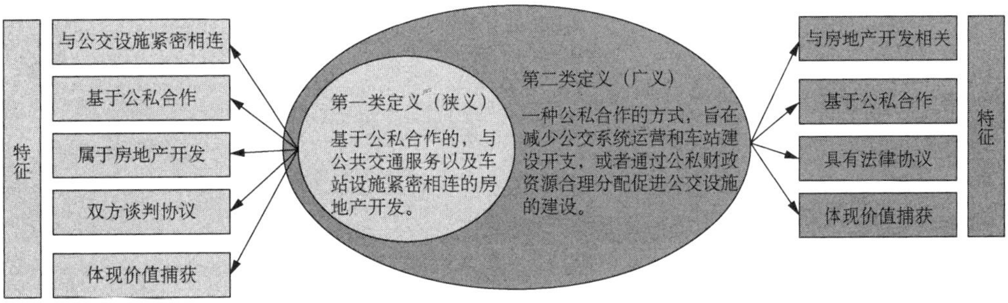

图 1-1 联合开发相关文献定义分析与界定

其中，狭义联合开发定义可以归纳为以下五方面特征：

(1) 属于房地产开发；

(2) 空间上与轨道交通等公共交通设施紧密相关；

(3) 基于公私合作关系，涉及政府部门、轨道交通机构、房地产开发商等；

(4) 公私双方需要协商和谈判，并用契约关系来规范、规定权责利；

(5) 存在利益共享、风险共担，并实现溢价回收。

广义联合开发定义可以归纳为以下四方面特征：

(1) 与房地产开发相关；

(2) 基于公私合作关系，涉及公共部门和私营机构；

(3) 公私双方需要协商和谈判，并用契约关系来规范；

(4) 实现溢价回收。

国内学者关于联合开发的研究和实践大多侧重于狭义性的概念，比如：强调联合开发是轨道交通与周边用地协调发展的一种形式；强调交通设施与不动产的紧密结合；强调可达性带动周边一定范围内的房地产开发等。同时，联合开发的狭义性概念也体现在国内学者所借鉴的相关案例上，比如：香港“轨道＋物业”模式以及国内一些城市的探索均采用的是联合开发的狭义性定义，是一种基于公私合作的，与公共交通服务以及车站设施紧密相连的房地产开发。

1.2.3.5　本书对轨道交通站点地区联合开发的界定

在上述国内外对于联合开发相关概念分析的基础之上，本书将所研究的轨道交通站点地区联合开发研究采用狭义的联合开发定义，认为轨道交通站点建设与周边用地开发的结合，是基于公共部门和私营机构合作的一项房地产开发。这里的周边用地指与轨道交通“站”和“场”相“毗邻的土地”。因此，这种联合开发形式主要表现为上盖空间、地下空间以及周边地块之间相结合的一种房地产开发。根据联合开发相关概念分析来看，狭义的定义中更强调房地产开发，因此，本书研究的联合开发只涉及开发建设过程，而不涉及后续运营管理。按照 R. Cervero 定义[26]，轨道交通沿线地区的土地出让金返还以及土地增值税的征收不作为联合开发研究范畴。

在联合开发的定义研究和界定的基础之上，本书进一步提出研究假设——联合开发作为一项基于“联合”的轨道交通站点地区的房地产开发建设活动，其实施特征可以概括为三方面实施要素的“联合”：

(1) 主体要素的“联合”：基于合作关系的公共部门与私营机构之间配合协调，从而实现联合开发；

(2) 资金要素的“联合”：存在利益共享、风险共担，并体现在收入共享和支出分担，最终实现溢价回收；

(3) 空间要素的“联合”：基于轨道交通站点的房地产开发活动，空间上与轨道交通站点有着密不可分的关系。

三者之间又存在着一定的逻辑关系：前提条件是主体要素联合，必要条件是资金要素联合,最终结果是实现空间要素联合。其中,广义的联合开发只强调资金要素的联合,而狭义的联合开发则更突显的是空间要素的联合。由此也进一步明确了本书所要研究的轨道交通联合开发为三方面实施要素"联合"的开发建设活动。

需要进一步指出的是:目前,国内有关联合开发的研究更多的是借用美国城市土地协会提出的联合开发概念,但由于国内的情况与美国有所不同,因此概念上必然会存在差异。美国关于"联合开发"中的"联合"主要指公交机构和开发商进行公私合作的联合开发,其中公共部门指公交机构,私营机构则为开发商。由于美国轨道交通开发建设采用的是无竞争条件下的国有国营的"政企合一"模式,以美国纽约市轨道交通开发建设主体为例(图 1-2)。其中,合作一方的公交机构,即纽约市运输局(MTA)。纽约轨道交通系统,其建设资金全部由纽约市政府承担,建设完成后交由纽约州政府下属机构——纽约市运输局进行运营管理。MTA 的董事会成员基本上都是由纽约州政府指定,其余部分由纽约市市长或郊区各县的官员指定。自 1995 年以来,纽约的所有轨道交通系统的资金补助都来自市政府、州政府和联邦政府的拨款,其中运营费用便占了总拨款的 65%,不足的部分由州和联邦政府补贴。税收收入用以补贴运营所需的资金。在此模式下,政府能对建

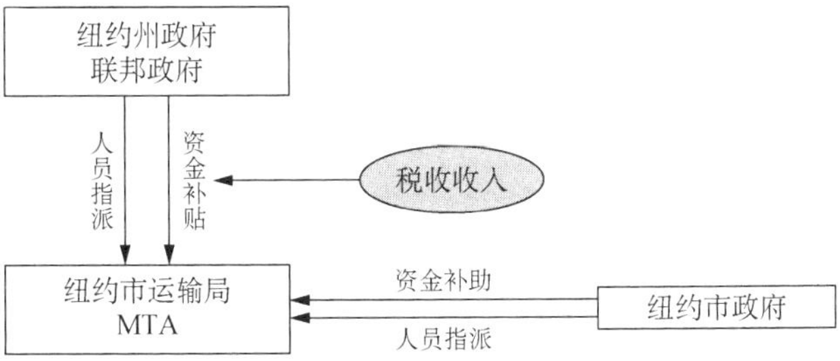

图 1-2 纽约轨道交通系统运营模式[33]

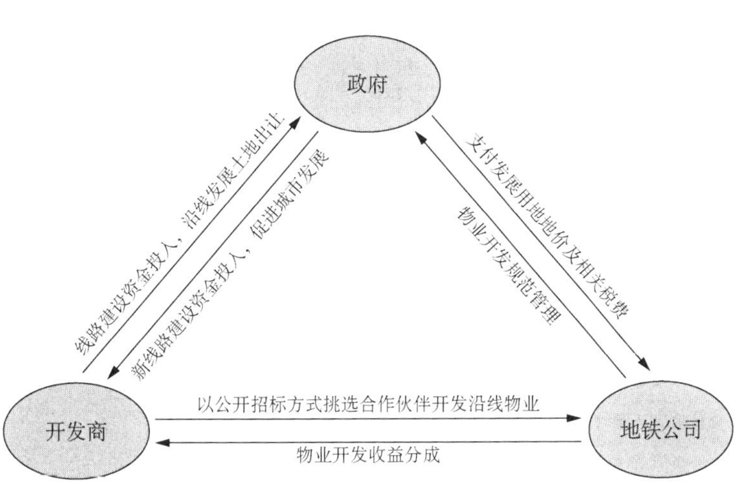

图 1-3 香港"轨道+物业"的联合开发模式[34]

设与运营同时管理，直接对轨道交通进行全面干预，从而保证了票价水平能在大多数人所承受的范围内，有利于轨道交通的公益性。事实上，近期，国内的轨道交通机构往往具有双重身份，一方面承担轨道交通开发建设等公共职能，另一方面则为轨道交通机构自负盈亏的私营企业身份。比如，香港"轨道＋物业"的联合开发模式，如图 1-3 所示，基于公私合作，但体现的是政府、地铁公司及开发商三者的共赢关系。

因此，这里所使用的联合开发概念更侧重于在进行城市开发活动时，将城市轨道交通建设与房地产开发作为一个整体来考虑，统一进行规划设计及建设，使得合作方均获得比各自独立开发时更高的收益。为此，本书后续对轨道交通执行部门采用"轨道交通机构"这一名称，避免对其公共部门或私营机构之间存在差异的影响。

1.3 问题的提出

1.3.1 轨道交通联合开发已成为必然趋势

如前所述，伴随着我国城市化进程，轨道交通建设发展需求迅猛，但却一直面临着开发建设资金短缺的问题。与此同时，TOD 观念也已深入人心。一方面，轨道交通站点与周边地区的联合开发（后简称"轨道交通联合开发"）作为筹措建设资本金，弥补运营亏损的方式之一，在国内外很多城市的实践中已获得成功，并将成为未来的必然之势。另一方面，轨道交通联合开发作为实现公共交通与土地利用的整合方式，有利于满足相关利益主体需求。

1.3.1.1 城市轨道交通建设筹资的途径之一

任何事物都具有两面性，轨道交通一方面为现代城市解决交通问题带来积极作用，但其自身建设、运营所遇到的经济问题也成为影响和制约其可持续发展的难题。如何找到既能保持城市轨道交通事业快速发展，又能解决其经济问题的可行性方案，已成为城市管理者和城市轨道交通开发建设者所共同关心的问题。目前，大多数国家的城市轨道交通项目都是由政府进行补贴运营的，如表 1-4 所列。

但仍有少数的城市（如日本大阪、中国香港等）其轨道交通实现了盈利。以中国香港为例，自 1997 年以来，香港地铁就没有再上调过票价，但港铁公司却成为全世界最赚钱的地铁公司，关键在于其将地铁建设与物业开发结合在了一起，采用"轨道＋物业"模式，并实现共赢。其地铁沿线的地产、商业开发强劲地支撑了地铁本身的运营。香港地铁的"轨道＋物业"模式可以说是最为成功的轨道交通联合开发模式，但也是建立在当地住房供给严重不足的情况下。

1.3.1.2 促进公共交通和土地利用整合

如何实现轨道交通和土地利用的有效整合，促进城市可持续发展却成为大城市发展的最现实问题。轨道交通联合开发模式是 TOD 导向的开发，与小汽车交通下的发展模式不同。联合开发的实施对于轨道交通站点周边土地和空间进行了充分开发和利用（图

1-4)，因此，轨道交通联合开发一方面被认为是解决大规模轨道交通建设资金的途径之一，是轨道交通建设可持续发展的需求；另一方面，也是促进土地集约化利用，是城市可持续发展的需求。

表 1-4　世界城市的地铁经营情况[35]　单位：%

国家	城市	车票收入占比	其他商业性收入占比	政府补贴占比
墨西哥	墨西哥城	13.0	1.0	86.0
英国	格拉斯哥	35.5	1.0	63.5
瑞典	斯德哥尔摩	34.1	3.2	62.7
法国	巴黎	36.0	10.0	54.0
西班牙	巴塞罗那	44.0	4.0	52.0
西班牙	马德里	51.0	1.0	48.0
日本	札幌	43.0	9.5	47.5
日本	大阪	75.0	25.0	0.0
日本	东京	46.0	31.0	23.0
德国	汉堡	55.0	10.0	35.0
中国	香港	95.0	5.0	0.0
俄罗斯	莫斯科	车票收入超出营运支出 2.9%		

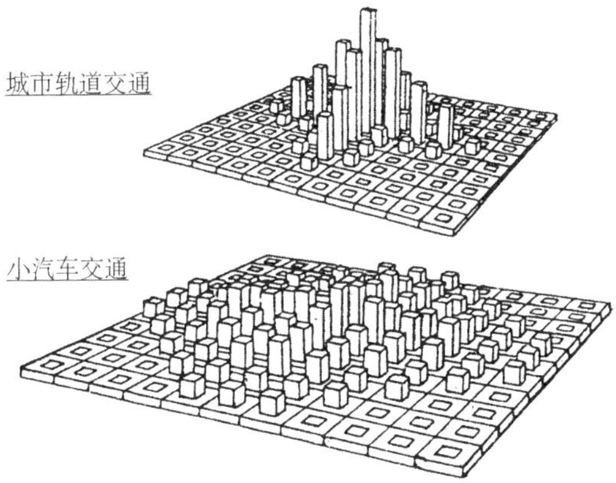

图 1-4　城市轨道交通导向开发与小汽车导向开发城市发展差异

1.3.1.3　满足相关利益主体需求

在轨道交通建设和运营中，涉及政府、开发商、居民等多方利益主体。各方利益主体均存在各自的利益诉求。政府希望通过联合开发使公共项目的投资得到有效控制，减轻政府的财政负担；市民最关心的则是有方便的交通、生活设施；开发商所追求的是自己的投资能有最高的回报率。成功的轨道交通联合开发往往使得三者的利益需求都能在一定程度上得以实现。但是在轨道交通联合开发项目的建设过程中，各种利益之间往往又是相互制约的，这就需要通过不断的协商以实现平衡，联合开发的复杂性也正体现在这里。

1.3.2 轨道交通联合开发如何予以实施

综上所述，轨道交通联合开发不仅是解决轨道交通开发建设资金的城市经济可持续发展的需求，同时也是实现 TOD 发展的城市空间可持续发展，以及满足城市多方利益主体需求的社会可持续发展的需求。由于种种原因，我国城市轨道交通联合开发却仍处于探索阶段。虽有个别站点或单条线路的零星探索，包括车站和车辆段上盖物业开发、沿线地块开发等。对于整个轨道交通开发建设以及城市开发所起到的作用仍有待改善。在开发建设中还是有诸多需要克服的难题，其中亟待解决的仍属建设资金短缺问题。而由美国、加拿大、日本、新加坡等国家，以及中国香港、中国台湾等城市成功的案例可以看出，将轨道交通站点与周边地区进行联合开发是解决这一问题的有力手段，但是国内对此尚未有成熟的研究。此外，我国大陆地区与国外及港澳台地区在体制、政策上均有很大的不同，需要探索出与我国国情相一致的开发方法就显得尤为重要。本书希望通过对国内城市轨道交通联合开发建设活动进行深入的思考、分析及研究，提出适用于我国相关制度背景下的轨道交通联合开发的实施机制。

1.3.2.1 实施机制

机制是指一个系统的组织或部分之间的作用过程、方式和运行规律[36]。从“实施”和“机制”这两个词的分解释义来看：“实施”可以分解为由“谁”来实施？实施的过程如何？实施涉及的要素有哪些？如何促进和保障实施？“机制”一词则最早源于希腊文，原指机器的构造和动作原理。生物学和医学通过类比借用此词，指生物机体结构组成部分的相互关系，以及其间发生的各种变化过程的物理、化学性质和相互关系。泛指一个工作系统的组织或部分之间相互作用的过程和方式。此词在经济学、政治学、社会学等领域也被广泛应用。在任何一个系统中，机制都起着基础性的、根本的作用[37]。在理想状态下，有了良好的机制，甚至可以使一个社会系统接近于一个自适应系统——在外部条件发生不确定变化时，能自动地迅速做出反应，调整原定的策略和措施，实现优化目标。理解机制这个概念，需要把握两点：一是事物可以分为各个部分，这也是机制存在的前提，因为事物有各个部分的存在，就有一个如何协调各个部分之间关系的问题；二是协调各个部分之间的关系一定是一种具体的运行方式，机制是以一定的运作方式把事物的各个部分联系起来，使它们协调运行从而得以发挥作用。由此，想要科学合理地运行机制，重要的是做好两个方面的工作：一是内部机制的构建，二是外部环境的建设。“机制”概念及相关方法对于本书研究框架的搭建起到重要的作用。

由此，在这里，“实施机制”主要是指在轨道交通联合开发实施过程中，与其相关的各个部分之间(要素)相互作用的过程和方式，并且通过这种机制能够将各部分(要素)组织起来促进联合开发的实施。

1.3.2.2 问题聚焦

由于轨道交通联合开发实施的复杂性，研究对象的复杂性，涉及交通、工程管理、财政、规划等多个学科、多个领域，因此需要以多学科的视角来分析研究。

鉴于上述原因，在明确轨道交通联合开发定义的基础之上，聚焦“实施机制”的概念，研究我国轨道交通联合开发在实施过程中可能存在的问题，并构建起适合我国国情的轨道交通联合开发实施机制。具体从以下三方面问题深入研究。

问题一，在对轨道交通联合开发定义研究和界定的基础之上，以轨道交通联合开发相关理论研究为基础，充分结合国内外轨道交通联合开发研究综述及实施案例，分析轨道交通联合开发成功实施落地并取得良好实施效果的案例有哪些共同特征？轨道交通联合开发实施要素之间如何相互作用？其成功实施隐含着怎样的运作机制？

问题二，轨道交通联合开发作为一项城市开发活动，其实施主体有哪些？涉及哪些实施要素？具体实施过程是怎样的？由哪些实施步骤和环节组成？哪些实施要素对于联合开发的实施运作起到重要的作用？

问题三，国内城市轨道交通联合开发如何成功运行？一方面，内部机制如何构建，即：在实施过程中，公共部门和私营机构扮演了什么角色，如何进行协商与合作，如何实现风险分担和利益共享，从而顺利实施开发活动；另一方面，外部环境如何建设，作为城市开发的管理者，政府在规划、土地相关管理环节以及机构组织、政策支持、法律完善等方面如何促进和保障轨道交通联合开发的顺利实施？

2　轨道交通联合开发实施机制理论框架

本章主要是在轨道交通联合开发实施的相关理论基础之上，搭建起轨道交通联合开发实施机制的理论框架。本章的分析研究逻辑结构图如图 2-1 所示。本章主要从理论层面研究以下四方面问题：① 是否可以实施轨道交通联合开发？② 为什么要进行轨道交通联合开发？③ 如何实施轨道交通联合开发？④ 如何实现轨道交通联合开发？并搭建起轨道交通联合开发实施机制的理论框架：联合开发的实施机制是基于准公共物品属性基础之上，为实现轨道交通外部效益内部化，采用公私合作制模式的，具有实施性的开发机制。

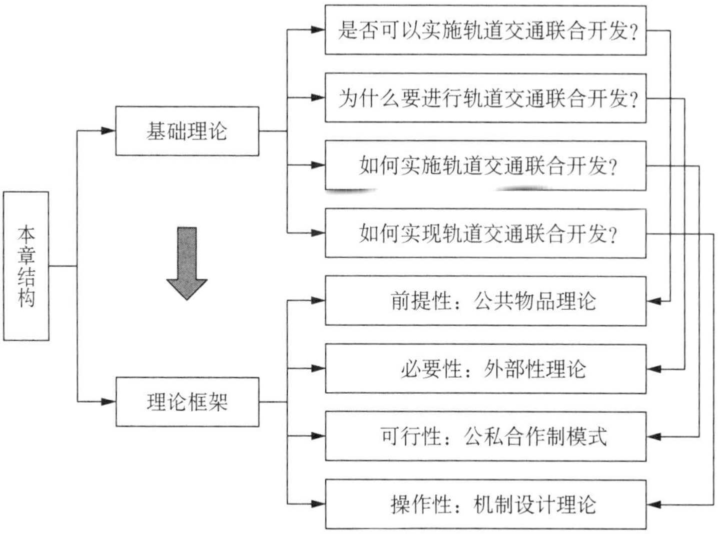

图 2-1　第 2 章分析研究逻辑结构图

2.1　基础理论

2.1.1　公共物品理论

2.1.1.1　公共物品定义和分类

根据公共经济学理论，社会物品分为公共物品和私人物品。按照保罗·萨缪尔森在

1954 年发表的《公共支出的纯理论》[38]中的定义，纯粹的公共物品或劳务是每个人消费这种物品或劳务不会导致别人对该种物品或劳务的减少。与私人物品或劳务相比，它有显著不同的三个特征：效用的不可分割性、消费的非竞争性和受益的非排他性。凡是可以由个别消费者所占有和享用，具有敌对性、排他性和可分性的物品就是私人物品。介于二者之间的产品称为准公共物品。准公共物品可以分为两个层次：一是公共资源，如果某种物品同时具有效用的不可分割性和受益的非排他性，但在消费上具有竞争性，则该种物品属于公共资源，即属于具有非排他性，但又有竞争性的物品；二是拥挤性的公共物品，如果一种物品同时具有效用的不可分割性和消费的非竞争性，但在技术上能够排他，可以进一步分析实现排他的成本是否较高。如果排他性的成本较低，则该种物品属于拥挤性的公共物品，如公路和桥梁等。

2.1.1.2　公共物品的有效供给

传统经济学家们认为，由于公共物品消费上的非排他性、非竞争性和不可分割性的特点，再加上私人的趋利性，使得私人无法有效供给。随着公共物品理论发展到一定阶段，关于私人供给公共物品的可行性问题开始受到重视。科斯(R. H. Coase)的经典论文《经济学中的灯塔》[39]，从历史经验方面探讨了公共物品私人供给的可能性。在理论方面，德姆塞茨(H. Demsetz)在《公共物品的私人生产》[40]中分析说，在能够排除不付费者的情况下，私人企业能够有效地提供公共物品。由于不同的消费者对同一公共物品有不同的偏好，因此，可以通过价格差别化的方法来对不同的消费者收费。

对于公共物品的供给，新制度经济学家提出了不同于传统经济学家的新观点：公共物品并非一定要由政府亲力亲为，公共物品的私人提供在一定程度上是可行的。新制度经济学家们之所以关注公共物品的私人提供，在于公共物品的政府提供较之私人提供效率要低得多。但同时，公共物品可以私人提供，也不是说任何公共物品都要私人提供或完全私有化。对于社会资源的合理分配来说，公共物品的完全私有化也会导致资源的重复配置，造成浪费。要实现有效率的产量水平，准公共物品通常要由私营机构和公共部门合作提供。

2.1.1.3　城市轨道交通作为准公共物品及其供给

根据公共物品理论及其竞争性和排他性的标准来考察，城市轨道交通是拥挤性的准公共物品，主要具有以下特征：① 具有弱排他性。使用城市轨道交通要缴费，自动售检票系统可以排斥任何没买票的人乘坐城市轨道交通。② 具有拥挤性。在城市轨道交通运营过程中，当乘客的数目从零增加到某一数值，即达到拥挤点时，就十分拥挤。在未达到拥挤点以前，增加额外的乘客不会发生竞争；超过拥挤点后，乘客的效用会下降。

根据公共物品私人供给的可能性及必要性，轨道交通由政府单方面供给将造成资源分配的效率低下；而作为准公共物品，由市场提供，又存在资源分配的公平问题。要实现有效率的产量水平，准公共物品通常可由私营机构和公共部门合作予以提供。该理论为通过政府和市场相结合进行轨道交通联合开发从而实现资源有效配置的实施方式奠定了基础。

2.1.2 外部性理论

2.1.2.1 外部性概念

外部性概念源于马歇尔1890出版的《经济学原理》中提出的“外部经济”概念，马歇尔将外部经济定义为“某些类型的产业发展和扩张是由于外部经济降低了产业内的厂商的成本曲线”[41]。1920年，庇古(Pigou)在《福利经济学》中进一步研究和完善了外部性问题。他提出了“内部不经济”和“外部不经济”概念，并从社会资源最优配置的角度出发，应用边际分析方法，提出了边际社会净产值和边际私人净产值，最终形成了外部性理论。他认为外部性反映了一种经济效果传播到市场机制之外，并改变接受效果的厂商的产出和由其操纵的投入之间的技术关系，并通过征税和补贴，就可以实现外部效应的内部化[42]。这一概念逐渐演变成为福利经济学有关的外部性概念体系。

外部性指的是一个生产者或者消费者的生产或消费活动对其他生产者或消费者所附带产生的成本或效益的情况[43]，反映了某一经济主体的活动对其他经济主体产生的一种未能由市场交易或价格体系反映出来的影响，从而导致资源配置不能达到最大效率，无法实现帕累托最优(Pareto Optimality)。从外部性影响效果来看，可以分成正外部性和负外部性：正外部性是指一个生产者或消费者的生产或活动使其他社会成员不需付出代价而得到好处；负外部性则是指一个生产者或消费者的生产或活动使其他社会成员蒙受损失而未给予补偿。本书中涉及的主要是正外部性，正外部性的特点可以归纳为：传递不通过价格机制；具有消费的非排他性和不可分割性；引起他人效用的增加或者成本的减少；外部性的接受者无须付出成本[44]。

2.1.2.2 外部性内部化方式

外部性的实质在于如何使经济行为的外在影响内部化。在市场经济条件下，外部性的存在不利于社会资源的有效配置，因此需要由外部和内部的机制介入经济领域，努力使外部性内部化。而对外部性加以控制的方法之一就是促使外部性内部化，使得私人成本与社会成本相同。可见，外部性内部化的过程就是外部性矫正的过程，也是资源配置由不交易效率到交易效率的过程。如何使外部性内部化，是有效的政府经济政策和组织所需要解决的重要问题[45]。

现代经济学中，主要有科斯和庇古两种不同的外部性内部化的理论。庇古认为，正外部性的存在使市场失灵，从而使资源配置偏离帕累托最优。要确保社会最优的产出出现，就应当从正外部性的溢出部分中拿出一部分来补贴正外部性效应的制造者，使私人供给增加到社会最优量。庇古税(Pigou Taxes)在经济活动中得到广泛的应用。在基础建设领域采用的“谁受益，谁投资”的政策，环境保护领域采用的“谁污染，谁治理”的政策，排污收费制度已成为世界各国环境保护的重要经济手段，这些都是庇古理论的具体应用。科斯的外部性内部化思路与庇古迥异，他认为，市场机制之所以在外部性存在时失去作用，是因为双方的产权没有被很好地界定；但是产权界定不是外部效应内在化的充要条件，一定情况下不具有实际操作性：① 受益者人数众多，谈判的成本大，交易成本不为零；② 无法避免有些业主拒绝支付而想“搭便车”的情况。但是,当交易成本较小且为少数人问题的时候,科斯理论是有效的。在环境保护领域使用的排污权交易制度就是科斯理论的重要应用。

以庇古和科斯的理论为指导,现代经济学将外部性内部化的一般途径划分为两类:第一类是私人解决办法,包括慈善行为、道德规范和出于各种私人利益的内部化过程,利益双方通过谈判签订合约;第二类是公共政策,包括管制、庇古税或者津贴。这些办法目前广泛应用于负外部性内部化。对于正外部性内部化,则主要有两种办法,庇古津贴和科斯的产权法律手段。前者倾向于政府方案决策,后者力主私人交易,因此,可以分别称之为正外部性内部化的政府方案和市场方案。

(1) 基于庇古税的政府方案。庇古认为,正外部性的存在会导致市场失灵,当存在外部性时,应该拿出一部分正外部性效益的溢出部分来对正外部性的生产者进行补贴,从而达到外部性效益内在化。庇古指出,“可能采取的鼓励与限制的最显著的形式当然是津贴与税收”。

(2) 基于科斯定理的市场方案。科斯认为,外部性存在时市场机制失去作用的主要原因在于产权缺失,一切外部性问题都可归结为以外部性形式出现的新产权的设置和界定问题。只要产权被有效设置,所有的外部性便可内部化。科斯认为在应对外部性内部化的问题上只有一条途径:界定产权,允许交易。私人的谈判和交易会自然地修正外部性所造成的问题。但与庇古绝对否定市场作用不一样,科斯没有完全排除政府在正外部性内部化中的作用。在他的理论中隐含着政府干预,当私人去界定产权或者按照习惯法界定产权后产权的执行成本很高时,就有必要由政府界定产权。

(3) 企业合并方案。根据外部性内部化理论,合并企业也是实现外部效益内在化的有效途径,因为将相互具有正外部性的效益合并,新企业就可以将原来存在的外部性问题作为内部变量考虑,促进企业经济产出。当二者相近时,互相可以给对方带来正外部性,若将二者合并,便会考虑如何共同实现最大收益,达到资源最优配置。

2.1.2.3 轨道交通的外部效益内部化方案

在轨道交通发展中,最为突出的是巨大的正外部性,主要表现在改善城市布局形态、促进地方经济发展、增加就业、节约土地资源、减少机动车有害气体排放、提高沿线房地产价值和收益等。国内外大量研究表明,土地增值是轨道交通最主要的正外部效应,集中体现在对轨道交通周边房地产价值的提升方面。后文中将轨道交通的正外部效应表述为外部效益。

轨道交通的外部性增加了沿线各行为主体的福利水平,使其成为轨道交通的间接受益者。如果间接受益者只收取收益,而不承担轨道交通的建设成本,那么轨道交通建设的投资就得直接由使用者来承担。这不仅是对轨道交通出资建设者和经营者的不公平,更是对轨道交通使用者的不公平。如果间接受益者能够从升高的房地产价格和增加的经营收入中拿出一部分来分担轨道交通的建设和经营成本,从而减少必须从使用者那里取得的经营收入,则可相应降低轨道交通的收费标准,减轻使用者的负担。这一思想的核心内容就是:以一定的方式将轨道交通的间接效益的一部分还原给轨道交通的投资者,也叫外部收益还原。轨道交通正外部性内部化方法如表2-1所列。

表2-1　　轨道交通正外部性内部化方法[46]

内部化方法	政府依赖度	市场依赖度	典型方法
庇古税(政府方案)	强	弱	政府补贴、征收土地增值税
科斯定理(市场方案)	弱	强	产权交易、资源协调、企业合并

(1) 基于庇古税的政府方案。对于轨道交通系统的供给,主要为政府补贴和政府税收两种方式:① 政府补贴。由于轨道交通具有公益性,必须考虑其社会效益,不能单纯以盈利为目标,采取票价远低于运输成本的方式向乘客提供客运服务。这就造成了运营困难,此时,就需要政府干预,对成本与票价的差价进行补贴。② 政府税收。土地增值产生的外部效益是城市轨道交通外部性的最大效益,可采用对其征税的方式使其产生的外部效益内部化。政府税收主要可采用土地出让金、年地租、土地增值税、物业税等方式。

(2) 基于科斯定理的市场方案。实现外部效益内部化的典型方法是产权交易。而进行产权交易的前提是产权界定。对城市轨道交通站点地区开发而言,主要包括空间开发权、土地的一级开发权和收益权等。根据科斯定理,轨道交通机构可以与获得沿线收益的房地产所有者(包括政府、企业以及个人等)进行谈判,以转移支付的方式来获得补偿。但是产权界定不是外部效应内在化的充要条件,一定情况下不具有实际操作性:① 受益者人数众多,谈判的成本大,交易成本不为零;② 无法避免有些业主拒绝支付而想"搭便车"的情况。

(3) 企业合并方案。轨道交通的开通运营,带来沿线土地集约型利用,带动周边房地产价值上升,增加房地产开发商的收益。反之,房地产的开发集聚在轨道交通沿线,带动沿线轨道交通客流的迅速增加,增加了轨道交通经营者的票价收入和乘客们对轨道交通服务的认知。因此,根据企业合并方案,采取轨道交通机构和房地产开发商合并是实现外部效益内部化的方法。二者合并可以实现业务互补,实现正外部效益的叠加。也有相关研究将企业合并方案作为基于科斯定理的方案的一种,如表2-1所列。

2.1.3　公私合作制基本理论

综上所述,公共物品理论为私营机构进入轨道交通行业提供了可行性论证,轨道交通的费用支付既不能只由私人来承担,也不宜由政府全部承担,该理论为由公共部门和私营机构合作提供准公共物品这一方式提供了理论基础。外部性理论中外部效益内部化的三种实现方式中的科斯定律及企业合并方案则为轨道交通运营与房地产开发"合二为一"开展整体捆绑式的开发提供了方向。后续需要进一步讨论的是,公共部门和私营机构如何形成合作关系并进行运作。公私合作制的引入则回答了上述问题。

2.1.3.1　公私合作制基本概念

PPP是英文"Public-Private Partnerships"的简写,中文可以译为"公私合作制""公私伙伴关系""公私合作伙伴关系""公私合营""公私合伙制""政府民间合作制"或"公私协力制”等。由于公私合作制出现得较晚,国内对其较完善的理论总结极少,学术界对它的定义也是多种多样的。

1. 学者对公私合作制含义的代表性观点

公私合作制本身是一个意义非常宽泛的概念,加之意识形态的不同,所以关于公私合作制概念的解释较多,以下列举代表性的定义。S. Langton[47]认为,公私合作制是指政府、企业、第三部门及个别的市民,在追求实现社群需求上,共同合作与分享资源。A. Harding[48]将PPP定义为一种在公私部门中,许多依赖参与者同意,并足以改善经济及生活品质的行动。Max O. Stephenson[49]认为,所谓公私合作制即政府与私营机构之间一种动态的互动关系。G.Peirson, P.Mcbride[50]认为,PPP是指公共部门与私营机构之间签订长期合同,由私营机构实体来进行公共部门基础设施的建设或管理,或由私营机构实体代表一个公共部门实体(利用基础设施)向社会提供各种服务的模式。这种模式通常具有如下特征:公共部门实体通常根据协议向私营机构实体移交基础设施(是否付款作为回报要视情况而定);由私营机构实体建设、扩展或重建一项基础设施;由公共部门指定基础设施的运行特性;私营机构实体在既定期限内利用基础设施来提供公共服务(通常对运营和定价进行限制);在协议到期之后,私营机构实体同意向公共部门移交基础设施(是否付款视情况而定)。K. Kernaghan[51]将公私合作制定义为一种广义的关系,即公私合作制是公共部门和私营机构为了共同的目标或利益所形成的共享彼此权利、工作、支持以及信息的关系。E. S. Savas[52]将公私合作制界定为政府和私营机构之间的多样化安排,其结果是部分或传统上由政府承担的公共活动由私营机构来承担。M. Armstrong等[53]认为,PPP是一种“合作关系”,包括合同安排、联合、合作协议和协作活动等方面,通过这种合作关系可以促进政策发展和计划支撑,提供政府计划和服务。

公私合作制在我国交通基础设施建设上已有许多探讨,如高速公路、桥梁等。但在轨道交通建设运营等方面仍属起步阶段。从国内文献来看,主要有以下几个方面:曹远征[54]认为,PPP模式是为了完成某些与公共设施、公共交通等相关的服务项目而在公共部门和私营机构之间达成的合作伙伴关系,这种合作伙伴关系的达成是通过签署明确的合同来实现的,从而也能明确双方的权利和义务,确保项目顺利完成。王灏[55]认为,PPP有广义和狭义之分。广义的PPP泛指公共部门与私营机构为提供公共物品或服务而建立的各种合作关系;狭义的PPP可以理解为一系列项目融资模式的总称,它包含BOT、TOT、DBFO等多种模式。狭义的PPP更加强调合作过程中的风险分担机制和项目的资金价值。余晖、秦虹[56]认为公私合作制是指公共部门和私营机构为了提供公共服务而建立起来的一种长期的合作伙伴关系。这种合作伙伴关系通常需要通过正式的协议来确定。在此关系下,公共部门和私营机构发挥各自的优势来提供公共服务,共同分担风险、分享收益。汪文雄[57]认为,PPP是公共部门和私营机构为提供公共物品或服务,以合同方式确立的,基于风险共担和利益共享的长期合作机制,是为了克服“市场失灵”而提出的一种新型模式,其内涵可以从参与者及其目标、合作基础、风险分担和利益分配等方面体现,如图2-2所示。

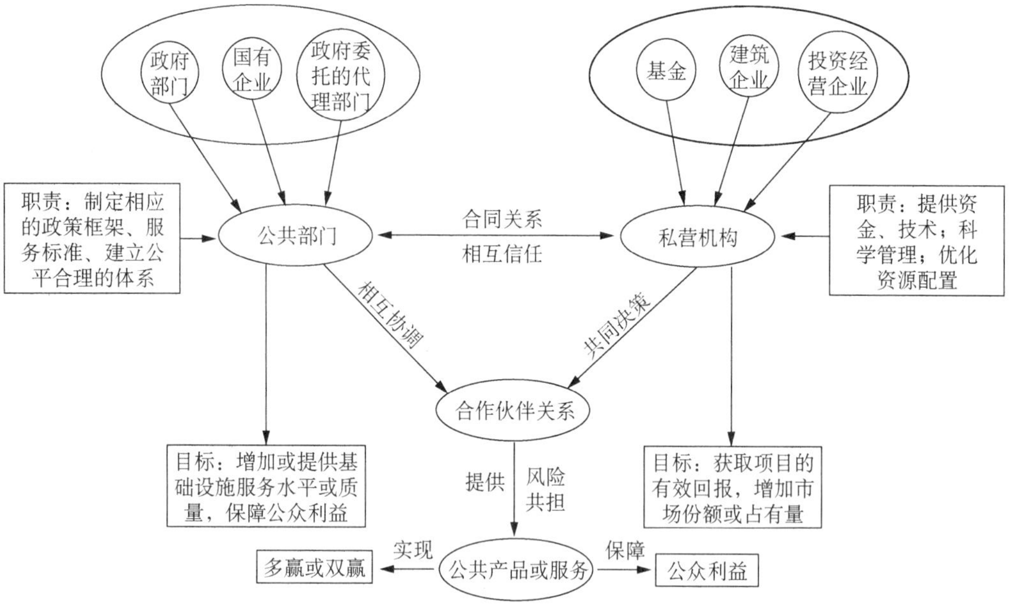

图 2-2 PPP 模式内涵示意图

2. 国外机构对公私合作制含义的代表性观点

（1）联合国开发计划署[58]给出的定义是：公私合作制是指政府、营利性企业和非营利性企业基于某个项目而形成的相互合作关系的形式。通过这种合作形式，合作各方可以达到比预期单独行动更有利的结果。合作各方参与某个项目时，政府并不是把项目的责任全部转移给私人企业，而是由参与合作的各方共同承担责任和融资风险。

（2）联合国训练研究所[55, 59]认为，公私合作制涵盖了不同社会系统倡导者之间的所有制度化合作方式，目的是解决当地或区域内的某些复杂问题。公私合作制包含两层含义：其一是为满足公共物品需要而建立的公共和私人倡导者之间的各种合作关系；其二是为满足公共物品需要，公共部门和私营机构建立伙伴关系所进行的大型公共项目的实施。

（3）欧盟委员会（The European Commission）[60]认为，公私合作制是指公共部门和私营机构之间的一种合作关系，其目的是为了提供传统上由公共部门提供的公共项目或服务。

（4）美国国家 PPP 委员会（The National Council For PPP）[61]认为，PPP 是介于外包和私有化之间并结合了二者特点的一种公共物品提供方式，它充分利用私人资源进行设计、建设、投资、经营和维护公共基础设施，并提供相关服务以满足公共需求。

（5）加拿大 PPP 国家委员会（The Canadian Council for Public Private Partnerships）[62]对公私合作制的定义：公私合作制是公共部门和私营机构之间的一种合作经营关系，它建立在双方各自经验的基础上，通过适当的资源分配、风险分担和利益共享机制，最好地满足事先清晰界定的公共需求。

（6）香港政府效率促进组（Hong Kong Efficiency Unit）[63]的定义：公私营机构合作

(PPP)是"一种由公营部门和私营机构共同提供公共服务或进行计划项目的安排。在这种安排下,双方通过不同程度的参与和承担,各自发挥专长,以获得相辅相成的效果。

3. 公私合作制概念的特征

归纳以上各专家及有关机构认识的共同点,可以发现,公私合作制概念具有以下特点:

(1) 公私合作制是公共部门和私营机构之间的一种合作。合作是前提,且强调合作的主体包括公共部门和私营机构。

(2) 公私双方为提供公共物品或服务需建立长期的合作伙伴关系,把提供公共物品或服务(包括提供基础设施)作为合作目标。

(3) 公私双方需要通过签订协议来确定合作关系,是基于合同的合作。

(4) 在追求共同的或一致的目标下,公私双方强调风险分担和利益共享。

2.1.3.2 公私合作制运作方式

由于世界各国意识形态、PPP 发展阶段、使用的术语以及对同一个概念理解的不尽相同,各国或国际组织对 PPP 的分类有十几种之多,其中代表性的分类有:

(1) 世界银行分类。世界银行综合考虑资产所有权、经营权、投资关系、商业风险和合同期限等因素,将广义 PPP 分为服务外包、管理外包、租赁、特许经营、建设-拥有-转让(BOT)/建设-拥有-运营(BOO)和剥离六种模式,如表 2-2 所列。

表 2-2 世界银行的 PPP 分类[64]

PPP 类型 (PPP Option)	产权 (Assets ownership)	经营和维护 (O&M)	投资 (Investment)	商业风险 (Commercial risk)	合同期限 (Duration)
服务外包 (Service contract)	公共部门	私营机构和公共部门	公共部门	公共部门	1~2 年
管理外包(Management contract)	公共部门	私营机构	公共部门	公共部门	3~5 年
租赁(Lease)	公共部门	私营机构	公共部门	共同分担	8~15 年
特许经营(Concession)	公共部门	私营机构	私营机构	私营机构	25~30 年
建设-拥有-转让(BOT)/建设-拥有-运营(BOO)	私营机构和公共部门	私营机构	私营机构	私营机构	20~30 年
剥离(Divestiture)	私营机构或私营机构和公共部门	私营机构	私营机构	私营机构	永久

(2) 联合国训练研究所分类。联合国训练研究所是按照狭义 PPP 来进行分类的,认为世界银行分类选项中的"特许经营""建设-拥有-转让"和"建设-拥有-运营"三类模式应称为 PPP,而外包、租赁和剥离不属于 PPP 范畴,如图 2-3 所示。

(3) 欧盟委员会分类。欧盟委员会按照投资关系将 PPP 分为传统承包、一体化开发和经营、合伙开发三大类。传统承包类是指政府投资,私营机构只承担项目中的某一个模块,例如建设或者经营。一体化开发和经营类是指公共项目的设计、建造、经营和维护等

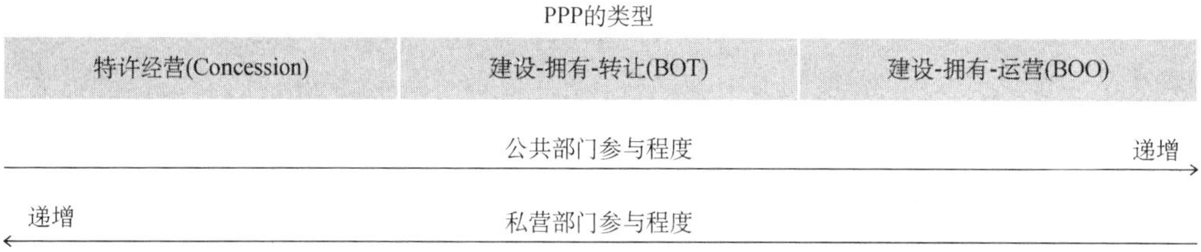

图 2-3　联合国训练研究所的 PPP 分类[58]

一系列职能均由私营机构负责，有时也需要私营机构参与一定程度的投资。合伙开发类通常需要私营机构负责项目的大部分甚至全部投资，且在合同期间资产归私人拥有。欧盟委员会的 PPP 分类如表 2-3 所列。

表 2-3　　欧盟委员会的 PPP 分类[60]

PPP 类型	具体模式	备注
传统承包类	服务外包、经营和维护、租赁	租赁也属于私人承包类，这一点与世界银行分类及联合国训练研究所分类有所不同
一体化开发和经营类	建设-拥有-转让、交钥匙	有时交钥匙也用设计-建设-经营（DBO）来表示，即全承包或交钥匙
合伙开发类	特许经营、剥离	特许经营包括设计-建设-融资-经营（DBFO），建设-拥有-运营-移交（BOOT），特许经营等，剥离包括建设-拥有-运营（BOO）等

（4）加拿大 PPP 国家委员会分类。加拿大 PPP 国家委员会按照转移给私营机构的风险大小将广义 PPP 细分成了 12 种模式，如表 2-4 所列。

表 2-4　　加拿大 PPP 国家委员会的 PPP 分类[62]

PPP 类型	缩写	备注
Operation and Maintenance Contract	O&M	经营和维护
Design-Build	DB	设计-建设
Design-Build-Major Maintenance	DBMM	设计-建设-主要维护
Design-Build-Operate(super Turnkey)	DBO	设计-建设-经营（超级交钥匙）
Lease-Develop-Operate	LDO	租赁-开发-经营
Build Lease-Operate Transfer	BLOT	建设-租赁-经营-转让
Build-Transfer-Operate	BTO	建设-转让-经营
Build-Own-Transfer	BOT	建设-拥有-转让
Build-Own-Operate-Transfer	BOOT	建设-拥有-经营-转让
Build-Own-Operate	BOO	建设-拥有-经营
Buy-Build-Operate	BBO	购买-建设-经营

（5）Darrin Grimsey 和 Mervyn K. Lewis 的观点。Darrin Grimsey 和 Mervyn K.

Lewis 在其著作 *Public Private Partnerships: The Worldwide Revolution In infrastructural provision and project finance* 中按资产所有权对公私合作制进行宽口径的分类，表的一端从完全的公共供应开始，经服务供应合同和外包，再到另一端的彻底私有化——资产的所有权完全转让给私营机构实体，如图 2-4 所示。

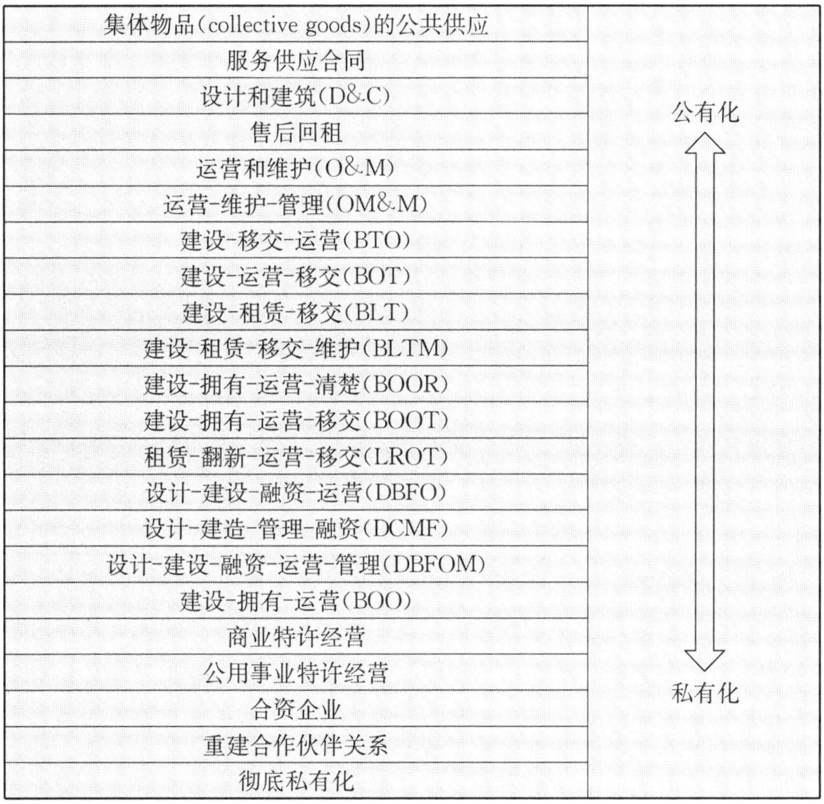

图 2-4 公私合作制业务模式的范围

(6) 美国的 E.S.萨瓦斯的观点。萨瓦斯在其代表作《民营化与公私部门的伙伴关系》中，无论是从建设新的基础设施还是扩建和改造现有的基础设施的角度均显示了公私合作制的主要运作方式，如表 2-5[52] 所列。

表 2-5 公私合作制的模式

基础设施类型	模式	描述
现有基础设施	出售	私营企业收购基础设施，在特许权下经营并向用户收取费用
	租赁	政府将基础设施出租给私营企业，私营企业在特许权下经营并向用户收取费用
	运营和维护(O&M)	私营经营和维护而政府拥有的基础设施，政府向该私营企业支付一定的费用

（续表）

基础设施类型	模式	描述
扩建和改造现有基础设施	租赁-建设-经营(LBO) 购买-建设-经营(BBO)	私营企业从政府手中租用或收购基础设施，在特许权下改造、扩建并经营该基础设施；私营企业可以根据特许权向用户收取费用，同时向政府交纳一定的特许费
	外围建设	私营企业扩建政府拥有的基础设施，仅对扩建的部分享有所有权，但可以经营整个基础设施，并向用户收取费用
新建基础设施	建设-转让-经营(BTO)	私营企业投资建新的基础设施，建成后把所有权移交给公共部门，然后可以经营该基础设施 20～40 年，在此期间向用户收取费用
	建设-拥有-经营-转让(BOOT) 或建设-经营-转让(BOT)	与 BTO 类似，不同的是，基础设施的所有权在私营机构，20～40 年后才转移给公共部门
	建设-拥有-经营(BOO)	私营机构在永久性的特许权下，投资兴建、拥有并经营基础设施

（7）王灏的观点。王灏[55]参考世界银行和加拿大 PPP 国家委员会等的分类方式，结合国内目前的应用现状，认为 PPP 可以按三级结构的方式进行分类，如图 2-5 所示。其中，外包类 PPP 项目一般是由政府投资、私营机构承包整个项目中的一项或几项职能，例如只负责工程建设，或者受政府之托代为管理维护设施或提供部分公共服务，并通过政府付费实现收益。在外包类 PPP 项目中，私营机构承担的风险相对较小。特许经营类 PPP 项目需要私人参与部分或全部投资，并通过一定的合作机制与公共部门分担项目风险、共

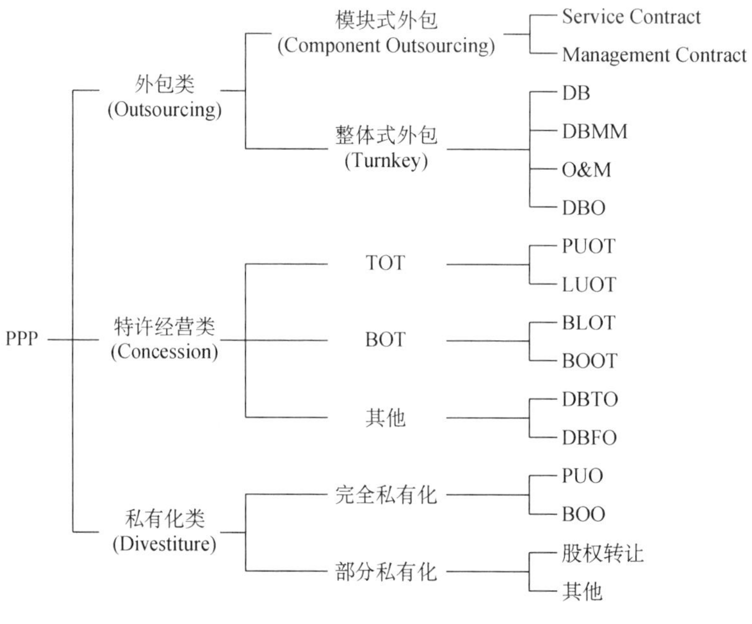

图 2-5 PPP 三级结构分类

享项目收益。根据项目的实际收益情况，公共部门可能会向特许经营公司收取一定的特许经营费或给予一定的补偿，这就需要公共部门协调好私营机构的利润和项目的公益性二者之间的平衡关系，因而特许经营类项目能否成功在很大程度上取决于公共部门的管理水平。通过建立有效的监管机制，特许经营类项目能充分发挥双方各自的优势，节约整个项目的建设和经营成本，同时还能提高公共服务的质量。项目的资产最终归公共部门保留，因此，一般存在使用权和所有权的移交过程，即合同结束后要求私营机构将项目的使用权或所有权移交给公共部门。私有化类 PPP 项目则需要私营机构负责项目的全部投资，在政府的监管下，通过向用户收费来收回投资实现利润。由于私有化类 PPP 项目的所有权永久归私人拥有，并且不具备有限追索的特性，因此私营机构在这类 PPP 项目中承担的风险最大。

2.1.3.3 公私合作制成功实施因素

美国公私合作全国委员会（National Council for Public-Private Partnerships，NCPPP）的研究指出，成功的公私合作制需要来自政府高层的政治支持和政府参与[66]。所谓政治支持，即要求一旦合作关系得以确立后，政府必须积极地参与到项目中去；政府要以客观、理性的态度来对待公私合作制实施过程中可能出现的挑战，并愿意承担其中的风险，而不是简单地寄以不切实际的过高期望；要选择一个合适的私营机构作为合作伙伴，这个选择应以其在相关领域里的业绩为标准，而不是仅仅考虑竞标价格；要能通过制度性结构，有效地与私营机构进行双方信息的互换，以及在此基础上展开可能的谈判。公私合作制会使得原有的政府或私营机构与消费者之间的双向直接关系变为政府、私营机构与消费者之间的三方委托代理关系。鉴于这种互动关系的复杂性和重要性，在实施公私合作制之前建立有效的法律框架是非常必要的[67]。王灏[68]在《轨道交通 PPP 模式的理论与实践》中认为，政府部门能否为 PPP 模式的运作创造一个良好的政府环境和市场环境，是实现 PPP 模式的基本条件。采用 PPP 模式运作地铁项目，实质上是在垄断的公用事业领域引入市场竞争机制，而政府职能的合理定位和有效履行是实现这一目标的决定性因素。项目在 PPP 模式运作下，需要在项目的设计、融资、运营、管理和维护等阶段，对政府部门与企业各自需要承担的责任、义务和风险进行明确界定，从而保护双方利益。因此，PPP 项目的运作需要通过制定清晰、完善的法律和法规来予以保证。此外，包括培养产权明晰、具有自我约束机制的市场竞争主体，塑造适度竞争的市场结构，建立、健全投融资中介服务体系是成功实现 PPP 项目的技术保障。屈哲[69]认为，公私合作制作为基础设施领域的制度创新，其能否成功运作取决于多个因素，而以下四因素是成功运作公私合作制的必要条件：政府部门的有力支持；健全的法律法规制度保障；有效的政府监管体制以及产业环节的模块化和可分离性。段绪柱[70]认为，公私合作制中的政府在三重契约下扮演着多重角色，即显性契约中的政府角色，内在契约中的政府角色和私营机构履约的监管者，私营机构与公众争端的仲裁者。公私合作制中的政府角色冲突表现为：政府多重角色蕴涵着潜在的内在冲突；作为公共利益代表者的公共部门与私营机构在价值指向、组织文化与行为模式方面可能的冲突；政府角色实现中的信息与技术悖论；在维护公私合作稳定与实现社会效益最大化间存在着政府角色的可能冲突。为了消解公私合作制中政府角色的潜在冲突就需要完善相关的法律法规，建立有序的规则体系，明确政府角色，为公私合作建立稳定的制度框架；构建科学合理的政府内部的分工协作机制，保证政府角色的适当实现；建构科学的、协同的制度体系，通过有关各方的相互制约保证政府角色的实现；加强政府人力资源建设，提高政府公私合作能力等。

2.1.3.4 轨道交通联合开发与公私合作制

无论从现有文献中关于联合开发的定义来看，还是从国外联合开发的实践经验来看，联合开发是公共部门和私营机构之间进行的合作开发，与公私合作制的概念特征是相匹配的。联合开发是一种公私合作关系，即公共部门与私营机构形成良好的合作伙伴关系的一种公共基础设施项目（轨道交通）建设模式。根据美国城市土地协会的相关定义，即："联合开发不仅指公共和私人合作的实际建筑行为，还包括双方的密切合作，因而需要通过书面契约来规范彼此的行为，即规定私人团体、各主管运输机构及国有团体之间的权责利"。美国城市土地协会对联合开发的定义不仅强调房地产开发和交通设施的结合，更强调其公私部门的合作开发，侧重于利益主体之间的合作关系。其基本特征满足了公私合作制相关定义特征：第一，强调公共部门和私营机构的合作；第二，公私双方为提供公共基础设施项目（轨道交通）建立长期的合作伙伴关系；第三，双方需要通过签订协议（书面契约）来确定合作关系；第四，合作强调权责利。

基于公私合作制的理论，轨道交通联合开发在运作方式上具有多样性，不同的运作方式中私营机构参与的程度与风险承担的程度会有所不同。因此，在不同的情况下可以有选择地采用不同形式的公私合作运作方式；联合开发主体之间的联合需要予以统筹考虑；政府在轨道交通联合开发中的角色需要合理定位。另外，政府需要为轨道交通联合开发创造良好的政府环境和市场环境：一方面，政府部门需要将各种行政审批权下放、解除或成立专门的协调部门，以减少行政手段对市场的干预；另一方面，在推进轨道交通联合开发的过程中，需要政府转化职能，采用市场化的或激励性的支持手段，为轨道交通建设运营长期且可持续的发展提供必要的条件。换言之，要保障轨道交通联合开发的成功实施需要政府的有力支持以及健全的法律法规体系保障。

这里需要进一步明确的是，公共部门和私营机构的界定。特别是在我国社会主义市场经济体制中对于国有企业的定位：国际惯例中，国有企业仅指一个国家的中央政府或联邦政府投资或参与控制的企业；在中国，国有企业还包括由地方政府投资参与控制的企业。国有企业的营利性体现为追求国有资产的保值和增值，其公益性体现为国有企业的设立通常是为了实现国家调节经济的目标，起着调和国民经济各个方面发展的作用。根据章迪诚[71]在《中国国有企业改革编年史》中对国有企业的划分，国有企业可以分为：① 特殊法人企业。由政府全额出资并明确其法人地位，由国家通过专门的法规和政策来规范，不受公司法规范。这类国有企业被赋予强制性社会公共目标，没有经济性目标，也就是说，它们的作用是直接提供公共服务。② 国有独资公司。由政府全额出资，受公司法规范。这类企业以社会公共目标为主，经济目标居次。这类企业的产品或服务应该按边际成本或平均成本定价，以此来实现社会福利的最大化，而不是谋求从消费者那里攫取更多的剩余。③ 国有控股公司。由政府出资控股，受公司法规范。这类企业兼具社会公共目标和经济目标，以经济目标支撑社会公共目标。需要注意的是，这类企业不直接提供公共服务，而是通过向国家财政上交股息和红利，间接提供公共服务。④ 国有参股公司。不是国有企业，政府只是普通参股者，受公司法规范。这类企业与一般竞争性企业无异，没有强制性社会公共目标，经济目标居主导。如果它们也提供公共服务，那是它们自觉履行社会责任的行为，应该予以鼓励和支持。

基于上述分类，本书将特殊法人企业这类被赋予强制性社会公共目标的国有企业界定为公共部门，而其余三类国有企业均具有一定经济目标，具有营利性，是非单纯的公共部门，只有其中公益性的部分界定为公共部门的职能。因此，本书的公共部门与私营机构之间的分界线在于是否具有经济目标。

针对轨道交通机构而言，目前，国内城市轨道交通机构大部分为国有独资公司。轨道交通机构实际上是兼具公共部门和私营机构的作用，承担着双重职能。如：上海申通集团有限公司于 2000 年 4 月 28 日正式成立，注册资本人民币 260 亿元。作为上海城市轨道交通网络建设的政府出资代表和市级投资主体，公司承担着市政府在城市轨道交通领域的投融资职能。其由政府全额出资，受公司法规范。这类企业以社会公共目标为主，经济目标居次。也就是说，该类公司仍具有营利性，具有经济目标。现阶段上海申通集团有限公司下属资产公司与房地产开发商之间的合作模式主要有股权转让、收益权转让、在建工程转让等，正在积极探索借资入股以及其他合作模式[72]。在场站上盖综合开发过程中，随着上盖开发项目数量的不断增加和规模的日益扩大，对资金的需求将越来越旺盛，上海申通集团有限公司下属资产公司在利用银行贷款、中票、租赁融资等传统融资渠道的基础上，也在不断探索和创新诸如建设基金融资、PPP 模式等。

对于国有房地产开发公司而言，它具有国有企业的特征，同样也存在多种形式的企业形式，即有国家统一投资的房地产开发公司，也有国家控股或参股的房地产开发有限公司，或者是房地产开发股份有限公司。也就是说均具有营利性和经济目标，更多的是自负盈亏的开发企业身份。

2.1.4 机制设计理论

公私合作制为公共部门和私营机构经由合作提供准公共物品的实施方式提供了依据，解决了公共部门与私营机构之间如何合作的问题，但仍存在公、私部门主体之间的信息不对称，如何协调合作等问题。作为机制设计者，如何设计出一个机制使得公私合作过程中各个参与者的个人利益和设计者的既定目标一致，这就需要进一步进行制度设计。机制设计理论则为轨道交通联合开发实施机制的设计提供了方法论。

2.1.4.1 机制设计理论的提出

机制设计理论是由美国经济学家赫尔维茨(L. Hurwicz)最先系统提出的，后由马斯金(Maskin)和迈尔森(Myerson)共同发展完善的。机制设计理论是研究在一个信息不完全的社会,对于任何一个想要达到的既定目标,在自愿选择、自由交换的分散化决策条件下,能否并且怎样设计一个机制使得经济活动参与者的个人利益和设计者既定的目标一致,即每个人主观上追求个人利益时,客观上也同时达到机制设计者既定的目标。如果可能的话,是否具有较小的信息运行成本。赫尔维茨在1960年的《资源配置的最优化和信息有效性》一文中系统性地提出了机制设计理论。他将机制定义为一个交流体系,参与者相互发送信息或者将信息发送给一个信息中心,并由一个预定的规则针对每一种信息情况分配一个结果[73]。1972年,赫尔维茨在《论信息分散化的体系》[74]一文中又提出了"激励相容"的概念,即每个参与者在追求个人目标的同时,也正好能达到设计者所要实现的目标,成功地将参与者的激励问题纳入到机制设计中来,确立了机制设计理论的基本框架。在这里,他证明了即使对于纯私人商品的经济社会,只要这个经济社会中的成员个数是有限的,在参与性约束条件下(即导致的配置应是个人理性的),就不可能存在任何分散化经济机制(包括竞争市场机制)能够在新古典经济环境类下导致帕累托最优配置并且使每个人有激励去真实报告自己的经济特征。当经济信息不完全并且不可能或不适合直接控制时,人们需要采用分散化决策的方式来进行资源配置或做出其他经济决策。于是,在制度或规则的设计者不了解所有个人信息的情况下,设计者所要掌握的一个基本原则,就是所制定的机制能够给每个参与者一个激励,使参与者在最大化个人利益的同时也达到所制定的目标。

2.1.4.2 机制设计理论的内容

经济机制理论主要包括信息理论和激励理论。一个经济机制的优劣程度主要取决于两个方面:一是信息效率(Informational efficiency);二是机制的激励相容(Incentive compatibility)。

1. 信息效率

信息效率是关于经济机制实现既定社会目标所要求的信息量多少的问题,即机制运行的成本问题,它要求所设计的机制只需要较少的关于消费者、生产者以及其他经济活动参与者的信息和较低的信息成本。任何一个经济机制的设计和执行都需要信息传递,而信息传递是需要花费成本的,因此对于机制设计者来说,自然是信息空间的维数越小越好。

赫尔维茨[73]认为,这个信息交流系统会碰到计算和信息传递这两个难题。首先,必须找到一种算法来计算每个信息集下的最优配置。但是,一个经济系统由于要处理的问题太多,有大量复杂的约束和变量,因此很可能没有一个机构有能力处理这么多的信息。另外一个问题就是信息的传递,几乎不可能将分散于整个经济系统中的信息集中到单一机构手中,因此,必须设计一种机制,它可以把复杂的经济问题分解成小问题进行计算,同时又能使所需信息传递最小化。

2. 激励相容和参与约束

激励相容是赫尔维茨于1972年提出的一个核心概念。他将其定义为:假定机制设计者有一个经济目标,称为社会目标,这个目标可以是资源的帕累托最优配置、在某种意义下的资源公平配置、个人理性配置、某个经济部门或企业所追求的目标、或在其他准则下的配置等，机制设计的任务就是要设置某套机制或是规则，在使得每个人追求个人利益的同时，设计者设定的社会目标也能得到实现。在社会经济活动中，通常机制设计者的目标和机制参与者的利益之间不会完全一致，要达到机制设计者的某种目标，就必须对机制参与者给予激励，机制参与者只有能获得大于其付出代价的利益时，才会遵循该机制的约束和要求，否则，他们就会选择不遵循该机制的约束。因此，建立合理有效的激励机制，对于机制设计者的目标实现有着重要意义。

田国强[75]在《激励、信息与经济机制》一书中提到，赫尔维茨认为，前面所述的信息交流系统所要解决的问题是，我们是否能够设计一些可据以获得合意结果的信息处理规则。这样的规则可能存在也可能不存在。如果存在的话，那么就又提出了经济参与人会不会按照规则行事这样一个新问题。经济参与人的行为有可能与事先制定的规则相冲突。特别是在信息不对称的情况下，经济参与人为了自身的利益就会产生隐藏或虚报与其相关的经济信息的动机。因此，委托人如何实施某种形式的激励促使代理人说真话，这就是激励相容所要解决的问题。如果在给定机制下如实报告自己的私人信息是参与者的占优策略均衡，那么这个机制就是激励相容的。在这种情况下，即使每个参与者都按照自利原则制定个人目标，机制实施的客观效果也能达到设计者所要实现的目标。赫尔维茨还提出了著名的“真实显示偏好不可能性定理”，或称之为“激励相容不可能性定理”，他认为即使对只有私人商品的经济社会，只要这个经济社会中的成员的个数是有限的，在个人理性的参与性约束条件下，就不可能存在任何分散化经济机制（包括竞争市场机制），使得每个人有激励去真实地告诉他自己的偏好从而导致帕累托最优配置。这个定理告诉我们，如果想要某个经济机制能产生帕累托最优配置，我们必须放弃占优均衡假设，即放弃每个人都说真话办真事的假定。1973 年，赫尔维茨又发表了《资源分配的机制设计理论》[76]一文，提出了一个分析和比较各种经济机制的统一框架，从而正式奠定了机制设计理论的基础，并且指出机制设计理论最关键的问题是如何将私人信息和激励问题有机地整合在一起。赫尔维茨构建的机制设计理论框架指出，只有满足参与约束和激励相容约束这两个条件，社会目标才能实现。

简单地说，机制设计理论告诉我们的是，当一种机制满足参与约束，即它能够使得所有代理人都参与该机制所确定的交易活动时，它就是一种可行机制（Feasible Mechanism）；而当一种机制满足激励相容约束，即能使得所有代理人都按照该机制所确定的交易活动行事，并最终达到该机制所确定的目标时，它就是一种可实施机制（Implementable Mechanism）；如果一个机制能够同时满足参与约束和激励相容约束，则称之为可行的可实施机制。机制设计者的目的也就是在给定的经济环境与约束下如何选择一个可行的可实施机制来最大化自己的期望效用函数。可以说，机制设计理论深化了人们对不同情况下资源最优配置机制性质的理解，也为研究、比较和设计不同经济制度或经济机制提供了理论框架。

2.1.4.3 轨道交通联合开发机制设计的应用

轨道交通联合开发的实施由追求不同利益的独立主体共同进行开发，各参与主体之间难免存在不同程度的信息不对称现象。参与主体之间往往存在所有权分散、决策分散、信息分散的情况，会碰到大量的信息问题和激励问题。因此，需要进行联合开发实施机制的设计与确立。轨道交通联合开发实施机制的设计不仅仅是一项简单的决策，更是一项公共决策，它是在面临众多不确定性，众多利益团体不同利益纷争的情况下，在众多的被选方案中选出满足社会各群体的利益方案，使做出的决策既能确保轨道交通开发建设各利益主体都能享受到联合开发的实施成果，还要保证机制的实施能实现社会整体利益的最大化。因此，如何设计和建立一个可实施的机制，使得联合开发能在这一框架指导下进行，是本书所研究的重点。

依据机制设计理论，在轨道交通联合开发的实施机制设计中需要达到以下三方面的目标：首先，机制设计中的信息透明化。机制设计理论认为，任何一个机制的设计和执行都需要信息传递，而信息传递是需要花费成本的，一个好的机制它的信息空间的维数应该是最小的，因此它的信息成本也应该是最小的。这就要求信息的公开化和透明化，因为信息的扭曲和非正常渠道的传递，会造成很高的成本，在相互猜忌、小道信息传递的过程中，信息成本会无限增加。其次，机制设计中利益主体的参与性。个人利益与社会利益不一致是经济社会中的一种常态，在信息不完全的社会，个人利益往往都会被隐藏起来。而联合开发的目的是使社会成员全体利益最大化，如果没有每个成员的参与，或某些成员有更好的想法没有表达出来，那所设计的机制就是虚构的，就是不完善的。联合开发实施机制的设计涉及多方参与主体，因此机制的设计需要多方利益主体的参与。最后，机制设计中的参与约束和激励相容。机制设计的最终目的是实现个人预期收益的最大化和社会整体利益的最大化。因此，建立合理有效的机制，对于机制设计者的目标实现有着重要意义。一个可实施的机制，首先要能够将最符合条件的参与者纳入其中，同时兼顾到激励问题，并给每个参与者激励，使参与者在最大化个人利益的同时也达到了设计者所制定的目标。联合开发实施需要一定的方式成功选择最符合条件的参与者，并提供相应的协调鼓励机制来维持公、私部门之间的合作关系及社区的参与。

2.2 理论框架

以上述基础理论为根本，我们的理论假设为——轨道交通联合开发的实施机制是基于准公共物品属性基础之上，为实现轨道交通外部效益内部化，采用公私合作制模式的，具有可实施性的开发机制。相关理论主要包括公共物品理论（Public Goods Theory）——轨道交通具有准公共物品属性；外部性理论（Externality Theory）——实现外部效益内部化；公私合作制理论（Public-Private Partnerships Theory）——通过公私合作制模式予以实施；机制设计理论（Mechanism Design Theory）——可实施机制的信息共享和激励相容。

其中，轨道交通的准公共物品属性为采用政府和市场相结合的方式进行产品供给奠定了基础，解释了前提性问题——“是否可以实施联合开发?”。外部性理论则解释了轨道交通开发正外部效应的存在以及如何实现外部效益的内部化，并解释了联合开发实施的必要性问题——“为什么要联合开发?”。公私合作制理论则为联合开发的公私合作模式提供了依据，为私营机构参与轨道交通站点地区开发提供了理论支撑，并解释了联合开发实施的可行性问题——“如何实施联合开发?”。机制设计理论则为建立满足多方利益主体需求的联合开发实施运作提供了方法论，为促进联合开发实施的制度环境营造提供了依据，并解释了联合开发实施的操作性问题——“如何实现联合开发?”。轨道交通联合开发实施机制的理论框架结构如图 2-6 所示。

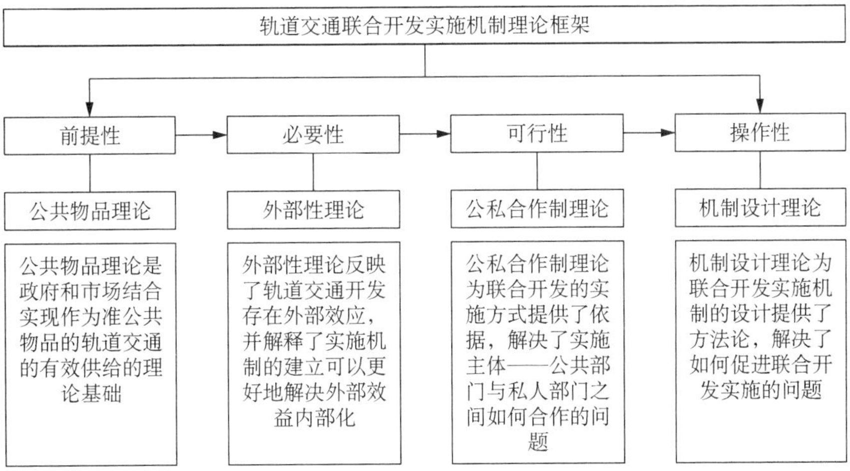

图 2-6　轨道交通联合开发实施机制理论框架结构

2.3　本章小结

本章聚焦轨道交通联合开发的实施，基于轨道交通准公共物品属性基础之上，以实现轨道交通外部效益内部化为目标，采用公私合作方式来实施的轨道交通站点地区联合开发实施机制的设计，提出了相应的理论框架，着重分析了公共物品理论、外部性理论、公私合作制理论、机制设计理论四部分。通过理论研究初步分析了绪论中提出的几个问题，后文中需要进一步通过研究综述和实例分析予以论证。

3 联合开发实施机制研究综述

除本书第 1 章绪论中的相关定义研究综述外(此处不再赘述),轨道交通联合开发相关研究可以分为三部分:第一部分为国内外相关的实践研究,主要包括加拿大、美国、日本、新加坡等国;中国台湾、中国香港等国内城市。根据不同国家和城市的经济政策导向分为自由竞争市场经济下的联合开发和政府干预市场经济下的联合开发研究两类。第二部分为国内其他城市联合开发研究和实践研究,主要包括研究综述和实践探索。第三部分为国内外联合开发案例和实践的初步比较。本章主要分析了轨道交通联合开发成功实施的共同点和差异性,初步验证了本书第 2 章理论研究中提出的三个核心问题,并就国内大部分城市联合开发研究的不足进行了分析,为后续研究指明方向。本章的分析研究逻辑结构图如图 3-1 所示。

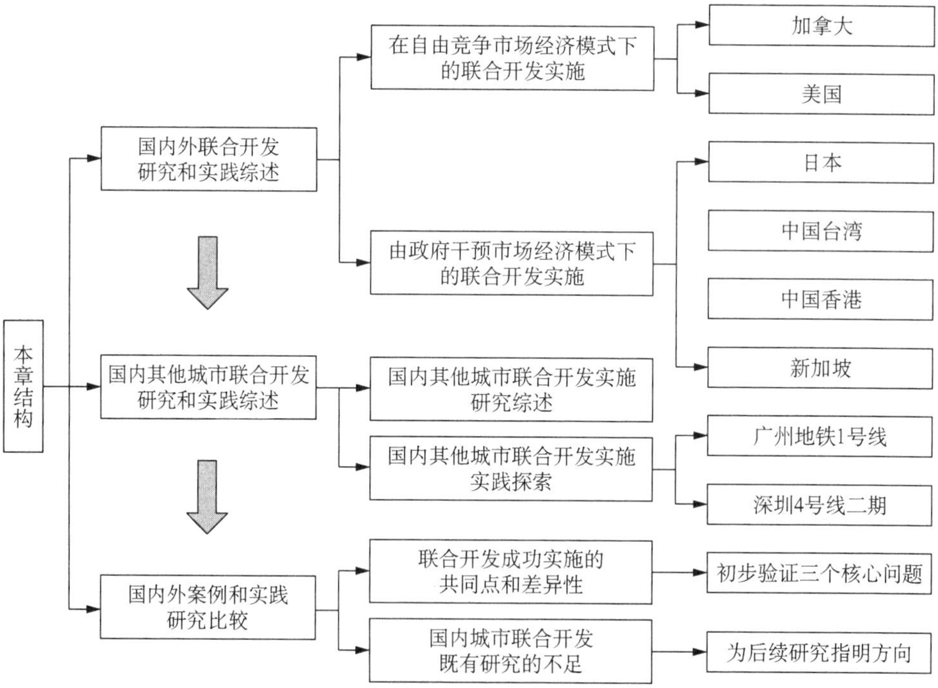

图 3-1 第 3 章分析研究逻辑结构图

3.1 国内外联合开发研究和实践综述

世界上一直存在着两大基本经济流派的争论:主张自由竞争的新古典综合学派和主

张政府干预的新凯恩斯主义学派。两大经济学派也产生了不同的国家发展的宏观政策导向：一类强调市场的作用，以自由竞争为核心的宏观政策体系，以美国为代表；另一类强调政府干预的作用，由国家控制下的市场模式的宏观政策体系，以新加坡等为例。由此可以将联合开发研究分为两类。

3.1.1　在自由竞争市场经济模式下的联合开发实施

美国、加拿大等国强调自由竞争市场有利于资源的有效配置，因而它们对经济一般采取不干预的态度（涉及国家战略及国家安全则除外），更不参与经济的微观运行。此类国家/地区一般情况下以土地私有制为主，只要不对公众的利益或国家安全构成危害和威胁，土地拥有者可以自由地使用或转让土地，价格由供求关系决定，政府很难对土地市场进行调控。此外，此类国家/地区一般课税机制十分完善，税收是财政收入的主要来源，不存在土地经营概念，这些国家/地区更多的是通过税收的方式来解决轨道交通溢价回收的问题。事实上，美国、加拿大等国进行联合开发虽然起步较早，但由于强调自由经济，往往需要通过漫长的协商和谈判，其实施效果反而不如很多亚洲国家、城市和地区。

1. 加拿大

20 世纪 70 年代，加拿大在对交通沿线的土地进行综合开发的实践基础上，通过深入总结，最早提出联合开发的概念。1970 年蒙特利尔市成立了城市共同体（MUC），其各部门对整个城市实体建设负有责任。MUC 的规划部门负责地铁的位置，城市运输局决定地铁线路，运输交通局则执行、开发并管理包括地铁在内的大众运输交通。住宅及城市规划局负责基地建筑结构的形式，监督地铁设备的营建。负责为地铁取得土地的机关是规划部门及房地产部门。当地铁线路选定后，规划当局的都市发展部门便着手调查基地目前及未来的用途。取得许可证后，市政府的房地产部门便为征收行动先进行评估，然后展开议价收购，并自行分析该土地将来的可能用途。房地产部门直接负责土地取得及车站路权。在车站基地的选择与土地取得的安排背后有两个目标：一是把所有车站出入口都设置在建筑物内；二是成本回收。土地取得后，蒙特利尔市采用长期土地租约的法律合约形式，将土地引入市场[19]。跟美国不同的是，加拿大的许多城市在尚未完全进入小汽车依赖阶段，就已开始强调引导居民使用公共交通，鼓励以集约方式利用土地[77]。此外，加拿大所有的土地在名义上都属于女皇所有，但实际上大部分土地归私人所有。联邦政府、省（北方地区）及市政府拥有自己的土地，这些土地为国家所有，各级政府对自己的土地拥有处置权。

最典型的案例是蒙特利尔市的波纳文图尔广场车站。蒙特利尔市提出将地铁从通勤工具提升为城市发展工具的设想，包括刺激地铁沿线的城市开发及鼓励重大投资、借助提供地铁通道设施促进城市的文化娱乐、商业和工业活动等一系列目标。一开始，加拿大国家铁路（CNR）拟对其所持有的蒙特利尔市中心区铁路隧道上方土地进行商业开发，由康科迪亚开发公司提出的超大型多用途建筑计划方案——波纳文图尔广场，中选并且该公司被授权负责开发。1964 年，康科迪亚开发公司与 CNR 签下长期土地租约。1967 年，占地约 2.4 hm^2，总造价超过 8 000 万美元，集旅馆、办公、商业、展览、交通等功能于一体的波纳文图尔广场竣工使用，其创新的设计理念以及高效率的施工为人所称道。但是由于开发项目过大且来得太快，头两年却是惨淡经营，只有 40%的零售区域和 50%的商品中心得以出租。康科迪亚公司由于之前的快速扩展及后期参与其他项目，因而未能负担其应付的费用。同时，一项新税法的颁布使得任何公司对于非百分百拥有的产权不能持久使用。因此，作为项目投资方的大西部寿险公司买下了康科迪亚在波纳文图尔广场项目中的权益，并聘请特里扎克公司来经营。三年后，随着人口规模的增长，波纳文图尔广场迅速发展。现已凭借其独特的设计和多样性的活动成为蒙特利尔市中心商业区最具商业文化特色的城市地标，其中特里扎克公司认为方便到达的地铁对商场的成功比项目中任何一部分都来得重要[19]。

2. 美国

1964 年，美国城市大众运输署初步制定了城市大众运输法案，并由此开始参与投资联合开发。1978 年，《联邦公共运输法案》(*The Federal Public Transportation Act*)被通过，并将其扩大修订。这使得城市在运输设备上投入了更多资金。同时，美国的住宅与城市发展部又制定了城市发展行动授权会计划(the Urban Development Acting Grants)，通过公共基金的使用来加强城市的投资，这对于运输投资起到了辅助作用。这两项计划不仅使得城市在运输系统上投入了更多的资金，还增强了对私人开发的吸引力。联合开发就是在这样的背景下萌芽的。1978 年 6 月，美国交通部主办了以"联合开发市场"为主题的会议。会议上，400 名政府官员和私人开发业者就全国各城市的联合开发展开了讨论。1979 年，美国城市土地协会专门将实施联合开发过程中的一些具有信服力的报告予以发表，包括剖析了一些成功的经验，指出运输系统的建成并不一定能够导致联合开发的发生，公共部门与私人开发商之间的政策制定及协议签订才是关键因素。1995 年，美国城市土地协会出版了 *Joint Development:Making the Real Estate—Transit Connection* 一书，书中先对联合开发这一概念进行了综述，并通过深入研究，分析了美国和加拿大等 5 个城市的 7 个案例，得出的结论是联合开发的实行不仅有赖于计划及开发政策的制定，而且合作协议的订立也是十分必要的，公私联合的双方是相对独立且存在共同利益的部分。随着联邦政府对公共交通投入资金的减少，兼顾多方利益的联合开发越来越引起关注。1995 年，R. Cervero 和 J. Landis 研究了土地利用与城市轨道交通规划之间的相互关系，提出了将轨道交通沿线土地开发所获得的收益用来补偿轨道交通建设所需资金的建议[78]。1998 年，R. Cervero 又对美国公共交通的融资问题进行了系统研究。2002 年，美国的交通合作研究项目(Transit Cooperative Research Program)针对 TOD 和 TJD 在美国的应用进行研究分析，形成 *Transit-Oriented Development and Joint Development in the United States:A Literature Review*[20]的相关研究成果。该报告对于联合开发的概念做了进一步界定，并将联合开发分为四方面主要议题：制度的问题、评估的好处、实施以及城市空间设计。陈雪明[79]在《城市交通的联合开发策略——试谈美国经验在中国的应用》一文中介绍了美国联合开发的策略除了可以集资以外，还可以协调交通和土地利用的关系。美国的联合开发策略主要包括以下四种策略:① 收费策略(强制性);② 新增房地产税策略(强制性);③ 公平投资策略(自愿性);④ 发展刺激策略(自愿性)。这些策略主要用于地铁车站附近大约 1 mile(1 mile=1 609.344 m)的范围,这个区域可以视为车站的直接影响区,如图 3-2 所示。其中与本书所界定的联合开发相对应的是公平投资策略以及相关的发展刺激策略。

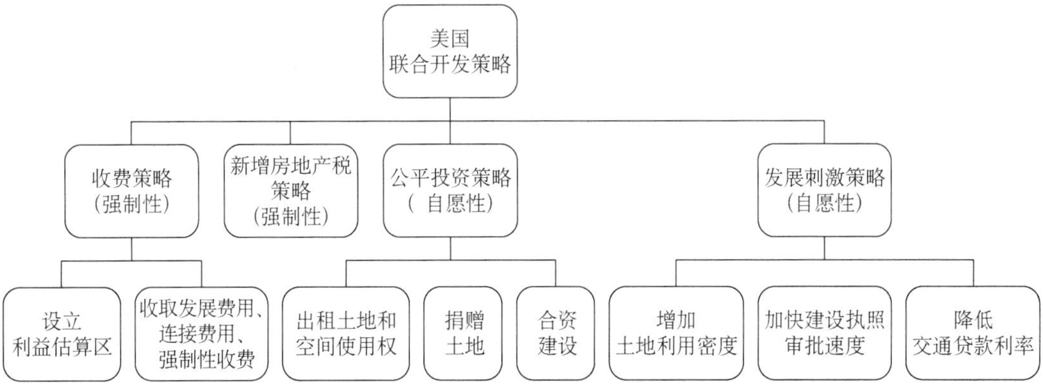

图 3-2 美国城市交通联合开发策略分类

此外,美国联合开发交易的成功与否还取决于市场状况。市场状况是决定谈判的重要因素。开发商的兴趣与市场形势的好坏有直接的关系,因此,政府所扮演的角色和所采用的策略需视市场形势而定。从强势要求业者妥协或弱势提供奖励诱因。比如,为刺激和吸引轨道沿线土地投资,波特兰政府推出了许多鼓励公交导向开发的政策、法规和条例[80],包括:制定容积率奖励政策,允许站点地区提高用于商业开发的建筑的法定开发强度;制定各种课税政策,如将轨道带来土地开发所增加的税收指定用于原开发基地与改善步行环境相关的基础设施建设,以增加基地吸引力;为公私部门交流提供高效平台,鼓励通过公私合作的方式降低开发商风险或协助其取得靠近车站的有利位置等。

最典型的案例:华盛顿康乃狄克大道 1101 号。相对于较新的美国铁路或地铁公共交通系统而言,华盛顿都会区运输局(WMATA)在联合开发的实践方面处于领先地位。华盛顿地区联合开发的成功深受 WMATA 对地铁系统地权的取得及处理政策的影响。全美盟约(Interstate Compact)第 12 节 b 款赋予 WMATA 以购买、承租以及必要情况下回收沿线土地使用权的权利。同时,美国出台了新的关于联合开发的重要规定,联邦立法提案赋予公共交通机构为实施 TOD 而购买相关土地的权利[26]。因此,WMATA 除了取得用来作为车站、出入口、永久停车场和其他永久性公共设施所需的不动产外,还可以取得建造地铁系统所需之外的土地。WMATA 取得土地后大多邀请私人公司承租开发。WMATA 也可利用建造地铁站出入口来取得地权从而获得收益。多数土地拥有者愿意提供土地给 WMATA,以获得与车站直接接通的好处。其中,康乃狄克大道 1101 号是华盛顿地区具有强势市场潜力的联合开发的典型个案,是一个中密度办公及商场的联合开发，其用地就是向 WMATA 承租的。它位于华盛顿特区的“新市区”（这个区域是华盛顿特区内最高级的办公与商业区之一），与北法拉格特地铁车站之间（位于康乃狄克大道下方）由一地下通道连接。地铁上盖建筑是一个十四层楼高的办公及商场开发计划，地下两层及地面一、二层为商场，商场以上十层为办公空间（图 3-3[19]）。该建筑在设计时，出于联合开发考虑，行人可从地下第二层经由可敲除的隔板通往车站夹层，而且这个通道通达四层商场，如果没有该通路，超过两层以上的商场是否可行就值得怀疑了。事实证明，这一通道的设置为商场增加了近 70%的客流。该地铁车站共设有三个出入口（图 3-4[19]），其中在街面上面对 L 街的出入口是最重要的一个。该出口舍弃基地的中心位置而选择西南角的原因有二：一是确保车站在公众可及范围之内，而且无论从康乃狄克大道或 L 街来都很便利；二是地铁当局不希望负担车站夹层及通道延伸至基地中间的费用。

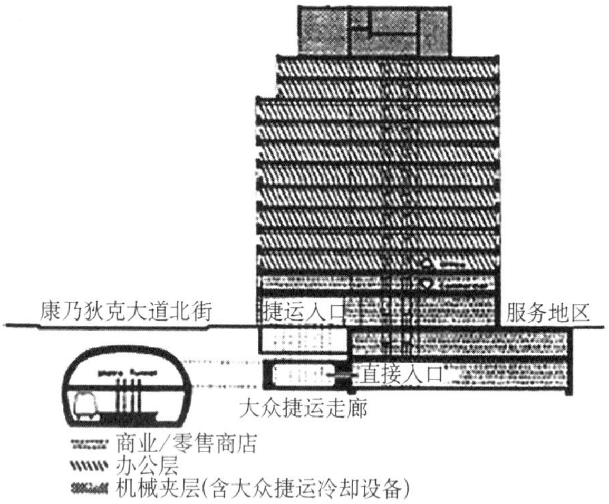

图 3-3　康乃狄克大道 1101 号东西向剖面图

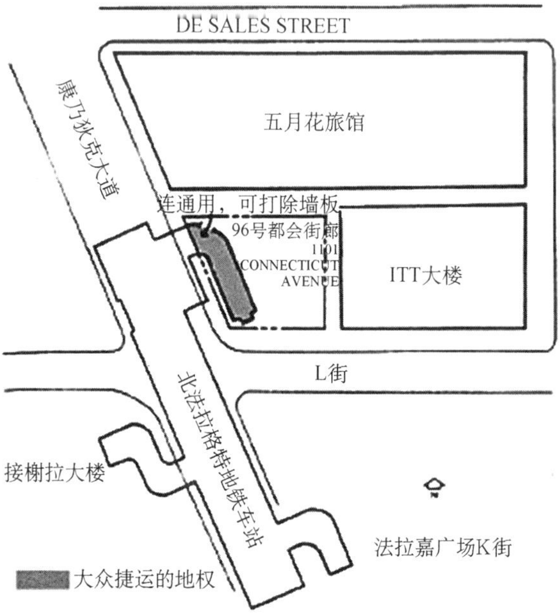

图 3-4　康乃狄克大道 1101 号平面图

3.1.2 由政府干预市场经济模式下的联合开发实施

此类国家和地区一般采用政府积极干预经济的政策，强调发挥自由市场机制的作用，但在市场失灵的情况下，比如外部性问题出现或经济发生波动时，政府不排除合理的干预。在该模式下，根据政府干预程度以及土地所有制情况，主要有四种联合开发模式：私营机构主导下土地私有的联合开发、政府主导下土地私有的联合开发、私营机构主导下土地公有的联合开发和政府主导下土地公有的联合开发：

1. 日本

私营机构主导下土地私有的联合开发。罗伯特·瑟夫洛在《公交都市》一书中称日本东京为企业化运作的公交都市[81]。该种独特的企业化方法带来了双赢的结果，公共部门和私营机构都从中得以获益。日本在20世纪20年代初，轨道交通与房地产联合开发的策略是应用在日本大阪地区，由Hankyu铁路公司首先采用。该策略还取得了突破性的成功。日本大阪和东京等地区都先后对该策略进行应用。以东京为例，东京大部分地铁由私营机构来建造、拥有和经营。12家铁路公司当中，只有1家是公营的[82]。该策略就是土地经营和铁道经营同时进行。铁路公司通常由先行廉价获得沿线土地的众多公司合伙组成，并统一进行土地利用与铁路建设规划以及基础设施配套，然后出售部分土地以补偿配套费用，其余用于自行开发。而这些公司往往是私人土地所有者合伙组建的。这就是日本城市建设中著名的"土地重整"过程。通过铁路与沿线土地综合开发的方式，以铁路带动土地开发，以土地开发培育铁路客运的客源。[83]

支持性的政策是此种模式得以实施的重要原因。由于土地和资源的紧张，东京特别重视轨道交通建设和土地集约化发展，国家和地方政府颁布了多项有利于公交发展和交通用地结合的政策和措施。为强化轨道交通吸引力，日本政府制定了许多优惠政策，为轨道交通运营商提供利息补贴、低息贷款、财政贷款等多种方式的财政支持，同时还规定，如果轨道交通企业将获得的利润再投入轨道建设并于十年内完成，投入建设的资金可以免去税收。政府法规规定私营铁路公司的票价都由运输部规定，并维持在一个可负担的水平上，这使得铁路公司只能通过发展其他产业来提高边际利润。此外，东京都市区内的私营轨道运输公司多年来都享有特定区域的专营权，这就减少了竞争，增加了潜在的利润。东京的铁路公司实行的是一种内部相互补贴的经营模式，用房地产投资获得的利润来补偿低利润率的轨道交通服务和公共汽车服务。对于东京核心区而言，政府也采取了支持性的政策，比如《都市更新法2002》[84]减少了对东京核心区土地开发强度控制的限制，并允许通过财政支撑政策鼓励私人资本参与轨道交通站点附近的土地再开发项目。

在日本，即使铁路建设和新城镇开发商不是同一实体，他们之间的合作也能够紧密协调。这主要是由于中央政府颁布的法规明确了此种情形下项目开发成本的承担原则，即"受益者分担制度"。这是指对于特定公共服务的特别受益者，在其受益过程中，要以分担金、负担金、使用费、手续费等形式来分担公共服务所投资的部分或者全部经费的一种制度。该理论以"特别受益"应当由"特别负担"来补偿的理论作为基础，是城市轨道交通沿线地区在联合开发中受益合理回馈的一种制度[85]。表 3-1 是日本城市轨道交通的受益者负担制度简况[86]。

表 3-1　日本城市轨道交通的受益者(或原因者)负担制度一览表

制度名	负担办法
新城区开发者负担制度	新城区开发商按基价提供轨道交通建设用地,负担施工基面以下 1/2 工程费,以及其他费用
基于住宅开发指导纲要负担	沿线开发商无偿提供轨道交通建设用地,全额负担施工基面以下工程费,并部分分担其他建设费
基于协议负担	沿线开发商按协议承担线路延伸及运输能力加强工程的部分费用
请求协议负担	车站周边开发商全额负担工程费,无偿转让车站用地,建设站前广场及相关道路
铁道事业者所得外部利益内部化	开发商用保留地向轨道交通事业者交付代行实施分区规划事业的报酬,铁道事业者将所得土地的升值部分用于轨道交通建设资金
旧城市规划法的受益者负担金制度	沿线土地的拥有者、长期租佃人等承担城规法受益者负担金及建设费用的 1/4
超额征税以及法人住民税、事业所税等特定财源的应用	超额征收法人住民税,其增收部分作为基金积累,以补助轨道交通建设事业
联络工程负担金	分担轨道交通车站与大楼之间的联络通道工程费

2. 中国台湾

政府主导下土地私有的联合开发。我国台湾地区的联合开发始于 1991 年,以颁布实施《大众捷运系统土地联合开发办法》为标志。该办法从开发项目的计划及规划、土地取得与开发方式、开发项目管理、申请及审查程序、监督、管理及处罚、奖励等方面均做了规定。中国台湾地区是相对于其他国家和地区而言,具有专门的联合开发办法的地区,还划定了车站特定区以及制定了一系列的配套政策,如容积奖励政策等。其中,捷运工程局主要负责捷运兴建和修正已建路线工作。针对车站特定区成立由政府、土地所有权人、开发商、专家等所组成的开发委员会,并由其负责配合政府推动地区的开发活动以及后续的管理维护。其中,在土地征收上,采用的是一种半强迫的方式。也就是说,列入车站特定区的土地要么参与捷运工程局进行联合开发,要么被政府征收。这种半强迫的方式,也是由《大众捷运系统土地联合开发办法》以法律的形式保障实行的。联合开发在台北市的运用较为成熟。由于台北市区土地昂贵,捷运建设用地的取得较为困难,所以台北捷运建设大多选择联合开发的方式,以捷运为导向的土地开发方式引导沿线土地良性发展,并且尽量降低因取得建设用地、过路权或空间权给土地所有者带来的损失。至 2006 年年底,台北捷运已通过联合开发,节省设施用地费用约 185 亿新台币,取得开发权的 67 万 m^2 建筑面积,净效益为 180 亿新台币,开发奖励约 29 万 m^2 建筑面积,净效益为 120 亿新台币。而奖励后的容积率(FAR)得以充分使用,开发后建筑面积约为原来的 2 倍。中国台湾联合开发组织管理体系如图 3-5 所示。

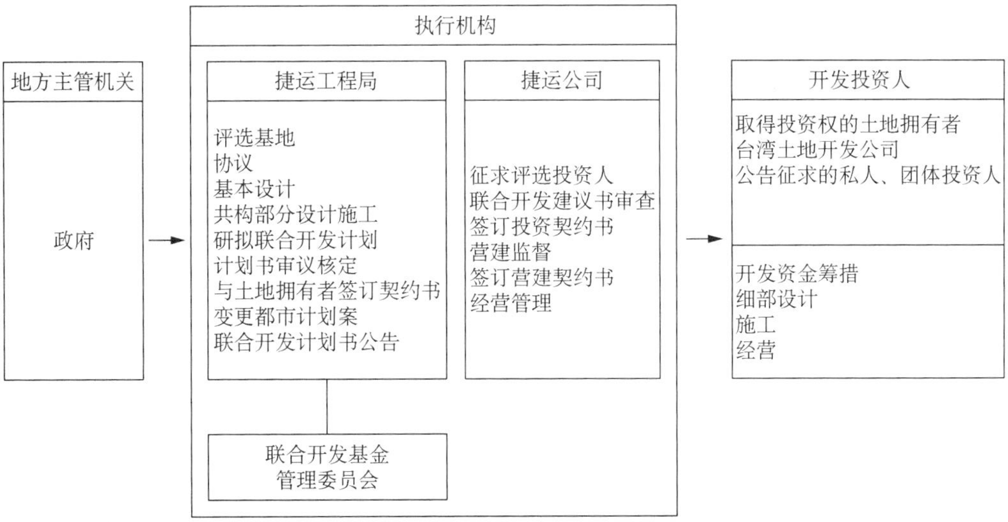

图 3-5 中国台湾联合开发组织管理体系

台湾捷运联合开发最大的特征就是法律政策相对完善，并在进行捷运开发的每个作业环节时都有相关法律政策予以支持，包括《大众捷运法》《大众捷运系统土地联合开发办法》《台北都会区大众捷运系统土地联合开发实施要点》《大众捷运系统土地联合开发契约书》《台北都会区大众捷运系统土地联合开发投资契约书》《大众捷运系统工程使用土地上空或地下处理及审核办法》等。其联合开发实施上涉及以下几方面：

(1) 专门对联合开发用地进行界定。《台北大众捷运系统土地联合开发办法》[77]将联合开发用地定义为：系指大众捷运系统场、站与路线之土地及毗邻地区之土地中，经划定为联合开发计划范围内供联合开发之土地。

(2) 土地获取。联合开发土地通过有偿拨用(公地)、协议购买、市地重划、区段征收、征收等方式获取。联合开发土地取得以协议为原则，协议两次不成，则由主管机关依法报请征收或依市地重划、区段征收方式办理。事实上列入联合开发用地的土地所有权人只有两种选择：或是与捷运工程局联合开发，或是土地被予以征收。

(3) 空间布局划分及开发项目管制。台北大众捷运系统按照以下四种类型分别规定开发项目类别：场、站建筑物上下层空间及其毗邻地区；场、站供旅客候车及上下车以外空间；采用高架设施者，其下层空间；场、站周围广场及邻近道路下层空间。

(4) 机构设置。台湾联合开发的执行机构包括捷运工程局和捷运公司(图 3-5)，并相应规定了机构的职能。

(5) 权益分配。联合开发的权益分配方式是以各投资人所投的资金额度或同值的土地占总投资额的比例，一次比例换算同值楼地板面积为分配原则，简单地说，就是以价值认定方式使投资人获得同值的楼地板面积。

(6) 激励性政策。在《台北大众捷运系统土地联合开发办法》中专门提出对联合开发实施的奖励：联合开发项目可依法申请减免税捐；政府予以关联性公共设施及提供技术协助;政府帮助洽请银行予以贷款优惠;对于建筑物楼地板面积与高度予以适当放宽;对部分费用予以免息优惠。其中,通过额外容积率奖励调动了沿线私人土地拥有者的积极性,创造了共赢局面,如图 3-6 所示[88]。

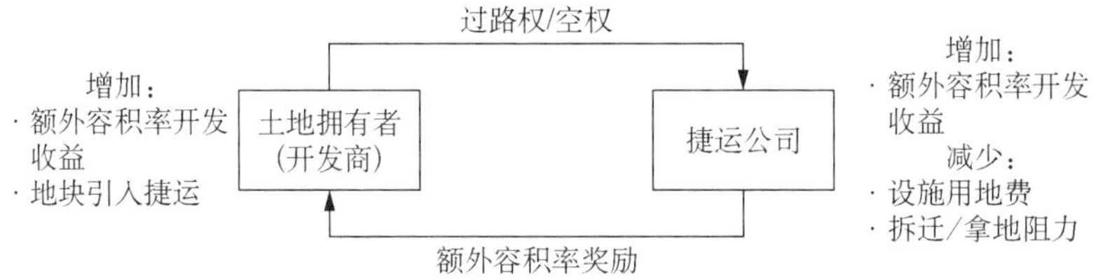

图 3-6 台湾额外容积率奖励模式下的共赢关系

3. 中国香港

政府主导下土地公有的联合开发。香港是低税制地区,土地收入是财政收入的重要来源。政府采用的是以土地批租为中心的土地管理体系,通过控制土地供应从而有计划有步骤地向市场供应土地,以发挥土地效益。早在 1975 年,香港政府就批准并通过《香港集体运输铁路公司条例》,这是香港地铁进行有关轨道交通各类经营活动的法律依据。除此之外,为了保证联合开发的成功实施,香港政府还专门为地铁制定了许多相应的配套政策。香港地铁公司(以下简称港铁公司)是在没有政府资金补贴的情况下,自行建造、营运和维护地铁。如图 3-7 所示,其中非经常性补助金,低于市价的土地出让金,融资、设计等方面的支持以及收益的返还均是香港政府给予港铁公司的激励性政策支持。目前,港铁公司是一家上市公司,以香港政府作为最大的股东。在香港,52.2%的出行都是倚靠公共交通①,其中地铁就占了 20%的公交出行量[89]。香港政府给予港铁公司最大的支持就是以优惠的价格将土地售卖给港铁公司。港铁公司以地铁未建设前的价格从政府买入土地后,再以地铁发展后的价格出售、租赁或开发那些土地。由于香港是一个高度密集的城市,新添地铁站口能对周边土地产生巨大的增值作用,尤其是商业用地。在过去十年中,地铁公司

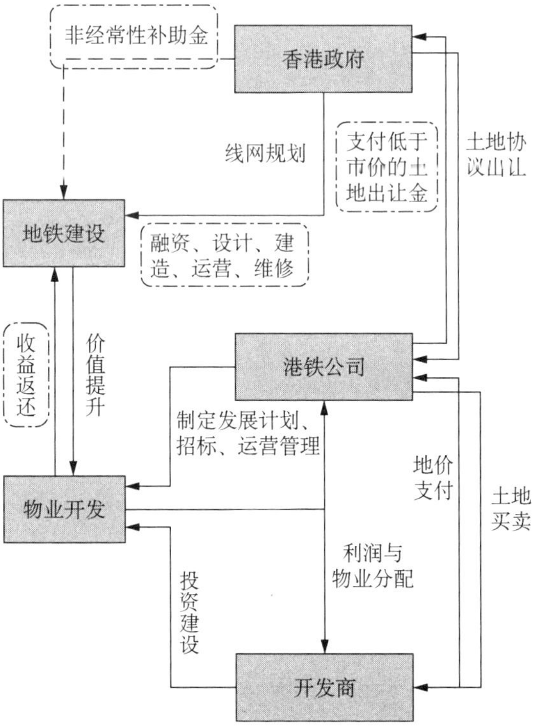

图 3-7 香港地铁“轨道+物业”联合开发模式示意

① 香港的出行方式按统计数据显示,其中步行 36.3%,私人机动车 11.5%,公共交通 52.2%。

营业收入几乎一半来自物业开发活动，而并非公司所提供的核心铁路服务[90]。

香港政府对于地铁的建设和运营管理采用政府投资和企业运营的方式。相对而言，香港政府赋予港铁公司较多的激励性政策，包括地铁建设前沿线未开发土地，按当时地价归地铁公司所有，港铁公司负责向政府偿还地价；地铁建成后的土地升值收益全部归港铁公司所有；港铁公司利用地铁资源开发的项目如广告、商铺、电信服务、地下空间等收入也全部归港铁公司所有；地铁建成后港铁公司自行确定票价，由于和其他公交方式间存在竞争，故地铁票价能控制在一个合理的水平；政府确定建设的线路不能达到资金回收的要求所带来的损失由政府承担。具体实施方式上：① 采用设置综合发展区（CDA）政策，给予地铁物业发展弹性。对于轨道交通沿线土地利用均结合轨道交通车站及其附属设施用地在规划上设置 CDA，为轨道交通周边土地的混合、高密度使用创造条件，为地铁物业整合沿线地区发展提供便利。② 港铁公司参与具体线路规划。港铁公司拥有线路规划权，港铁公司可以和政府共同研究规划线路，并磋商任何与车站有关的开发机会。港铁公司非常重视公司规划能力的发展，2000 年，港铁公司在物业开发部门下还专设了城市规划部门，专门研究符合企业财务目标的土地开发战略。从地铁的选线到站点周边大片土地的区域规划以及具体项目的规划，港铁公司全程参与，使得沿线土地开发与地铁建设协调的主动权全在港铁公司的掌握之中[2]。③ 在土地获取方式上，由香港政府按照《地下铁路土地征收条例》（香港法例第 276 章）[91]赋予的权力及对有关赔偿的规定负责执行征地及赔偿工作。在土地出让上，采用私下协议方式，将土地捆绑供给港铁公司。区别于西方国家的土地制度，香港辖区内所有土地归政府所用。这与中国大陆地区土地所有权归国家，各级政府代表国家管理土地相类似。

4. 新加坡

政府主导下土地公有的联合开发。新加坡 70%以上的土地归国家所有，土地开发基本由政府控制。政府严格控制土地供应，特别是车站地区。新加坡地铁又叫大众捷运系统（Mass Rapid Transport，MRT）采取国有民营的方式运营，由陆路交通管理局（Land Transport Authority，LTA）负责建设，后通过特许经营协议的方式转由新加坡地铁公司（SMRT）以及新加坡捷运公司（SBST）运营。早在 1971 年，新加坡的概念规划就提出了通过大容量快速交通系统连接市中心与卫星新城的设想，提出一个环状加新市镇的发展方案。新市镇的规模在 15 万～20 万人口，且基本都设有地铁（轻轨）站、公共汽车交通换乘站和商业中心，按邻里、邻区分级组织住宅群，配置公共服务设施。在开发策略上充分利用市场规律，在新市镇开发之初，主要建造大量的住宅和基层公共服务设施。地铁附近的商业用地暂不开发，待新市镇形成一定规模、土地价值上升后，再有计划地通过拍卖、招标方式逐步交由私人发展商开发，吸引高密度投资。采取的是首先培育客流，随着土地市场的成熟相继进行站点周边建设的方式，该方式可以在一定程度上避免站点开发初期的低效益[92]。1991 年，新加坡又重新制定了“概念规划 2001”[93]。该规划被形象地称为“星群规划”。“星群规划”在原有“环形规划”的基础上更加明确了“公交导向开发”的思路。1995 年，新加坡政府在交通部（Ministry of Transport，MOT）下成立陆路交通管理局

(LTA),专门从事陆路交通的规划、建设、运营和管理。1996 年,为了更好地指导全岛交通持续发展,LTA 颁布了未来 10～15 年新加坡的交通发展战略和政策,即《新加坡交通白皮书》(以下简称《白皮书》)[94],它从法律层面上确定适合新加坡的交通政策和规划。《白皮书》将交通系统和土地利用规划的综合发展策略作为新加坡实现"世界级"交通系统的四项基本策略之一。此外,《白皮书》还提出,构建"世界级"交通系统,新加坡人责无旁贷,每个人都应有自己的角色。政府的职责在于"继续提供良好的交通基础设施与交通管理系统,并推行健全的政策";对于公共交通的运营,要有激励机制使得运营机构不断改善服务,产生资金效益;对于乘客而言,则应为公交服务的改善支付合理的费用。这便是基于合作伙伴观念的财政框架,政府负责提供交通设施,乘客支付运营费用,运营商(机构)在公共交通委员会(Public Transport Council, PTC)的监督下负责提供具有效率的服务。在第一个 5 年计划的交通策略中,《白皮书》明确提到:LTA 在建设新地铁线路时,要充分利用地铁车站周边及地面上的土地加以开发。此外,新加坡注重在规划机制上的协调,促进用地规划和交通发展紧密结合。新加坡的市区重建局(Urban Redevelopment Burea, URB),隶属于国家发展部(Ministry of National Development, MND),是新加坡的国土规划机构。其中,URB 组织编制的总体规划中的交通专项部分和独立的交通规划均由 LTA 编制完成。自 1995 年成立以来,LTA 与 MND、URB 和住屋发展局(Housing & Development Board, HDB)等部门保持密切联系,就规划和交通的发展问题进行密切沟通,以协调土地使用与交通系统之间的相互衔接。URB 在确定组团性质、规模和开发容量时,与交通系统紧密结合,按照《白皮书》的原则,考虑组团围绕着 MRT 进行高容量开发。除保留并扩大公交换乘枢纽功能外,以 MRT 站点 400 m 范围进行超高强度的政府组屋开发,其容积率一般控制在 8 以上,甚至有时在 10 以上。因此,这些组屋多在 20～30 层,甚至达到 40 多层。而在 MRT 站点上方,往往建有以购物为主,集休闲、娱乐为一体的综合商业中心。新加坡的公共交通系统建设的融资并不像香港靠房地产联合开发,而是通过有力的政府政策加强公共交通走廊周边的发展和鼓励市民使用公共交通,再加上两家公交营运公司的高效经营,多年来票价收入都足够支付营运开支。

3.1.3 分析总结

从自由竞争市场经济模式下的美国和加拿大来看,美国城市土地协会编写的 *Joint Development:Making the Real Estate—Transit Connection* 一书,在对美国和加拿大的案例进行分析的基础之上,将计划及开发策略进行了总结:有促进轨道交通与土地利用相结合的规划,有相关的土地、交通、财政等配套政策,有与机构设置相关的组织架构等方面,同时对于公私双方交易中协议涉及的内容进行了分析。其中,相对政府干预市场经济模式下的国家而言,美国、加拿大等国实施的联合开发更易受到比如市场状况在内的交易环境的影响。图 3-8—图 3-10 对自由市场经济下联合开发实施中涉及的政策要点——体现在计划与政策方面;交易要素——体现在公私合作协议中;交易环境——体现在市场状况、土地使用权状况等方面均进行了全面分析。

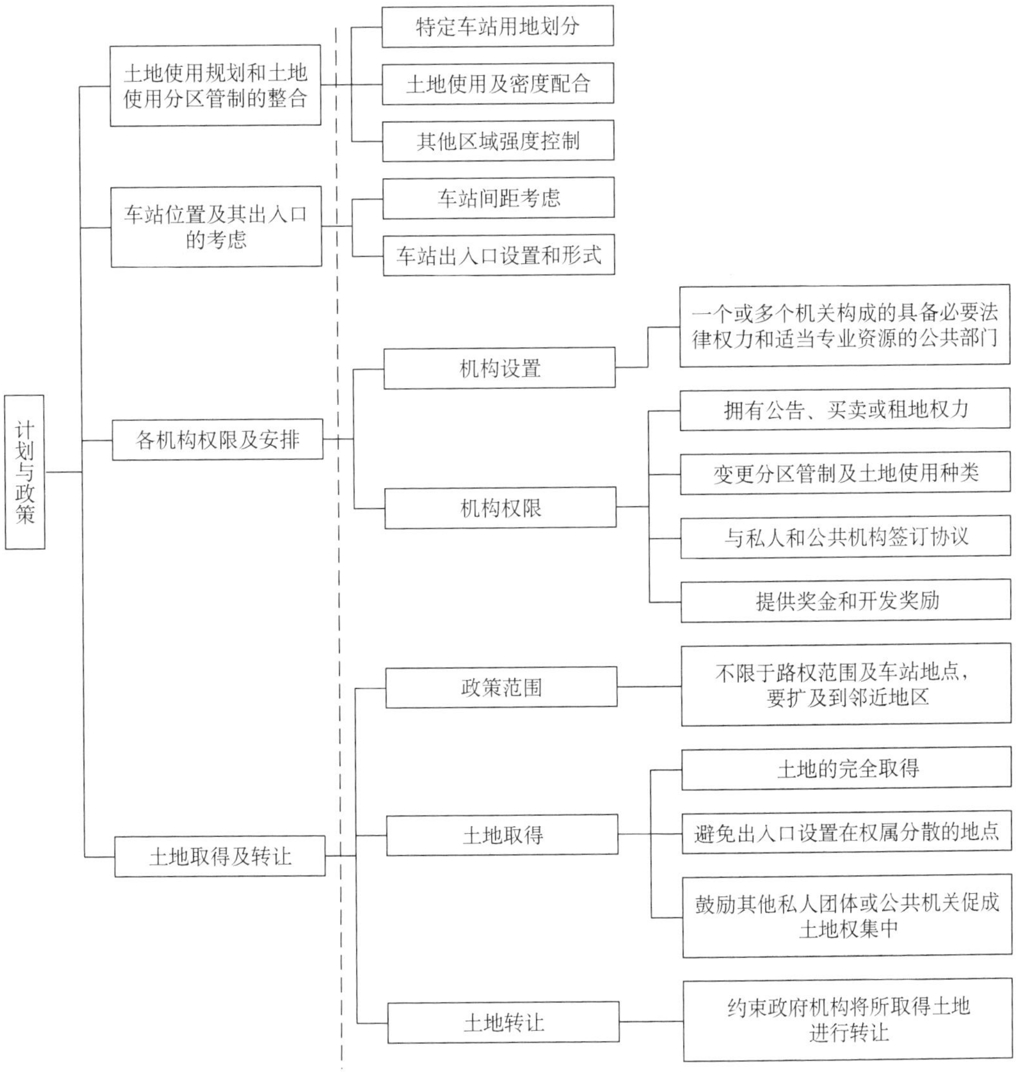

图 3-8　自由市场经济下联合开发实施政策要点分析

而政府干预市场经济模式下亚洲城市的联合开发中，可以分为土地私有的（日本为私营机构主导的）轨道交通联合开发模式。由于土地私有，利益相关者积极参与开发，包括轨道交通机构（兼开发商）、土地拥有者等。该种模式下轨道交通机构起主导作用，而政府则是给予政策上的支持；中国台湾的捷运联合开发，也是基于土地私有的开发。与日本私营机构主导下的联合开发不同的是，中国台湾捷运联合开发是由政府主导下的土地拥有者参与的联合开发，参与者包括土地拥有者、开发商等。相对而言，新加坡则是公共机构主导下的轨道交通联合开发。由于新加坡大部分土地公有，轨道交通和大部分土地由政府部门统一规划，政府同时进行轨道交通和组屋的建设。因此，新加坡模式为更加狭义的联合开发，市场运作余地较小，仅在轨道交通站点。与新加坡不同的是，中国香港则是公共机构和私营机构协同的轨道交通联合开发。政府以土地征购的形式参与其中，并先行给予原有土地使用者以利益分配后给予轨道交通机构政策支持。这种模式下，原有土地

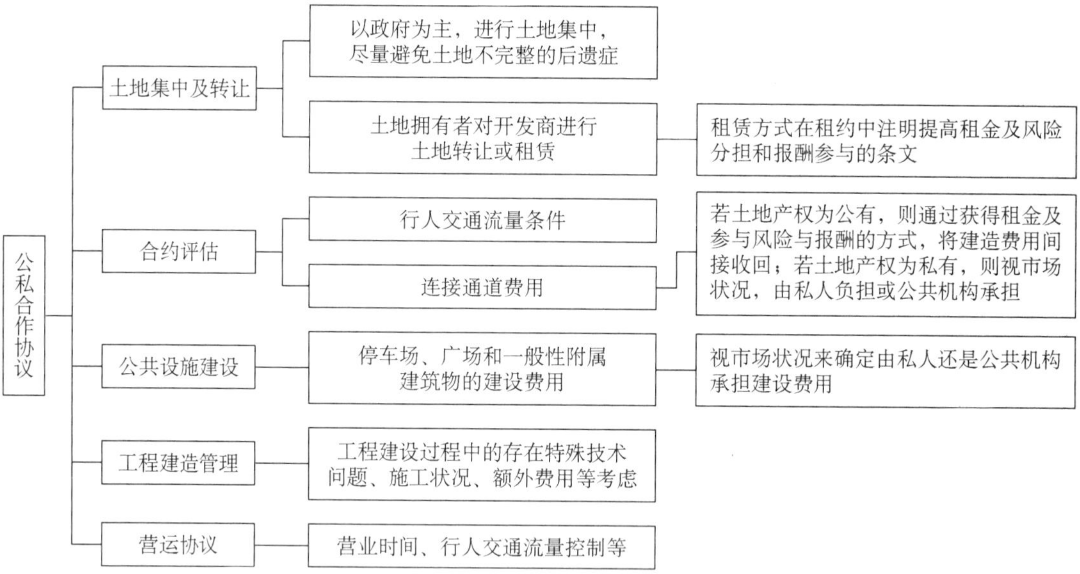

图 3-9　自由市场经济下联合开发实施交易要素

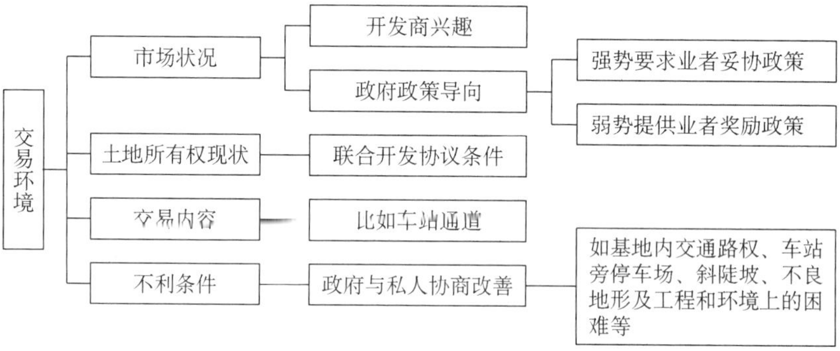

图 3-10　自由市场经济下联合开发实施交易环境影响

拥有者不参与开发，故也被质疑忽视了对原有土地使用权人利益的保障。总体而言，从日本、中国台湾、中国香港到新加坡，是从私营机构主导到公共机构主导的转变，政府在这个联合开发的过程中，也是从日本私营机构主导下联合开发过程中只扮演政策支持和配合的作用，到新加坡完全由政府主导下进行联合开发的模式转变。地铁公司也从仅仅从事土地经营，到参与从事房地产开发，再到仅进行地铁运营的转变。图 3-11 表述了这四个国家/地区的主体之间联合开发合作程度的划分与示意。

由上述分析可以看到，政治背景和土地所有制对于联合开发实施具有一定的影响。在自由竞争市场经济模式下，政府更注重于通过强制性税收来进行书中所定义的广义性联合开发，比如美国的收费策略（强制性）、新增房地产税策略（强制性）等，主要在地铁车站附近大约 1 mile 的范围征税。而狭义的联合开发则相对而言具有自愿性，更侧重于单个站体的考虑，并需要成熟的交易环境。在其实施成功的联合开发案例中可以看到，政府在计

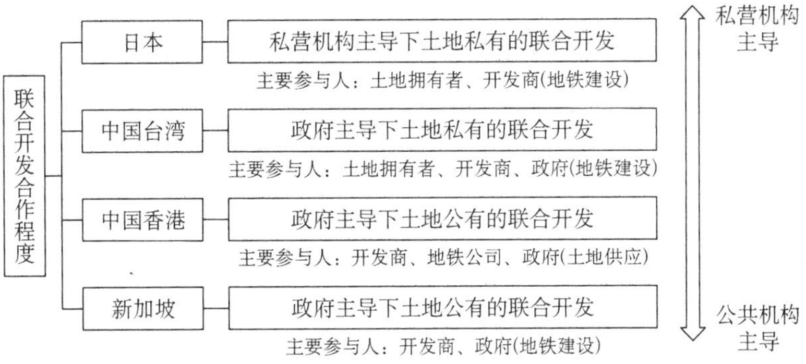

图 3-11 政府干预市场经济模式下联合开发合作程度划分

划与政策环节扮演着重要的角色，主要是在土地使用规划、车站位置和出入口设置、各机构的权限及安排、土地取得和转让等方面。公私合作协议中需要考虑的各项要点(图 3-9)，包括土地交易、合约评估、公共设施建设、工程建造以及后续营运等。自由竞争市场经济下，联合开发实施更易受交易环境的影响(图 3-10)。

而在政府主导的市场经济模式下，其联合开发实施相对而言更具有强制性，其联合开发是书中所界定的狭义性定义，更强调制度化，并通过制定法律法规来保障其实施。其中，不同国家/地区所采用的联合开发模式其在主体的合作程度上有一定的差异(图 3-11)。这四种模式是否都适合我国国内的其他城市，就需要进一步研究了。

3.2 国内其他城市联合开发研究和实践综述

3.2.1 国内学者联合开发实施研究综述

我国国内直到 20 世纪 80 年代中后期才有大批学者对联合开发有所研究，也取得了不少成果。他们主要是从理论及学术著作的发表来总结观点，表 3-2 总结了国内近几年就站点地区开发研究所取得的部分理论成果。把它们按不同的研究角度进行分类，可以分为以下三类。

表 3-2 国内学者关于轨道交通站点地区开发相关研究

著作及学术论文	作者	时间	理论观点
《城市交通的联合开发策略——试谈美国经验在中国的应用》	陈雪明	1995 年 4 月	探讨了美国在城市交通建设中所采取的各种联合开发策略，在对比中美两国的异同点之后，对中国如何借鉴美国经验提出了建议
《从香港地铁运作经验看城市地铁体制的发展》	金锋	1998 年 1 月	分析了香港地铁经营体制的特点。针对由政府包下来的城市地铁运行体制所存在的问题，提出了按成本效益原则评价地铁规划、设计及经营方案的建议

（续表）

著作及学术论文	作者	时间	理论观点
《城市快速轨道交通建设和房地产联合开发的机制研究——以广州市为例的思考》	田莉、庄海波	1998 年 2 月	分析了快速轨道交通建设和房地产联合开发的意义，并就如何形成良好的联合开发机制进行了阐述。以广州市地铁 1 号线物业联合开发的实践为例，总结其经验教训，以期对国内其他城市的联合开发实践有借鉴作用
《城市触媒与地铁车站综合开发》	俞泳、卢济威	1998 年 4 月	提出了联合开发的触媒理论，研究如何发挥地铁交通对地区发展的促进作用
《城市轨道交通开发利益还原方法的基础研究》	叶霞飞、蔡蔚	2002 年 1 月	从理论上分析城市轨道交通开发利益的受益对象，并通过案例分析各受益主体的受益情况以及城市轨道交通对沿线地价（或房产价格）所产生的影响。在此基础上，借鉴国外城市轨道交通开发利益定量计算的基本理论，重点探讨基于资产价值法的城市近郊轨道交通沿线开发利益的计算方法，并初步建立相应的定量计算模型。最后，提出了城市轨道交通开发利益还原的基本方式和途径
《香港轨道交通与土地资源的综合开发》	郑捷奋、刘洪玉	2002 年 5 月	分析了香港土地资源开发利用、轨道交通开发营运以及轨道交通与土地资源综合开发的成功经验
《日本轨道交通与土地的综合开发》	郑捷奋、刘洪玉	2003 年 8 月	分析日本国土开发利用、轨道交通建设运营以及轨道交通与土地综合开发的成功经验。日本是世界上人口密度最大的国家，采取以轨道交通为骨干的公共交通为主导的城市发展策略，由于轨道交通建设经营主体的多元化，铁道主业与其他产业的兼营，特别是轨道交通与土地的综合开发利用，成功地解决了城市交通问题，实现了轨道交通的商业化建设与运营，也实现了城市经济、社会、环境、交通的协调发展
《加拿大联合开发的理论与实践》	阮哲明	2004 年 3 月	分析加拿大在土地利用与交通设施联合开发方面的理论研究和实践经验
《城市轨道交通与土地利用的联合开发的筹资途径》	刘金玲、梁青槐、邓文斌	2004 年 2 月	城市轨道交通建设资金筹措是世界性难题，从轨道交通的经济特点和效益现状来看，城市轨道交通建设与土地利用是互动关系。在分析了轨道交通开发利益关系和还原方式的基础上，探讨了轨道交通与土地资源联合开发的可行性，提出了利用土地综合开发筹资的途径，为轨道交通建设筹措资金提出了几点建议
《城市轨道交通外部效应量化计算方法探讨》	吴奇兵、陈峰	2004 年 7 月	城市轨道交通是解决我国大城市交通拥挤现状的有效途径，但我国城市轨道建设却面临巨大的资金缺口。轨道交通作为“准公共产品”，有着明显的外部效应，通过重点考查城市轨道交通对其沿线房地产的增值影响，就影响程度提出可行性计算方法，并就外部效应内部化提出建议

（续表）

著作及学术论文	作者	时间	理论观点
《城市轨道交通与土地利用联合开发规划探讨》	陈运来、骆汉宾	2005年5月	在分析目前城市轨道交通规划中存在的一些问题的基础上，提出了联合开发规划的含义。论述了联合开发规划的意义，探讨了联合开发规划的形成机制、工作流程和主体内容，给出了用模糊评价法对联合开发规划实施效益评价的基本思路和评价过程
《城市交通与土地利用互动机理研究》	杨励雅、邵春福、刘智丽、聂伟	2006年7月	建立了描述城市交通与土地利用之间互动方向及程度的数学模型，并指出在满足一定条件时二者能够达到"互补共生"的稳定平衡状态
《城市轨道交通站点地区联合开发初探》	肖慧奇	2008年	联合开发是城市轨道交通站点地区开发的有效方式之一。通过对上海徐家汇枢纽联合开发案例的分析，总结促成联合开发的经验，为其他城市轨道交通站点地区的联合开发提供参考
《基于外部性理论的城市轨道交通与房地产联合开发政策分析》	姚影、欧国立	2008年10月	分析了城市轨道交通对沿线房地产升值的作用机理，并指出正外部性的存在导致轨道交通产品供给的不足，从而使得资源难以得到有效配置。同时，对轨道交通正外部性内部化的实现路径进行了探讨，认为在初始产权界定清晰的前提下，科斯的市场解将使轨道交通建设引发的土地增值转化为企业内部收益。提出轨道交通与沿线房地产联合开发模式，将促进轨道交通投资、建设与运营的良性循环，实现可持续发展
《关于我国轨道交通与房地产联合开发的若干思考》	任春洋、潘海啸	2003年	结合国内外两个联合开发案例之间的比较研究，对联合开发的实施尤其是以联合开发参与者之间的协商为重点进行探讨，这些讨论可以为国内城市进行联合开发实践提供制度设计和程序设计方面的参考

第一类：案例借鉴研究。早期站点地区开发研究侧重在案例借鉴上，主要借鉴了美国、加拿大、日本、中国台湾、中国香港、新加坡等国家/地区的联合开发实施案例。

第二类：资源利用、资金筹措等实施目标方面的研究。国内应用联合开发的时间较短，国内部分学者对于轨道交通联合开发的定义偏重于资源利用角度，如：联合开发是基于城市轨道交通和土地利用而发展起来的一种新的资源经营利用模式。刘金玲等[120]对城市轨道交通和土地利用联合开发的筹资途径进行了研究，提出利用轨道交通沿线土地筹资，结合商业、广告、上部物业及轨道交通沿线一体化开发等资源综合利用来实现轨道交通开发资金的筹措，并实现盈利。骆汉宾等[96]认为，联合开发是基于城市轨道交通及土地利用而发展起来的一种经营及资源利用模式，也是解决城市轨道交通建设资金的重要途径。

第三类：实施策略方面研究。随着对联合开发作用的逐步认识，国内相关学者对联合开发实施过程和策略进行了一定的研究。其研究主要侧重在联合开发的实施流程、参与主体、政策建议和开发机制等方面。全允桓等[97]以北京的昌平—延庆快速交通走廊联合开发为例，设计了我国联合开发运作的体制：在政府的领导和协调下，由交通运输部门、土地管理部门、城市规划部门、城市开发（或房地产开发）公司和公交公司等部门和企业，按城市发展规划就交通建设项目成立联合开发公司。任春洋等[98]认为，参与者之间的协商与谈判是联合开发区别于一般的房地产开发的特征之一。在整个联合开发过程中，参与者之间的协商与谈判等行为是始终贯穿于其中的。熊睿智[99]通过对联合开发的不同开发形式及开发模式的分析和研究，着重介绍和分析了我国广州地铁 3 号线在开发模式、投资控制以及融资方式等方面的作用，总结了联合开发在轨道交通建设实施过程中的优势及不足，并结合现存的问题，提出联合开发控制范围、管理、政策法规、投融资损益策略等方面的相关建议。骆汉宾等[100]分析了轨道交通与房地产联合开发的基本内涵，讨论了参与实体在联合开发活动中的动力因素及市政府对联合开发的政策、法规支持机制，并指出市政府对联合开发的政策支持体现在四个方面：城市土地供应、土地取得方式、广告开发及税费优惠政策。需要制定联合开发的相关法规，具体包括：联合开发规划管理；联合开发土地经营管理；对联合开发参与实体的规定；联合开发的收益返还等方面的法规。肖慧奇[101]从政策、制度等的背景介绍入手，深入研究在这样的制度背景下为促成联合开发，交通枢纽地区法定规划和非法定规划所起的作用。司美林[102]通过借鉴国内外相关经验并结合深圳实际情况，提出推动深圳轨道交通联合开发项目实施的策略及建议，并提出了“政策导向＋联合开发规划体系＋法律保障”的策略架构。

3.2.2 国内其他城市联合开发实施实践探索

1. 广州地铁 1 号线模式

广州地铁 1 号线采用的是“政府主导，企业操作”的模式，由市政府组织清理土地和招商，落实开发商；应由政府办理的事项，如提供土地使用权、拆迁安置等，由地铁总公司以合作一方的身份予以落实。另外，政府将沿线尚未划拨的土地全数划拨给地铁总公司。政府相关部门按相关职能进行协调。为此，广州市政府曾经设想，由市政府牵头，有关职能部门——市建委、市规划局和房管局及具体实施单位（市地铁公司）共同谋划，统一实施。其中，地铁公司负责具体实施，并作为与外商合作开发的主体，承担向合作开发商提供条件的责任。

在当时的环境条件下，该模式既可以向投资者表明政府推进联合开发的决心，又可以通过部门协作，简化程序，提高效率，增强开发商投资的信心。但在具体实施过程中，由于很多本应由政府承担的职责由地铁公司承担了，而作为企业来协调本应由政府出面解决的事项（比如规划报建、配套设施建设、甚至是组织拆迁安置等），总体效果不够理想，实施过程中会遇到阻碍。

2. 深圳地铁 4 号线联合开发尝试

深圳市在城市轨道交通领域利用境外资本参与轨道交通的投资、建设和经营以及推行特许经营制度等方面进行了探索。通过公开招募及长期的谈判磋商，深圳市政府确定与港铁公司合作以BOT模式开发建设深圳地铁4号线二期工程。其中，港铁轨道交通（深圳）有限公司负责全部的投融资和建设，投融资模式如图3-12所示，深圳市政府在二期工程通车前将一期工程设施租赁给港铁轨道交通（深圳）有限公司，自二期通车之日起，4号线全线由该项目公司统一运营，并享有30年的特许经营权。在整个建设和经营期内，港铁轨道交通（深圳）有限公司将自主经营、自负盈亏，运营期满，全部资产无偿移交给深圳市政府。

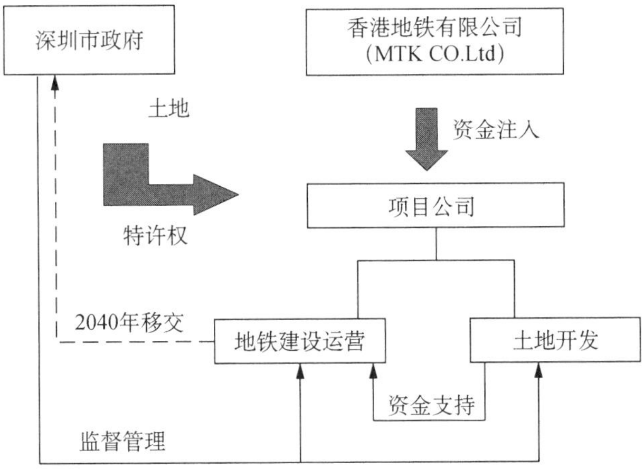

图3-12 深圳地铁4号线二期工程投融资模式流程图

深圳地铁4号线二期工程最大的特点是港铁公司除了负责轨道交通的建设运营外，还拥有沿线物业的开发权。根据特许经营协议，深圳市政府按现有无地铁情况下的地价将地铁4号线沿线车站及车辆段腹地的82.2 hm^2 土地出售给港铁公司作物业发展，允许其开发的建筑面积为290万 m^2，港铁公司取得车站上层空间的发展权后，将采取补地价的方式与房地产开发商合作，在沿线建造大型住宅、写字楼和商场，开发项目的风险由开发商单独承担，出售物业所得利润由港铁公司与开发商共享，这与香港地铁的开发模式完全相同。

深圳地铁4号线二期工程的联合开发实践取得初步成效，特别是有利于促进轨道交通建设与沿线土地利用的有机结合与互动发展，以及轨道交通市场化的投融资体制改革。但同时也暴露出一些问题，当时，最突出的问题是工程可行性研究报告未获得国家发展及改革委员会批准。此后，项目任务主要集中于周边用地的征地拆迁工作，因而工程进度缓慢。截至拆迁工作全部完成时，项目仍未获批准。此外，按照香港模式，在轨道交通联合开发中，开发项目的费用和风险由开发商单独承担，开发收益二者分享。这与国内传统的房地产开发模式截然不同，特别是该模式下联合开发中的风险及利益分配问题让开发商一时难以接受。因此，当时深圳地铁4号线二期工程也受到缺乏社会投资主体参与的制约。

3.3 国内外案例和实践研究比较

3.3.1 联合开发成功实施的共同点和差异性

随着我国城市化的不断发展，城市人口规模的逐渐增加，城市轨道交通建设项目的需求量也逐渐增加，对相关轨道交通站点地区开发包括联合开发方面的研究和探索也呈明显的上升趋势。通过国内外相关案例研究比较，初步发现主要有以下几方面共同点和差异性：

1. 共同点

(1) 联合开发实施需要一定的目标导向。联合开发涉及多个主体，没有明确的目标，无法予以成功实施。

(2) 联合开发实施核心主体为三方：政府（含相关部门）、轨道交通机构和开发商（投资商），其实施需要主体的良好合作。联合开发实施需要三方良好的合作，主要反映在土地开发权的交易上，并在空间布局上予以实现。

(3) 联合开发实施是一个过程，包括多个步骤与环节，需要制定相关政策促进其实施，主要是主体形成合作，规划设计、土地整合、签订协议合同、土地转让开发等。

2. 差异性

(1) 联合开发实施的目标导向上有所侧重，主要有以下三方面：① 通过联合开发刺激地区发展，成为促进城市发展的工具。比如，加拿大蒙特利尔市。② 实现溢价回收，反哺轨道交通的建设和运营，如美国华盛顿。③ 充分利用站点空间，实现土地的集约利用，如新加坡。

(2) 联合开发实施主体合作方式有所不同。政府、轨道交通机构、开发商之间的合作方式有所不同，合作程度也有所不同（图 3-11），特别是轨道交通机构所扮演的角色差异最大。比如，在美国，由于在自由市场经济模式下，轨道交通作为公共设施，由政府进行建设、管理与运营。土地所有权在轨道交通机构手中，开发商仅拥有土地开发权和租赁权。在加拿大，土地所有权和土地开发权分离，土地所有权在轨道交通机构手中，由轨道交通机构经营土地，但土地开发权则给予开发商，与开发商签订土地租约以及参与后续开发的相关步骤。而日本的私铁模式，轨道交通机构需要自负盈亏，包括征地、开发、建设、运营均由轨道交通机构来执行。在香港的港铁公司，在联合开发过程中，土地所有权在政府手中，港铁公司低价获得开发权再联合房地产开发商开发。

(3) 政府在政策制定要点上有所不同。比如美国，由于土地私有，政府出台了专门的关于联合开发的重要规定，联邦立法提案赋予公共交通机构为实施 TOD 而购买相关土地的权利[26]。加拿大政府部门为达成目标，则成立了专门联合开发机构推动地铁系统开发。决策委员会（包括地铁推动委员会、地上再开发委员会和车配建筑委员会）会同城市规划部、城市公共道路和房地产部和交通运输署等主管部门负责组织地铁系统的开发。相对而言，香港政府给予地铁公司较多的激励性政策，给予地铁公司较大的自主权。台湾捷运联合开发最大的特征就是法律政策相对完善，有专门的《大众捷运系统土地联合开发办法》。

综合上述的研究成果，从国内外城市的联合开发实施情况来看，联合开发的实施有利于大城市的精明发展，加拿大、美国、日本、中国台湾、中国香港和新加坡等一些公共交通和用地协调发展的典型国家/地区均注重轨道交通站点地区的联合开发。尽管政治体制和土地所有制有所不同，但其中通过土地利用规划以及各种的政策法规来促进轨道交通和城市开发导向的一致性，公共机构和私营机构之间的良好合作也是联合开发得以实施的重要原因，但其合作的程度和方式受到国家经济发展导向及土地所有制的影响。

3.3.2 国内联合开发既有研究

就国内其他城市实践探索来看，广州地铁 1 号线和深圳地铁 4 号线二期均具有联合开发的三大共同特征。但从差异性来看，包括联合开发的目标、主体的合作方式、政策的制定要点等方面仍受到政治体制和土地所有制的影响。后续需要进一步深入研究，方能建立起适应我国国内其他城市的联合开发实施机制。初步来看，在宏观层面，中国作为政府干预市场经济模式下土地公有制的国家，中国香港、新加坡等城市的联合开关实施模式更适合借鉴。在微观层面，其他城市和地区站点地区开发的土地利用规划、土地征收与转让、组织机构设置等联合开发实施涉及的具体政策法规以及公私双方协议中应对市场而采用的灵活且具有激励性的开发策略是值得借鉴的。比如，美国城市土地协会对于其中合作协议的要点进行的分析；加拿大设置的专门的联合开发机构；中国台湾的《大众捷运系统土地联合开发办法》和车站特定区划；新加坡的《新加坡交通白皮书》；中国香港的《香港集体运输铁路公司条例》等，均为联合开发实施提供了政策法规上的支持。此外，政府在土地利用规划层面，包括新加坡的《概念规划 2001》；中国香港《法定图则》中对于"综合开发区"的划定以及东京的一系列关于多中心用地分布和鼓励新城开发的规划。

此外，本书认为，国内的既有研究有以下不足之处：首先，未针对联合开发的定义和分类予以研究和界定。从目前国内相关研究来看，未对不同国家/地区的联合开发模式的开展方式从体制背景角度予以进一步分析。此外，相关研究中也未对联合开发的特征、内涵等予以进一步分析界定，由此形成了一些概念的混淆。该部分内容在本书第 1 章联合开发定义界定中已进行了分析界定。此外，对于案例研究也未从体制背景角度予以分析，而只是机械地视为联合开发。事实上，不同体制和土地所有制背景下的联合开发具有不同的合作程度。其次，侧重联合开发实现目标，而忽略实施过程研究。国内相关研究更多地强调轨道交通联合开发作为资源利用、资金筹措的方式，强调联合开发实施外部效益内部化的目标，而未对如何实现目标，以及实现目标涉及的实施主体、实施要素、实施过程进行全面研究。其三，从联合开发的实施策略方面来看，研究仍有局限性。国内相关研究更多地注重对实施障碍的分析，而未对如何促进实施进行深入研究。第四，从联合开发的实施案例来看，实证研究相对较少。总体而言，我国国内其他城市对联合开发方面的研究还处于起步阶段，主要仍是对国外成熟经验的借鉴为主，相对缺乏本土化的研究，因此对于这一方面还有许多值得我们继续深入研究及探讨的地方。

3.4 本章小结

本章梳理了国内外城市轨道交通联合开发研究相关文献，并进行分析归类，针对每一类研究进行详细解析，最后对既有研究进行总结。通过对轨道交通联合开发的共同点和差异性分析，初步探讨了理论框架中的几个核心问题：① 联合开发实施需要一定的目标导向——为什么要进行轨道交通联合开发？② 其实施需要主体之间的良好合作——如何实施轨道交通联合开发？③ 联合开发实施是一个过程，需要制定相关政策促进实施——如何实现轨道交通联合开发？

4 轨道交通联合开发实施框架

与本书第 3 章中国内外城市轨道交通联合开发实施案例研究不同的是，本章聚焦在对照国内外城市特定站点联合开发的具体实施案例上，对站点地区的联合开发实施特征和实施过程进行分析，对实施要素进行总结，从而在理论框架和研究综述基础之上，初步搭建起轨道交通联合开发实施框架。本章的分析研究逻辑结构图如图 4-1 所示。

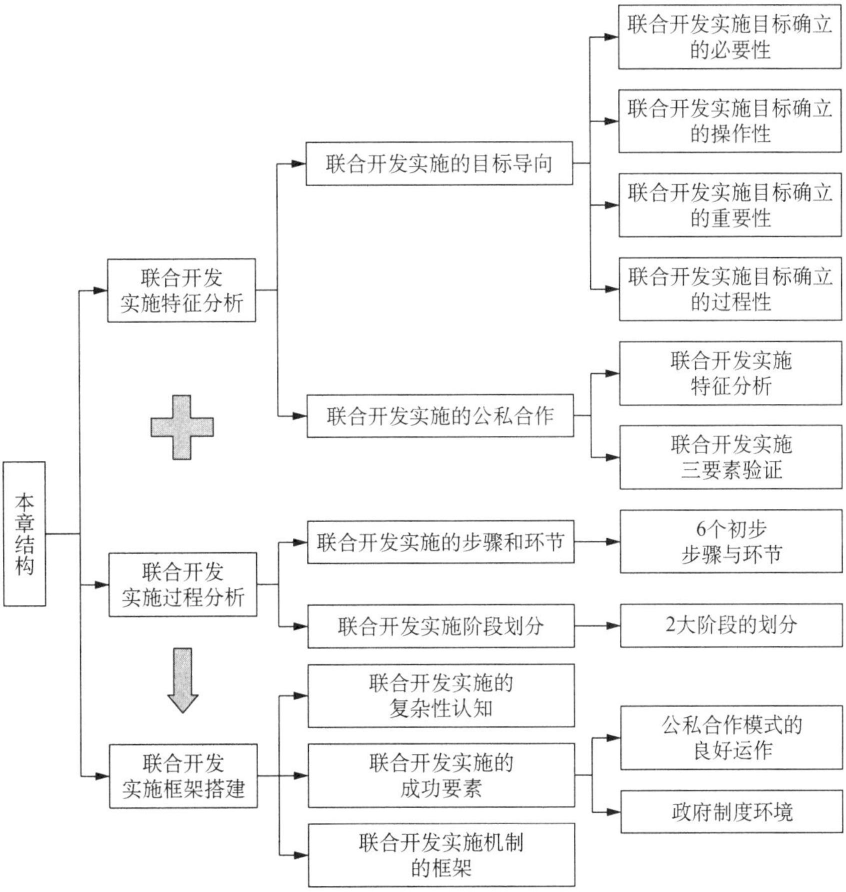

图 4-1 第 4 章分析研究逻辑结构图

4.1 联合开发实施特征分析

4.1.1 联合开发实施的目标导向

4.1.1.1 联合开发实施目标确立的必要性

以实现外部效益内部化为核心的不同利益主体之间的利益平衡需要统一的目标导向。这里需要指出的是，外部效益是个综合性的概念，涵盖了经济、社会、环境、交通等效益。外部性理论已为轨道交通联合开发的实施目标提供了依据。从前述案例可以看到，轨道交通联合开发实施涉及众多利益主体，其核心主要包括政府、轨道交通机构、开发商等，此外还包括政府及相关部门、土地拥有者、轨道交通使用者以及其他利益主体，包括融资机构、设计单位、咨询单位、承包商等。而不同利益主体又具有不同的利益导向，政府及相关部门通过联合开发追求包括经济、社会、环境、交通等效益在内的综合目标，包括土地的集约利用、城市的可持续发展等；而轨道交通机构则需要吸引更多的人流，获取更多的票价收入以及相关的广告等方面的经济效益，联合开发则促进了经济效益；开发商和轨道交通机构一样，开发目标则是强调获得更多的经济效益。由于轨道交通联合开发使得站体可达性的提高而得到周边开发土地的升值；土地所有者则由于受到联合开发的补偿，而获得经济效益。其中，土地所有者作为联合开发的参与者，也希望通过联合开发获得物业升值进而获得经济收益。联合开发的成功实施需要平衡和兼顾各方的利益，并通过城市发展政策予以保障，通过签订合作协议的方式予以落实。以台北市的联合开发为例，与中国香港、美国和加拿大的相关案例不同的是，台北市在联合开发过程中一定程度上综合考虑了土地拥有者的利益，采用的是半强迫式的公私合作方式。也就是说，在台北市的轨道交通联合开发模式下，土地拥有者是联合开发实施主体之一。

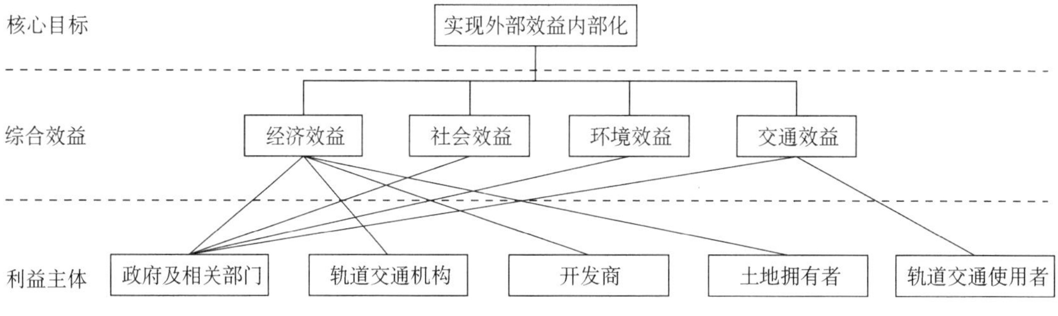

图 4-2　联合开发实施目标分析

根据上述案例可以将联合开发的目标导向划分为如图 4-2 所示，其中核心目标为实现外部效益内部化，而涉及内容包括经济、社会、环境、交通多方效益以及多方利益主体。

4.1.1.2 联合开发实施目标确立的操作性

在城市发展战略层面明确轨道交通与地区发展之间关系的目标。轨道交通引导下的土地发展战略是从城市发展战略层面对联合开发得以实施的保障。由于城市规模、机动化水平及社会经济背景的不同，各个国家、地区、城市联合开发实施的出发点和目标各有侧重。美国、加拿大由于资源相对充裕、私人交通发达于公共交通的国情，致使大多数城市采取的是需求导向型开发策略。因此，其联合开发为了保证轨道交通有更多使用者和客流量，获得更多车票收入，则更多的是作为刺激城市增长的开发工具，实现精明增长。亚洲的中国香港、中国台北等大城市，其共同点是城市人口密度高、城市空间资源有限，公共交通发达，轨道交通与城市用地发展结合紧密，大多采取的是供给导向型开发策略。在极度紧缺的城市土地和极高的人口密度的双重压力下，节约土地资源成为其核心目标。因此，联合开发作为其有效的土地集约利用的实施方式，此类地区轨道交通联合开发的目标为：通过联合开发促进土地和空间资源的集约利用，有效配置和增加轨道交通的建设运营资金。而国内大城市，比如上海、北京、广州、深圳等，更接近于中国香港、中国台北等城市，需要将联合开发作为有效的土地集约利用的实施方式。但无论是需求导向型开发还是供给导向型开发，政府在政策制定上均需要在发展战略层面确定统一的实施目标，从而平衡各方的利益。以中国香港为例，其联合开发策略得以实施在于宏观层面的城市发展战略中就提出轨道交通引导下土地发展的目标。香港在《迈步前进：香港长远运输策略》[103]中将轨道交通定义为交通出行的骨干，提出“要更妥善融合运输系统与城市规划工作，充分利用铁路，使铁路成为客运系统的骨干”。2000 年，香港的《线路发展策略 2000》[104]为未来 15 年的全港轨道导向土地开发利用绘制了宏伟蓝图：至 2016 年，全港将建成 250 km 以上的轨道线路，届时站点 500 m 半径步行范围将吸引全港约 7 成的居住人口和约 8 成的就业岗位。《香港 2030 远景规划和策略》[105]则继续鼓励轨道引导开发的混合土地利用开发模式。这些宏观层面的城市发展策略不仅为优先发展公共交通提供了支撑，还为政府制定联合开发的相关政策指明了方向。同样，新加坡的交通发展战略和政策——《新加坡交通白皮书》，也将交通系统和土地利用规划的综合发展策略作为新加坡实现“世界级”交通系统的四项基本策略之一，另外，还明确提到：在建设新地铁线路时，要充分利用地铁车站周边及地面上的土地加以开发。我国大城市人口密度高，土地和空间资源有限，摊大饼式扩展已造成土地资源浪费和城市运行效率低下，此外轨道交通建设和运营资金有限，供需矛盾突出，这些大城市发展中存在的问题，均需要从城市发展战略层面予以引导和控制，以轨道交通引导下土地集约发展为目标的联合开发方式是解决我国城市发展中存在的问题的手段之一。

4.1.1.3 联合开发实施目标确立的重要性

联合开发实施目标的确立是政府建立实施机制的依据。综上案例可以发现，政府在推进轨道交通联合开发实施方面扮演了重要的角色。最典型的为加拿大蒙特利尔的联合开发，一方面，政府成立了包括管理地铁建设、城市规划、房地产开发及交通运输等部门在内的专门联合开发机构来推动地铁系统开发；另一方面，将联合开发作为刺激城市增长的工具予以鼓励和支持，并制定相关法令政策对于地铁沿线土地的取得及处置做出支持。此外，香港的“轨道＋物业”联合开发模式的实施也在于：一方面，香港政府对于轨道交通机构的赋权；另一方面，政府对于轨道交通沿线土地开发的容积率政策、土地征收政策等方面的支持。

4.1.1.4 联合开发实施目标实现的过程性

从整个实施过程统筹考虑如何实现联合开发的目标。研究综述中的国家、地区的案例发现均从综合性规划与策划；土地整合与获取；合作开发主体选择与确定；具体项目开发；利益返还与分配；经营管理等方面予以全面的协调与统筹。成功实施的联合开发，其每个步骤均起着重要的作用，并且相互影响和制约。因此，需要从整个实施过程来统筹考虑联合开发目标的实现。其中，轨道交通机构扮演了重要的角色，从规划环节就开始参与，包括地块选定以及开发商选择与确定等重要环节。无论轨道交通机构在联合开发中扮演什么了角色，均是联合开发目标实现的重要主体，但其所扮演的角色有所不同。在前述美国、加拿大的联合开发案例中，轨道交通机构是作为公共部门与开发商合作进行联合开发；对于中国香港而言，轨道交通机构已逐步作为私营部门与开发商合作进行联合开发；对于中国台北而言，轨道交通机构是由捷运工程局和捷运公司组成，与土地拥有者和投资人合作进行联合开发。

总体而言，联合开发实施目标的导向、确定、实施及实现如图 4-3 所示。

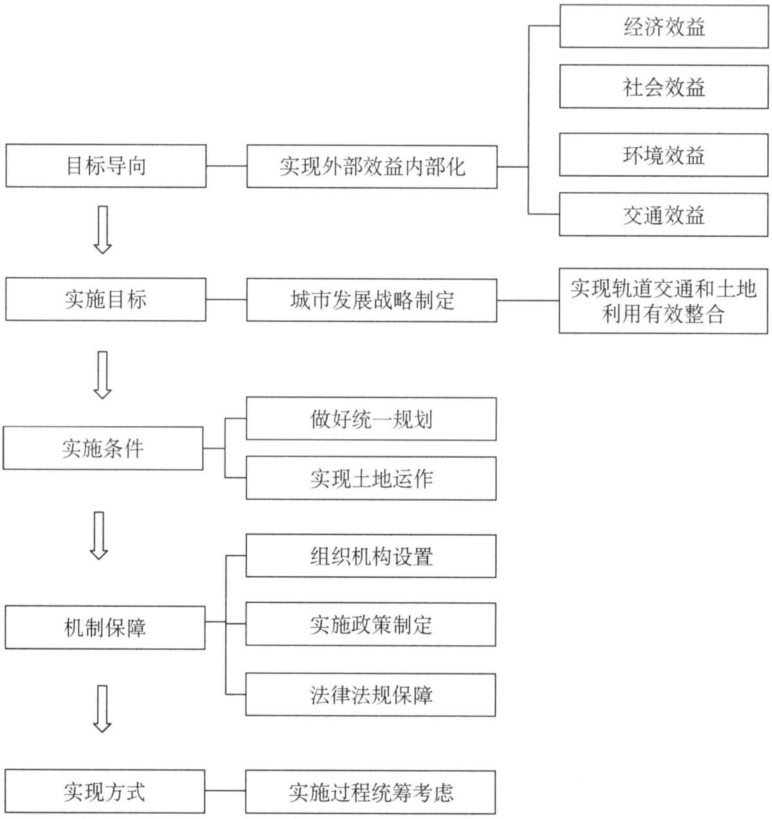

图 4-3 联合开发实施目标导向性分析

4.1.2 联合开发实施的公私合作

4.1.2.1 公私合作的特征

尽管前述案例中公私合作的方式各不相同，合作程度亦有所不同。但均具有以下特点：

(1) 公私合作制是公共部门和私营机构之间的一种合作。合作是前提，且强调合作的主体包括公共部门和私营机构。在前述联合开发案例中，均涉及政府、轨道交通机构、开发商。

(2) 公私双方为提供公共物品或服务需建立长期的合作伙伴关系，把轨道交通设施及站点建设作为合作目标。

(3) 公私双方需要通过签订协议来确定合作关系，是基于合同的合作。其中，主要是政府部门与轨道交通机构之间的协议，也包括轨道交通机构与开发商之间的协议。

(4) 在追求共同的或一致的目标下，公私双方强调风险分担和利益共享。

联合开发的实施需要公共部门和私营机构之间确立良好的合作关系。该合作体现了“等价交换”的理念，合作方进行交易谈判，以实现风险共担、利益共享，从而实现联合开发项目的实施。其中，主要交易在公共部门与私营机构之间，需要签订长期的合同(合作协议)来维持这种合作关系，包括政府部门与轨道交通机构之间的协议，也包括轨道交通机构与开发商之间的协议。主要是对于土地(空间)的开发权、使用权和租赁权。此外，还包括具体设计、施工、融资、保险等方面的交易与合约签订。

公私合作关系的形成和运作，一方面体现了参与约束的原则。以美国的华盛顿康乃狄克大道 1101 号为例，WMATA 是对土地开发权进行的承租招标，通过意向开发商提供的建议书来选择承包商；加拿大蒙特利尔波纳文图尔广场车站案例，其开发商的委托也采用了根据拟定的租赁条件，招标选择开发商的方式；香港“轨道＋物业”模式，是由香港地铁公司根据物业开发设计方案，并通过公开招标来寻求符合资格的开发商；台北捷运联合开发的投资商参与开发则需要向执行机关提供财力证明或开发资金证明，以及开发建议书等，由执行机构转地方主管机构来审核，经审核通过者，方可参与联合开发。另一方面，激励相容在相关案例中也得到了体现。方案设计中能够满足多方利益要求，使各方的利益相互牵制的运作方案，使得各方有进行长期合作的愿望，能够形成“双赢互利”的格局。此外，一些激励政策也很重要，如台北的捷运联合开发为鼓励车站特定区内原有土地拥有者和开发商能提供建设用地，采取容积率奖励的方式弥补开发商因提供车站用地导致的开发收益损失，并引导原土地拥有者参与联合开发。

4.1.2.2 公私合作的三要素

基于本书第 1 章中对于联合开发概念的界定与假设，轨道交通联合开发是一项轨道交通站点地区的房地产开发建设活动，其开发建设活动包括实施主体的联合、资金要素的联合和空间要素的联合。通过美国、加拿大以及亚洲城市的相关实施案例来验证，均具有以上特征。

美国的华盛顿康乃狄克大道 1101 号案例，是在北法拉格特地铁车站站体及周边进行的房地产开发。首先，在主体关系上，由 WMATA(轨道交通机构)与米勒集团(房地产开发商)合作进行，故存在着公私合作的关系。其次，在资金关系上，WMATA 对土地开发权进行承租招标，并签订租赁合同，而 WMATA 则通过获得租金的方式获得收益。再者，在空间关系上，包括连通道和出入口与周边开发地块的空间叠加。该案例的实施结构如

图 4-4 所示。

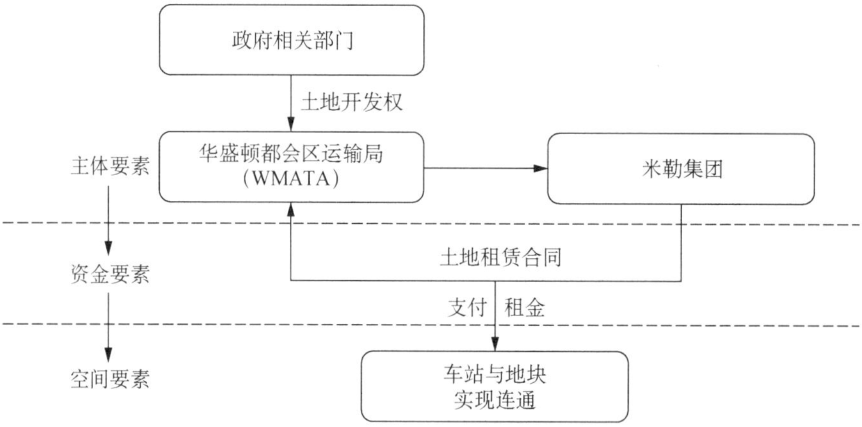

图 4-4　美国华盛顿康乃狄克大道 1101 号实施结构

加拿大的蒙特利尔波纳文图尔广场车站案例，是在波纳文图尔广场车站站体及周边进行的房地产开发。首先，在主体关系上，由加拿大国家铁路(CNR)公司与康科迪亚公司合作进行联合开发。其次，在资金关系上，政府通过拟定租赁条件，签订租赁合同，招标选择开发商进行房地产开发，而政府则通过租金的方式获得收益。再者，在空间关系上，包括了地铁上方的空间权以及车站用地多征用的土地。该案例的实施结构如图 4-5 所示。

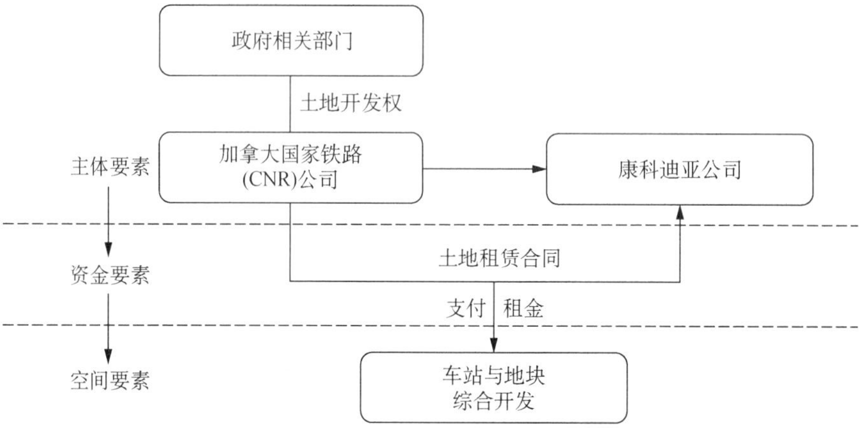

图 4-5　加拿大的蒙特利尔波纳文图尔广场车站实施结构

香港地铁公司的“轨道+物业”联合开发模式，是结合轨道交通站点及周边进行的房地产开发。首先，在主体关系上，由香港地铁公司与房地产开发商合作。其次，在资金关系上，香港地铁公司通过公开招标寻求符合资格的开发商，并与中标的开发商签订发展合约，由开发商对整个开发项目进行全资建设，包括补地价。香港地铁公司主要通过租金的方式获得收益，从而进行轨道交通建设及运营。再者，在空间关系上，包括了车站、车辆段上部及其邻近范围。该案例的实施结构如图 4-6 所示。

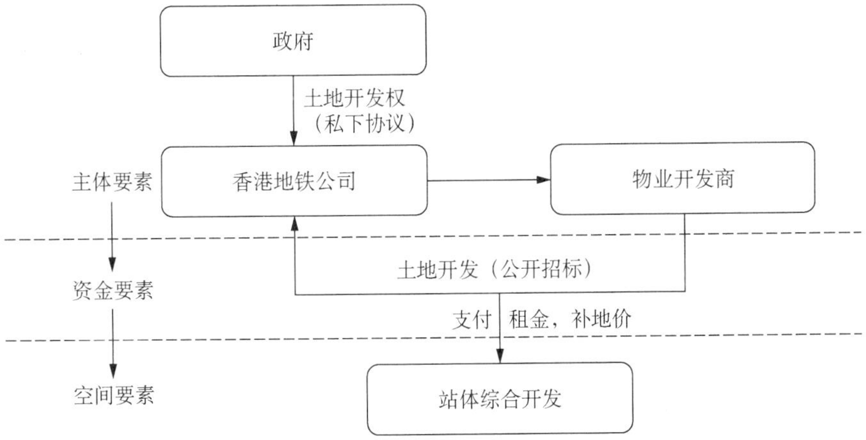

图 4-6 香港"轨道＋物业"联合开发模式实施结构

台北市的捷运土地开发模式则是由捷运工程局和捷运公司与开发投资人、土地拥有者进行合作，开展结合轨道交通站点的房地产开发。首先，在主体关系上，包括了捷运工程局和捷运公司与开发投资人的合作，体现了公私合作关系。其次，在资金关系上，由各投资人合作进行开发，所得收益以价值认定方式使投资人获得同值的楼地板面积，从而实现轨道交通站体的建设。再者，在空间关系上，包含了场、站建筑物上下层空间及其毗邻地区；场、站供旅客候车及上下车以外空间；采用高架设施者，其下层空间的利用；场、站周围广场及邻近道路下层空间等。该案例的实施结构如图 4-7 所示。

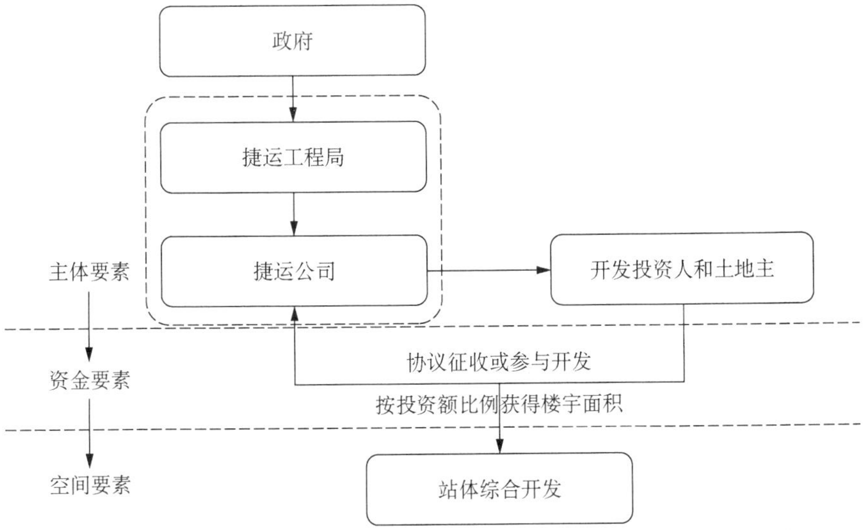

图 4-7 台北市的捷运土地开发模式实施结构

这些城市的联合开发实施案例初步验证了联合开发的实施特征主要体现在三要素的"联合"上：主体要素、资金要素和空间要素。其中，主体要素上主要涉及了政府、轨道交通机构与开发商以及三方之间的合作关系；资金要素则体现在主体之间对于土地(空间)开发权的交易，以及各项契约中对于租赁合同中的权益分配等；空间要素上，主要体现在站体周边空间的利用，包括上盖、地下空间以及连通道、出入口等。联合开发的实施特征概括如图 4-8 所示。

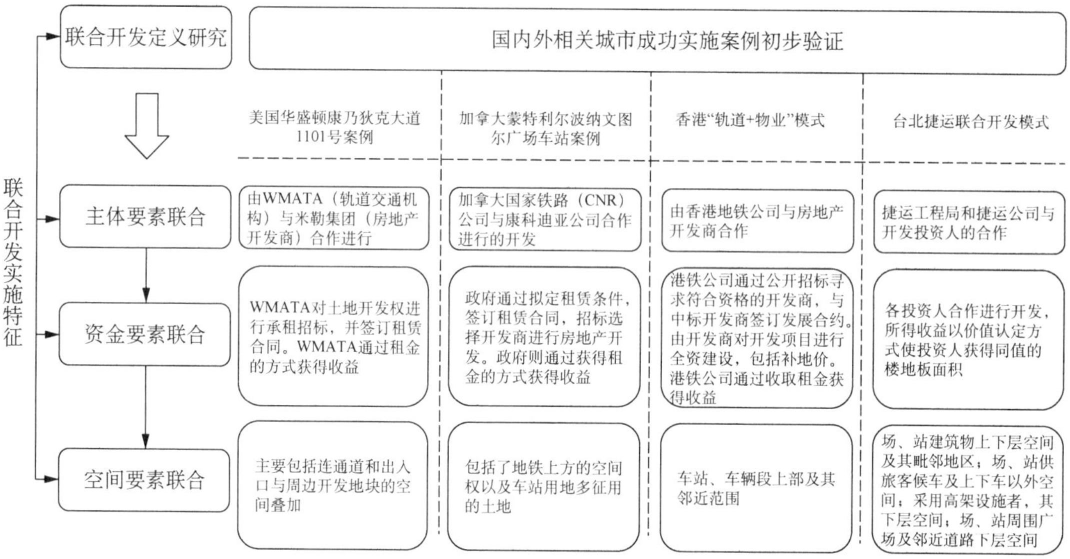

图 4-8　联合开发的实施特征概括

正如本书第 3 章研究综述中分析的，美国、加拿大的联合开发案例和中国香港、中国台北的联合开发案例在制度背景上具有一定差异性，因此，两类联合开发在实施方式上也有所不同。美国、加拿大等强调自由竞争的市场有利于资源的有效配置，对经济一般采用不干涉状态。而中国香港、中国台北等采用积极干预经济，因此当轨道交通"外部性"问题出现后，这些城市的市政府不排除合理的干预。因此，对于联合开发作为外部效益内部化的方式非常重视，并通过政策法规手段予以运用。此外，美国、加拿大等国家课税机制相当完善，税收是财政的主要来源，外部效益可更多地通过税收手段予以实现，比如：税收增量融资(tax increment financing)、获益补偿区(benefit assessment districts)等，而不存在土地经营的概念。所谓的联合开发则为广义性联合开发概念。

而中国香港、中国台北等城市属低税地区，土地收益是财政收入的重要来源，这使得政府积极地竭尽土地的潜力。因此，土地高效率利用是政府政策制订的重要方向。通过上述比较可以发现：首先，低税国家更注重土地的高效率利用；其次，要实现土地高效率利用，政府要采用积极干预的方式；其三，联合开发作为一种外部效益内部化的方式，可以通过政府的积极干预予以实现。相对而言，国内其他城市与中国香港、中国台北等城市情况较为相近，故可以将联合开发作为政府政策制定的重要方向，促进其实施。

4.1.3 联合开发实施的政策支持

从上述案例来看，联合开发的政策支持是顺利实施的重要因素，主要在于规划管理、土地管理两方面，并通过法律和政策来形成运作机制。无论是美国、加拿大等对经济不予以干涉的高税制国家，还是中国香港、中国台北等注重土地经营政府积极干预的城市和地区，政府对于联合开发均采用不同于其他地区的激励性政策。其中，中国台湾相对于其他国家/地区来看，拥有针对性很强的联合开发法案，能够直接指导联合开发项目的操作与实施。美国、加拿大与中国香港则是通过相关的法规制度，对联合开发的某些核心环节提供政策支持，主要是保障轨道交通沿线土地及物业开发权的取得。此外，由于各个国家和地区的土地所有制及轨道交通机构的设置均有所不同，因此，政府在相关法律和政策方面的侧重也会有所不同。比如：香港采用土地公有制，而港铁公司为市场化运作，那么为了保证联合开发的实施，故要保证香港地铁公司能够获得土地开发权，从而进行联合开发。而台湾为土地私有制，台湾的捷运公司为公共部门，其从土地所有人处获得土地所有权则是政策重点。下文将予以具体分析研究。

表 4-1 是香港轨道交通联合开发实施的相关法律和政策。总体而言，政策支持主要体现在以下几个方面。

表 4-1　　香港轨道交通联合开发实施政策分析

实施步骤	实施政策法规
综合规划与设计	《城市规划条例》(香港法例第 131 章)：发展蓝图中需画出综合发展区；规划委员会可向行政长官建议收回对发展蓝图上所示地区的布局设计造成干扰的土地。 《建筑物条例》(香港法例第 123 章)和《建筑物(规划)规例》(香港法例第 123F 章)：规定车站周边各类用地的高容积率发展
土地集中与获取	《收回土地条例》(香港法例第 124 章)：政府为公共目的进行征收土地的法例——针对地铁用地。 《铁路条例》(香港法例第 519 章)、《地下铁路(收回土地及有关规定)条例》(香港法例第 276 章)：赋予政府征用任何土地用作铁路项目的权力。 《土地拍卖条例》(香港法例第 27 章)：香港土地批租的主要方式主要有公开拍卖、招标、私人协议三种。其中，地铁用地通过私人协议的方式取得
地铁公司权力	《土地拍卖条例》(香港法例第 27 章)：在规定年限内，允许土地使用权横向转让，土地使用者可以根据租约所定条款建造建筑物，并连同租约在市场上出售。 《铁路条例》(香港法例第 519 章)和《地下铁路条例》(香港法例第 276 章)：铁路公司还拥有独立建设及经营权。 《地下铁路条例》(香港法例第 276 章)为地铁公司私营化制订法律构架。私营化后的地铁有限公司获批为期 50 年专营权经营地铁系统，政府拥有公司 76% 股份。香港政府给予铁路公司相当大的自主权，铁路沿线物业发展规模通过谈判明确，利润用于发展铁路项目

首先，做好统一规划。香港和台湾在规划实施层面考虑得较为成熟，从轨道交通选线

到相关规划及建筑设计，都综合考虑了如何满足联合开发的要求，进行统一规划。在美国，由于土地私有，政府较难操控土地市场，故在前期选线、规划等方面政府的作用较为薄弱，但对具体站点的联合开发方案，政府考虑得较为深入而细致，强调统一开展城市空间设计。而加拿大则在20世纪80年代开始采取新的战略规划，积极鼓励使用公共交通，在规划中强调引入TOD发展模式，鼓励开发商在车站地区进行开发，比如对地铁站周围的开发有额外的津贴[77]。从上述相关案例可以看出，规划管理包括两个层面：① 规划导向层面。强调公共交通导向的土地利用；与城市增长政策相结合，作为城市开发的工具；促进土地经营与轨道交通经营的结合。② 规划技术层面。专门划定综合发展区；通过容积率予以控制或奖励；强调功能混合；车站规划优先考虑联合开发；充分考虑人行通道的连接；除站体外，对车站的出入口、通风口、冷却塔等设备予以统筹考虑等。

其次，实现土地运作。无论是美国、加拿大的城市案例还是亚洲的城市案例，其联合开发的成功都需要通过相关政策法规赋予轨道交通机构获得联合开发范围内土地使用的权利。与之相反，深圳地铁4号线二期工程当初实施的障碍就在于轨道交通机构无法获得“准生证”。尽管轨道交通机构不一定拥有土地的所有权，但轨道交通机构可以对其沿线土地进行操作，其要么是土地拥有者，要么是土地使用者。在美国、中国台湾，轨道交通机构是土地的拥有者；而在加拿大和中国香港，轨道交通机构则是土地的使用者。其中，中国香港在相关条例中明确规定了允许土地使用权的横向转让。通过轨道交通机构参与土地运作，实现轨道交通设施用地和周边用地的统一开发。

第三，协调机构的建立。这在加拿大城市案例中体现得最为明显。由蒙特利尔市政府成立决策委员会(包括地铁推动委员会、地上再开发委员会和车配建筑委员会)会同城市规划部、城市公共道路和房地产部和交通运输署等主管部门负责地铁系统的开发。另外，我国的广州地铁1号线案例也表明，由轨道交通机构承担过多的政府职能，并不利于实现联合开发。

4.2 联合开发实施过程分析

4.2.1 联合开发实施的步骤与环节

根据几个城市的联合开发案例的实施程序分解，如图4-9所示，联合开发是一个完整的实施过程，可以划分为六个实施步骤：① 综合规划与设计；② 土地整合与获取；③ 合作开发主体选择与确定；④ 具体项目开发；⑤ 利益返还与分配；⑥ 经营管理。各个步骤可以并联开展，也可串联进行。如图4-10所示，尽管不同国家、城市、地区在具体实施环节中所采用的实施方式及实施主体有所不同，但是均可以分为这六个实施步骤。

每个实施步骤又可细分为具体实施环节，每个环节都起到关键性的作用：① 综合规划与设计：主要包括联合开发实施目标的确定；轨道交通规划与土地利用规划的整合；联合开发用地评估选择；联合开发计划制订四个重要环节。其中联合开发实施目标的确定至关重要，后续规划编制、计划和相关开发政策等均需围绕联合开发的实施目标展开。② 土地整合与获取：主要包括土地集中、土地整理和土地获取(转让)三大环节。其中土地集中为将零星分散、不利于开发、权属分散的土地予以征购或合并；土地整理则是土地前期开发，由生地变为熟地的过程；土地转让环节则为将土地开发权转让给轨道交通机构(或联合开发机构)。③ 合作开发主体选择与确定：主要包括拟定初步设计方案；与意向开发商谈判与协商；招标选择合作开发主体；签订合作开发协议四个环节。④ 具体项目开发：主要包括成立联合开发项目公司和具体进行项目开发建设两个环节。⑤ 利益返还与分配：按谈判合同或拟定协议进行。⑥ 经营管理：按谈判合同或拟定协议进行。具体实施程序的具体步骤和环节示意如图 4-10 所示。

美国华盛顿北法拉格特地铁车站康乃狄克大道1101号联合开发实施过程分解

1. 1966年，全美盟约签署，WMATA（轨道交通机构）主管地铁系统计划。建造及运营州际当局（政府相关部门）进行策划、规划、设计以及土地取得和相关经费的承诺。
2. WMATA获得土地：北法拉格特用地是WMATA于1970年以现金收益方式取得的(4 204 193美元取得了17 566 ft^{2}的土地），包括三块零星土地上的小商业建筑。由于只用部分土地来建造出入口会限制其余土地的利用价值，因而WMATA 取得了全部土地。此外，WMATA 还可以用作施工用地，而后进行联合开发。
3. WMATA 编制项目书：项目书除设定土地租赁年限及租金要求外，还包括设计图以说明施工捷运所需使用地权等。此外，还包括满足营运要求条文、起租时间、相关土地使用分区调整要求等。
4. 对土地开发权进行承租招标：WMATA发放项目书，通过意向开发商提供的建议书选择承租商。WMATA选择了米勒集团（房地产开发商），进行土地长期租赁。WMATA免费取得出入口这部分的用地权（图3-3）。
5. 与米勒集团签订租赁合同：土地租赁年限50年，期满后再依照对该房地产股价可再续约49年；每年247 902美元的基本地租；50%净现金红利；债务上限；固定股本回收额；不附属的土地等要求。
6. 米勒集团履行租约，进行项目开发

加拿大蒙特利尔波纳文图尔广场车站联合开发实施过程分解

1. 市政府订立路线及规划车站位置。市政府成立决策委员会(包括地铁推动委员会、地上再开发委员会和车配建筑委员会)会同城市规划部、城市公共道路和房地产部和交通运输署等主管部门负责地铁系统的开发。
2. 土地的获取。由蒙特利尔规划部门及房地产部门负责土地征收：规划部门负责调查基地当时和未来的用途；房地产部门先估价，再收购，直接负责土地取得及车站路权；加拿大国家铁路（CNR）拥有土地所有权，可自由与房地产开发商商讨。CNR是由政府指定的董事会经营，资金活动及伺机获利的方式就像民营公司一样经营。
3. 房地产部门根据拟定租赁条件，招标选择开发商。康科迪亚公司入选为开发单位。由加拿大国家铁路公司（CNR）与康科迪亚公司进行谈判。项目租赁时间为99年，合同到期前30年，合同会被重新协商。土地租金是地价的6%，这是市财务部定的。
4. 康科迪亚公司施工建设。
5. 项目资方的大西部寿险公司买下了康科迪亚在波纳文图尔广场项目中的权益，并聘请特里扎克公司来经营

香港“轨道+物业”模式联合开发实施过程分解

1. 前期规划、策划：前期由香港政府制定铁路发展纲领，地铁公司进行铁路及沿线物业开发的可行性研究。香港地铁公司与政府规划部门协商确定车站物业开发的主要内容和设计方案。香港地铁公司将规划方案提交城市计划委员会审批。
2. 土地获取：规划获批后，香港地铁公司即开始与政府土地管理部门商讨补地价及获取批地。香港政府安排香港地铁公司对新铁路线进行建设、融资和运营时，根据双方签署的项目协议，以总承包的方式赋予香港地铁在车站车辆段上部及其邻近范围进行物业开发的权利。
3. 招标开发主体：香港地铁公司根据物业开发设计方案通过公开招标寻求符合资格的开发商，并与中标的开发商签订发展合约，由开发商对整个开发项目进行全资建设，包括补地价。
4. 项目开发：获选开发商对项目具体进行设计、策划、建设。期间，香港地铁公司需与开发商之间协调地铁建设与物业开发之间的关系。
5. 利润分成：在项目竣工时，按协议商定比例，开发商与香港地铁分配物业发展的利润，一般由地铁公司享有五成的利润。同时策略性地保留部分已落成物业作租赁用途，以提供稳定的租金收入。地铁公司历年出售物业所获得的利润，全部用于地铁建设，成为香港地铁发展的重要资金来源。
6. 经营管理

台北捷运联合开发作业程序分解

1. 编制捷运土地开发基地规划
2. 划定土地开发用地范围：评估土地开发用地范围的因素主要包括：①具有高度市场潜力的开发；②有助地方生活品质改善，有益捷运营运的开发者；③可协助解决捷运系统用地取得的开发者。
3. 变更都市计划：若已符合车站功能与都市发展实际需求，得调整其土地分区、强度、组别等再提交主管机关审查后，按相关程序予以公告实施。其目的在于确定开发用地的开发强度及使用项目。
4. 取得土地开发用地：①公有土地以有偿拨用方式办理；②私有土地以协议签约、协议购买、征收、市地重划、区段征收等方式办理。
5. 投资人甄选与评审：土地开发甄选与评审作业包括办理投资甄选作业、公告甄求、申请人送件、审查投资申请案、报府核定审定条件、书面通知申请人签订投资契约书。其目的在于征得各开发案最适投资人。
6. 新建工程管理：包括审查投资人提送之细部设计图说、工程预算书、营造保险及施工计划与按月编制施工进度报告，并随时派人员视察工程施工状况。投资人依法应申办各式审查(例结构、水土保持、环境影响评估)并如期如质完工。
7. 权益分配及议定建造成本：使土地拥有人、投资人与主管机关按其贡献分享开发成果之利益。依不动产估价及建筑工程估价，按不动产总值、土地与建筑物价格的分配以确定各公、私地主及投资人间之权益分配比例。
8. 营运及管理

图 4-9 四个城市联合开发实施过程分解

表 4-2 是根据香港轨道交通联合开发进行的实施过程分析，包括每个实施环节，对应具体事项及实施操作主体。从香港轨道交通联合开发的实施过程来看，联合开发的实施是完整的过程，整个过程中政府、轨道交通机构及开发商为主要实施和操作主体。其中，香港地铁公司在整个过程中扮演了非常重要的角色，从前期的规划阶段就予以介入，并参与了整个实施过程。香港政府则主要在前期的综合规划与策划、土地集中与获取中起作用。

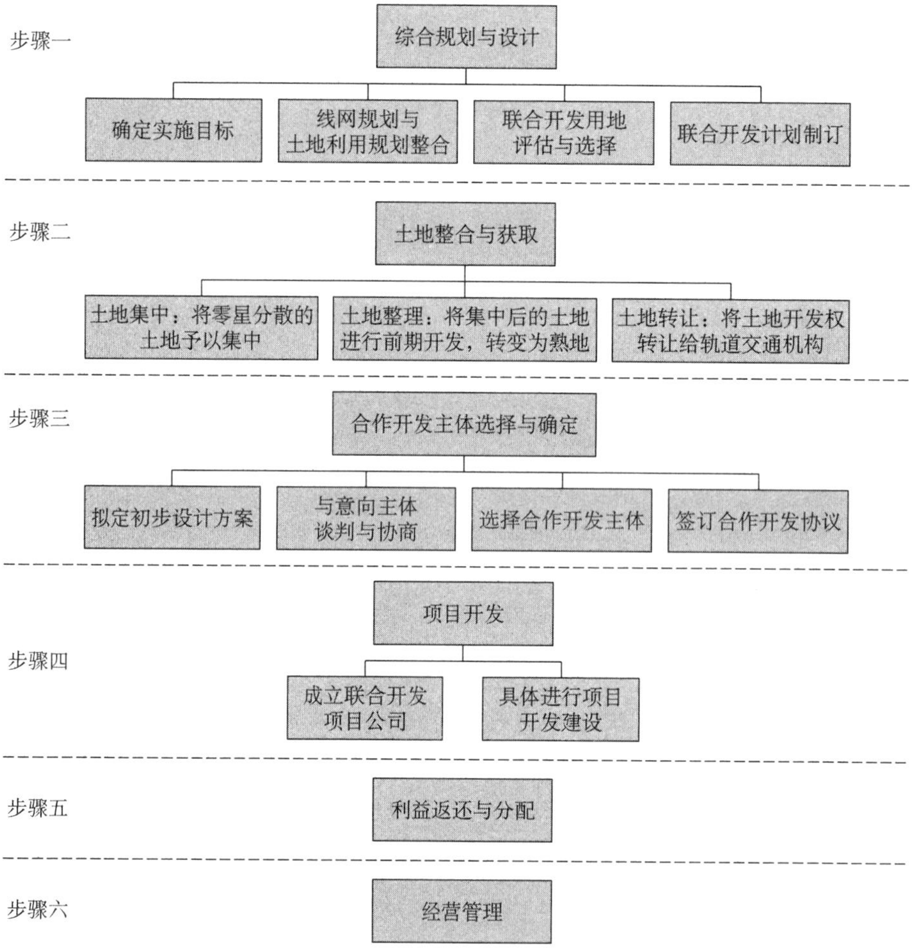

图 4-10　联合开发实施步骤与环节

表 4-2　　香港轨道交通联合开发实施过程分析

实施步骤	实施环节	具体事项	实施主体
综合规划与设计	确定联合开发实施目标	订立铁路发展纲领	政府
	线网规划与土地利用规划整合	编制总纲规划蓝图	轨道交通机构
	联合开发用地评估与选择	划出综合发展区	政府、轨道交通机构
	联合开发计划制订	联合开发可行性研究	轨道交通机构
土地整合与获取	土地集中	征用土地进行地铁项目开发	政府
	土地整理	土地前期开发	政府
	土地转让	将土地开发权批租给地铁公司	政府、轨道交通机构

（续表）

实施步骤	实施环节	具体事项	实施主体
合作开发主体选择与确定	拟定初步设计方案	聘请设计公司编制	轨道交通机构
	与意向主体谈判与协商	后续利益返还与分配	轨道交通机构与开发商
	选择合作开发主体	选择合适的开发商	开发商
	签订合作开发协议	根据协商情况签订开发协议	轨道交通机构与开发商
项目开发	成立联合开发项目公司	针对具体车站项目成立联合开发公司	轨道交通机构和开发商
	具体进行项目开发	物业的规划、设计、策划、建设	开发商
利益返还与分配	利益返还与分配	按协议进行	轨道交通机构和开发商
		物业销售、利润分成、物业移交等	
经营管理	经营管理	按协议进行经营管理	轨道交通机构

4.2.2 联合开发实施的阶段划分

根据上述案例及实施步骤和环节来看，联合开发整个实施过程中可以根据政府的职能发挥及合作开发商的介入时间点，将联合开发实施过程划分为两个阶段，如图 4-11 所示。

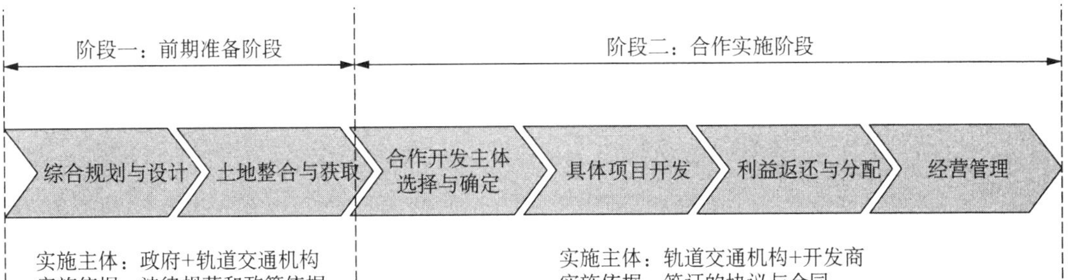

图 4-11　轨道交通联合开发实施阶段划分

阶段一，政府与轨道交通机构的合作阶段。该阶段主要包括：综合规划与设计、土地整合与获取两个步骤。实施依据为政府的法律规范和相关政策，主要包括规划、土地等以及政府对轨道交通机构的赋权。尽管不同国家/地区的政府与轨道交通机构之间的合作关系有所不同，但该阶段政府作为公众利益的代表是合作的主体。而实际上主要参与主体是政府相关职能部门，甚至是专门成立的联合开发机构。比如，加拿大蒙特利尔采用政府主导下的开发模式，并将地铁开发作为蒙特利尔引导城市成长和活力的工具，为此成立专门联合开发机构推动地铁系统开发。政府主要在综合规划与策划、土地整合、土地租赁以及招标选择开发商时予以介入。除规划、交通、房地产等主管部门外，还涉及财政主管部门。

阶段二，轨道交通机构与开发商合作阶段。该阶段主要包括：合作开发主体选择与确定、具体项目开发、利益返还与分配、经营管理四个步骤。实施依据为轨道交通机构与开发商协商签订的联合开发协议。政府与轨道交通机构在选择合作开发商前，一般会拟定初步的设计方案，并与开发商谈判与协商，招标选择合作开发主体，最终签订合作开发协议。该阶段合作是基于合同的合作，因此作为合同的协议是合作的基础。但也无法避免合同的不完全性。该协议的签订需要轨道交通机构和开发商仔细协商，其中涉及连通道、出入口等要素。联合开发具体项目的开发则由获选开发商按照招标时拟订的方案以及签订的协议与合同，对项目具体进行设计、策划、建设。利益返还与分配则是在项目竣工时，按协议与合同商定的比例，开发商与轨道交通机构分配开发利润。轨道交通机构所得利润则作为轨道交通建设资金。后续的经营管理也是按协议签订内容，进行经营管理。一般而言，经营性部分由开发商进行经营，非经营性部分由轨道交通集团负责经营管理。该阶段过程中，政府主要发挥监督作用（建设项目审批等职能），而非实施操作主体。

在联合开发实施过程中，政府主要起到两方面作用：一方面作为公私合作模式中的组织协调者；另一方面作为具体政策和法律规范的制订者和实施环境的创造者。而合作模式的参与者主要是在第一阶段中，而实施环境的创造者的作用体现在整个联合开发过程中。

4.3 联合开发实施框架搭建

美国城市土地协会在《联合开发——房地产开发与交通的结合》一书中总结认为，美国轨道交通联合开发项目失败的原因并不在于市场，而在于政府和企业对于联合开发的复杂性缺乏足够的认识。联合开发项目能否顺利实施，关键在于政策的制定和联合开发协议的签订[19]。由此可见，联合开发项目的实施框架应该是基于对联合开发复杂性予以充分认识基础之上的两个层面的条件：一个方面为政府和企业之间如何形成合作关系，从而签订合作协议；另一个方面在于政府政策制定的背景。

4.3.1 联合开发实施复杂性认知

轨道交通联合开发是一项房地产开发，它依赖于轨道交通设施所提供的市场活动及区域利益，与轨道交通服务和车站设施紧密相连。它可以降低公共和私人设施的成本，提高客运系统使用效率，有效控制运输成本，提升城市品质，提高开发者的投资回报率，并可控制和管理城市的成长和发展。联合开发虽有诸多好处，但是交通运输系统的建成并不一定导致联合开发，它与公私部门的原始动机密切相关。简言之。联合开发既要获得公共部门的允许，私人开发者又要有同步开发的意愿，二者缺一不可。因此，联合开发不仅指公共部门和私营机构合作的实际建设行为，还包括了双方之间的密切合作，并且需要通过书面契约的方式规范彼此的行为，是一项涉及交通、城市规划、房地产开发、投资、营运、管理，并牵涉到政府（轨道交通机构）、居民、开发商以及其他各相关利益主体的系统工程。在联合开发项目中，政府（轨道交通机构）、居民、开发商等又各自怀有不同的目的和利益诉求。一般情况下，政府希望通过联合开发平衡公共项目的投资；市民希望得到方便的服务；开发商则追求项目效益的最大化。在联合开发项目的建设过程中，各种利益互相牵制，因此就需要不断地协调与磋商，以达到各方利益的平衡，这正是联合开发的复杂之处。

由于轨道交通联合开发实施的复杂性，即由追求不同利益的独立实体共同进行开发，各参与实体之间难免存在不同程度的信息不对称现象。参与主体之间往往存在所有权分散、决策分散、信息分散的情况，会碰到大量的信息问题和激励问题。因此，在实施框架搭建中要充分考虑利益主体的参与度以及政策制定的激励性。

4.3.2 联合开发实施成功要素

“成功的设计案例也使私人不动产开发者了解到，有些事情必须与政府合作才能获得更高的利润，而非私人企业可独立完成的。在有利的情况下，尚且可以获得更高的公共利益”[106]。由上述案例可以看到，虽然以上案例涉及的国家与地区拥有不同的发展背景与体制背景，但其联合开发的成功实施最终体现在以下两个方面：

（1）公私合作模式的良好运作，即以何种方式进行合作，双方如何进行风险共担，利益共享，从而最大限度地发挥公共部门和私营机构的作用，实现“双赢”甚至“多赢”。

（2）政府如何设定开发政策和打造制度环境，即在国家法律、法规限制条件下，是否能够最大限度地实现开发过程中各行为主体所追求的目标。

二者之间存在着相互制约的关系：公私合作模式的良好运作需要政府的政策支持和制度环境塑造。然而，联合开发的成功实施却又不能受限于政府，需要灵活的开发环境。从内因、外因角度来看，公私合作模式的成功运作是联合开发实施成功的内因，而开发政策及制度环境的打造则为联合开发成功实施的外因。

4.3.3 联合开发实施机制框架

依据联合开发成功实施的相关案例，可初步搭建起联合开发的实施框架。该框架机制由公私合作模式和制度环境创造两部分组成，其中公私合作是联合开发实施的内部要素——内部合作机制；制度环境是联合开发实施的外部环境——运作机制。两方面缺一不可，相辅相成，共同构成联合开发的实施机制。

公私合作主要是公共部门和私营机构之间的合作，核心主体包括政府、轨道交通机构和开发商三方，合作关系可以分为两阶段：阶段一，政府与轨道交通机构之间的合作，主要涉及规划策划与土地交易；阶段二，轨道交通机构与开发商之间的合作，主要是具体项目的建设。其中，轨道交通机构根据不同国家和地区的制度背景不同，所扮演的角色也有所不同。其公私合作关系最终体现在联合开发实施的三个要素上:① 合作主体关系——公私部门之间如何合作从而促进实施?解决实施机制中实施主体的问题。② 资金合作关系——如何通过联合开发实现溢价回收,实现外部效益内部化。③ 空间布局关系——公私合作关系在空间布局上如何体现并实现空间资源充分共享,土地资源集约利用。制度环境主要是政府通过相关政策以及法律规范的制定来规范,约束或鼓励公共部门和私营机构之间的合作,以及联合开发建设活动管理。从联合开发实施“两阶段”来看,政府主要在前期准备阶段发挥重要作用,在做好统一规划和实现土地运作方面扮演着重要角色。无论政府在联合开发中扮演什么角色,最终实施还需要运行机制的保障,包括主体、政策和法律等方面。根据机制设计理论,联合开发实施框架能够同时满足参与约束和激励相容约束时,尚称之为可行的可实施机制。因此,作为机制设计者,政府需要在制度环境设计中考虑主体的参与性及政策的激励相容,从而实现资源的有效配置。

综上所述,本书的结构主要包括公私合作的内部合作机制和制度环境创造的外部保障机制两大部分内容,后文将按照该结构予以进一步论证。图 4-12 为轨道交通联合开发实施机制框架。

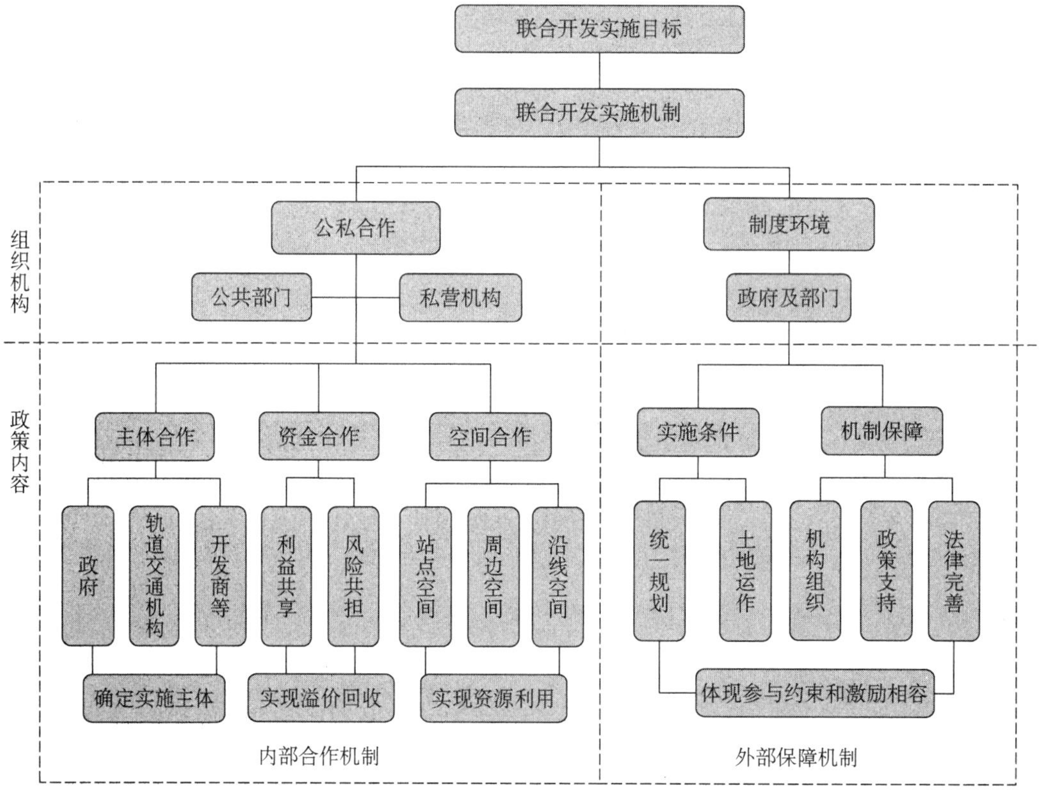

图 4-12　轨道交通联合开发实施机制框架

4.4 本章小结

通过本章的研究分析,可以初步搭建轨道交通联合开发的实施框架,也是本章基于第1章绪论中对轨道交通联合开发定义研究和界定以及第3章相关研究综述总结概括的基础之上,结合相关联合开发国内外城市实施案例的分析,初步形成的联合开发实施机制框架:轨道交通联合开发的实施机制是由公共部门和私营机构之间形成的内部合作机制和由政府通过法律规范颁布以及政策制定形成的外部保障机制共同组成的开发实施过程。其中,内部合作机制主要涉公共部门与私营机构,其合作要素主要包括实施主体的联合、资金关系的联合以及空间关系的联合。制度环境的打造主要包括实施条件和实施保障两个方面。后文将结合国内城市的联合开发实例予以进一步验证,并为联合开发实施构建实施机制。

5 轨道交通联合开发主体合作关系

轨道交通联合开发的实施首要解决的是实施主体的问题，即由"谁"来实施。作为一项通过公共部门和私营机构合作而进行的与轨道交通站点相结合的房地产开发，其实施过程将涉及多方利益主体以及主体的利益诉求。因此，需要进一步解决各主体之间如何合作才能够有效促进联合开发项目的实施问题。本章首先基于利益相关者理论，分析联合开发过程中涉及的利益主体，确定哪些利益主体起到核心作用？其次，分析联合开发实施第一阶段中公共部门和私营机构之间如何形成公私合作关系从而促进联合开发的实施？随后，基于机制设计理论，对联合开发第二阶段中具体实施的主体合作模式进行分析与选择。最后，对联合开发实施程度予以划分，以进一步选择联合开发主体的合作模式。

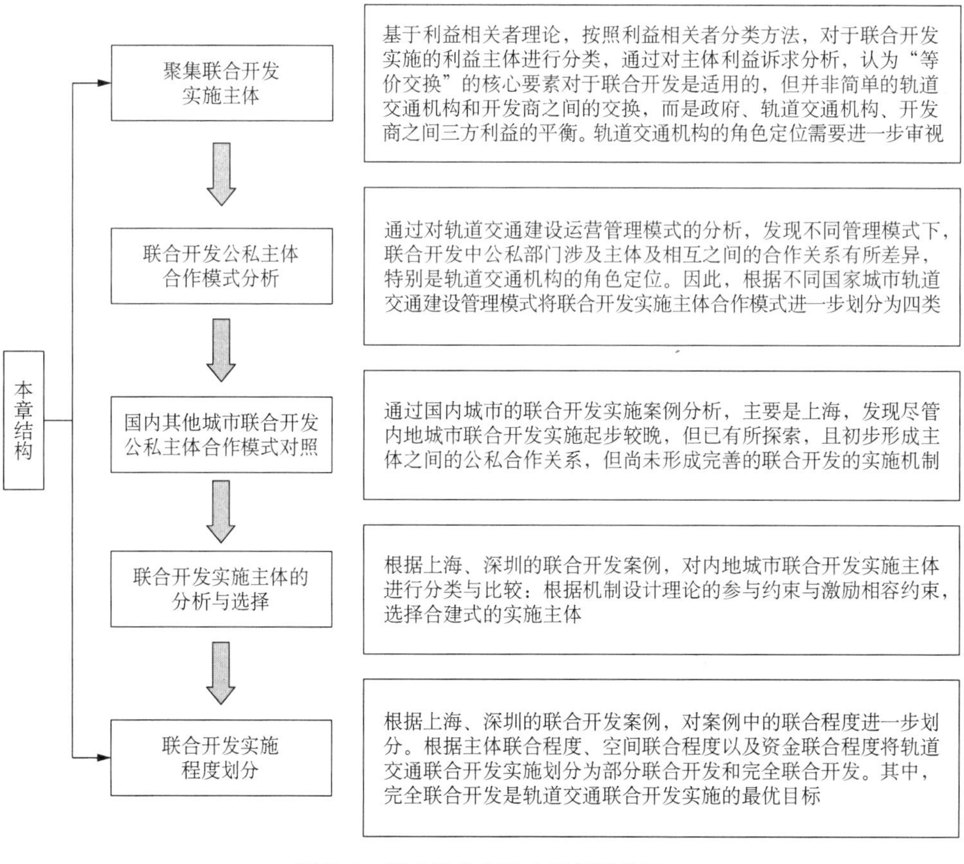

图 5-1　第 5 章分析研究逻辑结构图

5.1 联合开发相关利益主体分析

5.1.1 利益相关者理论

利益相关者理论的研究主要包括两个方面：一是合理的对利益相关者进行定义；二是根据利益相关者不同的特性将利益相关者划分为不同的种类，便于理清利益相关者之间的相互关系。研究利益相关者理论的目的是为了正确地识别出参与项目各阶段的利益相关者，以及分析利益相关者的决策或行动会给项目的运行带来怎样的影响。因此，利益相关者理论研究的关键内容在于利益相关者的界定和分类。

对于利益相关者分类的研究大多集中于“多维细分法”和“米切尔评分法”。其中，“多维细分法”对轨道交通联合开发的利益相关者研究具有一定分析作用。W. C. Frederick[107]在界定了利益相关者的基础上，依据利益相关者的行为决策对企业的影响程度，以及其与其他利益相关者的利益关系，将利益相关者划分为直接利益相关者（direct interest groups）和间接利益相关者（indirect interest groups）。直接利益相关者是指与企业有紧密联系的团体或个人，他们的决策行为能够直接影响到企业的生产运营。直接利益相关者主要包括股东、债权人等。间接利益相关是指不直接参与企业的生产运营，但对企业的生产运营有间接影响的团体或个人。此外，M. Clarkson[108]依据利益相关者对企业运作各个过程中的综合影响的重要性程度和关联性大小，将利益相关者分为首要的利益相关者（primary stakeholders）和次要的利益相关者（secondary stakeholders）；D. Wheeler 等[109]根据利益相关者对社会的综合影响大小，将利益相关者分为一级社会性利益相关者、二级社会性利益相关者、一级非社会性利益相关者和二级非社会性利益相关者。根据国外对于利益相关者分类所采用分类方法，本书可以将轨道交通联合开发中所涉及的利益相关者进行分类，从而进一步理清轨道交通联合开发中的利益主体关系。

5.1.2 联合开发利益相关者分类分析

轨道交通联合开发是建立在参与项目各方的共同利益的基础上，没有彼此间的共同利益也就形成不了联盟式的伙伴关系。所以，正确认识并划分轨道交通联合开发的利益相关者，将有助于更好地理解联合开发项目中的合作伙伴关系。联合开发项目各参与方达成伙伴关系时，他们即已成为为项目做出投资、分担项目风险、共享项目收益的利益相关者。因此，利益相关者理论也是轨道交通联合开发项目的利益协调分配的基准点和出发点。

从轨道交通联合开发实施角度来讲，首要解决的是实施主体的问题，即由“谁”来实施以及各主体之间如何合作能够促进联合开发项目的实施。国内外相关学者已对联合开发参与主体进行了相关研究，认为：联合开发是一个多方协调、共同合作的活动，其参与主体有政府、轨道交通机构、开发商、融资机构、第三部门（设计、咨询、承包商等）、公众等。轨道交通联合开发的参与主体与普通房地产开发的参与主体之间存在一定的差异性（图

5-2)，具有自身的特点，主要包括：

普通房地产开发与经营参与主体	
政府	规划管理部门、土地管理部门、建设管理部门、交通管理部门
开发主体	开发商/建设单位
土地使用权人	原使用权人 购置使用权 与原使用权人合作土地征收、拆迁
投资主体	直接或间接投资开发主体； 直接或间接购置房地产进行出租、运营和转售
金融机构	银行 信托投资公司
建筑承包商	建筑产品的直接生产者；全部物资工作的直接承担者
专业顾问	建筑师、工程师、会计师、造价工程师 经济师、估价师、经纪人、律师、营销与策划人员
消费者	商品最终使用人 收益最终实现者

⬇

轨道交通联合开发与经营参与主体		
政府	规划管理部门、土地管理部门、建设管理部门、交通管理部门	轨道交通主要部门 （多属建设交通管理部门）
开发主体	开发商/建设单位	轨道交通企业 （轨道交通建设者）
土地使用权人	原使用权人 购置使用权 与原使用权人合作土地征收、拆迁	轨道交通企业 （轨道交通运营者）
投资主体	直接或间接投资开发主体； 直接或间接购置房地产进行出租、经营和转售	轨道交通企业 （轨道交通投资者）
金融机构	银行 信托投资公司	
建筑承包商	建筑产品的直接生产者、全部物资工作的直接承担者	
专业顾问	建筑师、工程师、会计师、造价工程师 经济师、估价师、经纪人、律师、营销与策划人员	
消费者	商品最终使用人 收益最终实现者	轨道交通使用者

图 5-2　普通房地产开发与轨道交通联合开发的经营参与主体对照

(1) 增加了轨道交通相关主体。与普通房地产开发和经营的参与主体相比，轨道交通联合开发参与主体增加了轨道交通相关主体，包括轨道交通管理部门、轨道交通建设者、运营者以及轨道交通使用者等。根据联合开发的定义，联合开发特征是主体的联合，是公共和私营合作的实际建筑行为，还包括双方的密切合作。联合开发是基于轨道交通的开发，因此，轨道交通相关主体作为主要的参与人和行为人，参与程度较大。

(2) 参与主体众多，但核心主体为政府、轨道交通机构和开发商。城市开发过程参与主体较多，除一般城市开发活动涉及的政府、开发商外，轨道交通联合开发是基于轨道交通的城市开发，轨道交通机构则是重要的参与主体之一。依据利益相关者分类理论，可以将轨道交通联合开发的利益相关者进一步分类(图 5-3)。其中，核心利益相关者，是直接参与项目开发的组成部分，对项目的成败有着直接的、重要的影响，其受项目运作水平的影响也格外巨大，联合开发中主要为政府、轨道交通机构和开发商。一般利益相关者，与项目之间的关系也较为紧密，为项目投入了一定的专用型投资，同时承担着项目的一部分风险。联合开发中主要有融资机构、第三部门(设计、咨询、承包商等)；边缘利益相关者，往往被动地受到项目的影响，而自身对项目的影响很小，主要包括周边居民、轨道交通使用者等。根据利益相关者理论的分类方法，可以看到，轨道交通联合开发的核心利益主体为政府、轨道交通机构和开发商。政府主要指负责开发运作管理的政府部门，如建设、规划、交通、土地等机构。作为公共利益的代表，它们对开发活动提供政策扶持，因而成为协调各方利益的主体；轨道交通机构则在这三个参与主体中扮演了"向上承接政府战略，向下启动市场资源"的角色，成为整合政府与市场资源的平台，其主要负责协调开发活动与轨道交通建设的配合。开发商是指参与具体开发的各类开发机构，他们提供开发所需的资金，并负责组织开发、建设及经营管理，以追求个体利益为主要特征。事实上，联合开发中负责房地产开发的部门或机构要比一般的房地产开发商花费更多的精力与工夫，因为联合开发过程中需要达成许多必要的交易，涉及规划和设计的特定要求，与公共部门之间的关系也比较复杂，这已成为联合开发和其他房地产活动最大的区别。

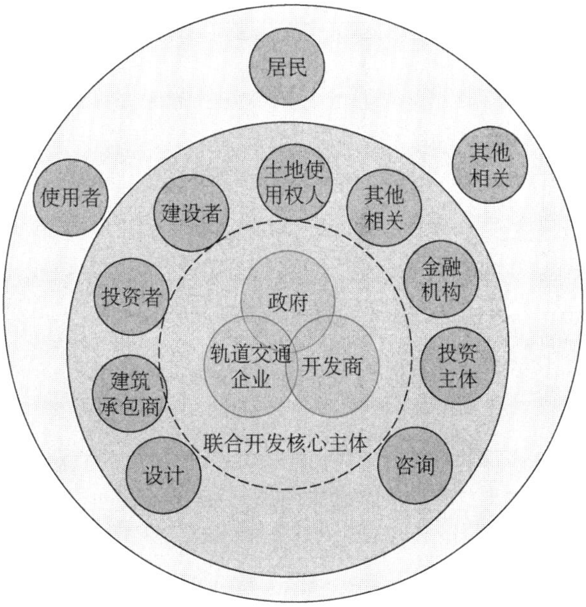

图 5-3 轨道交通联合开发实施利益主体分类

(3) 参与主体之间协商与谈判贯穿始终。根据联合开发定义，联合开发是基于公私合作关系的一项城市开发，因此，通常把联合开发的参与主体划分为公共部门和私营机构两大阵营。根据 R. Cervero 提出的联合开发的核心要素是“等价交换”理念，轨道交通联合开发中，公共部门和私营机构鉴于轨道交通站点这一触媒，相互之间进行着等价交换。其中，公共部门一般包括轨道交通主管部门以及负责开发的主管机关、地方政府、规划、土地相关建设审批部门以及其他相关公共部门。私营机构则包括开发商(投资人)、银行以及其他借款机构、现有土地使用者、建设承包商、营销管理公司等。联合开发相对于普通房地产开发而言，除增加了与轨道交通相关的主体外，参与主体之间的协商与谈判也是联合开发区别于一般的房地产开发的特征之一。事实上，轨道交通机构在整个过程中所扮演的角色，在不同的轨道交通建设运营背景下会有所差异。因此，在联合开发过程中，不能单纯地将轨道交通机构划入公共部门阵营。在整个联合开发过程中，参与主体之间的协商与谈判这一行为是贯穿其中的，且通过讨论和协商来制订联合开发中所需的协议和合约。参加协商和交易的关系人可能包括开发商/投资人、银行/借款机构、现有土地拥有者(或使用者)、建设承包商、房地产营销管理公司以及各个政府机关。任春洋等[98]将整个联合开发的参与主体归纳为以下结构(图 5-4)。整个联合开发过程中主要贯穿了公共部门与私营机构之间对相关事宜的协商与谈判。

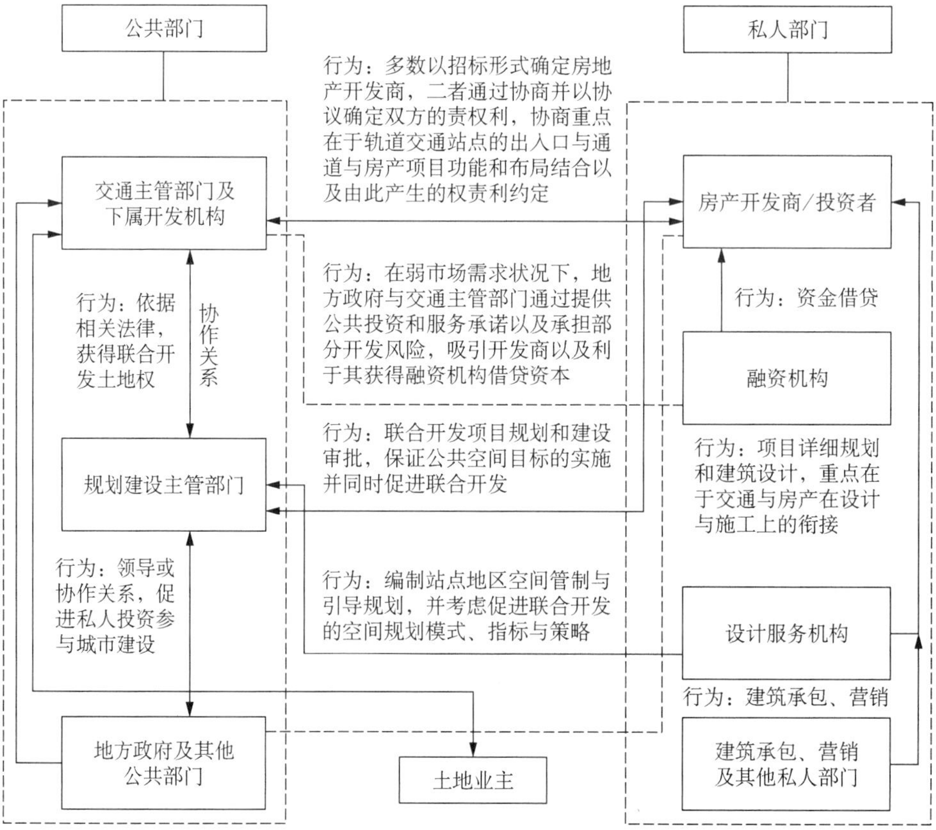

图 5-4 联合开发参与主体结构图

注：虚线联系表示二者之间的行为在特定的情况下而非必然发生。

5.1.3 核心利益主体利益诉求分析

基于“等价交换”理念，该模式下，从私营机构方面而言，开发者获益是由于邻近公交车站，具有可达性的优势，从而获取更高的租金和更多的使用率。从公共部门方面而言，公交机构则通过共享建设成本，收取租金，或者通过增加潜在客流量来获利。但这里存在一个问题，美国的公交机构由于隶属于政府的某个职能部门，并完全由政府补贴进行运作并负责该地区轨道交通的建设运营，可以相对完全地代表公共部门的利益。那么，其“等价交换”则体现在代表公共部门的公交机构与代表私营机构的开发商之间进行的等价交换。

但在美国之外的其他国家和地区，特别是中国香港“轨道＋物业”模式和日本的私铁模式，轨道交通机构的角色定位则需要重新审视。香港模式下，轨道交通建设和运营均采用“政府投资，企业运营”的方式，轨道交通机构具有自身的利益诉求，并将经济效益放在首位，需要自身进行经营，因此不能将其简单地归为公共部门。日本私铁模式下，轨道交通机构则完全私有化，大多数郊区线路是由私人公司获得政府特许经营权和独家代理权，然后进行设计、建造和运营的，并由轨道交通机构统一进行轨道交通建设和沿线土地开发。基于市场化的原则，轨道交通机构完全是以盈利为目的，因此，轨道交通机构完全划归为私营机构。由此可见，轨道交通联合开发的公共部门和私营机构的划分不能按照简单的划分方式予以划分，而对于轨道交通机构的角色定位与利益诉求则与不同国家、城市的轨道交通建设管理模式有关。在这样的情况下，只有政府能代表公共部门进行“等价交换”，也就是说美国模式下的公共部门和私营机构的关系并不适用于所有的国家/城市。针对这一差异，需要对各方利益主体的诉求做进一步分析。

（1）对于代表公共部门的政府来讲，轨道交通联合开发的实施主要起到以下的作用：① 减轻轨道交通建设运营财政补贴的负担，实现溢价回收；② 实现公交导向开发的相关目标包括交通条件改善、空间格局优化、减少小汽车使用、解决环境问题等。

（2）对于轨道交通机构来讲，轨道交通联合开发的实施：① 通过共享建设成本或收取租金来减少建设运营资金；② 提高了轨道交通的搭乘率，获得更多的票价收入。

（3）对于开发商来讲，主要是基于可达性的优势，获得地价和房价的上升，进而获得更多的营业收益。

以香港“轨道＋物业”模式为例，从实施的三方核心利益主体来看，根据轨道交通联合开发“两阶段”划分，可以发现阶段一是政府与轨道交通机构之间进行的“等价交换”。政府为减轻轨道交通建设运营财政补贴的负担，将沿线土地开发权给予轨道交通机构进行交换；阶段二是轨道交通机构与开发商之间的“等价交换”。轨道交通机构通过将土地开发权转让给开发商从而减少开发建设成本并获得租金，而开发商则通过开发获得更多的营业收益。通过三方主体的利益诉求来看，联合开发的成功实施不仅是一个“双赢”的命题，而是一个“三赢”的命题。由此可见，Cervero 提出的“等价交换”的核心要素对于轨道交通联合开发是适用的，但并非简单的公交机构和开发商之间的交换，而是政府、轨道交通机构、开发商之间三方利益的平衡。

5.2 联合开发主体合作模式假设

5.2.1 轨道交通建设运营管理模式

轨道交通联合开发是轨道交通建设运营和沿线土地开发的结合，轨道交通机构在开发过程中扮演着重要的角色，因此，联合开发的研究不能脱离轨道交通的建设运营管理模式。此外，轨道交通联合开发涉及公共部门与私营机构之间的合作关系，在不同的建设运营模式下，公共部门与私营机构之间的划分有所差异，主要是轨道交通机构的角色定位，因此有必要在轨道交通建设运营管理模式的基础上，研究主体之间的合作关系。这也是本书研究的创新点之一。

从轨道交通建设运营主体以及轨道交通机构与政府之间合作关系的角度出发，可以将城市轨道交通建设运营管理模式分为“政企合一”“政企分开”“公私合作”“私营企业”四种模式。

(1)“政企合一”模式：由政府负责轨道交通的投资、建设，所有权归政府所有，运营由政府部门或国有企业负责，一般情况下，地方最高政府会授权一个专管交通事务的政府职能部门来汇总下属各个运营机构的预算，该政府职能部门基于预算向地方最高政府申请给予补偿。欧美国家大多采用这种一体化运营模式。以美国华盛顿的轨道交通系统为例，其建设资金全部由市政府承担，建设完成后交由政府下属机构——华盛顿都会区运输局(WMATA)进行运营管理。在此模式下，政府能对建设与运营同时管理，直接对轨道交通进行全面干预，从而保证了票价水平能在大多数人所承受的范围内，体现了轨道交通的公益性。然而，在这种无竞争的国有国营条件下，地铁运营效率低下，对政府财政的补贴依赖程度较高，政府负担比较重。这样的模式适用于客流量小，经济能力强大，着重体现公益性的城市，也可在轨道交通建设初期采用这种模式，体现政府的支持。“政企合一”运营模式下，轨道交通的投资、建设及运营多位一体。

(2)“政企分开”模式：指由一家独立于政府的企业来负责轨道交通的建设与运营，该企业一般为国有企业。在这种模式下，政府通过“花钱买服务”，政府和运营企业之间存在着委托代理的关系。在这种情形下，政府通常起监督作用，一般由专门的职能部门对国有建设运营企业进行监管。该监管部门的主要职责可能包括：规划并对轨道交通线路及站点进行决策；制定票价；制定运营管理中的服务质量等相关标准，并进行监督检查；确保整个轨道交通的收支平衡；对新的投资计划进行审批。国有企业运营模式下的轨道交通其公益性仍占很大比重，政府委托国有企业运营，在政府职能部门的监督管理下，需要保证一定的客运量和服务质量。同时，政府干预票价制定，对由此造成的政策性亏损要进行财政补贴。目前，国内城市主要采取该种模式。

(3)“公私合作”模式：指为满足公共需求，或提供产品、服务等，公共部门与私营机构之间建立的各种合作关系[110]。此处的"公私合作"采用狭义PPP概念。"公私合作"建设运营管理模式，主要指政府和私人投资者签订特许权协议由政府和社会投资者各出一定比例的资金，用于城市轨道交通的建设。通常将轨道交通在经营性和非经营性方面的投资定量分开，由政府和社会投资者分别负责，建成后在特许经营期限内由私人投资者经营，经营所得归私人投资者所有并作为私人投资者的投资回报；特许经营期结束后，再将项目设施完好、无偿地移交还政府。

(4)"私营企业"模式：指由一家独立于政府的私营企业来负责全部或部分轨道交通的运营。在这种情形下，私营企业负责轨道交通的建设运营，拥有票价自主权，自负盈亏，运营效率通常比较高。其经营所得除了票款收入外，还来源于轨道交通沿线住宅、楼房租赁、娱乐等设施建设。政府进行监督作用，通过法律约束等，保证其运营安全性。在私营企业运营机制下，轨道交通系统运营市场化程度比较高，政府不需要提供补贴，对运营企业出现的经营性亏损，由运营企业自行负责。

根据王灏[68]对PPP概念和轨道交通PPP模式的分类研究来看(图5-5)，除"政企合一"模式外，"政企分开"模式、"公私合作"模式、"私营企业"模式均可划为广义的PPP模式，其中，"政企分开"模式为外包类；"公私合作"模式则为特许经营类；"私营企业"模式为私有化类。公共基础设施项目在不同融资运作模式下，私营机构参与的程度及其风险，从"政企合一""政企分开""公私合作"到"私营企业"逐步增加。从风险承担和收益共享程度来看，"政企分开"和"公私合作"模式较为适中。

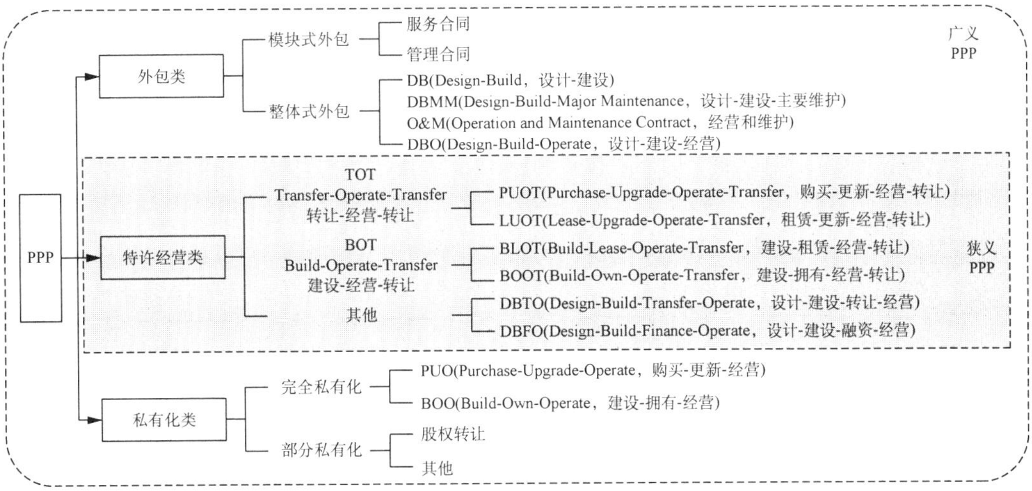

图5-5 PPP模式分类

5.2.2 联合开发主体合作模式划分

如前所述，根据轨道交通建设运营管理模式的划分，结合国内外实施的联合开发案例，可以将公私主体合作模式划分为四类。在这四类中，政府及其职能部门、轨道交通机构、开发商所起到的作用和职能有所不同。

5.2.2.1 “政企合一”模式下的联合开发

“政企合一”模式下，轨道交通机构隶属于政府的某个职能部门，承担着政府的职能，并拥有土地所有权。因此，公私合作关系上，实际上可以看作政府与开发商之间的合作。其中，轨道交通机构作为政府部门之一与开发商之间进行协商和谈判。本书第3章中的华盛顿康乃狄克大道1101号案例，清楚地表达了该种合作关系。在该模式下，在实施过程中，政府的其他职能部门主要在前期的综合性规划与设计实施步骤中，进行策划、规划、设计、土地和资金等方面的筹划。作为政府职能部门之一的轨道交通机构则承担了与轨道交通相关的土地集中与获取的职能，并代表政府与合作主体协商及签订合作协议。后续的具体项目开发、利益返还与分配以及经营管理等皆由轨道交通机构作为政府机构与开发商合作，将土地租赁给开发商。在该模式下，轨道交通机构是政府职能部门之一，因此，实际上“政企合一”模式下的联合开发是完全政府主导下的联合开发模式。开发商则在合作主体选择环节中才介入，并根据协商和谈判协议，进行后续开发与经营。

根据联合开发“两阶段”划分来看，在该模式下，第一阶段不存在公私合作关系，仅是公共部门内部机构之间的协调与合作；公私合作关系是从第二阶段开始，即代表公共部门的轨道交通机构与开发商签订合作协议之后。因此在该模式下，联合开发公私合作关系是政府(含轨道交通机构)与开发商之间的合作。

5.2.2.2 “政企分开”模式下的联合开发

“政企分开”模式下，政府和轨道交通机构之间是委托代理的关系，政府委托轨道交通机构进行建设运营管理。往往在政府部门中的公交运输管理部门对轨道交通机构进行相关指导。轨道交通机构尽管是企业性质，但实际上是受制于政府，其运作也大部分需要靠政府财政直接补贴。在此背景下，轨道交通机构并无联合开发动力，而加拿大蒙特利尔案例之所以成功，主要仍在于政府的主导。除政策支持和制度环境的打造外，政府在此模式下扮演着重要的推动作用。在前期的综合性规划与设计、土地集中与获取以及合作开发商选择与招标的步骤中，政府及相关职能部门均起到主导作用。轨道交通机构仅获取了土地所有权，与开发商签订土地租约以及参与后续开发的相关步骤。开发商作为私营机构，其角色与“政企合一”模式下的联合开发一致。

根据联合开发“两阶段”划分来看，在该模式下，第一阶段是轨道交通机构和政府之间的合作，该合作是一种委托代理关系；从第二阶段开始，是轨道交通机构和开发商之间的公私合作，是基于具体项目的公私合作。轨道交通机构通过签订合作协议将土地租赁给开发商予以开发。该模式下是政府与轨道交通机构之间广义的公私合作关系。政府赋予轨道交通机构土地所有权。轨道交通机构与开发商之间则是土地租赁关系。

5.2.2.3 “公私合作”模式下的联合开发

“公私合作”模式下，政府和私人投资者签订特许权协议由政府和社会投资者各出一定比例的投资，用于城市轨道交通的建设。该公私合作模式（PPP）采用王灏定义的狭义PPP模式[68]，主要为特许经营类项目（或项目公司模式）。以香港为例，香港轨道交通系统由政府所拥有的香港地铁公司负责投资、建设及运营，政府拥有香港地铁公司77%的股份，是其最大股东。在经营模式上，政府不负责地铁的运营，主要靠法律手段规范香港地铁的行为。政府通过《地下铁路公司条例》（2000年）[111]将专营权批予香港地铁公司，专营期为50年，同时对地铁公司的财产、法律责任、管理职能等做了相关界定。在该模式下，轨道交通机构需要考虑自负盈亏，谋取更多开发收益，因此，其在联合开发中扮演主导角色。香港模式下，港铁公司在前期的综合规划与设计中就全程参与，并拥有线路规划权。除土地收回环节中，由政府予以征收外，其余环节均由港铁公司参与操作。政府仅在规划批复、土地批租上发挥政府行政许可职能。其余实施步骤的操作均有法律政策予以保障。

根据联合开发“两阶段”划分来看，在该模式下，第一阶段是轨道交通机构（或特许经营公司）和政府之间的合作，该合作关系是一种特许经营的关系；从第二阶段开始，是轨道交通机构（或特许经营公司）和开发商之间的公私合作，是基于具体项目的合作。轨道交通机构（或特许经营公司）通过合作协议的签订将土地租赁给开发商。在该模式下，政府与轨道交通机构（或特许经营公司）之间是特许经营公私合作关系。轨道交通机构（或特许经营公司）与开发商之间则是土地租赁的关系。

5.2.2.4 “私营企业”模式下的联合开发

在该情形下，轨道交通系统建设运营市场化程度比较高，政府不需要提供补贴，对运营企业出现的经营性亏损，由运营企业自行负责。以东京私铁为例。日本东京都市圈范围内就有东武铁道公司、京城电铁公司、小田急电铁公司、京急电铁公司等多家私铁公司负责线路的运营，有完全的经营自主权，采取以运营事业为中心，沿线房地产开发及租赁、公共汽车业、出租汽车业、旅客吸引事业等为建业的经营模式，实现盈利。其中，东急多摩田园都市是私营轨道交通机构直接作为主体进行城市开发的案例。采用的是私营（轨道交通）+私营（开发）模式，由一家轨道交通机构对开发业务和轨道交通建设进行一体化规划和业务推进。日本政府对私铁公司的补贴主要是提供低息贷款，帮助私铁公司筹集巨额的建设资金，而不需要对其进行直接的货币补贴。另外，政府主要起到监督作用，通过法律约束等，保证其运营的安全性。在私营企业联合开发模式下，轨道交通机构既进行轨道交通建设运营又负责房地产开发，由于实施主体统一，故联合开发目标较易实现。该模式在具体的实施步骤和环节上与其他模式会有所差异。

在该模式下，第一阶段是轨道交通机构与政府之间的协调，并获得土地；第二阶段，由轨道交通机构运作，它既是轨道交通建设者又是开发商。在该模式下，是政府与轨道交通机构之间的公私合作关系，是私有化PPP模式。政府只起到监管作用。

5.2.3 联合开发主体合作模式比较

本书将上述四种联合开发合作模式中公共部门与私营机构之间的主体合作关系进行

了划分，分别为 A、B、C、D 四种模式，图 5-6 清晰地表达了联合开发模式中的公私合作关系。在联合开发的公私合作过程中，政府作为合作模式的参与者，其参与度有所差异，从 A 模式中作为主体参与规划、计划、土地、资金等方面操作，到 B 模式中参与规划、计划与土地等方面操作，再到 C 模式中只负责土地征收和批租，到 D 模式中仅起到监督作用。政府与轨道交通机构之间存在此消彼长，相互博弈的关系。而在这四种模式之下，合作开发商的作用未发生变化，其利益分享和风险承担主要依据其与轨道交通机构之间签订的合作协议的约定。因此，这四种合作模式下的联合开发，实际上是轨道交通机构和政府之间的此消彼长的博弈关系。图 5-7 表则表示了在四种模式下，主要主体之间作用发挥的结构关系。

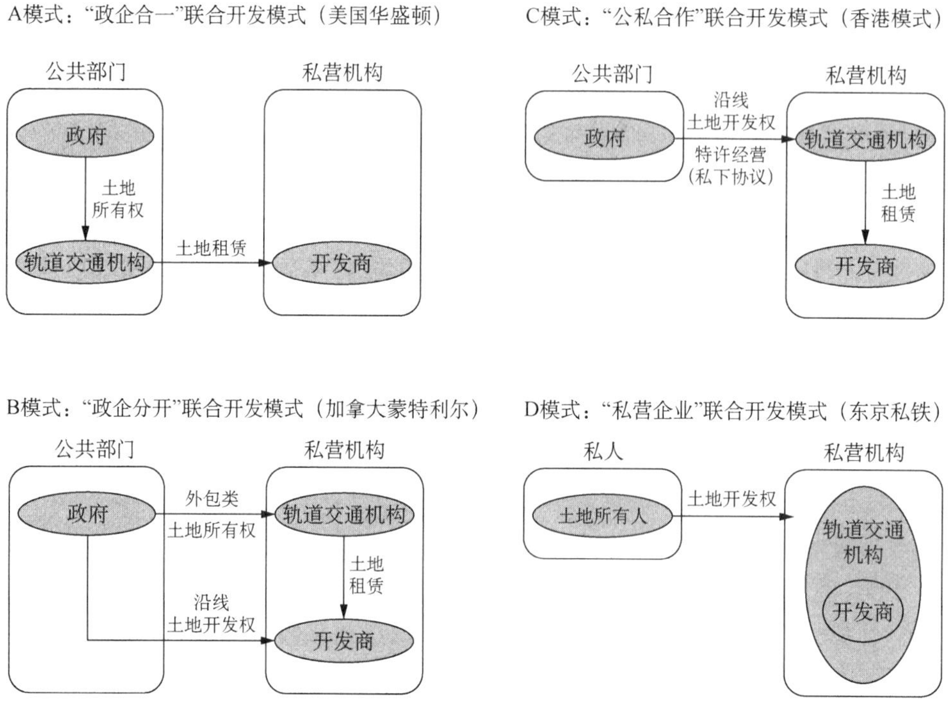

图 5-6　联合开发合作模式主体合作关系划分

从上述关系来看，在这四种模式中，政府、轨道交通机构、开发商共同承担了轨道交通建设运营的风险及收益。其中，政府和轨道交通机构之间此消彼长，其与合作开发商之间的风险与收益则视具体合作协议条款而定。

从联合开发"两阶段"划分来看，整个联合开发过程体现了公共部门和私营机构的合作(表 5-1)。尽管美国华盛顿案例中，轨道交通机构仍属于公共部门，第一阶段未涉及公共部门和私营机构的合作，但在第二阶段涉及作为轨道交通机构的公共部门和私营机构开发商之间的合作关系。在东京私铁模式下，政府则完全仅为政策制定与制度环境打造。此外，加拿大蒙特利尔及香港模式下，公共部门和私营机构的具体实施合作主要体现在第一阶段。

合作主体	“政企合一”联合开发模式	“政企分开”联合开发模式	“公私合作”联合开发模式	“私营企业”联合开发模式
政府	政策制订和制度环境	政策制订和制度环境	政策制订和制度环境	政策制订和制度环境
政府职能部门	策划、计划、土地、资金	规划、计划、土地	土地行政许可	行政许可
轨道交通机构	作为政府部门全过程参与	从获得土地后介入	从规划开始介入	全过程参与
开发商	项目开发及经营管理	项目开发及经营管理	项目开发及经营管理	项目开发及经营管理

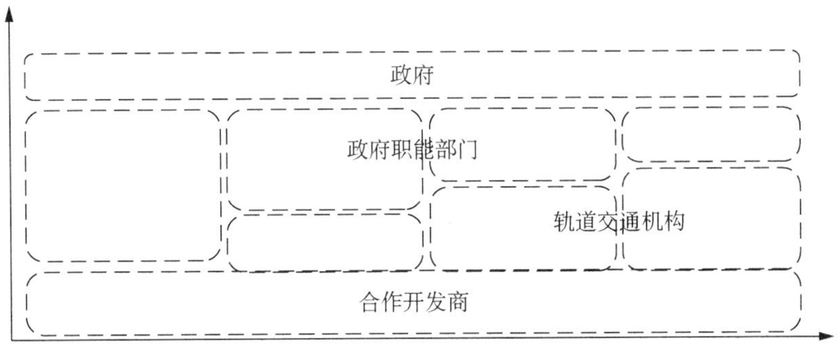

图 5-7 联合开发合作主体职能与权利关系

表 5-1　从联合开发“两阶段”划分分析公私主体合作关系

四种模式	第一阶段		第二阶段	
	公共部门	私营机构	公共部门	私营机构
“政企合一”模式 美国华盛顿	政府部门、轨道交通机构	—	轨道交通机构	开发商
“政企分开”模式 加拿大蒙特利尔	政府部门	轨道交通机构	—	轨道交通机构、开发商
“公私合作”模式 香港模式	政府部门	轨道交通机构	—	轨道交通机构、开发商
“私营企业”模式 东京私铁	—	轨道交通机构	—	轨道交通机构(兼开发商)

综上所述，四种联合开发合作模式具体不同的操作方式、各自的优劣势以及适用性如表 5-2 所列。从表 5-2 可以看出，四种模式中，不同的主体承担着不同的角色，风险承担和收益共享程度均有所不同。从“政企合一”模式至“私营企业”模式，政府的作用由强至弱，轨道交通机构则相应地由弱至强。在“政企合一”模式下，政府扮演着主导作用，为促进联合开发的实施，政府必须创造完善的法律与灵活的政策背景，并根据市场状况，通过发展政策和各项优惠条件，促进并诱导轨道沿线开发的发生。从美国华盛顿的案例来看，该模式是在自由市场经济体制下产生的，联合开发实施的最大障碍是受到市场状况制约，

因此想要促进其成功，政府要有前瞻性的视角，并能制定有针对性的灵活政策。该模式主导权在于政府，因此对于政府的要求不仅在于政府要有雄厚的财力，相关法律和政策的完善性，还在于对于开发的前瞻性认识。而国内，政府主导下的轨道交通建设运营，由于没有完善的税收制度，往往存在高负债经营的问题。在“政企分开”模式下，政府委托轨道交通机构进行轨道交通建设并寻找开发商进行联合开发，政府与轨道交通机构之间是委托代理的关系。事实上，若使得轨道交通机构能够充分发挥作用，并与开发商合作，就需要在政府与轨道交通机构之间确立良好的激励和约束机制。除此之外，以加拿大蒙特利尔的实施案例来看，以发展公共交通为导向的城市发展政策也发挥了巨大的作用。在“公私合作”模式下，第一阶段中，轨道交通机构作为私营机构与政府进行合作开发，政府给予其优惠的土地开发权，这是其成功实施联合开发的关键。第二阶段，轨道交通机构与房地产开发商的合作则比较符合社会分工的原则，但相互之间仍然不可避免地存在协调的矛盾。该模式也被质疑公私合作的公平性，即轨道交通机构作为私营机构获地的公平性，以及对原土地产权人利益的保护。在“私营企业”模式下，轨道交通机构承担着土地整理、轨道交通建设和运营、土地开发等多项职能，政府需要给予轨道交通机构较大的自主权，对于轨道交通机构的实力要求也比较高。因此，存在着违反社会分工的原则，对于是否能形成更有效率的开发仍存在疑问。

表 5-2　　联合开发合作模式政策背景及优劣势分析

模式分类	操作方式	优劣势分析		适用性
		优点	缺点	
“政企合一” 美国华盛顿	轨道交通完全由政府投资建设运营。政府制定政策吸引开发商进行联合开发	政府主导轨道交通建设运营，具有较强把控能力。土地开发时机由市场决定，能够较好把握机会和潜力	在自由经济市场下，联合开发的实施与否需视市场状况而行；需要完善的法律与政策；此外，成功实施通常要经过漫长的协商与谈判。轨道交通由政府进行投资建设运营，政府资金压力大，也无法对开发机遇进行全面预测	① 轨道交通的建设运营由政府承担；② 政府融资需要靠完善的制度；③ 政府需要制定政策来吸引开发商进行联合开发
“政企分开” 加拿大 蒙特利尔	政府委托轨道交通机构或大型企业公司与开发商合作进行联合开发。政府制定政策吸引开发商	政府从操作层面解脱，由轨道交通机构从中协调。土地开发也能把握时机和发挥潜力	轨道交通仍由政府进行投资建设运营，政府资金压力仍较大。调动轨道交通机构的积极性，需要建立完善的激励和约束机制	① 轨道交通的建设运营仍由政府出资补贴；② 政府融资需要靠完善的制度；③ 开发推进仍需要政府大力支持；④ 政府需要制定政策来吸引开发商进行联合开发

（续表）

模式分类	操作方式	优劣势分析		适用性
		优点	缺点	
“公私合作”香港模式	政府将沿线土地开发权给予轨道交通机构，轨道交通机构寻求开发商进行联合开发	符合行业分工的社会经济发展原则，能够把握两个行业的发展规律。既减轻企业的资金压力，又减轻政府的财政负担	合作关系不可避免要受到潜在矛盾影响，影响联合开发的实施进度和成果。土地批租的形式仍受到公平性质疑	① 政府具有土地所有权；② 政府给予轨道交通机构专营权（特许经营）和土地开发权；③ 轨道交通机构具有土地租赁权；④ 政府需要完善的法律政策来保障和推进联合开发
“私营企业”东京私铁	轨道交通机构从土地所有者处获得土地，自行土地整理后进行联合开发	完全由轨道交通机构进行，行业整合阻力小，便于理顺行业合作关系。能够较好地综合利用开发空间	资金压力大，企业面对的风险大。与生产社会化分工的原则有较大冲突。轨道交通机构需要财力雄厚	① 政府不需要提供直接补贴；② 政府需要给予轨道交通机构较大的自主权

5.2.4 国内其他城市联合开发主体合作模式探索

5.2.4.1 轨道交通联合开发的引入与实践

中国香港和中国台北是我国进行轨道交通联合开发实践较早也较为成功的城市。之后，我国内地一些大城市也已开始尝试运用轨道交通联合开发的方法，试图通过公私合作，以土地开发收益来补偿城市轨道交通建设的巨额支出，但其利弊得失兼存。从国内其他城市轨道交通联合开发的实践来看，可以分为三个阶段：第一阶段，零星站体的探索；第二阶段，以“线”为单位实践；第三阶段，车辆段上盖开发。

1. 第一阶段：零星站体的探索

1990 年 3 月 7 日国务院正式同意，上海地下铁道工程新龙华站（现上海南站）至上海新客站（现上海火车站）开工兴建。上海轨道交通 1 号线在 1995 年 4 月 10 日，全线（上海火车站—锦江乐园站）建成通车。其间，上海就开始尝试轨道交通建设与沿线物业开发的结合，上海轨道交通 1 号线在规划建设过程中，沿线规划了 15 项 453 000 m^2 的物业[112]。上海市在零星站体的探索中最为典型的有以下三个案例：上海地铁公司独立开发的上海轨道交通 1 号线虹梅大厦、上海地铁公司尝试与市属国有房地产开发企业合作开发的轨道交通 1 号线雅州大厦以及台湾日月光集团主导开发的上海轨道交通 9 号线打浦路站日月光中心广场等。

由表 5-3 可以发现，上海轨道交通 1 号线沿线规划开发项目总量约为 45 万 m^2。事实上，在轨道交通 1 号线之后，上海市对于联合开发方式的探索就逐步减少，这与上海轨道交通投融资体制改革，简称“四分开”体制改革有一定的关系，后文将予以详述。

表 5-3 上海轨道交通 1 号线沿线规划开发项目一览表

项目名称	规模/m²	用途	项目名称	规模/m²	用途
地铁商场(1)	6 500	地下商场	丸海瑞安广场	64 700	商办楼
地铁商场(2)	1 500	地下商场	久事复兴大厦	57 000	商办楼
青年文化活动中心	57 800	综合大楼	地铁商场(4)	1 000	地下商场
地铁旭汇大楼	45 200	商办楼	地铁商场(5)	22 800	地下商场
东福海大楼	29 000	结合大楼	建汇大厦	52 000	商办楼
雅州大厦	34 000	商办楼	综合楼	10 000	商办楼
配套楼	20 000	综合楼	虹梅大厦	51 000	综合楼
地铁商场(3)	500	地下商场	规模总计	453 000	

1）上海轨道交通 1 号线锦江乐园站虹梅大厦案例

实施情况：上海地铁公司在施工建设轨道交通 1 号线的过程中，就开始尝试性地与地铁站出入口结合，在 1 号线的锦江乐园站自行开发了虹梅大厦的上盖物业。虹梅大厦位于梅陇镇，由地铁公司自行开发。建筑共 9 层，总投资额近 1.5 亿元。其中，一二层结合地铁站口由地铁建设资金完成。三至九层则以银行贷款来进行开发建设。虹梅大厦功能定位为综合性商务大厦，一层为地铁站出入口，剩余空间为零售商业，二至四层为餐饮，五至九层为写字楼。虹梅大厦由地铁公司自行开发上盖物业，从规划、设计、建设到运营管理均由地铁公司操作，做到了“四同步”。

特点分析：属单个站体的实施；由地铁公司自行进行设计和建设，未与房地产公司合作。后续运营管理由上海地铁公司下属的子公司上海地铁东方置业发展有限公司进行物业管理。

2）上海轨道交通 1 号线新闸路站雅州大厦案例

实施情况：在上海轨道交通 1 号线建设中，上海地铁公司尝试与市属国有房地产开发企业合作开发物业。其一为结合轨道交通 1 号线的新闸路站开发的雅州大厦。雅州大厦为上海地铁公司与上海市政建设公司合作共同开发的物业。整个大厦于 1995 年开工，1996 年竣工并投入运营。一、二层为商铺和酒店餐饮，三至八层为写字楼。雅州大厦是地铁公司与上海市政建设公司合作共同开发的上盖物业，在规划、设计、建设、运营管理等多方面，双方进行了合作。

特点分析：属单个站体的实施；由地铁公司与房地产公司合作开发；后续运营管理由上海地铁公司下属的子公司上海地铁东方置业发展有限公司进行物业管理。

3）上海轨道交通 9 号线打浦路站日月光中心广场案例

实施情况：上海的日月光中心广场项目结合轨道交通 9 号线打浦桥站实施了轨道交通联合开发。该项目是目前上海单体商业面积最大、唯一与地铁“无缝衔接”的地铁上盖商业广场。日月光中心广场项目位于徐家汇路、瑞金二路交会处。南临徐家汇路，北至泰康路，西抵瑞金二路，基地东侧为数幢高层办公、住宅楼，原是卢湾打浦桥地区居住密度高、条件差的旧式里弄集中区域。2003 年，该地块作为新一轮旧区改造项目出让给台湾日月光集团进行开发建设，当时项目建设规划已确定，地块的拆迁也在持续推进。正在这个时候，轨道交通 9 号线规划方案编制完成，明确 9 号线须从地块中间穿越，且为了迎办世博，建设时间异常紧张，地铁部门要求地块内立即腾出盾构端头井位置以便开始施工。当时摆在开发商面前的现实问题是，一旦地铁先期建设，地块将被划分为南北两部分，后期开发时还必须满足规划退界的要求，无疑给地块的规划设计、建设施工等带来巨大难度。根据初步估计，日月光中心广场项目如先建地铁，两侧分别退界 50 m，项目建设用地面积将缩减至 2 万 m^2，比原规划范围的 4.4 万 m^2 要减少 2.4 万 m^2。地铁规划必须服从，但卢湾区“寸土寸金”，如何发挥土地的最大效益？经开发商向政府部门积极争取，获得政府部门支持，允许其结合站体进行上盖开发。

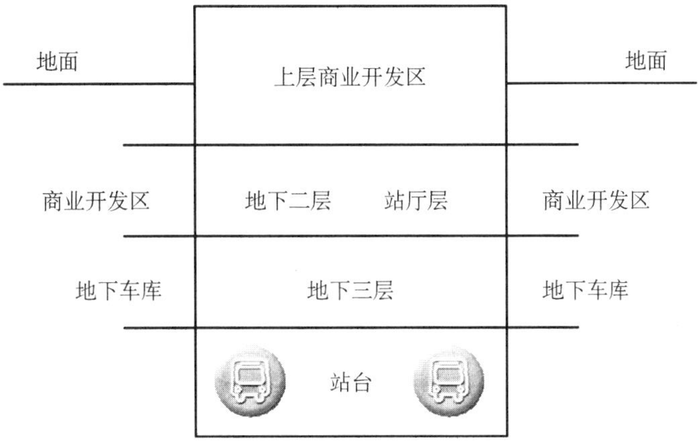

图 5-8　日月光中心广场车站及其上盖物业剖面示意图与功能划分

该项目地下部分有四层(图 5-8)，地下四层为轨道交通 9 号线打浦桥站的站台层；地下三层为机动车停车库(战时兼做六级人防)；地下二层为轨道交通 9 号线打浦桥站的站厅层及设备用房和商业，地下一层为商业用房及地下交通及货运区，地下一层夹层为自行车库。地下总建筑面积为 129 908 m^2。主体建筑为一幢 140 m 高的办公楼和两幢 100 m 高的公寓式办公楼，地上总建筑面积 185 482.9 m^2。由于轨道交通 9 号线经基地西南角 45°斜穿基地，9 号线打浦桥站车站主体、出入口及风井均设在基地内。方案的重点是如何将各个方向尤其是地铁的大量人流导向商场，并与商业布局完美结合。轨道交通 9 号线打浦桥站 4 个地面出入口，结合建筑主体分别设在徐家汇路、瑞金二路、泰康路上，并结合各个方向主要商业出入口布置，使其与主体建筑商业氛围融为一体，从而便于将来自各个方向的地面、地下人流引入商场。基地四周的城市道路及基地内的中央广场顺利地解决了整个交通流线与消防道路、消防登高场地的问题。2007 年 1 月，项目地下部分与轨道交通站点同步开工，至此，前期的巨大挑战转化为项目推进的重大机遇。这一项目的实施，不仅改善了 3 365 户居民的民生问题，也为打浦桥地区的形态开发、功能提升和结构优化注入了强劲动力。

在联合开发的整个过程当中，为了防止权责的交叉，这个项目将各方权责做了完善的安排，如表 5-4 所列[88]。这个安排对以后的同类项目提供了较好的借鉴价值。在进行开发前，此项目工程既已规划好地铁运营公司的部分责任，这部分责任主要是站点内的运营管理。但是对于公用通道这部分的物业管理职责需要双方谈妥，并签好相关合同。在这部分合同中，轨道站点的产权和其上方的土地开发权归属方基本上是明确的，前者归中通地铁所有，而后者归开发商所有。

表 5-4　　日月光中心广场联合开发过程的权责划分

项目		开发商	轨道交通机构
投资	土地	√	
	动迁费用	√	
	车站站体土建费用	√	
	站内管线铺设费用		√
设计	物业	√	
	车站		√
经营及管理	车站		√
	上盖物业	√	
	连通区域	√	

特点分析：属单个站体的实施；由地铁公司与房地产公司合作开发；是房地产开发商主导，政府支持下的联合开发；后续地铁部分运营管理由上海地铁公司下属的子公司上海地铁东方置业发展有限公司进行物业管理。

2. 第二阶段：以线为单位实践

国内城市除零星站点的实践外，部分城市也开始探索以线为单位考虑联合开发的实施，主要包括广州地铁 1 号线、深圳地铁 4 号线二期的相关实践。上海市主要为上海轨道交通 11 号线嘉定段——“站点综合体开发”模式。

1）广州地铁 1 号线模式——效仿香港模式的联合开发

广州地铁 1 号线于 1999 年建成通车，是广州最早建成的轨道交通线路，也是国内第一条采用联合开发方式进行开发建设的城市轨道交通。广州地铁 1 号线全长 18.5 km，总概算为 127.15 亿元，在广州市政府的直接领导下，采用了“政府主导，企业操作”的模式进行，即：由市政府组织清理土地和招商工作，负责落实地块开发商；市政府将沿线尚未划拨的土地全数划拨给地铁总公司；地铁总公司以合作一方的身份具体落实提供土地使用权、拆迁安置等；市政府的相关职能部门按政府的部署进行协调。其中涉及的政府职能部门主要有：市建设交通委主要起具体实施的指导和宏观管理职能；市国土房地产管理局组织土地开发、制定转让政策和实施计划；市规划管理局制定沿线开发项目规划设计条件，从城市空间设计方面引导和控制沿线开发；地铁总公司负责具体实施，并作为与外商合作开发的主体，承担向合作开发商提供合作条件的责任。

广州市政府规划在地铁 1 号线沿线发展 28 处物业，共用地 35 万 m^2。由地铁总公司向市政府取得沿线物业的开发权，然后和选定的开发商成立项目合作公司共同开发，物业开发所得收益按商定的方式分享。广州市政府希望通过这 28 个地块的开发效益筹集到地铁建设 43%的费用。从实际效果来看，到 2001 年，多种经营收益已基本可以冲抵运营亏损并开始支付部分设备折旧。

为了对轨道交通与周边物业开发进行统一的开发与管理，广州市政府效仿香港政府的做法，于 1992 年成立了广州市地下铁道总公司（图 5-9）[113]，来对联合开发过程中的相关权责进行分配。它具有国企的性质，由广州市政府以及广州市地铁工程指挥部直接领导。该公司除了对城市快速轨道交通系统进行建设、经营以及管理外，还同时负责地铁沿线相关物业的开发和经营，或者是监督其他参与联合开发的开发商对物业的开发和经营。在这个过程中，该公司从土地一级储备开始参与，一直到房地产的二级开发都亲自参与。一般是由地铁公司在向市政府取得地铁建设用地开发权的同时也一并申请站点周边拟进行联合开发土地开发权，接下来再与选择好的物业发展商签订共同开发协议，进行合作开发物业。协议中还需对双方通过物业开发所获利益的分享比例做出规定，以避免引起之后在收益分配时的不必要麻烦。应用这样的方式保证了对联合开发土地的供给以及参与物业开发的收益的分享，是联合开发机制保障下土地储备及取得机制以及受益者返还的应用。广州轨道交通联合开发操作流程如图 5-10 所示。

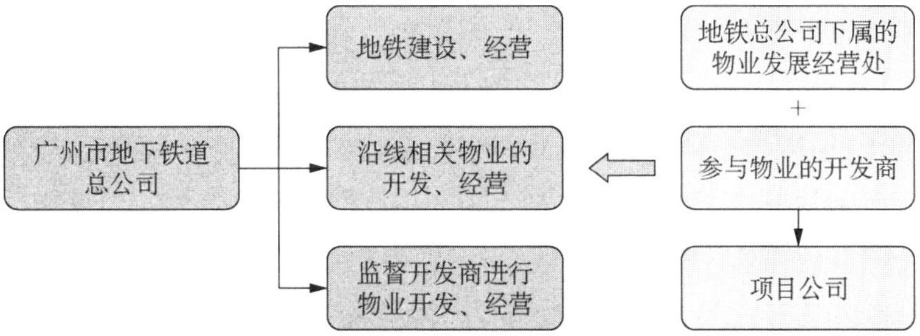

图 5-9 广州市地下铁道总公司职责分解图

由于经验不足等原因，广州在轨道交通联合开发过程中出现了一些问题。广州模式是在实施土地“招拍挂”政策（2002 年 7 月 1 日起实施）之前开展的。虽不存在周边经营性用地必须通过“招拍挂”方式取得的政策障碍，但其中最大的问题在于：① 与香港模式不同，广州地下铁道总公司存在角色定位问题，地铁公司需承担拆迁安置责任。除进行地铁建设、物业开发外，还需具体负责部分地铁地块的拆迁、地铁拆迁安置房建设等。② 统筹协调部门的缺位，也是广州模式的一大问题。在具体地铁物业开发建设中，由作为企业的广州地下铁道总公司承担本应由政府部门承担的统筹协调职能；各地块开发商自行进行地块开发、项目建设，而缺乏与站点及周边其他地块项目的统筹考虑。③ 规划和管理相对滞后。广州在确定选线后，及时对沿线土地进行了控制，但由于规划管理未能充分结合市场，造成部分地块的土地使用性质、开发强度等不能满足规划要求。④ 沿线地块划分过小。沿线一些地块划分过于零散且规模较小，使得在土地取得过程中，集合土地所需的时间和投资大大增加，给土地的整合与综合开发带来不少困难。[77]

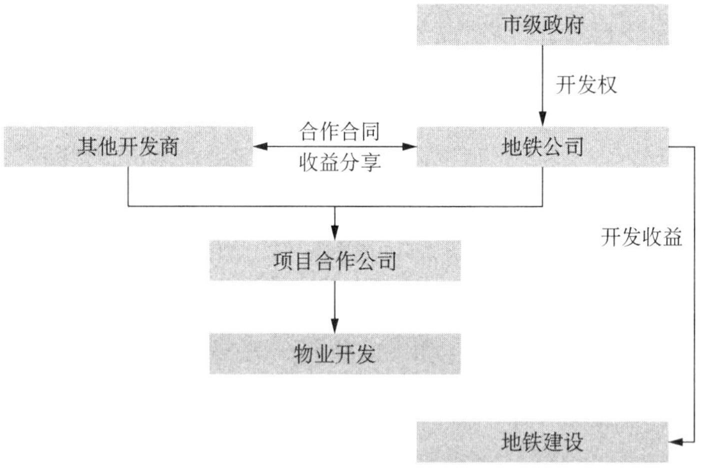

图 5-10　广州轨道交通联合开发操作流程

2）深圳地铁 4 号线二期模式——未能实行的 BDOT 模式

为推动深圳市地铁建设，解决政府地铁建设的资金压力，深圳市政府与香港地铁公司于 2005 年签订了《特许经营协议》，进行深圳地铁 4 号线二期建设运营。根据协议，香港地铁公司在深圳成立项目公司，采用 BOT 模式投资建设地铁 4 号线二期工程，同时获得沿线290 万m^2 建筑面积的物业开发权。若成功获得物业开发权，则被称为 BDOT 融资模式。按照协议，深圳地铁 4 号线二期 BDOT 模式具体操作上分为四个过程：① 建设过程。在深圳市政府授予特许经营权的条件下，港铁成立深圳地铁 4 号线二期建设和运营的项目公司。该公司在建设前期投资 218 亿元，作为土地征用和场地清理费用。划定线路后，该公司以投资和贷款融资等方式筹集资金，进行地铁线路的设计、招标、施工和地铁运营设备采购，独立承担深圳地铁 4 号线二期的所有站点、线路的建造费用和机车等设施购置费用。② 开发过程。深圳市政府与港铁协商确定了“服从规划、划定范围、评估地价、协议出让、招标开发、地价分成”的站点周边土地开发原则。经将沿线若干片区土地以假设开发法（剩余法）进行地价评估测算，预计因地铁开发使地价增值约是总地价的 40%。以此增值部分作为地铁建设融资的标准，并据此在站点周围划定了用地范围。项目公司将该部分用地通过深圳土地房产交易中心以公开招标、拍卖或挂牌方式选择房地产发展商，拍卖所得地价的 60%上缴市政府，40%用于地铁 4 号线二期建设融资。③ 运营过程。深圳地铁 4 号线二期将由港铁设立的项目公司独立负责运营，为期 30 年。运营期间，运营服务的标准须遵循深圳市的法律法规制度，票价应符合深圳市的经济发展水平。同时，港铁负责设备的正常维护、保养、折旧和更新，并保证深圳地铁和香港地铁在运营服务上无缝衔接，在机车维护设施和设备的资源共享，在调度和管理上的信息有效沟通。

④ 移交过程。在特许经营协议中，深圳市政府与港铁约定了地铁 4 号线二期的移交协议，即在港铁运营 4 号线满 30 年后，根据实际情况决定是由其继续运营还是移交由深圳市政府或其他地铁运营商进行运营，并规定了移交工程的具体质量要求。具体流程如图 5-11 所示。

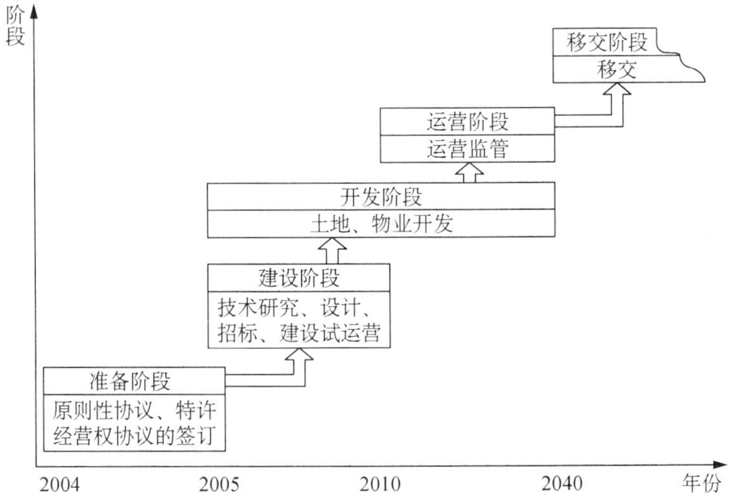

图 5-11　深圳地铁 4 号线二期 BDOT 操作流程图[114]

在深圳地铁 4 号线二期的轨道交通联合开发计划中，根据特许经营协议，项目公司将以行政划拨的方式取得并使用轨道交通工程建设用地，无须支付地价，但应缴纳土地使用费并承担 2.8 亿元征地拆迁费。深圳市按照约定的交付时间和要求交付建设用地，负责及时完成建设所需土地的征用、拆迁、居民安置及管线迁移。项目公司租用一期设施和二期设施的经营性空间。在特许经营期内，深圳市政府及其有关职能部门应确保项目公司行使该等权利；项目公司以协议出让方式取得总可售建筑面积为 290 万 m^2 的沿线若干地块，并通过分期补地价的形式向深圳市政府缴纳土地出让金。深圳市按照约定的土地交付标准与期限向项目公司提供开发地块，但可根据情况调整土地的供应。获得土地后，项目公司再通过招标以多种合伙形式确定有实力的合作开发商，合伙开发各地块。开发完成后，由项目公司负责售出或出租物业的经营管理。从双方的合作内容来看，深圳地铁 4 号线二期模式完全是"香港模式"的翻版。但由于国家发展及改革委员会未批复同意此协议，深圳地铁 4 号线二期模式也就仅仅停留在纸面上。主要原因在于：在土地获取方式上，由于深圳市轨道交通建设用地和周边地块将以行政划拨和协议的方式给予项目公司，这与我国现行的土地政策——经营性土地必须严格按照"招拍挂"方式公开上市交易是相悖的，而因此造成工程的可行性研究报告未获得国家发展及改革委员会批准，项目公司最终也只获得了地铁 4 号线二期 30 年经营权，而暂时无缘地铁沿线 290 万 m^2 的物业开发。因此，深圳地铁 4 号线二期最终只采用了 BOT 模式，而未实行 BDOT 模式。其投融资模式流程图如图 5-12 所示。

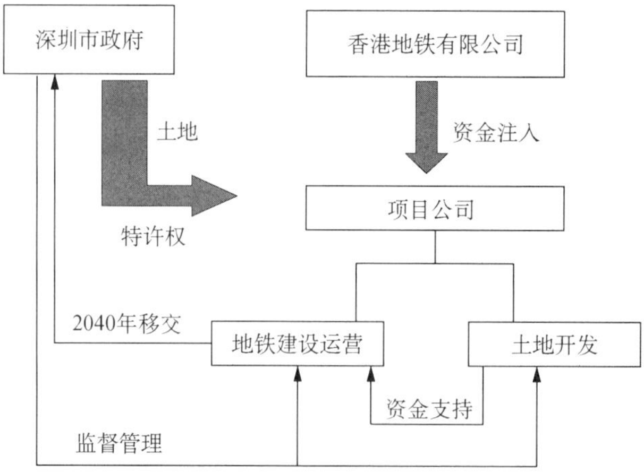

图 5-12 深圳轨道交通 4 号线二期投融资模式流程图[114]

在深圳地铁 4 号线二期工程 BOT 模式的运作流程中，首要的为 BOT 模式的政策支持的背景。按照国务院《关于加强城市快速轨道交通建设管理的通知》中提出的“实行投资渠道和投资主体多元化，鼓励社会资本以合资、合作或委托经营等方式参与轨道交通投资、建设和经营”的相关精神，以及建设部等部门在《关于优先发展城市公共交通的意见》中对公共交通特许经营制度的提倡事实上是对 BOT 模式的政策支持。其次，实施中最为重要的一步是准备阶段各项协议的签订，它为双方的合作奠定了可靠的法律基础。深圳市发展和改革局、交通运输管理局、国土资源和房产管理局、深圳市人民政府国有资产监督管理委员会分别与港铁公司签订了《特许经营协议》《运营协议》《土地协议》《租赁协议》等协议，明确规定了彼此的权利与责任，为项目工程的顺利实施提供了有力保障。第三，政府在土地出让中的大力支持，采用了带条件“招拍挂”的出让模式。从后续操作来看，以 2008 年 11 月前海三宗总面积为 141 万 m^2 的地铁上盖物业出让为例，深圳地铁最终作为唯一竞买人以 17.4 亿元人民币买下。实际上，是政府在土地出让竞买条件中，限制竞买者必须为地铁建设运营者，事实上等于将大部分的开发商全部拒之门外。后续具体项目开发模式上，深圳地铁基本采取和港铁一样的开发模式——与本土开发商合作进行项目开发，双方按比例分成。

3）上海轨道交通 11 号线嘉定段——“站点综合体开发”模式

上海轨道交通 11 号线从上海西北角的嘉定城区、安亭起步，穿越整个城区，将直抵位于上海西南的临港新城。目前，11 号线试运营的区间为嘉定北站到江苏路站，途经嘉定、普陀、长宁三个区，线路全长约 46 km，设有 16 个车站，运行时间约 50 min。11 号线被称作嘉定新一轮发展的生命线，11 号线贯穿嘉定区发展战略规划中的“四大板块”，该项目计划在这条线中的 9 个站点区域开发约 133 hm^2 的土地，预计建设 229.3 万 m^2 的住宅、商业和公共建筑等。上海轨道交通 11 号线嘉定段实行轨道交通与物业同步规划、同步建设以及同步开发，有效发挥轨道交通的集聚和导向效应，并且将沿线物业收益反哺轨道建设投资运营。嘉定区效仿的模板就是香港机场快线香港站综合体开发。所谓"站点综合体开发",也就是在满足站点综合交通功能的前提下将站点上盖及周边物业实施一体化的轨道交通联合开发。2004 年,嘉定区成立轨道交通建设投资有限公司(区属企业),代表嘉定区政府参与轨道交通 11 号线嘉定段的规划、建设、投融资和站点开发。随后,嘉定区与申通集团建立了以"合资建设,合作开发"为核心内容的轨道交通 11 号线嘉定段建设开发新模式。嘉定区承担 11 号线嘉定段总投资的 2/3。2005 年 5 月,嘉定区与申通集团共同组建 11 号线嘉定段的综合开发主体公司——上海嘉通建设开发公司,实施 11 号线嘉定段 6 个站点的核心区域土地综合开发,而开发收益将用于轨道交通建设等。轨道交通 11 号线嘉定段的 9 个站点的综合开发土地已全部出让,引进了日本丸红、中信泰富等国内外知名发展商,综合开发项目已初具雏形[115]。其中,几个站点的规划功能定位及开发强度如表 5-5 所示[116]。

表 5-5　　轨道交通 11 号线轨道站点开发汇总表

开发功能层次	站点名称	开发功能定位	交通功能定位	开发强度(容积率)
城市级综合交通枢纽	嘉定新城站	城市级公共活动中心区	城市中心区交通枢纽	高强度(2.8)
地区级综合交通枢纽	城北路站	嘉定北部城区级公共活动中心区	具有对外交通性质和P+R 功能的交通枢纽	中高强度(1.9)
	墨玉路站	汽车城地区级公共活动中心区	具有对外交通性质和P+R 功能的交通枢纽	高强度(2.5)
	南翔站	南翔地区级公共活动中心区	地区内部交通枢纽	中高强度(2.1)
社区级综合交通枢纽	白银路站	白银社区公共活动中心	地区内部交通枢纽	中高强度
	静宁路站	菊园西社区公共活动中心	地区内部交通枢纽	中高强度(2.1)
	马陆站	马陆社区公共活动中心	地区内部交通枢纽	中强度(1.7)
	昌吉路站	汽车城产学研片区公共活动中心	地区内部交通枢纽	中强度
	汽车城站	汽车城研发区公共活动中心	地区内部交通枢纽	中高强度(2.0)

上海轨道交通 11 号线嘉定段的站点还不属于彻底的联合开发,因为 11 号线站点(嘉定段)在实际运作时,站点设在市政道路上方而无法利用地铁上盖,或站点周围管线迁移困难、地质复杂开发成本高等原因无法附着进行地上、地下空间开发。另外,基于《物权法》有关建设用地使用权"招拍挂"出让方面的法律限制,难以界定轨道交通线路空间上的用地性质,不同性质的用地,很难拿下产权证。因此,嘉定区内的站点开发是属于地铁与站点周围物业之间的联合开发;又由于是站点周边的用地,不属于市政用地,属于经营用

地，就必采用“招拍挂”的土地出让形式，这与港铁在香港取得土地的方式是由政府无偿划拨是完全不同的情况。

3. 第三阶段：车辆段上盖开发

据不完全统计，目前国内已经有北京、上海、成都、深圳、长沙、宁波等多个城市开展关于地铁车辆段上盖物业开发的研究及相关工作，部分城市的地铁车辆段上盖物业开发已经进入实施阶段，主要以深圳和上海为例。

1）深圳车辆段上盖联合开发实践

深圳借助毗邻香港的优势，在积极学习和探索香港地铁上盖物业成功开发经验的基础上，进行了大胆的尝试和积极的创新，它也是国内进行车辆段上盖开发最早的城市。目前，仍处于初步探索阶段。由于内地法律政策环境与香港存在较大差别，导致地铁上盖物业这一模式在内地无法直接复制，因而发展建设推进缓慢。深圳地铁 1 号线于 2004 年 12 月 28 日正式通车。目前，二期工程已全线开通，共计 5 条地铁线路，全长 178 km，成为国内继北京、上海、广州等城市之后又一拥有网络化地铁的特大城市。深圳地铁一期未考虑综合开发，而二期地铁的综合物业开发（主要为地铁上盖物业开发）情况如表 5-6 所列[117]。其中，最早实施的是前海湾车辆段上盖案例，深圳地铁 1 号线延长段为一期续建工程，2011 年 6 月全线开通，1 号线续建工程在南山月亮湾大道西侧前海湾设车辆段一处，总用地约 56 hm^2，其中建设用地约 50.3 hm^2，车辆段上盖用地约 35 hm^2，建筑规模达 142.28 万 m^2，平均容积率 2.8，居住约 1.43 万户（其中 1.1 万户为保障性住房，0.33 万户为商品房），居住人口约 4 万，配建一所 36 班九年一贯制学校和一所 12 班小学及 3 所幼儿园。深圳前海湾上盖综合体项目分三种开发模式，划为 11 个地块：一种为上盖商业开发，包括 6、8、9、10 号地块；第二种为上盖保障性住房及配套开发，包括 1、2、3、11 号地块；第三种为白地混合开发，包括 4、5、7 号地块（图 5-13）[118]。从表 5-6 可以看出深圳地铁上盖物业开发主要以车辆段上盖住宅（含保障性住房）为主，土地出让模式已经尝试采取了捆绑招标的方式，且目前中标单位均为地铁集团。

表 5-6　　深圳地铁二期综合物业开发情况一览表

线路	站场	用地面积 /hm^2	计算建筑面积/万 m^2	建筑类型	进展情况
1 号线	前海湾车辆段	49	141	保障性住房及配套商业、公寓、酒店、交通	地铁集团中标
	深大站	1	9.8	办公、酒店、商业、交通枢纽	地铁集团中标
2 号线	蛇口西车辆段	13	30.6	单身宿舍、保障性住房、商业住宅、商业配套	地铁集团中标
3 号线	横岗车辆段	21.3	47.9	住宅、办公、商业等	未出让
4 号线	龙华车辆段	20.4	54.9	住宅、商业等	准备招标
5 号线	塘朗车辆段	21.3	47.9	住宅、办公、商业等	准备招标

（续表）

线路	站场	用地面积/hm²	计算建筑面积/万 m²	建筑类型	进展情况
深圳北站枢纽（配套建筑）	深圳北站配套工程广场	0.55	1.9	酒店用地	共 4 块，其中地铁集团中标 2 块，另 1 块评估中
	深圳北站配套工程广场	1.14	1.98	商业用地	
	合计	3	7	商业、酒店、办公、餐饮、娱乐	

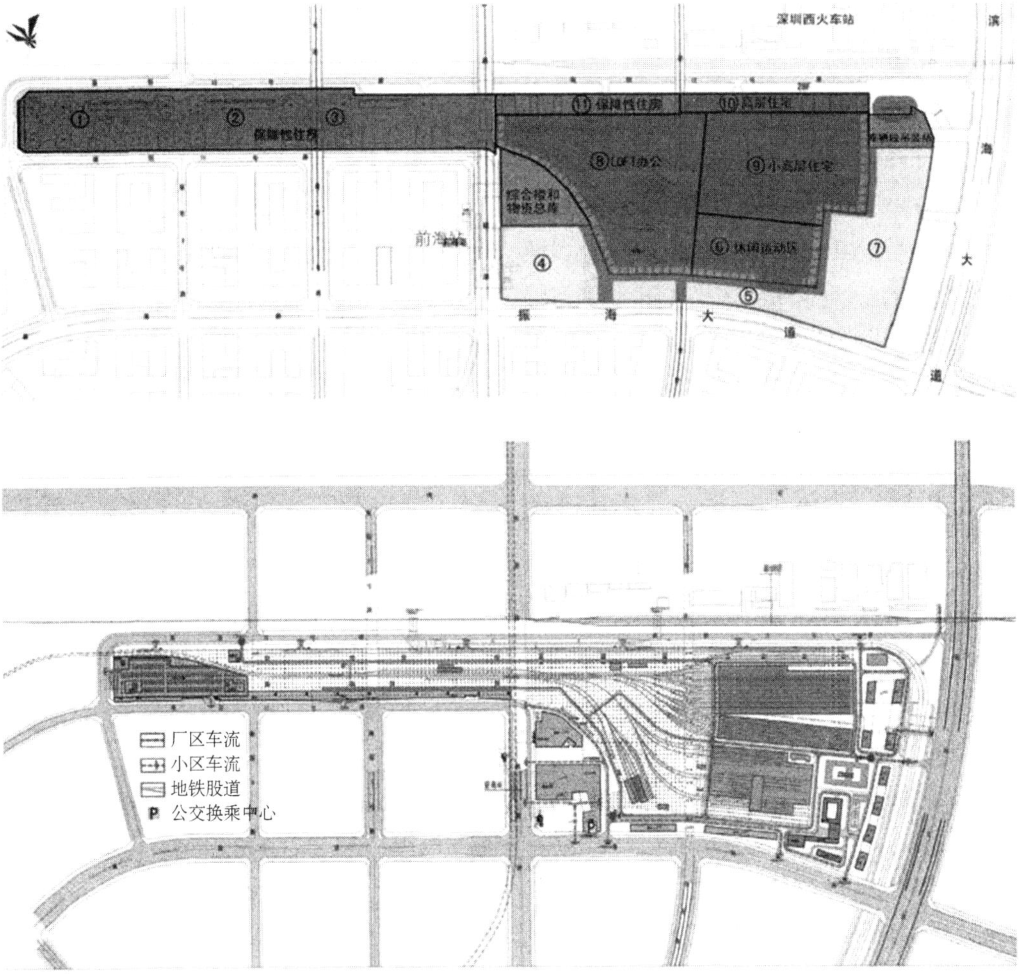

图 5-13　深圳地铁车辆段上盖地块开发模式分类

前海湾车辆段上盖项目开发模式操作流程如图 5-14 所示：① 地铁公司在取得土地后，再对分期的不同地块进行合作单位的招标，中标的合作开发企业必须按照一定比例支付地铁公司各期购买土地费用和支付土地开发费用。② 地铁公司可以通过成立项目小组的形式与合作单位一起参与开发项目，对项目开发中的各项事宜进行共同决策。也可考虑地铁公司与各期台作开发企业成立项目公司，同样地铁公司要拥有绝对的控股权和决定权。③ 最后利润按合作比例分成：地铁公司利润部分投入地铁建设，部分与基金公司利润分成。[119]

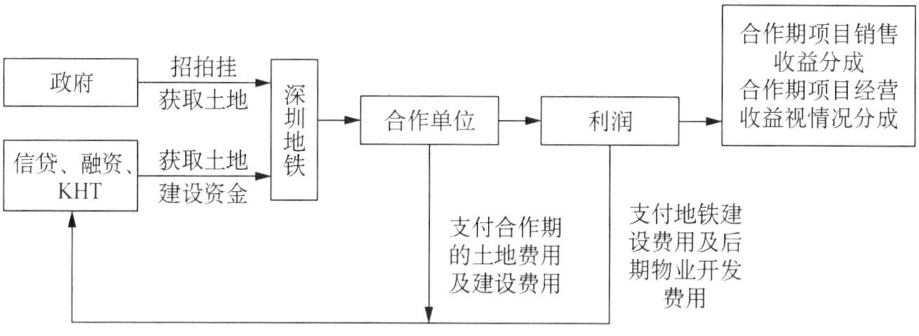

图 5-14　深圳前海湾车辆段上盖项目开发模式操作流程

2）上海车辆段上盖联合开发尝试

这里介绍上海主要在三处进行上盖综合开发规划：浦东新区金桥停车场地块综合利用、吴中路上盖综合开发以及莘庄综合交通枢纽上盖开发。以金桥停车场上盖开发为例：轨道交通金桥停车场位于浦东金桥开发区东侧，外环线的西侧，金海路南侧，紧邻外环线金海路出口。基地距离陆家嘴金融贸易区 13 km，距离浦东国际机场 20 km。根据轨道交通网络规划和车辆基地布局，金桥基地是轨道交通 9 号、12 号和 14 号线共用停车场，内设置3 座轨交车站。对此提出了功能混合、立体复合、安全优先、生态宜居的规划理念。基地规划总建筑面积约为 80.71 万 m^2。其中，上盖开发部分约为 39.4 万 m^2（包括住宅建筑约 31.91 万 m^2，公共配套设施约 7.49 万 m^2）；落地部分约为 41.31 万 m^2（包括住宅建筑约 30.82 万 m^2，商业办公建筑约 10.49 万 m^2）。2013 年 2 月，轨道交通金桥停车场上盖工程建设已全面启动。该项目由上海市浦东新区房地产（集团）有限公司与上海申通地铁资产经营管理有限公司合资经营开发的房地产公司上海盛世申金投资发展有限公司投资建设。

上盖规划顺应各层功能的不同分为三层：地面层主要为轨道交通车辆段用地，包含轨道线路及各类设施，东侧部分及地铁站点为落地开发的商业办公及住宅；12 m 层为生活交通层，上盖开发部分，综合了居住、基础教育、社区服务、绿地等功能，可以理解为一个在空中的城市平面；增加的 16 m 景观活动层是针对居住区设置的人行活动平台，平台底下解决了整个小区的停车位，平台上则用于居住区景观环境塑造，形成非常有生活氛围的邻里交往空间，延伸连接社区配套设施和轨道交通站点，创造了一个适宜步行的、可达性强的社区空间。本项目占地面积 97.48 hm^2，总建筑容量为 80.6 万 m^2，包括了居住、地铁（轻轨）交通枢纽、大型商业、办公、酒店等功能。上盖开发部分面积约 40 hm^2，建设容量约 39.4 万 m^2。[120]

5.2.4.2　轨道交通联合开发主体合作模式分类分析

依据上文所做的主体合作模式来看，目前，国内城市轨道交通建设运营主要采用的是"政企合一"和"政企分开"模式。近些年，深圳、北京等城市也开始学习香港模式，逐步开始进行"公私合作"模式的探索，包括深圳地铁4号线二期，北京地铁4号线等。根据上述分类方式，上海在轨道交通联合开发的实践和探索历程上可以分为以下三类：

1. 早期A模式实施："政企合一"模式下的联合开发

上海轨道交通1号、2号线的投资、建设与运营采用的是一体化模式，建设所需资金完全由市财政支持。当时，上海已专门成立久事公司进行投融资管理。具体来看，上海开始兴建地铁1号线，总投资额为52亿元，主要是利用外国政府贷款和商业贷款。在管理体制上，上海市政府委托上海久事公司负责借款、投资和还贷的投融资全过程管理；另外，成立上海地铁总公司负责地铁的建设和运营。虽然，轨道交通1号线最终还是由政府承担出资，但是采用的是国有投资公司的全过程管理模式，与政府财政直接拨款相比，已是一大探索和进步。由于上海实行"二级政府、二级管理"模式，随后的轨道交通2号线的建设也从单一的市政府投资，变为市区二级投资主体承担，沿线各区承担建设动迁和车站土建资金并折价入股的模式。上海轨道交通3号线(明珠线)则根据国家投融资体制改革精神，在投资建设上进行了大胆创新和实践。轨道交通3号线采用项目法人制，组建了由八家股东单位组成的项目公司，项目公司完全按照现代企业制度的要求，建立了股东会、董事会和监事会，沿线各区和上海铁路局都以征地动迁资金折价入股。建设资金通过项目公司向银行借款，以运营和经营开发收入还本付息，项目公司成为一个独立法人。[121]

该阶段，轨道交通联合开发有所实践，主要有轨道交通1号线的虹梅大厦和雅州大厦等案例。根据这两个案例又可以分为A1模式——轨道交通机构主导下自建式联合开发；A2模式——轨道交通机构主导下合建式联合开发(图5-15)。在"政企合一"运营模式下，上海轨道交通建设采用一体化模式，在具体投资、建设过程中，轨道交通机构有一定综合资源的权力，也进行了联合开发的探索，实施了一些案例，具体而言：

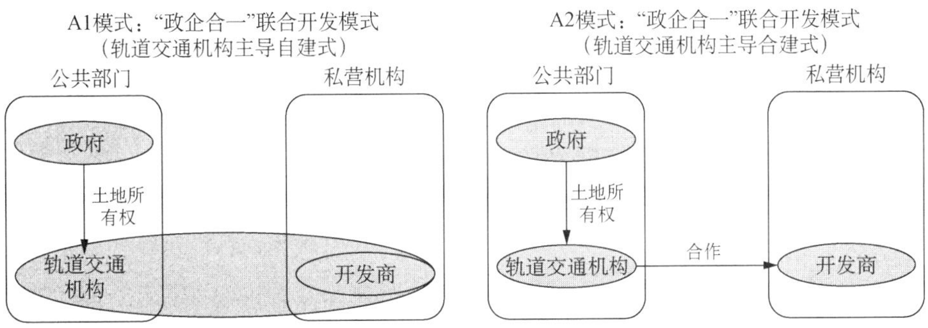

图5-15　"政企合一"模式下的联合开发模式分类

A1模式——轨道交通机构主导自建式联合开发：上海轨道交通1号线虹梅大厦案例。上海地铁公司在施工建设轨道交通1号线的过程中，已开始尝试性地与地铁站结合开发，在1号线的锦江乐园站自行开发了虹梅大厦的上盖物业。虹梅大厦位于梅陇镇，由上海地铁公司自行开发。建筑共9层，总投资近1.5亿元。其中，一、二层结合地铁站口由地铁建设资金完成。三至九层则以银行贷款来进行开发建设。虹梅大厦功能定位为综合性商务大厦，一层为地铁站出入口，剩余空间为零售商业，二至四层为餐饮，五至九层为写字楼。虹梅大厦由上海地铁公司自行开发上盖物业，从规划、设计到建设、运营管理均由上海地铁公司操作。[34]

A2模式——轨道交通机构主导和开发商合建式联合开发：上海轨道交通1号线雅州大厦案例。在上海轨道交通1号线建设中，上海地铁公司尝试与市属国有房地产开发企业合作开发物业。其一为结合轨道交通1号线的新闸路站开发雅州大厦。雅州大厦为上海地铁公司与上海市政建设公司合作开发的物业。整个大厦1995年开工，1996年竣工并投入运营。一、二层为商铺和酒店餐饮，三至八层为写字楼。雅州大厦是地铁公司与上海市政建设公司合作共同开发的上盖物业，在规划、设计、建设、运营管理等多方面，双方进行了合作。[34]

从上述两个案例可以看出，在“政企合一”模式下，由于轨道交通机构具有较强的自主权，且把投资、建设、运营管理集中于一体，因此，轨道交通机构可以进行主动联合开发，从而一定程度上回收由于公共投资而产生的收益增值。此外，早期上海轨道交通联合开发实施成功的原因还在于：土地使用权的获取尚未受到“招拍挂”制度的影响。

2. 中期B模式实践：“政企分开”模式下的联合开发

进入2000年后，上海市政府确立了“十五”期间建设200 km轨道交通网络的战略目标。在此背景下，上海市政府做出了重大决策，即实施轨道交通投融资体制改革，简称“四分开”体制改革。2000年4月28日，经上海市政府批准，轨道交通“投资、建设、运营、监管”四分开体制方案启动。同时新成立四家公司——申通集团、上海地铁建设有限公司、上海地铁运营有限公司和上海现代轻轨经营发展股份有限公司。“四分开”改革的任务是要突破制约上海轨道交通大发展的资金瓶颈及各类约束条件，为吸纳各类资金进入上海轨道交通投资领域，降低投资成本，提高市场化运作水平创造必要的体制、机制条件，努力实现“政府组织、企业运作、市场竞争、形成合力”的改革目标。“四分开”体制，是在上海轨道交通建设任务重，政府短期内财力有限，投融资机制尚不完善的背景下，经过上海市政府和相关企业反复酝酿提出的，这是上海第一次为某项城市基础设施建设专门研究相应的体制制定问题。七年的实践证明，该体制明晰了各有关方面的职责分工，提出了上海轨道交通发展的阶段性目标，奠定了上海轨道交通政府搭台、企业唱戏的市场化运作的基本模式[10]。

“四分开”体制尽管对于加快推进轨道交通线路建设具有重要的作用，但对于促进联合开发却形成了资源割裂的障碍。四部分的机构各管各运作，对于需要各部门、各主体相互协调的联合开发来说很不利，因此那时期上海联合开发实施案例较少，成功实施案例也主要为开发商和政府主导下进行的联合开发模式。从国外经验来看，这种四分开模式则不适合进行联合开发。“政企分开”模式下的联合开发模式分类如图5-16所示。

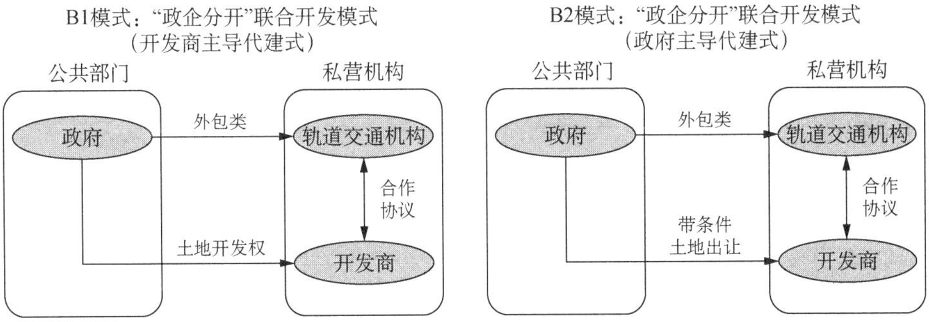

图 5-16 "政企分开"模式下的联合开发模式分类

B1 模式——开发商主导代建式联合开发：上海轨道交通 9 号线日月光中心广场案例。上海的日月光中心广场项目结合 9 号线打浦桥站车站进行联合开发。该项目是目前上海单体商业面积最大、唯一与地铁"无缝衔接"的地铁上盖商业广场，位于徐家汇路、瑞金二路交会处。该项目也是上海第一个地铁车站结合商业设置的项目，在操作、政府审批和相关法律法规方面均无先例。该项目由台湾日月光集团单独投资开发，投资额近 50 亿元，其中地铁车站及其连通部分土建综合造价估计超过 3 亿元。从实施过程来看，黄浦区政府先将现轨道交通 9 号线打浦桥站点的土地出让给上海鼎荣房地产开发有限公司。之后，轨道交通 9 号线要穿越该地块，为避免项目切割，并吸引人流，开发商提出在打浦桥设站，商业中心与站体综合开发，并为实现联合开发向区政府和市级相关职能部门申请，最后获得轨道交通机构的支持，实现联合开发。其间，开发商与轨道交通机构签订合作协议，由于该土地使用权为开发商竞拍所得，地铁公司不参与物业部分投资。按商定的协议，车站的土建费用由开发商按谈判商定额包干，直接向申通集团支付。地铁过路权由政府根据市政工程建设相应规定行政审批，不支付费用。地块取得之初地铁线路规划为区间通过，地铁车站是由开发商主动与申通集团协商增设的。该项目为旧城改造项目，开发商负责拆迁费用。由于拆迁时间延长、动迁户期望提高等因素，拆迁完成时拆迁成本约为预计额的 250%。但该模式的成功实施，还在于当时强势的市场需求，使得日月光中心广场这一城市综合体联合开发项目能够引起开发商的兴趣，从而愿意承担轨道交通建设的风险和成本。

B2 模式——政府主导代建式联合开发：上海轨道交通 10 号线南京东路地铁站。上海轨道交通 10 号线南京东路地铁站位于上海核心地段黄浦区南京东路与河南南路交叉口处。轨道交通 10 号线南京东路站本体位于宁波路—南京路之间的河南中路地下。宽约 19 m，长约 159 m。站点东侧 163 地块土地已于近期成功拍卖，规划建设顶级商业办公，164 地块为部分保护保留(保护光大银行、保留变电站)部分待改造规划商办地块；西侧 155 地块为在建的恒基地块，154 地块靠河南路为待改造商办地块，其西侧为保留应昌期围棋学校；南侧为保留改造老介福地块和已建成宏伊地块。该站西南为南京路地下已经建成的轨道交通 2 号线南京东路站，如图 5-17 所示[122]。

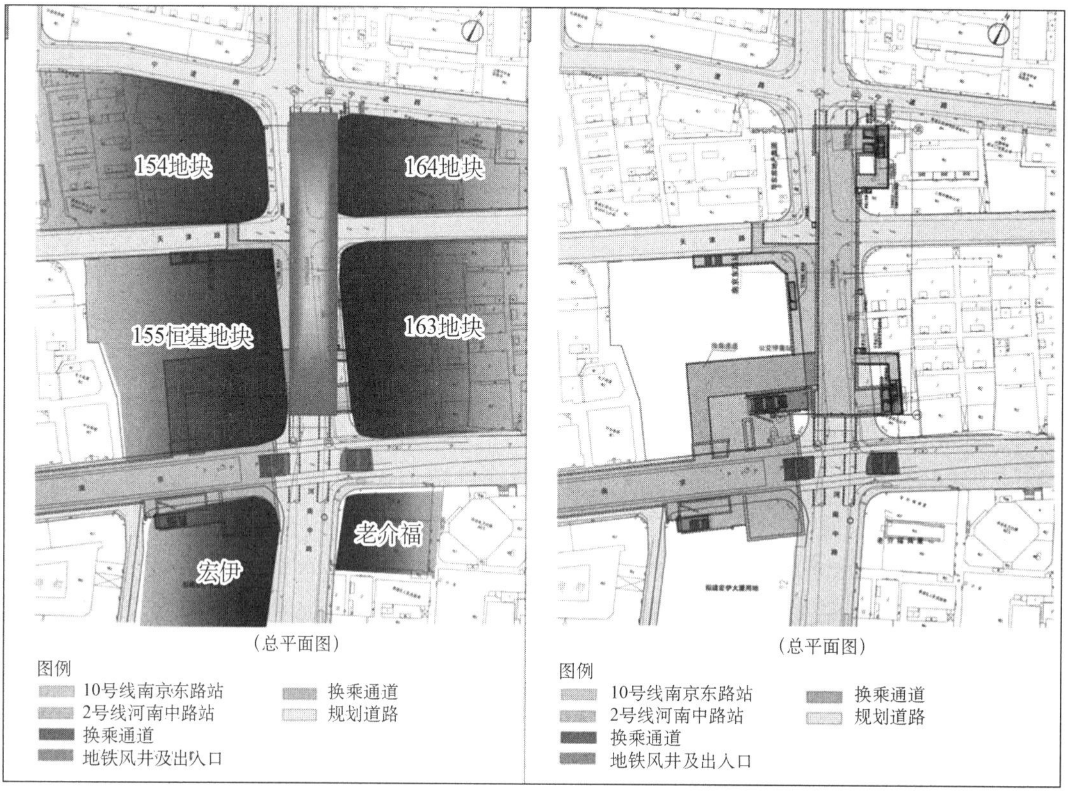

图 5-17　上海地铁 10 号线南京东路地铁站开发情况

上海市轨道交通 10 号线南京东路地铁站连接通道及出入口主要为政府主导推进。原因在于轨道交通站点进行相关方案设计时，163 地块尚未予以出让，政府部门为顺利促进地块出让，并获得更多的土地出让金。在轨道交通站点方案设计时，政府相关部门从吸引人流、促进地块开发的角度，提出结合站点出入口予以设置要求，并将相关要求纳入土地出让文件中。具体操作上，在土地出让合同中，明确规定由开发商代建相关设施，建成后交予轨道交通机构。最后，新黄浦和新世界联合体以总价 34.1 亿元采用“勾地制”的方式拿下了黄浦 163 地块。此种代建模式，实际上也需要强势的市场需求，有开发商愿意代建连通道和出入口，从而支付该块土地的出让金。

此外，上海轨道交通 11 号线嘉定段案例也是“政企分开”模式下的联合开发探索。嘉定区政府与申通集团共同组建 11 号线嘉定段的综合开发主体公司——上海嘉定轨道交通建设投资有限公司（简称嘉定轨道交通机构），该公司统筹负责 11 号线嘉定段的规划、建设、融资和站点开发。该公司主要起到以下三方面的作用：① 对站点的综合开发，初具规模。② 融资平台作用明显。③ 溢价回收效益巨大。但上海轨道交通 11 号线嘉定段的实施尚未实现彻底的“地铁＋物业”的联合开发。11 号线（嘉定段）站点由于设置在市政道路上方而无法利用地铁上盖空间，站点周边也由于管线迁移困难和开发成本高等原因无法进行附着地下空间开发，此外由于上盖空间无法获取产权证，因此，某种程度上，11

号线嘉定段未能成功实施联合开发。总之，11 号线嘉定段的综合开发探索一定程度上实现了溢价回收，但是却没有实现完全空间上的联合开发。

从上述上海轨道交通联合开发的实施案例来看，主要为 B 模式。早期，上海轨道交通在投资、建设、运营一体化模式下，由于轨道交通机构具有一定的综合资源权，因此，其在联合开发项目中起到了重要作用。此外，当时土地“招拍挂”政策尚未予以完全实施，因此对于轨道交通机构获得土地开发权尚不构成障碍。“四分开”体制之后实施的联合开发案例则以政府和开发商为主导，轨道交通机构介入不深。这与香港模式（C 模式）相比，在轨道交通机构主体作用发挥上存在着巨大差异。

3. 近期 C 模式探索：“公私合作”模式下的联合开发

国内城市 C 模式的探索可以分为两个阶段：第一阶段，探索性实施，但未能实现完全联合开发，主要为深圳地铁 4 号线二期的尝试。将沿线物业开发作为特许经营公司的补偿方式。在深圳地铁 4 号线二期的轨道交通联合开发计划中，为推动深圳市的地铁建设，解决政府地铁建设的资金压力，深圳市政府与香港地铁公司于 2005 年签订了《特许经营协议》，进行深圳地铁 4 号线二期建设运营[119]。根据特许经营协议，项目公司将以行政划拨的方式取得并使用轨道交通工程建设用地，而无须支付地价，但应缴纳土地使用费并承担 2.8 亿元的征地拆迁费。但在土地获取方式上，由于深圳市轨道交通建设用地和周边地块将以行政划拨和协议的方式给予项目公司，这与我国现行的土地政策——经营性土地必须严格按照“招拍挂”方式公开上市交易是相悖的，因此造成该工程的可行性研究报告未获得国家发展及改革委员会批准，项目公司最终也只获得了深圳地铁 4 号线二期 30 年经营权，而暂时无缘地铁沿线 290 万 m^2 的物业开发。尽管上海轨道交通 11 号线嘉定段及深圳地铁 4 号线二期未能完全成功实施联合开发，但却在我国城市轨道交通联合开发实施机制探索上迈上了一大步。

第二阶段，车辆段上盖实践，初步获得实施。该模式予以成功实施，在于两个前置性条件：① 轨道交通机构可以参与房地产开发；② 轨道交通机构能够成功获得土地开发权。该模式成功实施的原因和时间节点在于上海市颁布的《关于推进本市轨道交通场站及周边土地综合开发利用的实施意见》[123]。实际上，该实施意见一定程度是授予轨道交通机构参与土地开发的权利。根据实施意见，轨道交通机构和相关市、区（县）国资公司组成联合体，即综合开发主体，以协议的方式获得“净地”或“上盖”的开发权。其中，用于车站、轨道部分的土地，按照划拨土地方式管理；用于经营性开发的部分，按规划建设轨道交通前的市场评估地价收取；涉及地下经营性部分，地价按本市相关规定收取。综合开发主体以协议方式取得建设用地的使用权，以自主开发为主，土地使用权不得转让；如引入社会投资主体参与开发的，轨道交通场（站）建设用地的使用权以“招拍挂”方式公开出让。通过该实施意见，上海轨道交通金桥停车场上盖综合开发方能实施。该项目由上海申通地铁资产经营管理有限公司与上海市浦东新区房地产（集团）有限公司组成的上海盛世申金投资发展有限公司（综合开发主体）以协议出让的方式获得上盖空间，并进行房地产投资建设。此外，徐泾地铁上盖地块也成功出让。2014 年 10 月，上海申通集团与上海地铁资产投资管理有限公司、上海申通地铁资产经营管理有限公司、交银国际信托有限公司、上实融资租赁有限公司、上海善卓投资管理合伙企业(有限合伙)签订有限合伙合同,共同出资40亿元成立上海轨道交通上盖物业股权投资基金合伙企业(有限合伙),参与轨道交通场站及周边土地开发机制。该合伙企业于2015年2月4日以21.98亿元的价格,以“招拍挂”的方式拍下了青浦区徐泾镇徐盈路西侧地块——徐泾地铁上盖地块出让。[124]该地块东至徐盈路,南至诸陆西路,西至徐乐路,北至轨道交通用地,即介于在建的轨道交通17号线徐泾北站和徐盈路站之间。该宗地块定位为以轨道交通为导向的综合社区中心。必要条件:将地块成功出让给轨道交通机构。轨道交通机构能够参与房地产开发是充分条件,保证轨道交通机构获得土地进行开发则是联合开发予以成功实施的必要条件。深圳市采用了带限制条件的土地出让模式,即通过增加限制性条款的方法把土地通过“招拍挂”的方式出让给深圳市地铁有限公司。在深圳的前海湾车辆段上盖开发案例中的三宗总面积为141万m^2的地铁上盖物业出让为例,深圳地铁最终作为唯一竞买人以17.4亿元买下。实际上,政府在土地出让竞买条件中限制竞买者必须为地铁建设运营者,也就等于将大部分的开发商全部拒之门外。

根据上海和深圳的车辆段上盖模式可以将C模式予以进一步划分为C1模式和C2模式(图5-18)。C1模式是将轨道交通车辆段上盖开发权出让给由轨道交通机构和开发商先行协商成立的联合体。在该模式下,轨道交通机构和开发商的协商与合作针对的是土地出让,因此按“两阶段”划分来看,合作在前期准备阶段。与典型的轨道交通联合开发模式有所差异。C2模式是由轨道交通机构成功拿地后再进行开发,后续开发会有两种情况:一种情况是轨道交通机构本身可以进行房地产开发;另一种情况则是由轨道交通机构再去寻找开发商合作。这种模式下,则与港铁模式类似。事实上,“公私合作”模式与“政企分开”模式下的联合开发相比,最大的差别在于轨道交通机构能否进行房地产开发。

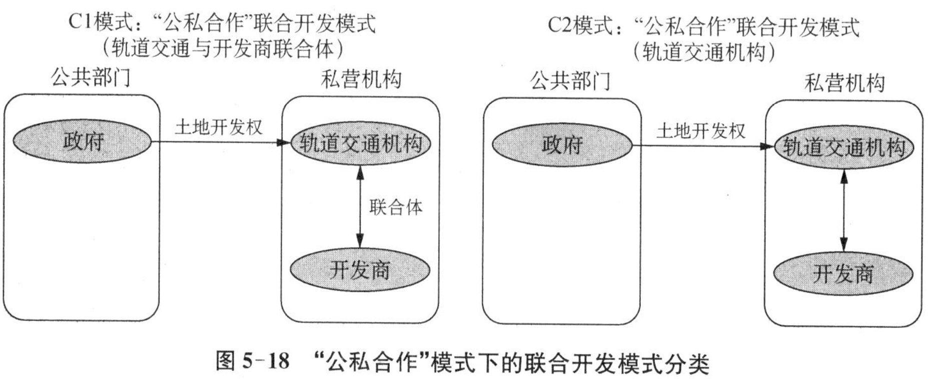

图5-18 “公私合作”模式下的联合开发模式分类

4. 上海轨道交通联合开发模式总结分析

由上海城市轨道交通实践的过程来看,其轨道交通联合开发模式经历了从A模式→B模式→C模式的发展历程,这同时也是一个政府逐步放权,轨道交通机构逐步走向市场化的过程。这与本章初步提出的四种模式可以对应起来,但从上海的情况来看,尚不涉及

“私营企业”模式。具体而言，A模式：“政企合一”模式下，由政府主导，全额投资的轨道交通机构参与下进行的联合开发。该模式尽管不利于轨道交通机构搞活市场，进行投融资，但却适合进行轨道交通联合开发。B模式：“政企分开”模式下，轨道交通机构逐步走向市场化，但由于“投资、建设、运营、监管”四分开的体制，轨道交通机构主导进行联合开发存在着割裂的障碍，不利于协调推进。因此，在该背景下，主要是开发商与政府部门主导下进行零星的联合开发，包括上海轨道交通11号线嘉定段的探索，其中主要在于嘉定区政府推进土地出让的动机。C模式：“公私合作”模式下，由轨道交通机构主导进行的联合开发。在该模式下，政府给予轨道交通机构以更多的自主权，以上海市市发改委2014年4月17日发布的《关于推进上海市轨道交通场站及周边土地综合开发利用的实施意见(暂行)》为时间节点，上海市政府授予轨道交通机构参与土地开发的权利。D模式：“私营企业”模式下，是一种完全走向市场化的联合开发，由轨道交通机构完全自负盈亏，在轨道交通建设的同时进行房地产开发以及其他相关产业。该模式下，对于联合开发非常有利，但对于轨道交通机构要求较高，对于整个社会私有化程度的要求也较高。目前，国内的制度背景下尚不存在“私营企业”模式的实施可能性。

5.3　联合开发实施主体模式选择

本章的5.2节对于政府、轨道交通机构及开发商之间进行联合开发的多种合作模式进行了分析。从分析结果可以看出，目前，国内其他城市轨道交通建设运营主体之间合作已从“政企合一”模式走向“政企分开”模式，并逐步开始进行“公私合作”模式的探索。轨道交通联合开发合作模式研究解决了公共部门和私营机构之间如何进行合作的问题；联合开发实施仍需要进一步解决私营机构内部主体之间的合作关系，即：轨道交通机构与开发商之间的合作关系，也就是实施主体的选择。从5.2节的分析中可以看出，联合开发实施主体模式可以分为自建式、代建式和合建式三种，本节将予以进一步比较分析。

5.3.1　联合开发实施主体模式分类

5.3.1.1　轨道交通机构自建式联合开发

现阶段，国内各大城市轨道交通站点地区的开发仍是采用单一主体进行综合开发模式，即轨道交通机构独自开发的自建式联合开发模式相对较多。如前所述，上海、深圳、广州均有实践，其实施主体为轨道交通机构——沿线土地由轨道交通机构自行进行开发经营，实现轨道交通建设和土地开发及相关物业建设同步。自行开发能最大限度地获取土地增值所带来的收益，但是这种方式的风险也较大，而且对轨道公司的资金实力、建设能力、经营能力要求都很高。早期为“政企合一”模式下的轨道交通机构自建式联合开发，主要以上海轨道交通1号线锦江乐园站虹梅大厦上盖物业开发为例。虹梅大厦建成后一段时间内一直受到质疑。由于虹梅大厦所在区域比较偏远，商业气氛较差，除一楼部分商铺出租外，整个大厦90%以上的建筑面积一直处于空置状态。大厦经营的不景气与周边住宅市场的发展形成了鲜明的反差。在轨道交通 1 号线开通以前，梅陇地区的房地产整体形象很差，房价在 800～1 000 元/平方米。轨道交通 1 号线开通后，到 2000 年底，周边在售楼盘的房价在 4 000 元/平方米以上，而锦江乐园站的日平均客流量也在 5 万人次以上，故虹梅大厦经营不好的原因值得深思。无论其开发效果是否体现，其联合开发项目本身还是能够得以实施。虹梅大厦开发当初尚不受土地政策之限，主要是由政府和轨道交通机构共同推进建设。此外，虹梅大厦在“政企合一”模式下实施，其资金亏损也来自政府财政补贴，不存在亏损之忧。但完全由政府进行财政补贴，这样始终存在着政府和轨道交通机构在经营成本及努力程度方面的信息不对称；此外，也难以发挥轨道交通机构联合开发的积极性。

近期，在“政企分开”模式下，内地部分城市主要采用在轨道交通机构下属成立房地产开发公司的方式，进行轨道交通机构独自开发。该方式实际上是一种由轨道交通机构进行轨道交通建设同时与其下属房地产公司同步进行的轨道交通沿线用地的联合开发。该方式相对空间权属关系较为简单，均为轨道交通机构所有，目前在国内城市应用比较广泛，包括深圳、广州等城市。但该模式的前提条件在于政府应赋予轨道交通机构房地产开发职能。而广州、深圳的轨道交通机构均具有房地产开发职能，如本章尾注Ⅰ、Ⅱ所示。深圳地铁先后承建前海、塘朗、横岗、蛇口西这四个保障性住房项目共 2.2 万多套保障房，以及多条线路的商品房开发项目，项目覆盖轨道交通二期的 1 号、2 号、3 号、5 号线和三期的 7 号、9 号、11 号线等多条地铁线路。广州地铁也打造了动漫星城地下商城、南海金融城等多个商业与住宅项目[125]。此外，正结合地铁线网规划，开展地铁沿线土地储备和物业开发。

5.3.1.2　开发商代建式联合开发

开发商代建式联合开发模式在国内一些城市应用得比较多，具体可以分为两大类，开发商主导代建式联合开发和政府主导开发商代建式联合开发。代建式的基本思路就是由开发商代建轨道交通的相关设施。以上海为例，开发商主导代建式联合开发最典型的案例为轨道交通 9 号线日月光中心广场案例。日月光集团主导提出在所属地块内设站，并代建轨道交通站体。实施过程中，日月光集团需与轨道交通机构签订相关协议；政府主导代建式联合开发则由政府牵头与轨道交通机构之间确定开发相关事项，在土地出让阶段征求轨道交通机构意见，并通过土地出让合同与潜在开发商之间形成合作协议。典型的案例为上海轨道交通 10 号线 163 地块。在土地出让合同中写明由未来地块的开发商代建站体的出入口。在 163 地块土地出让合同拟定的时候征求轨道交通机构的意见。

5.3.1.3　轨道交通机构和开发商合建式联合开发

所谓合建式联合开发，即由轨道交通机构和开发商进行合作开发，大多数是由轨道交通机构提供用地，房产开发商提供开发资金、开发经验，并负责具体的开发工作，轨道交通机构按协议的规定分享收益。二者之间可以通过签订开发协议来确定合作关系并成立联合开发公司，也可以只是按照合同的约定各自独立履行义务、分享收益。传统的合建式一般不成立联合开发公司，仅靠合约进行。若轨道交通机构主导联合开发则由轨道交通机构牵头与政府各部门办理相关开发手续，同时与开发商之间签订合作协议。最典型的案例为上海轨道交通 1 号线雅州大厦。此外，近期几个城市的联合开发也是采用成立联合开发公司的模式进行的。

5.3.2　基于机制设计理论的轨道交通联合开发实施主体选择

5.3.2.1　机制设计理论内涵

本书 2.1.4 节中已对机制设计理论进行了综述。机制设计理论的基本内涵是在自由选择、自愿交换、信息不完全及决策分散化的条件下，设计一套机制(规则或制度)来达到既定目标的理论，主要体现在三方面：① 特定目标的实现。对于任意给定的一个组织目标，在自由选择、自愿交换、信息不完全及决策分散化的条件下，能否设计一套机制，使得每一个参加此活动的人，在掌握私人信息的情况下，即使出于自身利益行事，其最终的博弈结果仍能够达到该组织设定的目标。② 信息效率的问题。任何一个机制的设计和执行都需要信息传递，而信息传递需要成本。在机制设计理论中，机制设计者没有也不可能了解所有信息，那么在信息不完全的情况下，如何设计出有效的制度便是机制设计要解决的问题。如何节约信息成本，并诱使当事人显示其真实信息，即显示原理。③ 解决不同主体在实现特定目标时的积极性问题。通过设计均衡的利益法则，调动人们的积极性实现监督控制难以达到的目的，诱导人们的行为，使之符合机制设计者所预期的目标。机制设计者的目的也就是在给定的经济环境与约束下如何选择一个可行的可实施机制来最大化自己的期望效用函数，而可行的可实施机制必须满足参与约束和激励相容约束。其中，参与约束是保障代理人积极参与到机制中的条件。因为代理人有参与和不参与的选择自由，当委托人设计出机制后，代理人可以接受合同也可以不接受合同，所以委托人设计机制时必须考虑到代理人从接受合同中获得的收益必须大于不接受合同的收益，否则代理人宁可选择不接受合同，转到其他委托人处甚至不作为，获得不接受该合同的保留效用(预定收益额)。激励相容约束是保障代理人在追求利益最大化的同时达到委托人利益最大化的条件。委托人不知道代理人类型和具体行动等私人信息，委托人设计的机制必须使代理人有积极性选择委托人所希望他选择的行动。激励相容原则的含义是委托人和代理人都能从机制中获得最大化收益。机制设计理论的研究表明，联合开发实施机制设计中应充分考虑到信息不对称的问题以及机制设计中的参与约束与激励相容。

5.3.2.2　传统自建式和合建式联合开发的信息不对称问题

联合开发中的信息不对称现象主要表现在相关主体之间掌握着不同的私有信息，包括：资源的私有信息(状态、资金流量等)；各种成本信息；轨道交通机构和开发商的运作状况；绩效情况以及市场情况等。

1. 自建式联合开发模式

轨道交通机构对站点周边土地独立开发，由同一主体进行轨道交通建设与开发，理论上，政府、轨道交通机构可以获得最大化收益。该模式的优点在于轨道交通机构直接获得物业开发收益分成与物业经营收入。对于政府而言，政府虽然获得了较低的土地收益，但同时减少了对轨道交通建设的财政压力。然而其缺点也较为明显，一方面，轨道交通机构独自承担着开发建设的风险，未能实现收益共享、风险共担；另一方面未能体现专业化分工，轨道交通机构往往缺乏项目开发经验，导致市场反映情况较差，后期物业经营不理想，最终综合收益偏低。最为重要的是，在自建式联合开发模式下，政府无法掌握轨道交通机构的运作信息，从而造成相互之间的信息成本问题，进而影响了开发收益的最大化。特别是在"政企分开"模式下，实施轨道交通机构自建式联合开发，尽管轨道交通机构参与房地产开发能够获得一定的收益，但也受到广泛质疑，独资方式的开发是否意味着地铁公司除了修建、运营地铁线路外，还从此晋升为地产开发商？此外，作为以修建和运营地铁为主业的地铁公司，缺乏商业运作方面的经验以及大量资金，却承担着房地产开发的风险。

2. 代建式联合开发模式

代建式联合开发一般由开发商代建轨道交通设施。其优点较为明显，由开发商承担部分轨道交通设施的费用，减轻了轨道交通机构的资金负担问题。代建式一般也会进行同步规划、同步设计。但其问题也较为明显，与轨道交通自建式一样，由开发商来承担风险，而无法实现收益共享、风险共担。另外，无论是开发商主导代建式联合开发，还是政府主导下开发商代建式联合开发，委托方和代理方均存在信息不对称的情况，从而产生委托代理问题。

3. 合建式联合开发模式

合建式联合开发由轨道交通机构和开发商合作开发，其优点较为明显：实现了市场化的优势资源配置。轨道交通机构获得了物业开发的收益分成与物业经营收入，政府则减少了因财政补贴造成的长期财政负担，另外也实现了同步规划、同步设计、同步建设、同步开通的"四同步"。同时，实现了联合开发的轨道交通客流培育、物业开发收益返还等目标；但问题在于，联合开发的复杂性，其中各项协调工作仍需要予以进一步解决。合建式下，协调问题相对自建式与代建式更多，如何能使得联合开发中的各个参与者能够在实现最大化个人利益的同时也能达到机制所设置的目标是需要解决的问题。

综上，自建式联合开发由轨道交通机构独立承担建设活动，对轨道交通机构的要求较高且不利于发挥主体特长，综合效益偏低。代建式联合开发由开发商承担轨道交通设施的建设活动，会存在较为突出的信息不对称的问题。相对而言，合建式联合开发更有利于实现市场化优势资源配置，但仍存在信息不对称问题，需进一步进行机制设计，使得参与者能够在最大化个人利益的同时也达到了机制设定的目标。

5.3.2.3　基于机制设计理论的联合开发实施主体选择

从较为成功的香港"轨道＋物业"的联合开发机制来看，香港地铁采用的是轨道交通机构主导下的合建式联合开发模式，其联合开发之所以较为成功，从机制设计理论来看，主要体现在四个方面。

1. 通过全程参与解决信息效率问题

香港地铁"轨道＋物业"的联合开发机制设计之所以能够较为成功，其一在于香港政府给予港铁公司全过程参与轨道交通沿线地块开发的权利。通过全程参与，一定程度上解决了信息效率问题。香港地铁开发的核心流程可以分为四步：① 香港特别行政区政府安排香港地铁对新铁路线进行建设、融资和运营时，根据双方签署的项目协议，以总承包的方式批给香港地铁在车站车辆段上部及其邻近范围进行物业开发的权利。② 在与政府规划部门协商确定车站物业开发的主要内容和设计方案之后，香港地铁将总体布局规划提交城市计划委员会审批。获批后，香港地铁即开始与政府土地管理部门商讨补地价及获取批地。③ 香港地铁通过公开招标寻求符合资格的开发商，并与中标的开发商签订发展合约，由开发商对整个开发项目进行全资建设，包括补地价。④ 在项目竣工时，以协议中商定的比例与开发商分配物业发展的利润，一般地铁公司享有五成的利润。同时，策略性地保留部分已落成物业作租赁用途，从而获得稳定的租金收入。香港地铁历年出售物业所获得的利润全部用于地铁建设，成为香港地铁发展的重要资金来源。总体而言，在香港的“轨道＋物业”的联合开发机制设计中，香港地铁从土地选择、规划编制到后续的谈判协商、具体开发建设等，均全程参与。

2. 引入激励机制体现激励相容

香港地铁采用的是轨道交通机构主导下的合建式联合开发模式。政府与香港地铁公司之间是一种委托代理关系。而在这一关系中，香港地铁公司是唯一符合机制设计中参与约束条件的主体。政府通过授予轨道交通机构土地开发权，作为激励机制。而在轨道交通机构与开发商的具体合作方式中，又可分为轨道公司参股开发和合约开发两种。参股开发即轨道交通机构持有一定的股份，按照股份比例分享房产收益；合约开发则是指轨道交通机构不直接参股沿线土地的物业开发，而是把土地以一定条件转让给开发商。轨道交通机构可以基于土地增值依据以及合约依据，分享一定比例的物业开发和运作的利润，并将此作为轨道交通的建设费用。此方式对轨道交通机构有三点好处：一是几乎不用承担风险；二是能够较快地得到土地出让收益；三是可得到持续性的物业运营收益。若想充分体现该优点，就需要体现机制设计的激励相容原则，即政府的资源性补贴政策：① 政府授予轨道交通机构制定票价的自主权、土地开发权和土地开发权转让；② 形成合理的利益分配机制，政府要尽可能地降低私人投资者的政策、金融和法律三方面的风险，而且通过一定机制保障私人投资者的基本收益。香港“轨道＋物业”模式下，香港地铁公司以“建地铁之前”的价格从政府处购买土地开发权，某种程度上未参与土地储备却获得土地储备的增值收益。因此，香港地铁模式实际上是兼具获取了土地储备（土地增值收益）和房地产开发的双重收益。由此可见，在合建式联合开发模式下，若能够顺利推进联合开发的实施，那么政策制定中的激励相容原则至关重要，需要政府在相关政策制定中引入激励机制，予以资源性补贴。

3. 选择开发商的参与约束与激励相容

在香港轨道交通联合开发实施机制中，香港地铁公司事实上承担了两方面的角色，一方面作为政府的代理方，另一方面又作为开发商的委托方。在政府与轨道交通机构之间的委托代理关系中，充分引入了激励机制。而在轨道交通机构与开发商之间的委托代理关系中，则又充分体现了参与约束与激励相容。香港地铁公司是采用公开招投标的方式选择合作开发商的，在此过程中，具体包括四个步骤：① 初步筛选阶段。由地铁公司向有兴趣参与项目的开发商发出邀请函，被邀请的开发商递交投资意向书，并详尽说明自己公司的架构、开发经验、市场推广及管理能力等。地铁公司在初步评价后，确定候选开发商的名单。② 咨询阶段。地铁公司向候选开发商阐述地铁线路规划、建设及土地开发计划的具体要求和技术标准。在此阶段，开发商可就不清楚的技术性问题，向地铁公司咨询。③ 投标阶段。为评估候选开发商的财政及技术能力，候选开发商应就项目发展计划递交投标建议书。经选定的开发商才能正式参加投标。④ 批标阶段。地铁公司与中标开发商达成合作开发协议。香港地铁公司通过对合作开发商的选择过程，也充分体现了参与约束与激励相容。通过筛选、投标等方式，不仅使得开发商显示其真实信息，供委托人进行理性选择，而且也保障了代理人能积极参与到机制中来，并使得开发商有利可图，即获得一定的轨道交通外部效益。

4. 体现在良好的联合开发交易环境创造

联合开发是一个复杂的过程，涉及了多方利益主体，除政府部门、轨道交通机构和开发商外，还包括投资者、金融机构、建设者、居民、使用者等众多参与主体。所有与其开发相关的因素构成了交易环境。除联合开发规划中已确定的开发控制要素外，与基地相关的其他问题则需要各方通过谈判协商解决。所遇到的这些问题通常是由联合开发时所遭遇的法令、实体、财务及社会限制构成，要解决这些问题来实现联合开发，各方就需要经由许多协议来应付挑战，克服开发障碍。协议中需明确各方的权责及利益获得，因此常常将其称作为是一个交易过程。交易环境的好坏往往决定了联合开发交易的复杂程度，如果交易环境中所遇到的挑战越多，则交易就越困难。因此，若是政府部门能够为联合开发营造良好的开发交易环境，那么联合开发协议谈判过程就能更顺利，联合开发交易也就更容易达成。

联合开发时，有时候政府会处于强势地位，而开发商处于劣势地位，但并不是所有时候都这样，完全相反的状况也是有可能发生的。这就要视市场状况的强弱而定了，这里的市场状况包括项目所处城市位置、土地的数量以及土地权属分散的情况等一系列与基地有关的因素，这些都是影响联合开发谈判及交易是否能达成的重要指标。市场的强弱对参与联合开发的公私团体具有同等的作用，当市场状况良好时，开发商便会对联合开发充满兴趣，会努力想要促成联合开发的达成，政府部门便处于强势地位，也就有利于从中获得更多的收益；而当市场状况不理想时，开发商往往需要从政府部门那里获得额外的奖励才会对联合开发产生兴趣，此时处于劣势地位的政府部门只能对这些要求妥协以促使联合开发的达成，这些奖励往往包括降低开发商的成本、分担部分风险或创造一个市场需求。这种情况不仅影响联合开发谈判的达成，而且联合开发主管部门也就不能从中获取理想的收益，因此要尽量避免该类情况出现。可见在联合开发前创造出良好的市场状况，避免其处于不理想状况，这对于联合开发交易的达成是很有意义的，而主管机构等政府有关部门也就能从中获得更大收益。政府部门可以通过一些鼓励性策略来使市场状况在未发生联合开发前就往良好发展，以保证之后联合开发的顺利实施，例如在计划联合开发时就有计划地增加轨道交通项目的商业价值，或是将车站通道作为联合开发的一部分来吸引开发商，抑或是为开发商做好集中土地的工作等。这些都是创造良好市场状况的方式，也是营造良好开发交易环境的重要组成部分，它们将对联合开发的顺利实施与否产生主要的影响。

5.3.3 联合开发模式下轨道交通机构角色

联合开发实施主体的选择与设置与轨道交通机构的角色定位有着紧密的关系。若采用香港模式下的轨道交通机构主导下的合建式联合开发，一方面，政府需要给予轨道交通机构更多的参与性，包括参与前期准备阶段的规划编制、土地选定等；另一方面，给予轨道交通机构更多的激励性政策，包括土地开发的一级收益及参与房地产开发等。事实上，上海在这方面仍相对落后，仅在近期车辆段开发中有所尝试，主要得益于上海市市发改委 4 月 17 日发布的《关于推进上海市轨道交通场站及周边土地综合开发利用的实施意见(暂行)》，上海市政府授予了轨道交通机构参与土地开发的权利。目前，内地其他城市轨道交通机构的角色有以下几种：除深圳、广州的轨道交通机构具有房地产开发职能外，南京地铁公司及武汉地铁公司也通过被授予土地储备的职能来获得土地一级开发收益具体可以看本章尾注Ⅲ、Ⅳ。国内其他城市轨道交通机构职能主要涉及投融资、建设、运营、资源开发等相关职能。其中，资源开发一般涵盖了物业开发(含上盖空间、地下空间及沿线地块等)和附属资源开发(除物业管理外的地铁附属资源，包括地铁附属的广告、商业和民用通信项目的等资源)。以上海为例，上海将资源开发分为四个部分：广告事业、商业事业、信息事业、物业开发。其中，授予轨道交通机构土地储备职能或与城市开发公司(城投类公司)合作收储，实际上是一种外部效益内部化的融资模式，轨道交通机构可以通过获得土地储备收益来取得建设资金，即获得土地整合阶段收益(土地一级开发收益)。此外，联合开发模式下，轨道交通机构与房地产开发商合作进行相关物业开发获得项目建设阶段收益(土地二级开发收益)。轨道交通机构的多元化经营(包括参与土地储备和房地产开发)对于实现外部效益的内部化，解决轨道交通的资金问题具有重要的作用。给予轨道交通机构土地一级开发收益和土地二级开发收益，是机制设计中激励相容机制的体现，即让轨道交通机构享有一定比例的由其经营所创造的级差地租，建立合理的土地增值效益返还机制，将轨道交通的部分外部收益返还为城市轨道交通机构的内部经济效益，用于城市轨道交通的良性循环。

5.4 联合开发实施程度划分

从国内外发达城市和地区的案例以及国内的几个城市联合开发案例来看，事实上，联合开发的实施程度仍存在差异。比如香港的“轨道＋物业”模式，从联合开发“三要素”来看，开发实施主体由政府支持下的轨道交通机构与开发商联合开发；资金关系上则由轨道交通机构与开发商共同投资建设，共同承担；空间上则为完全的站体上盖空间。而美国的华盛顿康乃狄克大道1101号案例，在空间关系上只涉及出入口的联合设置。由此可见，联合开发的实施程度会有所差异。

此外，结合现阶段我国在联合开发实施中上海、深圳等城市的主要案例，根据联合开发中主体联合要素、资金联合要素、空间联合要素的程度，也可以将国内城市轨道交通联合开发实施的联合程度予以初步划分。

1. A模式——政府背景下轨道交通机构主导的联合开发

结合上海案例可以将A模式进一步划分为自建式(A1模式)与合建式(A2模式)。

(1) 从主体联合要素上来看，在自建式模式下，完全由轨道交通机构进行开发建设。对于轨道交通机构而言，获得了一定的房地产开发收益，较好地体现了外部效益内部化的联合开发实施目标。但这也对轨道交通机构的经济实力和开发能力提出了很高的要求，换言之，轨道交通机构承担了较大的风险。在合建式模式下，由轨道交通机构和开发商共同承担开发建设，建成后由轨道交通机构管理运营，轨道交通机构通过楼宇的出租获得房地产开发的收益。

(2) 从空间联合要素上来看，A模式下，无论自建式还是合建式的轨道交通站点实施上盖开发，轨道交通站点空间要素均得到了相对充分的利用。可以说，A模式在空间要素上是实现了完全联合即空间上实现了集约利用。

(3) 从资金联合要素上来看，在自建式模式下，完全由轨道交通机构出资，未能实现投融资的联合；在合建式模式下，由轨道交通机构和国企共同出资建设，一定程度上实现了资金要素的联合，但未成立联合开发项目公司。

综上所述，A模式在一定程度上实现了外部效益内部化的实施目标，但没有实现完全的风险共担、利益共享。其中，自建式也存在对联合开发定义的匹配程度。在自建式模式下，由有着政府背景的轨道交通机构进行开发，并没有实现公私部门的合作。此外，该模式在后续实际操作中，也存在着政策障碍，主要是在土地获取方式上，A模式是由政府将轨道交通沿线土地以划拨或协议的方式给予轨道交通机构，再由轨道交通机构组织统一实施联合开发。但此模式在现行的土地“招拍挂”政策下，已无法实施。

2. B模式——开发商或政府主导下进行的联合开发

此模式为由开发商代建站体或连通道、出入口，可根据代建程度将其分为完全代建式(B1模式)和部分代建式(B2模式)。

(1) 从主体联合要素上来看，B模式下，轨道交通机构未能更多参与，而更多的是政府与开发商之间的协商与交易。其中，完全代建式最为典型的是上海的日月光城市综合体案例，由日月光集团对站体进行代建。风险由开发商完全承担，收益则由轨道交通机构及开发商共同获取。因此，该模式对于开发商而言承担了较多的风险。部分代建式则由开发商代建出入口、连通道等，对于可开发地块则由政府将相关要求拟入土地出入合同中。从主体联合程度上来看，在部分代建式下，开发商承担了联合开发的部分风险和收益。

(2) 从空间联合要素上来看，完全代建式的日月光中心广场案例中，实现了站点空间的充分利用，因此，空间上实现了完全联合。而部分代建式则仅代建了连通道和出入口等，对于空间联合开发的作用不大。

(3) 从资金联合要素上来看，完全代建式由开发商承担大部分土建的费用及风险。而对于轨道交通机构来说，该站体的土建费用无须它承担，且能获得更多的人流，实现了外部效益内部化目标。在该模式下，项目公司均由开发商单独成立，轨道交通机构未参与项目公司。

由于日月光中心广场这一城市综合体的成功具有一定的偶然性，恰好该地块开发商为台湾开发商，具有一定的联合开发经验，因此提出了联合开发方案，代建了轨道交通站体，承担了站体的土建费用，最终使项目得以实施。完全代建式乃“一事一议”的实施，对于开发商的要求比较高，且开发商承担了较大风险。此外，由于强势市场需求也是该案例成功的重要原因。部分代建式在实际应用中比较普遍，但该模式属于联合开发初级阶段，对于空间联合的作用发挥不大。

3. C 模式——特许经营模式(或项目公司模式)

C 模式也就是较为成功的香港模式。香港模式可以说是特许经营模式中的特殊情况，香港法律赋予了港铁公司一定的专营权。特许经营模式可以分为两种模式，一种为典型的联合开发模式，即拿地后再联合的 C1 模式。具体操作上，由轨道交通机构(或项目公司)获得土地后再联合开发商成立项目公司进行联合开发，主要案例为深圳前海湾车辆段上盖开发模式。另一种为上海的徐泾地铁车辆段上盖开发模式，即先联合后拿地的 C2 模式。具体操作上，由轨道交通机构与市、区(县)国资公司联合成立项目公司，再通过“招拍挂”获得土地，进行联合开发。从实施主体上来看，无论是先联合后开发，还是拿地后再联合均为合建式。

(1) 从主体联合要素上来看，C 模式下，政府将特许经营的权利给予一般由轨道交通机构组成的项目公司。轨道交通机构与开发商共同进行站体空间的开发，即这是一项公私部门合作进行的开发活动。

(2) 从空间联合要素上来看，C 模式下，由轨道交通机构组成的特许经营公司组织进行统一的开发，实现了规划、建设、运营的一体化，可以实现空间上的充分利用。

(3) 从资金联合要素上来看，C 模式下，由轨道交通机构与开发商组成特许经营公司或项目公司，进行整体投融资考虑，实现了风险共担、利益共享。因此，该模式下可以实现资金的较好结合和充分利用。

无论是深圳模式还是上海模式，政府一般采用带限制条件的土地出让方式，将土地出让给轨道交通机构。因此，该模式均存在对土地出让“公平性”的质疑，包括香港模式，自从香港地铁公司私有化后也遭到了类似质疑。质疑者认为，地铁公司以补地价的形式而不是通过公平及公开的竞标过程获得土地，地价无法遵循价高者得的原则。同时，质疑者还认为，由于土地资源属公共财产，这种土地优惠政策等同于以公共资源补贴私人投资者，特别是地铁公司私有化后。[77]

表 5-7　　轨道交通联合开发案例主体、空间、资金要素分析

模式	代号	类型划分	主体联合关系	空间联合关系	资金联合关系	案例
政企合一模式	A1	自建式	轨道交通机构	站点式	轨道交通机构出资	虹梅大厦
	A2	合建式	轨道交通机构和开发商	站点式	轨道交通机构和开发商共同出资	雅州大厦
政企分开模式	B1	代建式（完全代建式）	开发商代建	站点式	开发商出资	日月光中心广场
	B2	代建式（部分代建式）	开发商代建	周边式	开发商出资	163 地块
公私合作模式	C1	合建式（先联合后开发）	轨道交通机构和开发商	站点式	轨道交通机构和开发商共同出资成立合作企业	上海徐泾地铁车辆段上盖
	C2	合建式（拿地后再联合）	轨道交通机构和开发商	站点式	轨道交通机构和开发商共同出资成立项目公司	深圳前海湾车辆段上盖

综上，本文将联合开发实施程度做以下划分，主体联合程度划分为：开发商和轨道交通机构联合建设则为完全主体联合开发（合建式），代建式及轨道交通机构自行开发（自建式）为部分主体联合开发。空间联合程度划分为：站点式联合开发为完全空间联合开发；周边式联合开发则为部分空间联合开发。资金联合程度划分为：以具体项目公司的组成方式划分。由轨道交通机构和开发商共同组成项目公司进行开发的为完全资金联合开发；由轨道交通机构或开发商独立组成项目公司进行开发则为部分资金联合开发。轨道交通联合开发案例主体、空间、资金要素分析见表 5-7。当三项要素均为完全联合开发关系，则联合开发实施程度为完全联合开发；当其中任一要素未能达到完全联合开发关系，则联合开发实施程度为部分联合开发（表 5-8）。

表 5-8　　轨道交通联合开发案例联合开发程度分析

模式	代号	类型划分	主体联合程度	空间联合程度	资金联合程度	联合开发实施程度	案例
政企合一模式	A1	自建式	部分	完全	部分	部分	虹梅大厦
	A2	合建式	完全	完全	部分	部分	雅州大厦
政企分开模式	B1	代建式（完全代建式）	部分	完全	部分	部分	日月光中心广场
	B2	代建式（部分代建式）	部分	部分	部分	部分	163 地块
公私合作模式	C1	合建式（先联合后开发）	完全	完全	完全	完全	上海徐泾地铁车辆段上盖
	C2	合建式（拿地后再联合）	完全	完全	完全	完全	深圳前海湾车辆段上盖

从联合开发的相关定义来看，只有完全联合开发模式才能较好地匹配联合开发定义要素（图 5-19）：① 实现了公私部门的良好合作，政府授权，轨道交通机构及开发商合作开

发;② 实现了站体空间及周边用地的充分集约利用;③ 成立了项目公司,进行整体的投融资考虑,形成利益共享、风险共担。根据上述案例,从主体联合、空间联合与资金联合"三要素"来看联合开发的实施程度。香港模式较好地实现了"三要素"的联合,可作为完全的联合开发。而目前,从国内联合开发实例来看,实现完全联合开发仍存在政策性障碍。本章主要从主体联合方面予以分析,具体其空间关系如何、资金关系如何,以及涉及哪些相关政策法规,后文将继续予以细化分析。

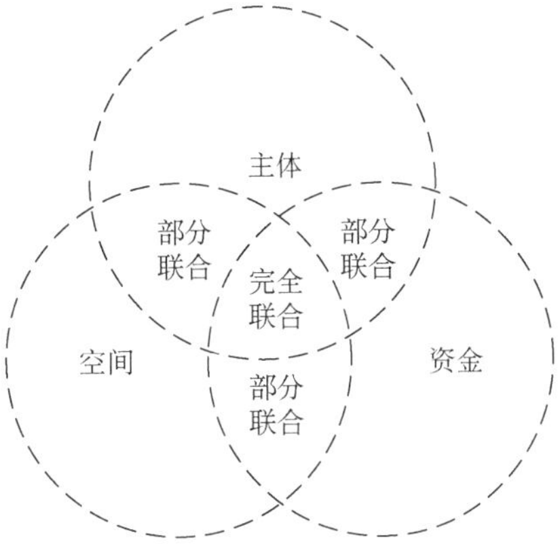

图 5-19　轨道交通联合开发实施程度示意

总体而言,从国内城市实践案例来看,一方面,国内城市在联合开发模式探索中主要还是零星站点、"一事一议"的尝试,故更多的是部分联合开发模式,与完全联合开发仍有差距,且尚未能形成完全联合开发模式的实施。另一方面,仅在公私部门之间形成良好的合作关系仍不能促进联合开发的实施,联合开发机制的建立仍需外部政策环境予以进一步优化,而国内城市尚未形成完善的实施运作机制。

5.5　本章小结

本章在轨道交通联合开发核心利益主体界定的基础之上,结合本书第 4 章国内外城市和地区轨道交通联合开发实施的案例,依据轨道交通建设运营管理的四种模式,将联合开发模式根据联合开发公共部门与私营机构之间的合作关系划分成 A、B、C、D 四种,并剖析了四种模式下核心利益主体之间的合作关系。在对联合开发主体合作模式进行分类的基础之上,针对上海、深圳、广州等国内城市的联合开发实践案例进行比对,进一步验证了其中的 A、B、C 三种联合开发主体合作模式在国内城市的应用。其次,在公私主体合作关系的基础之上,分析研究了第二阶段中联合开发实施主体轨道交通机构和开发商之间的合作关系,并根据机制设计理论选择最优主体合作机制。最后,根据主体联合、资金联合和空间联合的程度,将轨道交通联合开发实施程度划分为部分联合开发和完全联合开发。

Ⅰ. **广州模式**：广州市地下铁道总公司（以下简称“广州地铁”）成立于1992年，是广州市政府全资的大型国有企业，负责组织全市地铁线路规划、建设和经营工作，是广州市负责建设和经营地铁等轨道交通设施的集设计、建设、运营和资源开发“四位一体”模式的企业。有专门的房地产与资源开发事业部。投融资方面有专门的轨道交通筹资办公室：资金来源为市财政资金、土地出让金、市城建项资金、开发建设地铁沿线控制用地收益和金融机构贷款，所有贷款由市政府承担还本付息。广州地铁积极实施多元化经营开发，重点培育了物业开发、咨询服务、装备制造等业务。其中，物业开发业务成功打造了动漫星城地下商城、南海金融城等多个商业与住宅项目，正结合地铁线网规划，大力开展地铁沿线土地储备和物业开发。其中，广州地铁房地产事业总部主要负责地铁沿线上盖物业、地下空间、车辆段上盖物业等资源的开发经营，是广州地铁总公司核心业务之一，是承载“地铁＋物业”发展战略的具体实施平台，也是广州地铁总公司未来的利润中心。一直以来，广州地铁房地产事业总部秉承“找到地铁找到家”的开发理念，成功开发了多个优质地产项目。目前，已经开发完成的项目有紫薇花园、贵贤上品、动漫星城地下空间、芳村商业街、五月花广场等十几个项目；正在开发的项目有南海金融城、地铁线网运营指挥中心、大坦沙和坑口地铁上盖物业等，在建物业面积超过120万m^2；计划开发的项目有燕塘、北京路、一德路等，还有四号线南沙停车场、六号线萝岗车辆段、八号线白云湖车辆段等7个车辆段上盖物业，计划兴建物业面积超过500万m^2。

Ⅱ. **深圳模式**：深圳市地铁集团有限公司前身为深圳市地铁有限公司，成立于1998年7月31日，2009年更名为深圳市地铁集团有限公司。作为深圳市国有资产监督管理委员会授权经营的国有独资大型企业，地铁集团承担着深圳市城市轨道交通投融资、建设、运营和国有资产保值增值的任务；经营范围为城市轨道交通项目的建设运营、开发和综合利用，投资兴办实业、国内商业、物资供销业、经营广告业务以及自有物业管理、轨道交通相关业务设计、咨询及教育培训等，现已形成集地铁“投融资、建设、运营、资源经营与物业开发”四位一体的产业链。按照“建地铁、建城市”理念，地铁集团创新确立了“轨道＋物业”发展模式，一方面充分利用上盖空间再造土地资源，另一方面以地铁上盖及沿线物业的升值效益反哺轨道交通建设运营，实现了轨道交通的可持续发展。深圳市地铁集团有限公司管理架构设职能服务板块15个部门、建设板块10个部门、3个分公司、2个子公司以及1个政府特设机构、4个参（控）股公司和8个非常设机构（专业委员会）。其中，物业发展板块为物业开发分公司，是其中一个子公司。随着深圳地铁建设的不断深入，地铁沿线的物业开发事业也不断发展壮大，逐步形成从土地储备到前期策划、投资控制管理、设计管理、工程建设、营销管理等房地产开发的全过程业务链，相关工作取得显著成效。

Ⅲ. **南京模式**：以南京市地铁公司为例。南京地铁集团有限公司内设7个部门、2个直属单位、3家全资子公司。集团定位为资金的平台、资产的平台、资源的平台，以资金、资产、资源为纽带，通过建立和完善公司治理机制、业务管控机制、财务监管机制、干部聘用机制、绩效考核机制、项目管理机制和资金平衡机制等七大配套机制，协同好与建设、运营、资源开发三个子公司的关系，促使三家子公司集中精力完成好南京地铁自身建设、运营和资源开发任务。其中，南京市土地储备中心地铁分中心于2008年2月由南京市地铁指挥部斥资5 000万成立，业务范围为：配合编制运作范围内所有经营性用地的土地储备规划和年度土地储备计划；负责具体实施地块拆迁和基础设施配套工作，及时按计划整理出符合上市条件的土地；负责编制土地储备分中心储备土地资金收支预算；负责对纳入土地储备分中心的储备土地实施临时合理利用；完成地铁指挥部和市土地储备中心交办的其他事宜。南京市土地储备中心地铁土地储备分中心作为地铁指挥部的直属事业单位，为独立法人，人事、财务由地铁公司统一管理，业务上接受市土地储备中心指导。地铁土地储备分中心按照市政府要求，结合南京地铁工作实际，在与城市轨道交通相关联的范围内,对配套的经营性土地实施储备运作。土地储备分中心可以按现行土地出让金管理要求,与市土地储备中心联合向财政部门申请土地出让金返还。

Ⅳ. **武汉模式:**武汉市在《中共武汉市委、武汉市人民政府关于加快轨道交通建设发展的若干意见》中,提出加强轨道交通沿线及站点周边土地的规划控制,并对紧密联系轨道交通的站点用地、上盖物业、配套设施用地及其他用途的混合用地提出了不同的供地方案。武汉市提出通过土地储备和开发筹措轨道交通的建设资金的思路。按照"地铁+物业"的思路,制订详细的轨道交通沿线土地储备计划,通过轨道交通站点及沿线土地储备与综合开发筹措建设资金。根据规划,对轨道交通沿线特别是轨道交通站点及站点周边 500 m 范围内的土地,能够储备的都要进行储备。其中,武汉地铁集团有限公司也具有土地储备职能。2000 年 10 月,武汉市轨道交通有限公司成立,武汉轨道交通建设正式开启。2007 年,在原武汉市轨道交通有限公司的基础上,成立了武汉地铁集团有限公司,经政府授权负责武汉轨道交通的建设、运营、管理和融资。其下属公司包括建设事业总部、土地开发事业总部、武汉市轨道交通建设有限公司、武汉地铁运营有限公司。

6 轨道交通联合开发溢价回收方式

轨道交通联合开发的另一个要素是资金要素的“联合”，即如何实现利益共享、风险共担，最终实现溢价回收，获得共赢？依据 R. Cervero 等[26]对联合开发的广义性定义，将联合开发分为收入共享和支出分担两种类型，也就是说利益共享和风险共担可以体现在联合开发的收入和支出上，是一张财务的账单。国内很多学者将轨道交通联合开发作为轨道交通溢价回收的方式，本章则认为轨道交通联合开发是一项结合轨道交通的城市开发活动，它能够实现溢价，但本身并不是溢价回收的方式。溢价回收的实现仍需要通过主体之间的资金要素“联合”，而不同的实现方式具有不同的资金要素“联合”程度，本章将基于 R. Cervero 相关联合开发政策基础之上，提出最优资金要素联合方式。本章的逻辑结构图如图 6-1 所示。

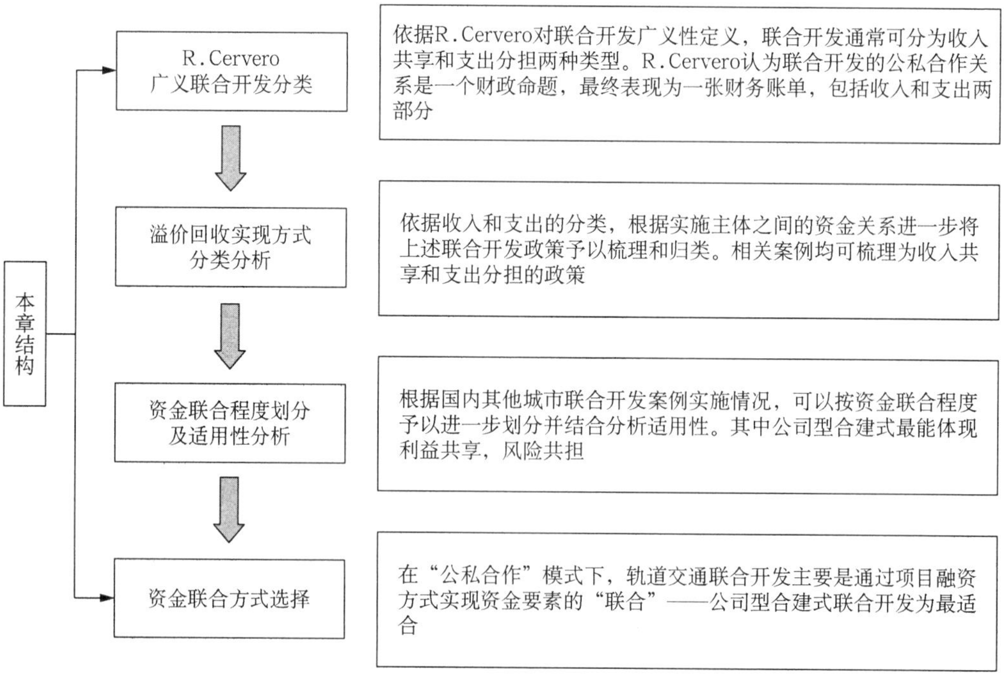

图 6-1 第 6 章分析研究逻辑结构图

6.1 联合开发溢价回收实现方式分析

依据 R. Cervero[26]对联合开发的广义性定义，联合开发通常可以分为两种基本类型：收入共享和支出分担。R. Cervero 认为联合开发的公私合作关系是一个财政命题，最终表现为一张财务账单，即包括收入和支出两部分[21]。通过这些联合开发项目，一方面有利于获得收入，另一方面有利于缓解公交机构建设、维护或整修交通设施的成本负担。收入分享主要包括土地租赁、空间权开发、车站接口或连接费用项目、特许租赁、效益估算区等。支出分担主要包括共享建设费用、利益激励机制（如提供密度奖励）以减少施工成本以及联合使用相关设备如空调系统等。

6.1.1 Cervero 广义联合开发分类方式

根据 R. Cervero 的分类，收入共享类主要包括以下几种[20]：

（1）租赁权。公交机构将小幅土地、开发权以及未改善的空间出租给私人开发商或者商业租户。这是美国最为普遍的联合开发方式。

① 出租紧邻车站的土地物权。通常这些土地是地方政府在地铁建设时获取的，或者由土地所有者自愿卖给公交部门的。一般来说，从法律上来看，美国的公交机构是不准通过征用权来获取超出公交设施建设的土地的，一些剩余的土地或一些零星地块除外。

② 出租上盖和地下的物权。在高密度、高价值的市场经济条件下，公交车站的上部空间和地下空间都可以租赁给私人部门。

（2）设施连接费/车站连接费。通过通道将私人所拥有的项目（一般为商业类）与公交设施连接起来的费用。设施连接费可以采用一次性支付或者持续支付租借费用的方式。设施连接费是联合开发中使用最多的形式，特别是在美国华盛顿。

（3）土地出售。除了租赁，公交机构能够出售土地所有权给开发商。但这种实践并不普遍，在美国几乎很少有公共部门既拥有资金资源又被授权从事土地储备或房地产投机活动。

（4）划定获益补偿区。在公交站体周边划定特别的区域，土地所有者通过支付资金来支持公共交通设施建设（支付资金金额的比例通常依据地块面积、评估价格或与车站的距离而定）。理论上，此种补偿方式是一种溢价回收——使得公共部门能够分享其物业因可达性的改善而获取的增值。通常，大多数在所划定区域内的物业持有者必须同意区域范围的划定。由于很难划定获益补偿区，因此通过这种方式来实现联合开发并没有得到大力推广。获益补偿是洛杉矶新轨道系统建设地方财政的基石。洛杉矶轨道部门希望通过获益补偿来获取 Wilshire corridor starter 线路总建设费用的 10%。

（5）税收增量融资。在特定划定区域内的税收是固定在某一个数值上的。所有超过该固定金额数值的增值所得被紧紧地和地区的公共交通设施建设捆绑在一起。在现实中，税收增量基本上很少用来置入公私合作的收入共享中，而是更多地给予特殊区域（主要是城市更新区域）。此种方式是一种税收的重新分配，而不是税收的增加。旧金山湾区中心城区 BART(Bay Area Rapid Transit)运输系统的许多站点都是通过税收增量来融资建设的。

（6）公交影响费。在这种政策下，新项目的开发商要一次性支付一定数量的费用以促进地区公共交通服务和设施的发展。目前，在美国仅在旧金山实施了该项政策。在很多情况下，该种方式不属于联合开发的定义范围之内，因为该种方式是强制性的而不是私人部门自愿性的支付。

（7）谈判性付款。私人土地所有者采用这种方式来支付公共设施的改善，包括一次性的支付方式或持续性的支付方式。仅有少量的私人土地所有者支付其选址在公共交通设施出入口附近的案例，在公共交通领域很少有这方面的实践。谈判性付款更多地使用在支持快速路设施改善的案例中。此外，还有一些其他的收入共享方式被公交部门采用，包括将地铁站点的空间租给商业业主、将车站和通道空间租给私人电信公司用于埋设网线和安装通信设施。因为此类的项目本质上并没有直接和房地产开发相关。因此也没有将其看作是联合开发。美国联合开发资金合作关系分类方式（收入共享）如表 6-1 所列。

表 6-1　　美国联合开发资金合作关系分类方式(收入共享)

收入共享			联合开发定义界定
类别		内容	
租赁权	① 出租紧邻车站的土地物权	公交机构将小幅土地、开发权以及未改善的空间出租给私人开发商或者商业租户	狭义联合开发
	② 出租上盖和地下的物权		
设施连接费/车站连接费		通过通道将私人所拥有的项目（一般为商业类）与公交设施连接起来的费用。设施连接费可以采用一次性支付或者持续性的支付租借费用的方式	狭义联合开发
土地出售		公交机构出售土地所有权给开发商	狭义联合开发
划定获益补偿区		在公交站体周边划定特别的区域，土地所有者通过支付资金来支持公共交通设施建设	广义联合开发
税收增量融资		在特定划定区域内的税收是固定在某一个数值上的。所有的超过该固定金额数值的增值所得被紧紧的和地区的公共交通设施建设捆绑在一起	广义联合开发
公交影响费		新项目的开发商要一次性支付一定数量的费用以促进地区公共交通服务和设施的发展	广义联合开发
谈判性付款		私人土地所有者采用这种方式来支付公共设施的改善，包括一次性的支付方式或持续性的支付方式	广义联合开发

支出分担类主要包括以下几种[20]：

（1）自愿协议（Voluntary Agreements）。这些协议是公交机构和开发商签订用来减少双方开发支出成本的。双方通过利用规模经济来协同建设，减少支出。具体案例包括：共享停车设施（为交通赞助商和商业机构）；共享通风、加热和制冷系统等。

（2）激励协议（Incentive-based Agreements）。在这种协议下，公交部门赋予房地产开发商一定形式的开发奖励（一般来说包括密度奖励或者开发权转移）用来交换对公交设施的部分或全部建设成本。这些基础设施包括车站和周边办公楼宇的步行系统完善或步行连通。这种形式的联合开发在美国纽约被广泛采用。

（3）条件性政策（Mandatory Programs）（类似带条件出让土地）。在这种安排下，开发商在特定区域的开发项目必须以承担设施出入口的费用作为开发许可的前提条件。这个政策在纽约曼哈顿的五个特定区域予以实施。

（4）其他支出分担方式。在一些案例中，私人开发商和土地拥有者承担整个公交系统的成本支出。很多这些项目限定在作为固定地点之间的交通设施（如坦帕港湾 Tampa's Harbor Bay 和迪士尼世界 Disney World）。在美国达拉斯地区和其他地区的一些私人资助的轨道项目不予以考虑。

美国联合开发资金合作关系分类方式（支出分担）如表 6-2 所列。

表 6-2　　美国联合开发资金合作关系分类方式（支出分担）

支出分担		联合开发定义界定
类别	内容	
自愿协议	这些协议是公交机构和开发商签订用来减少双方开发支出成本的。双方通过利用规模经济的来协同建设，减少支出	狭义联合开发
基于激励的协定	公交部门赋予房地产开发商一定形式的开发奖励（一般来说包括密度奖励或者开发权转移）用来交换对公交设施的部分或全部建设成本	狭义联合开发
条件性政策	开发商在特定区域的开发项目必须以承担设施出入口的费用作为开发许可的前提条件	狭义联合开发
其他支出分担方式	在一些案例中，私人开发商和土地拥有者承担整个公交系统的成本支出。很多这些项目限定在作为固定地点之间的交通设施	狭义联合开发

6.1.2　联合开发溢价回收实现方式分类分析

R. Cervero 的联合开发分类是一种基于广义联合开发进行的溢价回收实现方式的分类。其中，税收增量融资、划定获益补偿区、交通影响费、谈判性付款等均为广义联合开发，不涉及站点开发建设活动，非本书研究范畴，因此这些联合开发不作为本书的研究内容。本书认为 R. Cervero 对联合开发的分类实际上是描述了通过联合开发活动来实现溢价回收的几种资金要素的联合方式，是溢价回收的实现方式。轨道交通联合开发是一项结合轨道交通的城市开发活动，它能够实现溢价，但本身并不是资金运作的方式。研究轨道交通联合开发的实施，需要对轨道交通联合开发进行溢价回收的实现方式予以进一步研究，从而解释联合开发是如何实现利益共享和风险共担，并最终实现价值捕获的。

由于美国轨道交通建设运营采用的是“政企合一”模式，由政府公关服务机构或国有公营企业垄断经营，且投资、建设、运营一体化。因此，政府和轨道交通机构均隶属于公共部门。在该种模式下，政府与开发商之间的资金合作，以及轨道交通机构与开发商之间的资金合作关系，均为公私资金合作关系。与“政企分开”“公私合作”模式下的资金合作关系有所不同。在“政企分开”“公私合作”模式下，轨道交通机构不能完全代表政府及公共部门，它具有自身的利益。因此，根据实施主体之间的资金关系可以进一步将上述联合开发政策予以梳理和归类。

6.1.2.1　“政企合一”模式下溢价回收实现方式

在“政企合一”模式下，由代表政府的轨道交通机构向开发商获取相关收益。上海轨道交通联合开发溢价回收的实现方式主要采用了租赁权的方式，即通过租赁获取租赁费，从而获益。以上海轨道交通 1 号线的联合开发项目虹梅大厦和雅州大厦为例，分别采用了自建式联合开发和合建式联合开发两种方式。

(1) 自建式——轨道交通机构除进行轨道交通基础设施建设外，还承担了房地产开发的任务。在“政企合一”模式下，上海市轨道交通机构的资金来源主要为“政府财政资金＋银行贷款”。以虹梅大厦为例，该项目总投资 1.5 亿元，其中一、二层利用政府提供的地铁建设资金完成，三至九层则通过银行贷款来进行开发建设。由上海地铁公司组织建成后，对上盖空间进行租赁，获取租赁收益，实现溢价回收。自建式中，由轨道交通机构独自承担开发建设，因此该开发活动事实上并不存在利益共享、风险共担，均由轨道交通机构独自获益，并由政府承担风险。某种程度上，在“政企合一”模式下，由轨道交通机构进行自建式开发，一来不存在公私合作，二来不存在利益共享与风险共担，故不能算是轨道交通联合开发，只能作为溢价回收的方式之一。

(2) 合建式——由轨道交通机构联合开发商（国有企业）进行房地产开发，雅州大厦案例中的资金来源为“政府财政资金＋银行贷款”，轨道交通机构支付开发商相关建设费用后获得楼宇使用权，再由轨道交通机构对开发空间进行租赁，从而获取收益，实现溢价回收。据了解，其租金收入高时每年可达 1 000 万元，年均 700 万元左右，这极大地支持了地铁的建设和后期运营。在合建式中，开发商通过承担建设活动获益，轨道交通机构通过收取租赁费获益，故存在利益共享；开发风险也由轨道交通机构与开发商共担，通过对开发空间的租赁获取租金，从而实现溢价回收。

6.1.2.2　“政企分开”模式下溢价回收实现方式

在“政企分开”模式下，由政府和轨道交通机构分别向开发商获得相关收益，从而进行轨道交通建设运营。可以从轨道交通机构与开发商之间的资金“联合”以及政府与开发商之间的资金“联合”两个角度进行分类分析。

1. 轨道交通机构与开发商之间的资金“联合”

租赁权：轨道交通机构向开发商收取租赁费。具体包括土地和空间两种形式。香港

“轨道＋物业”模式下，轨道交通机构——港铁公司将从香港政府处获得的土地（或空间）开发权，采用租赁方式给予开发商。港铁公司则将获取的租赁费用以反哺的方式进行轨道交通的建设与运营。

设施连接费/车站连接费：由轨道交通机构向开发商收取相关连接费用。目前，国内城市更多地采用开发商代建连通道模式，因此连接收费没有实际运用。事实上，当开发商获得的收益抵消代建连通道的成本后，可采用设置连接费的方式进一步实现溢价回收。

土地出售：轨道交通机构向开发商出售土地，获取土地出让收益。由于国内城市土地使用权和所有权分离，土地所有权国有，因此，轨道交通机构无土地所有权。内地城市轨道交通机构也无权出售土地使用权给予开发商。但在香港，港铁公司可以对土地开发权进行转让。港铁公司可以将从香港政府处获得的土地（或空间）开发权转让给开发商，从而获益。

自愿协议：轨道交通机构与开发商之间形成自愿协议，共同进行轨道交通设施与土地（或空间）的联合开发。上海的典型案例为日月光中心广场这一城市综合体的联合开发。该模式为轨道交通机构和开发商在自愿协议下进行的联合开发。由于日月光集团意识到联合开发潜在的收益，因此趁上海轨道交通9号线选站时，主动要求增设站点，并相应承担站体建设费用，从而分担了轨道交通建设资金。

2. 政府与开发商之间的资金“联合”

激励协议：该方式是政府给予参与联合开发的开发商以激励性的政策。在激励约定的协议下，政府赋予开发商一定形式的开发奖励（一般来说包括密度奖励或者开发权转移）用来交换对公交设施的部分或全部建设成本。这种形式的联合开发在美国纽约被广泛采用，主要包括土地开发权转移、容积率奖励、广场奖励等开发权诱导技术的运用。台湾模式也是基于激励协议的联合开发。在《台北大众捷运系统土地联合开发办法》中专门提出对联合开发实施的奖励，包括联合开发项目可依法申请减免税捐；政府给予关联性公共设施技术协助；政府帮助洽请银行予以贷款优惠；对于建筑物楼地板面积与高度予以适当放宽要求；对部分费用予以免息优惠等。此外，还通过额外容积率奖励调动了沿线私人土地拥有者的积极性，创造共赢局面。该方式的采用与市场需求有一定的关系，在强势市场需求下，政府不需要采用该手段来吸引开发商。在弱势市场需求情况下，政府则可采用此手段来吸引开发商参与联合开发。

条件性政策：政府在土地出让过程中，将联合开发作为土地出让的附带条件之一。政府主导下开发商代建模式即为条件性政策联合开发。该方式主要是在沿线土地出让要求中设置条件来实现联合开发。比如，通过代建出入口、代建连通道等来实现联合开发，从而获得收益。比如上海的163地块，代建出入口；通海地块，代建连通道。该模式在国内应用比较多。一般轨道交通站点的周边地块在进行连接时多采用此种方式，以实现“双赢”。

在“政企分开”模式下，由轨道交通机构和开发商共同承担了联合开发的建设费用（承担了风险）；轨道交通机构通过向开发商收取相关费用，包括租赁费、连接费、土地开发权转让收益以及承担设施的建设费用等方式，获取收益。开发商则通过邻近轨道交通站点而提高的可达性来吸引更多的消费者而获益。对于政府而言，减轻了对轨道交通建设资金补贴的压力。其中，政府与轨道交通机构之间不存在资金“联合”，主要为授权关系。政府通过制订法律规范及相关政策赋予轨道交通机构土地（或空间）的租赁权、收取连接费用权、实施土地开发权转让以及与开发商自愿协议的权利。

6.1.2.3 “公私合作”模式下溢价回收实现方式

狭义的“公私合作”模式即公共部门与私营机构的合作模式，是指政府、营利性企业和非营利性企业以某个项目为基础而形成的相互合作关系的模式。典型结构为：政府部门或地方政府通过政府采购形式与中标单位组成的特殊目的公司签订特许合同，由特殊目的公司负责筹资、建设及经营。“公私合作”模式下的联合开发表现为两种模式：一种为深圳地铁 4 号线二期模式，即特许经营的关系。政府赋予特许经营公司（深圳地铁 4 号线二期为港铁公司资金注入）以特许经营权，并将沿线土地开发权作为一种补偿方式给予特许经营公司。特许经营公司获得土地开发权后，结合轨道交通站点进行联合开发，自负盈亏。在该模式下，联合开发均由特许经营公司进行操作，资金上由特许经营公司予以统筹考虑。另外一种为上海车辆段的上盖开发模式，由政府赋予轨道交通机构房地产开发权。通过土地协议出让或“招拍挂”的方式将土地（或空间）出让给轨道交通机构进行房地产开发，轨道交通机构则与开发商或投资商合作成立合伙企业，进行房地产开发，从中获益，实现反哺。

在该模式下，实际上采用的是激励协议的方式：以深圳地铁 4 号线二期模式为例，政府为了请港铁公司为深圳进行轨道交通建设，除了采用 BOT 方式获取运营收入外，还将沿线土地开发权作为激励或补充方式给予港铁公司。上海车辆段上盖开发模式则采用给予轨道交通机构参与房地产开发的权利，并以其收益来反哺轨道交通建设，这也是一种激励协议模式。上海为实现轨道交通场站及周边土地的联合开发，2014 年 10 月，上海申通地铁集团有限公司牵手交银国际信托有限公司、上实融资租赁有限公司等，共同出资 40 亿元成立了上海轨道交通上盖物业股权投资基金合伙企业（有限合伙），参与轨道交通场站及周边土地的开发。

6.1.2.4 “私营企业”模式下溢价回收实现方式

“私营企业”模式下，私营轨道交通机构既负责轨道交通建设运营，又负责站线周边的房地产开发，轨道交通机构内部资金实现平衡，政府不需要提供补贴。政府仅赋予轨道交通机构运营权利，并通过监督来保证运营安全。某种程度上，该模式是政府采用激励协议方式赋予轨道交通机构建设、运营及房地产开发的权利，从而实现“共赢”。

6.2 资金要素联合程度划分及适用性分析

通过上述分类研究，可以发现我国内地城市的联合开发资金要素“联合”的方式可以体现为三个途径：采用租赁权方式的自建式、条件性政策下的代建式和轨道交通机构与开发商合作开发的合建式。

6.2.1 采用租赁权方式的自建式

采用租赁权方式的自建式联合开发是完全由轨道交通机构出资建设运营，不存在利益共享和风险共担。开发支出由轨道交通机构承担，开发收入由轨道交通机构获取。在"政企合一"模式下，事实上均由政府来承担。该途径一定程度上实现了溢价回收，但未能真正实现资金要素的"联合"。而在"政企分开"模式下，政府需给予轨道交通机构以房地产开发权，从而由轨道交通机构进行土地开发，房屋租赁，并从中获益，如本书第 4 章提到的广州与深圳轨道交通机构。

该模式在市场处于弱势下，可由政府主导来操作，从而促进轨道交通触媒作用的发挥。对于站体自身开发条件不好，无法吸引开发商来参与投资建设的地块来说，为促进空间资源的集约利用，采取此种办法却可以另辟蹊径。

6.2.2 条件性政策下的代建式

在开发支出分担上，内地城市一般采用开发商代建的方式予以实现，包括代建站本体（完全代建式）、代建连通道或出入口等设施（部分代建式）以及后续相关物业管理支出等，也就是说开发商承担了部分轨道交通设施的费用，一定程度上实现了利益共享和风险共担。

该模式在市场需求较为强势时，可由政府主导，为了促进地块开发，可由开发商承担部分或全部轨道交通费用支出（如日月光中心广场），从而为政府减轻公共财政支出。此外，对于开发受限的地区，若只能采用周边式联合开发的方式设置出入口和连通道时，条件性政策下的代建式相对于其他两种方式则更为灵活。

6.2.3 轨道交通机构与开发商合作开发的合建式

轨道交通机构与开发商合作开发的合建式。合建式即轨道交通机构与开发商合作进行开发建设活动。其合作方式有两种，一种为公司型合建式，由参与开发的各方提供投资标的，组成项目公司，由项目公司组织开发；另一种为非公司型合建式，由参与开发的各方通过签订协议或依据法律规定建立一种契约性的合作关系。公司型合建式形成的一体化程度高于非公司型合建式。对于内地城市而言，在相关法律规定不完善的情况下，选择公司型合建式合作更能保证各方的利益，从而实现收益共享、风险共担。轨道交通机构通过与开发商合作成立项目公司或合作企业的方式来进行联合开发。由轨道交通机构与开发商签订协议，成立专门的项目公司或合作企业进行项目开发。根据 MBA 智库百科[126]，项目公司也称项目的直接主办者，是为了项目的建设和生产经营而由项目发起人注册成立的独立经营并自负盈亏的经营实体。项目公司直接参与项目投资和项目管理，直接承担项目债务责任和项目风险。合伙企业则是由两个或两个以上的自然人通过订立合伙协议，共同出资经营、共负盈亏、共担风险的企业组织形式。根据《中华人民共和国合伙企业法》第二条"本法所称合伙企业，是指依照本法在中国境内设立的由各合伙人订立合伙协议，共同出资、合伙经营、共享收益、共担风险，并对合伙企业债务承担无限连带责任的营利性组织。"项目公司和合作企业本身就通过合伙协议约定了共享收益、共担风险。因此，在该模式下，轨道交通机构与开发商之间实现了资金要素的真正联合，既能实现溢价回收，又能真正实现利益共享、风险共担。

轨道交通机构与开发商合作开发的合建式在站体条件较好，适合进行站点式联合开发或沿线区域式联合开发的情况下，较为适合。政府和市场共享收益、共担风险；同时又能促进空间资源集约利用，实现溢价回收。

6.2.4 小结

资金要素"联合"程度排序，如图 6-2 所示。但无论哪种资金要素"联合"方式，均需要政府给予轨道交通机构或开发商激励性协议和条件性政策。具体包括：允许轨道交通机构参与房地产开发、允许开发权转让、银行贷款优惠、获得一定税收减免等；获取容积率、开发权转移、容积率奖励、广场奖励等激励性政策等。这充分体现了机制设计理论中"激励相容"的理念。在市场经济中，每个理性经济人都会有自利的一面，其个人行为会按自利的规则行为行动；如果能有一种制度安排，使行为人追求个人利益的行为，正好与企业实现集体价值最大化的目标相吻合，这一制度安排就是"激励相容"。现代经济学理论与实践表明，贯彻"激励相容"原则能够有效地解决个人利益与集体利益之间的矛盾冲突，使行为人的行为方式、结果符合集体价值最大化的目标，实现个体价值与集体价值的两个目标函数的一致化。

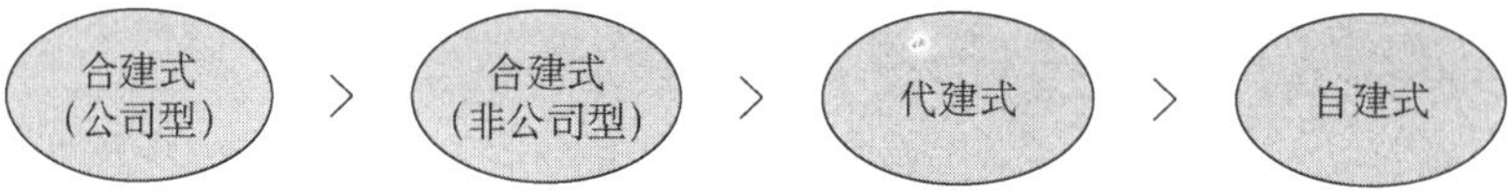

图 6-2 资金要素"联合"程度排序

6.3 资金要素联合方式选择

根据新制度经济学的公共产品理论，轨道交通作为准公共产品，要实现有效率的产量水平，需由私人部门和公共部门合作提供。根据公共产品私人供给的可能性以及必要性，轨道交通由政府单方面供给将造成资源分配的效率低下；而轨道交通作为准公共产品单独由市场提供，又存在着效率损失问题。因此，"公私合作"模式将成为实现轨道交通设施和服务有效供给的一种可行的方式。正如，上海、深圳等城市轨道交通建设运营过程中所探索的，也正逐步向"公私合作"模式前进。典型的"公私合作"模式如图 6-3 所示[54]。公共机构设立合营项目，由私营机构投资建设并运营管理，政府则给予政策支持(激励性政策)。联合开发模式下，私营机构是由轨道交通机构与开发商通过协议，合作成立的项目公司或合伙企业，即公司型合建式联合开发。

目前看来，国内城市采用的一些融资模式已在一定程度上解决了轨道交通建设运营存在的资金难问题，包括上海市采用的市区两级政府承担、银团贷款、线路项目公司运营等方式，通过引入市场机制，从而逐步走向投融资主体多元化，但仍未能真正实现轨道交通设施的有效供给。同时，在上述融资模式下，轨道交通建设运营与沿线土地开发之间仍存在相互独立，孤立开发的问题，而未能实现土地集约利用的城市空间发展目标。轨道交通联合开发模式作为兼顾解决轨道交通资金问题和 TOD 土地利用目标的融资模式，可以作为未来城市开发策略之一，作为轨道交通多元化融资模式下的一个重要组成。

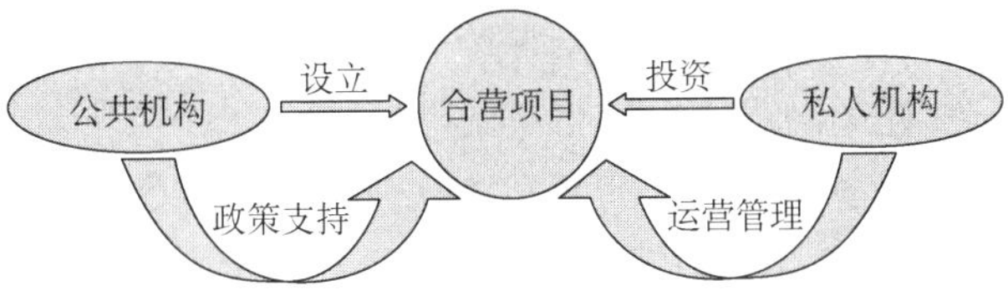

图 6-3　PPP 模式典型结构图

6.3.1　公私合作模式下的资金要素联合

在"公私合作"模式下，轨道交通联合开发主要是通过项目融资方式实现资金要素的"联合"：方式一，将轨道交通和沿线土地捆绑作为整体进行项目融资，即在政府授权下，由私营机构进行融资建设与运营。该私营机构通常是企业化的轨道交通机构或合伙企业。如上海的车辆段上盖开发模式。方式二，将轨道交通给予特许经营公司融资建设运营，而沿线的土地则作为激励或补偿方式给予特许经营公司，从而实现一体化开发。典型案例为深圳地铁 4 号线二期的 BDOT 模式，即建设—物业开发—经营—移交模式。具体操作方式上来看，可以分为以下两种：

（1）捆绑开发模式：轨道交通机构先选择合作开发商（投资商）成立联合体，再去获取开发用地使用权（获取轨道交通和沿线土地捆绑的土地使用权）进行项目开发。选择合作方的方式上可采用招标的方式，具体步骤是：① 选择项目合作公司——轨道交通机构和开发商成立联合体；② 确立项目阶段——联合体成功拿地后立项；③ 成立项目公司阶段——成立项目公司；④ 项目融资阶段；⑤ 项目建设阶段；⑥ 项目运营管理或移交。

（2）运营补偿模式：轨道交通机构先拿地（获取轨道交通和沿线土地捆绑的土地使用权），立项后再通过招标选择合作开发商成立项目公司。具体步骤是：① 确立项目阶段——轨道交通机构拿地后立项；② 招标阶段——寻找项目合作公司；③ 成立项目公司阶段——成立项目联合体；④ 项目融资阶段；⑤ 项目建设阶段；⑥ 项目运营管理或移交。

6.3.2　公私合作关系的建立与维护

综上所述，对于我国内地城市而言，公私合作模式下的联合开发是实现轨道交通联合开发目标的最优模式，不仅实现了资金要素的联合，双方共享收益、共担风险，实现价值捕获，而且由本书第 4 章和第 5 章来看，也实现了主体要素联合与空间要素联合。其中，公私合作各方之间关系的建立与维护切实关系到联合开发的成败。郑明远[77]认为要建立稳固而融洽的合作关系，需要解决好三个问题：① 选择好的开发商；② 达成好的协议；③ 树立双赢互利的合作意识。

（1）以招标方式选择开发商。从国内外城市联合开发实施经验及框架来看，联合开发实施需要轨道交通机构通过招标的方式选择开发商。以香港为例，香港地铁公司选择合作伙伴的程序包括以下四个步骤：① 初步筛选阶段。地铁公司向有项目开发兴趣的开发商发出邀请函，被邀请的开发商递交投资意向书，并详尽说明自己公司的架构、开发经验、市场推广及管理能力等，地铁公司初步评价后，确定候选开发商名单。② 咨询阶段。地铁公司向候选开发商详细阐述地铁线路规划、建设及土地开发计划的具体要求和技术标准。开发商可以就不清楚的技术性问题向地铁公司咨询。③ 投标阶段。为评估候选开发商的财政及技术能力，候选开发商应就项目发展计划递交投标建议书，经选定的开发商方能参加投标。④ 批标阶段。地铁公司与中标开发商达成合作协议。

（2）通过签订协议来形成合作关系。就公司型合作形式和非公司型合作形式来看，对于内地城市而言，在相关法律规定不完善的情况下，选择公司型合作更能保证各方的利益，从而实现收益共享、风险共担。在合作协议中应明确双方的责任和义务，包括融资的安排、决策方式与经营管理、建设过程的统筹协调、利益分配、风险分担、争议解决方式等。

（3）重视合作关系的维护。联合开发项目的复杂性要求双方都应关注合作项目的整体利益，从而才能保障各方的利益。应设计满各方利益要素并使各方的利益相互牵制的运作方案，使各方有进行长期合作的积极愿望。同时，合作各方除认真履行合同规定的职责外，还应主动地为对方着想，积极为对方排忧解难。此外，尽量选择懂得跨文化管理的管理人员处理合作事物并定期对合作关系进行评价。

6.4 本章小结

通过本章研究发现，轨道交通联合开发通过资金要素的“联合”，体现利益共享、风险共担，实现溢价回收。收入共享和支出分担两大类政策是轨道交通联合开发溢价回收的实现方式。当然溢价回收的实现仍需要通过主体之间的资金要素的“联合”。本章的分析研究表明在“公私合作”模式下，通过项目融资方式实现资金要素的“联合”（公司型合建式联合开发）为最优方式，并由政府给予适当政策支持（激励性政策）。

7 轨道交通联合开发空间布局关系

轨道交通联合开发的合作关系最终表现在物质空间——空间布局关系上，轨道交通站体空间资源的集约利用也是联合开发的实施目标之一。本章基于美国城市土地协会(the Urban Land Institute，ULI)根据联合开发的实体相连性的空间关系分类，结合国内城市轨道交通联合开发建设实例，主要研究了以下几个问题：① 结合上海案例进一步对联合开发空间布局模式进行划分；② 根据联合开发空间布局模式特点，分析不同空间布局模式的适用性；③ 不同的联合开发空间布局模式的空间联合程度的差异；④ 联合开发主体合作模式对空间资源利用程度的影响。本章的分析研究逻辑结构图如图 7-1 所示。

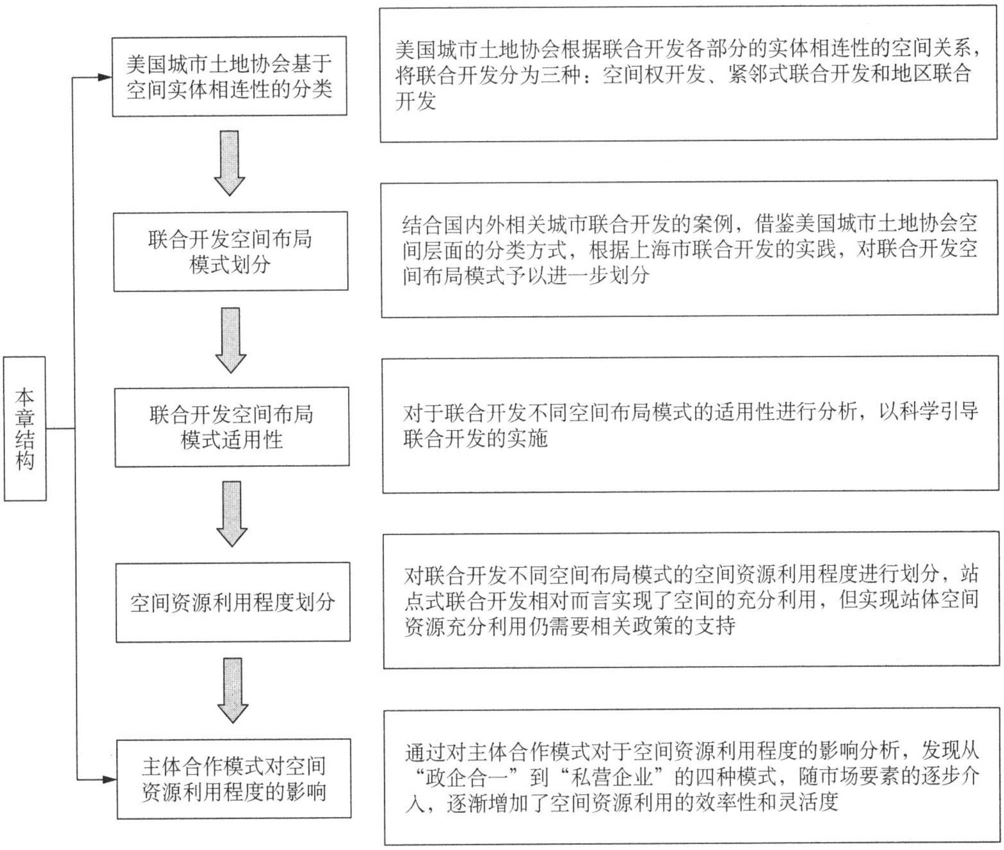

图 7-1　第 7 章分析研究逻辑结构图

7.1 美国城市土地协会划分方式

美国城市土地协会根据联合开发各部分的实体相连性的空间关系，将联合开发分为三种[19]：① 空间权开发。此种开发通常与运输设施结合在一起，包括运输系统上、下方的空间，或是车站地区房地产开发。空间权开发在法律上并不一定是指开发权从土地所有者转移给另一人。空间权开发一般比其他两种形式的联合开发需要更多的交易、计划以及协调。其中，相互穿越的关系往往需要通过穿越合约来解决。② 紧邻式联合开发。此种开发是靠近运输设施，并且通常与之连接，而不是位于设施的空间位置或其上、下方。紧邻工程通常与联合开发之间存在着一个直接连接点，且需要在基地配置与施工时能和运输系统相配合。通常官方与私人之间的交易比空间权开发少。③ 地区联合开发。此种开发是由商业投资计划和其他设施组成，通常是在规划好的城市副中心周围环绕交通站点的改造方案。此类项目通常在规划时就与运输设施协调，而且常常由一个综合区域构成，且包括不同综合区内的中心建筑，与运输车站结合成一个整体，其他建筑则透过别的建筑或多或少的与运输设施间接配合。

该划分方式一定程度上体现了站点地区联合开发的空间关系，但仍较为笼统，未能对具体的实施案例予以较好对应，也未能全面反映出轨道交通联合开发的空间布局。从促进联合开发实施角度来看，需进一步对联合开发空间关系予以细分，从而体现联合开发的复杂性及适用性。

7.2 联合开发空间布局模式划分

联合开发涉及主体较多、空间关系复杂，又涉及相关权属、政策制度背景等，故分类方式上可以横向进行拓展，也可以纵向进行细分。本章基于美国城市土地协会空间层面的分类方式，根据上海市联合开发实践，对联合开发空间布局模式予以进一步划分。

7.2.1 站点式联合开发

轨道交通联合开发通常与轨道交通设施结合在一起，包括运输系统上、下方的穿越以及车站地区的开发个案。具体而言，联合开发在考虑地上空间资源利用的同时，也可注重地下空间的发展需要。通过联合开发实施，既可以实现对地上土地的利用，也可充分利用城市的地下空间，解决城市发展空间不足的问题。在联合开发中要优先发展轨道交通车站的上盖空间和地下空间，并进行立体式规划和开发，以充分利用轨道交通设施自身的空间资源。在此种联合开发模式下，通常表现为以轨道交通站点为单位，进行站体空间资源的最大化利用。此类开发除了涉及轨道交通车站所需的交通空间外(一般为非经营性)，还综合了商业、办公、居住等经营性空间的开发。从空间布局来看，包括上盖空间和地下空间，并存在较多的空间穿越关系。具体根据空间布局所处的位置可进一步划分为：普通上盖式、大平台上盖式、地下空间式和综合开发式。

1. 普通上盖式

普通上盖式主要是结合轨道交通站点的建设向上拓展空间，从而构建轨道交通站点综合体，将交通、商业、办公、居住等需求整体化解决，以实现土地利用最大化。图 7-2 为香港典型地铁上盖物业示意图[34]，该模式也是香港地铁普遍的物业开发模式。其中，地铁占用地下一层和二层，作为站厅层和站台层。底层为换乘公交车站，与之相连的地上二、三层为商业和办公，在建筑裙房上是环抱的高层居住建筑，中间是居住区中心花园。国内的普通上盖开发模式为香港模式的简化。

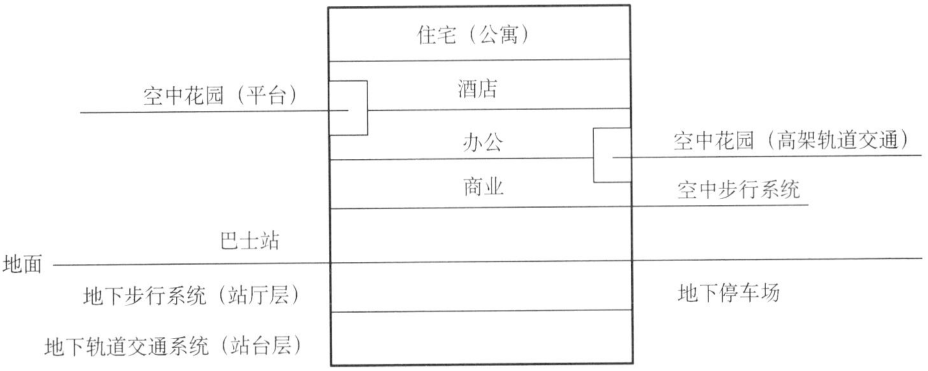

图 7-2　香港典型地铁上盖物业示意图

【案例 1】　上海轨道交通 1 号线新闸路地铁站上盖物业雅州大厦开发。雅州大厦是上海地铁公司与市属国有房地产开发企业合作开发的物业。其站台层和站厅层均在地下；地上一、二层为商铺和餐饮，三至八层为写字楼。空间布局关系如图 7-3 所示。

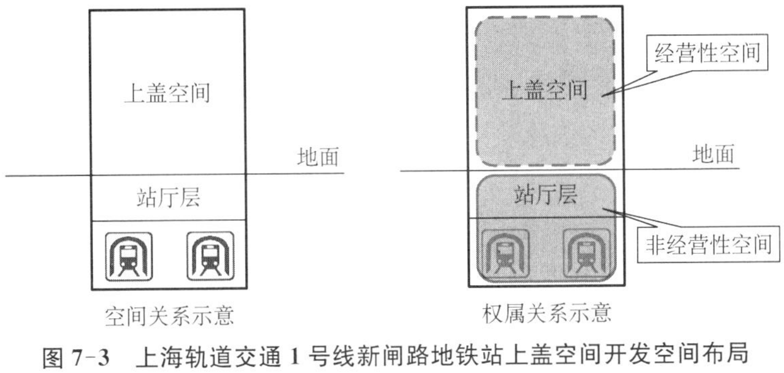

图 7-3　上海轨道交通 1 号线新闸路地铁站上盖空间开发空间布局

【案例 2】　上海轨道交通 2 号线龙阳路地铁站上盖物业开发。2 号线龙阳路站在建设过程中，也对其上盖进行了开发，其上盖空间为万邦广场。2000 年，万邦广场建成使用。2 号线龙阳路站与 7 号、16 号、21 号线和磁悬浮站等一起规划形成 5 线换乘的大型公共交通枢纽和市级公共活动中心。其中，2 号线龙阳路站地下一层为站台层，地上一层为站厅层，地上二至五层作为商铺、办公等功能。其空间布局关系如图 7-4 所示。

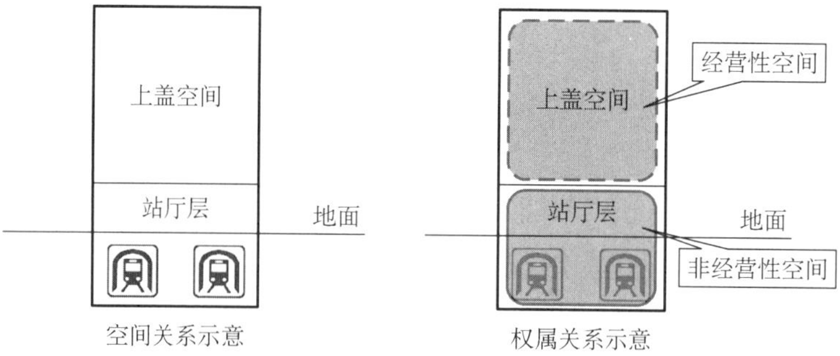

图 7-4　上海轨道交通 2 号线龙阳路地铁站上盖空间开发空间布局

此种模式主要为城市综合体或结合枢纽型站运用，比如龙阳路枢纽站。龙阳路枢纽地区规划 4 条轨道交通线(2 号、7 号、16 号、21 号线)和 1 条既有高速磁浮线，最终将形成 5 线换乘的大型综合交通枢纽。根据上海市轨道交通系统规划，龙阳路枢纽是继虹桥枢纽有 5 条轨道交通线以外，浦东最大、全市第二大的综合交通枢纽。

2. 大平台上盖式

大平台上盖式联合开发设想是香港地铁典型上盖物业开发模式的拓展，主要运用在轨道交通的车辆段、停车场上空。总体思路就是在车辆段上方设置钢筋混凝土结构(大平台)，并在其上进行物业开发，从而达到节约土地资源的目的。该开发模式与普通上盖模式不同的是，需要一个大平台作为结构转换层，再在大平台上进行居住、商业、办公等其他城市功能的开发。北京、深圳、上海等均有实践，包括北京的四惠车辆段开发、深圳的前海湾车辆段开发以及上海浦东金桥停车场综合利用等。

【案例 3】 上海浦东金桥停车场车辆段上盖开发。上海浦东金桥停车场是一处承担轨道交通 9 号线、12 号线、14 号线车辆日常停车、列检、保养维护的基地，基地内包含三个轨道交通站点、一处联合检修库、三个车辆段车库及线路场地以及一条试车线。上盖规划顺应各层功能的不同分为三层：地面层主要为轨道交通车辆段用地，包含轨道线路及各类设施，东侧部分及地铁站点为落地开发的商业办公及住宅；12 m 层为生活交通层，即上盖开发部分，综合了居住、基础教育、社区服务、绿地等功能，可以理解为一个在空中的城市平面；增加的 16 m 景观活动层是针对居住区设置的人行活动平台，平台底下解决了整个小区的停车位，平台上则用于居住区景观环境塑造，形成了非常有生活氛围的邻里交往空间，延伸连接社区配套设施和轨道交通站点，创造出一个适宜步行的、可达性强的社区空间。项目总占地面积 97.48 hm^2，总建筑容量为 80.6 万 m^2，包括了居住、地铁(轻轨)交通枢纽、大型商业、办公、酒店等。上盖开发部分面积约 40 hm^2，建筑容量约 39.4 万 m^2。[120]

3. 地下空间式

地下空间式主要为结合轨道交通站点构建通达性良好的地下交通网络，提高换乘效率；同时结合轨道交通的可达性发展地下商业，形成综合效益。目前，国内城市地下空间式较多的是起到连接作用。典型案例是日本大阪的 Nagahori 地下街[127]。大阪的 Nagahori 地下街于 1992 年 10 月动工兴建，1997 年 5 月竣工，总投资 827 亿日元，是集地铁(包括隧道及车站)、地下车库、地下商业设施、地下步行道等多种功能于一体的四层大型地下综合体。总建筑面积为 81 800 m^2。该地下街建设为地下四层,是集地铁隧道与车站、地下车库、地下道、地下商业于一体的地下空间开发利用的系统方案。其中,地下一层为集商业、餐饮和步行公共通道于一体的地下步行商业街;地下二、三、四层为地下车库,总泊位约 1 030 个;地下四层同时又是轨道交通换乘系统。地下街连接了周边四条地铁线路,并且解决了地铁 7 号线在周边无法设出入口的矛盾,也为城市中心区提供了足够的停车空间。图 7-5 为日本大阪车站综合开发实景图。

图 7-5 日本大阪车站综合开发实景图

【案例 4】 上海五角场地下空间开发(图 7-6)。五角场地区的地下空间开发是通过轨道交通构建城市综合体,进而形成地下步行网络。该方案在地下一层为行人提供大范围公共活动的空间,形成地下步行系统。图 7-7 为五角场到创智天地的地下通道。该方案的特点是在地下形成“两站一区间”的步行系统,轨道交通布置在地下二层,站体部分结合地下一层的地下空间步行系统布置,通过地下步行系统连接两侧商业开发地块。该地下空间对周边地块起到较好的连接作用[128]。

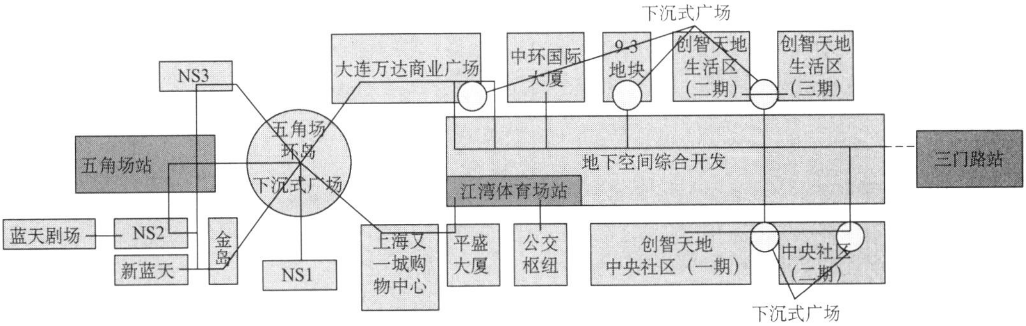

图 7-6 上海五角场地下空间开发示意

图 7-7 五角场到创智天地的地下通道

4. 综合开发式

综合开发式包括站体的地下空间、上盖空间等,能较为综合地对站点周边的空间进行充分利用。上海最为典型的为日月光中心广场,该综合体结合站体对地下空间、上盖空间等进行了开发。

【案例 5】 上海轨道交通 9 号线打浦桥站日月光中心广场。日月光中心广场的整个综合广场占地 4.4 万 m^2,总建筑面积约 30 万 m^2,是由 A、B、C 三幢楼,以及 14 万 m^2 的大型购物中心组成的综合体项目。其中 C 幢为 5A 级写字楼,只租不售,总建筑面积约4.7 万 m^2,A、B 幢性质为办公,也可作为住宅使用,建筑面积约 3.6 万 m^2。日月光中心广场的商业面积达 14 万 m^2,商业从地下二层到地上五层共七个楼层,办公楼面积达 5 万 m^2,打造出一站式休闲、办公、购物中心[88]。日月光中心广场已于 2010 年落成,办公楼和住宅也已完工。其中,房地产开发商为上海鼎荣房地产开发有限公司。其空间布局关系如图 7-8 所示。

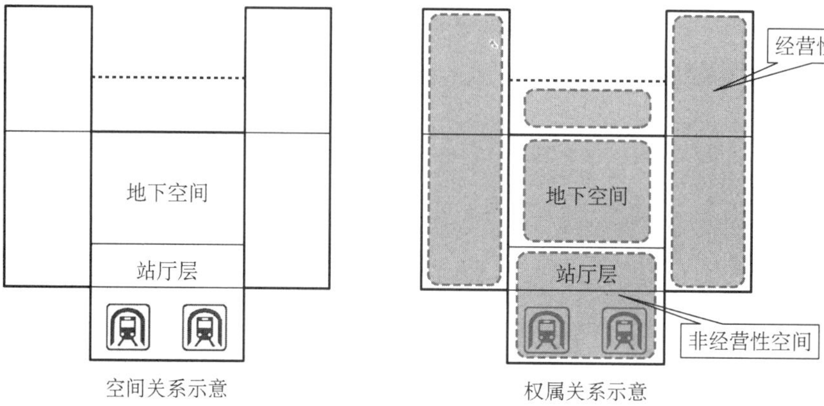

图 7-8 上海 9 号线打浦桥地铁站地下空间开发

7.2.2 周边式联合开发

周边式联合开发是指靠近运输设施，并且通常与之连接，而又不位于设施空间位置或其上、下方的周边地块开发。在相关案例分析中，通常是平行或邻近。邻近工程通常与联合开发间存在一个连接点或连接面，且需在基地配置，施工时能和运输系统相配合。以轨道交通站点及紧邻地块为单位，在轨道交通所属的市政设施用地周边进行其他商业、办公、居住等经营性设施的开发。与轨道交通站点联合开发模式的区别在于，从空间层面上看，不存在空间穿越关系。具体可分为连通道式和出入口式。

1. 连通道式

以上海轨道交通 9 号线小南门地铁站连接通道为例。小南门站位于上海市黄浦区小南门中华路王家码头路，为上海轨道交通 9 号线二期的地下车站。已于 2009 年 12 月 31 日通车试运行。黄浦区作为上海市中心城区，其南外滩滨江区域是未来发展的重要地区。其中，董家渡 13、15 地块的开发将是未来黄浦区发展的重中之重，但由于滨江区域受到轨道交通线路建设的限制，交通可达性仍有欠缺。为了弥补可达性，黄浦区政府拟在轨道交通 9 号线小南门站和滨江董家渡 13、15 地块之间设置下连接通道，这在一定程度上解决了地块的交通可达性问题。该通道穿越泛海国际南侧公共绿地下，采用由通海地块开发商代建的形式予以建设。地道长约 200 m，宽约 10 m[129]，如图 7-9 所示[130]。该通道的设置由黄浦区政府主导，由房地产开发商代建，与轨道交通机构协商，与站点结合。经协商，该条通道的产权归开发商所有，使用权归政府所有，并向公众开放。该通道起到两方面作用：一方面为北侧泛海国际居民出行提供方便；另一方面，连接未来规划地块，促进土地出让，带动滨江区域开发。

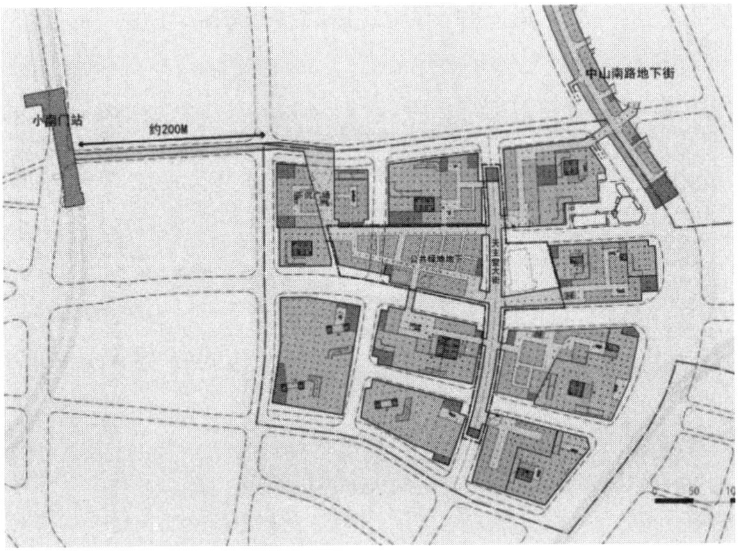

图 7-9　上海轨道交通 9 号线小南门地铁站连接通道示意

2. 出入口式

以上海轨道交通10号线南京东路地铁站连接通道及出入口为例，出入口空间关系示意图如图7-10所示。地铁10号线南京路站本体位于宁波路—南京路之间的河南中路地下。宽约19 m，长约159 m。站点东侧163地块予以拍卖，规划建设为顶级商业办公，164地块为部分保护保留（保护光大银行、保留变电站）部分待改造规划商办地块；西侧155地块为在建的恒基地块，154地块靠河南路为待改造商办地块，其西侧为保留应昌期围棋学校；南侧为保留改造老介福地块和已建成宏伊地块[131]。该站西南为南京路地下已经建成的轨道交通2号线南京路站。轨道交通10号线与恒基和宏伊地下室之间的连通已经确定。与163地块之间也有通道实现地下连通。其中，与轨道交通10号线紧邻的163地块，由于在轨道交通建设后予以招拍挂，其中需要设置出入口和相关设施在163地块内。具体操作上，在土地出让合同中，予以明确规定由开发商代建相关设施，建成后交予轨道交通机构。163地块剖面图如图7-11所示，其中轨道交通出入口及所需空间已进入到开发地块的内部空间之中，并与建筑相结合。

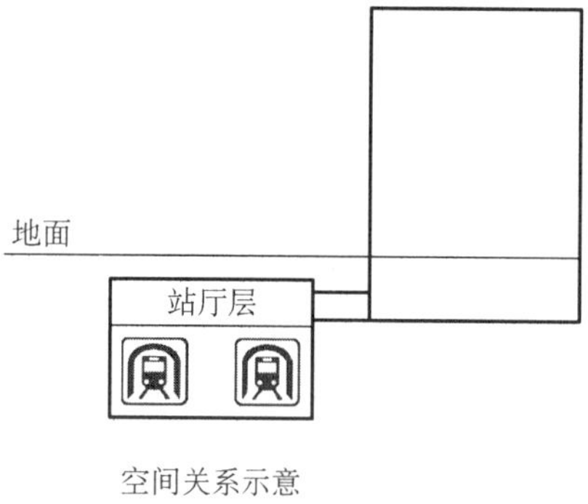

图7-10　出入口空间关系示意图

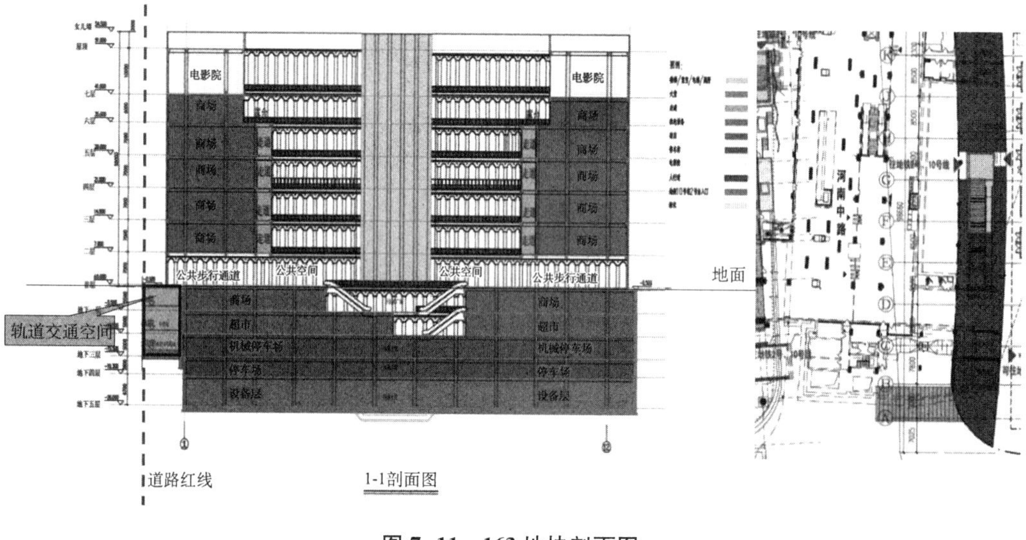

图7-11　163地块剖面图

7.2.3 沿线区域式联合开发

轨道交通沿线区域式联合开发是由轨道交通沿线各站点和其他设施组成，通常是多家开发商联合招标，所以该类联合开发责权复杂，决策和管理都存在一定难度。此类规划方案常在策划时就与相关交通部门协调，而且常常由一个综合区域构成，且包括不同综合区内的中心建筑与运输车站结合成一个整体，其他建筑则可通过别的建筑或多或少的与运输设施间接配合。轨道交通沿线区域联合开发，是目前国内普遍接受和采用的联合开发形式。轨道交通经过之处必然对其沿线地带的特定范围会产生外部效应，这种外部效应往往表现在轨道沿线土地升值。因此，政府应有效利用这种外部效应，吸引房地产开发商前来投资开发，通过利用沿线土地开发收益来冲抵轨道交通建设中的巨额投资，从而达到政府、轨道交通机构、房地产开发商三方多赢的目的。沿线区域式联合开发常以轨道交通线路而非单一站点为单位，统一进行联合开发。就其中的每个站点来说仍适用于单个站体的联合开发模式。另外，在该模式下，轨道交通建设往往与沿线地块开发同步，主要在尚未开发的土地上，轨道交通建设和城市开发（土地取得、住宅建设销售等）是同时进行的，该模式对于沿线的整体规划的要求较高。轨道交通沿线区域联合开发可以根据开发模式分为普通模式和阪急模式。

1. 普通模式

普通模式是以单个站点为单位的线路型联合开发。在该模式下，每个站点均为一个交通枢纽区，功能相对类同，且需要与辐射范围一起进行统一考虑。以上海轨道交通 11 号线嘉定段为例。嘉定区政府提出“联动开发区”概念，并将轨道交通站点作为综合交通枢纽区，划定为大平台区；在轨道有效辐射范围内，与大平台紧密相连、统筹规划的一体开发区（站点 500～800 m）范围划定联动开发地块；将嘉定区规划编制网络所确立的编制单元作为研究区域。提出公交引导开发、“地铁＋物业”开发、站台综合开发相结合的开发模式，其中：① 公交引导开发（TLD）：城市发展方向与交通干线走向一致，依托轨道交通，发展组团式新城区。② “地铁＋物业”开发（MPD）：地铁建设与沿线物业同步规划、同步开发、同步建设，地铁吸引物业人流、物业催生地铁客流，轨道交通提升物业品质、物业收益反哺轨道建设。③ 站点综合体开发（SID）：站点与上盖及周边地区一体化建设、整体规划、统筹发展；将不同类别的物业有机融合在一起，实现功能互补以及土地的集约利用。其联动区概念及综合开发理念如图 7-12 所示[132]。

以上海轨道交通 11 号线的嘉定新城站和城北路站为例：

（1）嘉定新城站。嘉定新城站的站点核心区位于嘉定新城核心区，占地 23.8 hm^2，总建筑面积约 54 万 m^2。作为城市公共活动中心区的核心区域，是承载商业服务，商务办公、中高档居住等功能的主要载体，具体功能包括科教、文化娱乐、金融商务办公、商业服务、居住及配套设施、交通设施，也是作为最高强度级别的开发建设。图 7-13 为嘉定新城站规划方案。

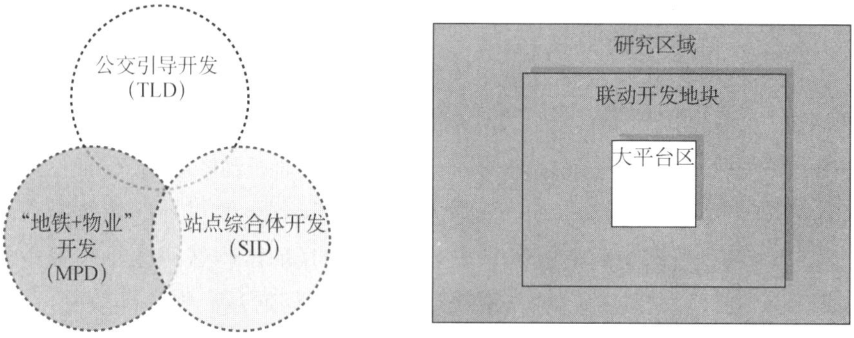

图 7-12　上海轨道交通 11 号线嘉定段站点地区“联动开发区”理念

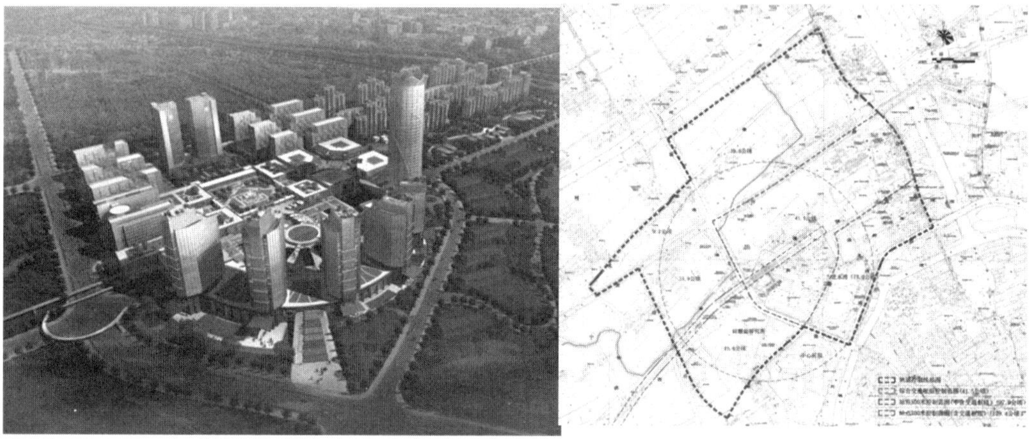

图 7-13　上海轨道交通 11 号线嘉定新城站规划方案

(2) 城北路站。城北路站站点地区位于嘉定新城北部城区,规划用地 41.5 hm^2,总建筑面积约 80 万 m^2。将依托现有的历史文化基础,建设成为有城市特色和文化内涵的城区。城北路站作为嘉定北部城区地区中心的核心区域,集商业服务、商务办公、会展博览、科技文化、中档居住、对外交通枢纽功能于一体,将为北部城区和嘉定市级工业区近 35 km^2 产业开发区提供公共服务资源。具体功能包括科教、文化娱乐、金融商务办公、商业服务、居住及配套设施、交通设施。城北路站在交通上主要承载上海面向西北地区的省际长途客运交通功能和 P+R 换乘功能,定位为嘉定北部地区重要的综合交通枢纽,公交线路约 12 条,长途客运线路约 20 条。图 7-14 为城北路站规划方案。

2. 阪急模式

阪急模式是指完全从整条线路予以统筹考虑的线路型联合开发,沿线区域式联合开发中较为成功的案例为日本东京的阪急模式,该模式采用了创造沿线整体价值的开发手法,由于阪急地铁的创始人为小林一三,也被称为“小林一三模式”[133],该种模式借鉴了英国早期地铁的建设经验。但该模式在我国国内尚无实践。其中,“沿线价值”指轨道交通

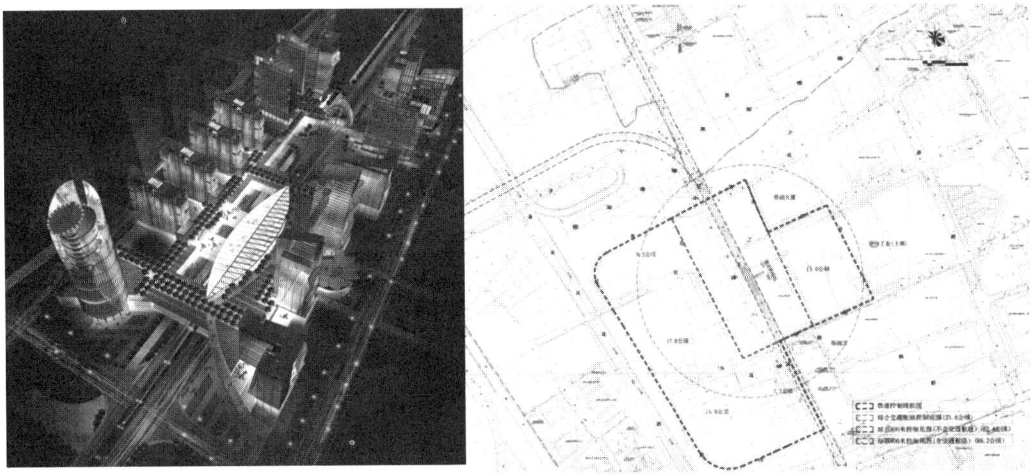

图 7-14　上海轨道交通 11 号线城北路站规划方案

沿线开展居住区开发、百货公司经营等多种相关业务，使其与轨道交通开发相辅相成。该模式主要在沿线开展多元化经营，不但给轨道交通开发商带来收益，还能保证轨道交通经营的稳定性，同时确保社会的信赖感。该模式通过轨道交通沿线的整体规划来制定用地性质，从而促进双向轨道交通客流的产生。同时，通过沿线整体的开发控制，使得沿线地区能够维持和提升沿线整体的价值，包括房地产价值和品牌效应等。因此在该模式下，并不是每个站点都会被综合开发成为城市的节点，而是功能上有所互补，站点的级别上有所差异。如图 7-15 所示。

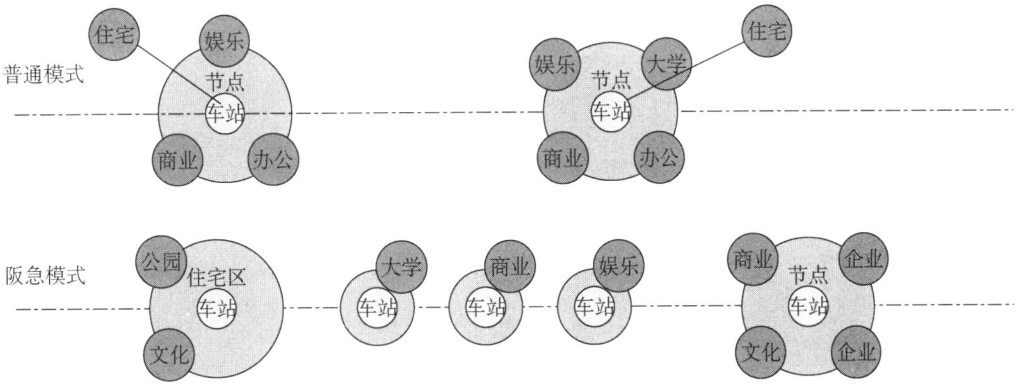

图 7-15　日本东京阪急模式开发理念图

综上所述，轨道交通联合开发空间布局模式的具体分类如图 7-16 所示，其中站点式联合开发和周边式联合开发均为单个站体的联合开发，而沿线区域式联合开发则为线路型联合开发。相对而言，单个站点联合开发适用于大都市中心区的已建成地区的开发。而线路型或走廊式联合开发则更适用于大都市外围地区。

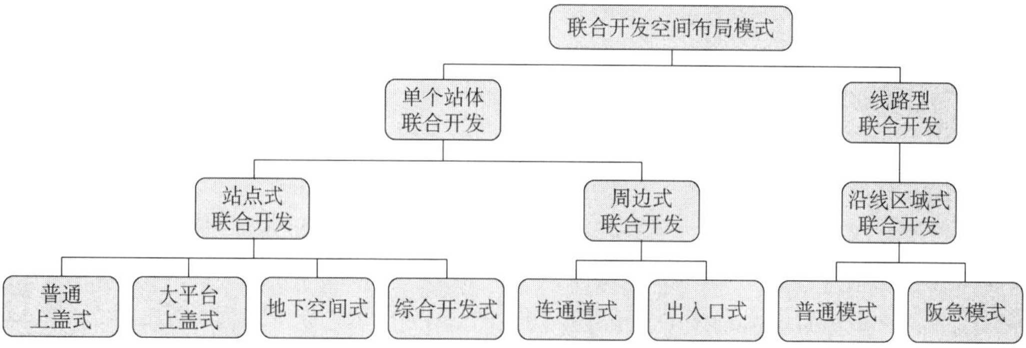

图 7-16　联合开发空间布局模式分类图

7.3　空间布局模式适用性分析

7.3.1　站点式联合开发

站点式联合开发是一种立体式联合开发，存在着空间穿越关系，需要轨道交通机构和开发商之间进行空间权交易，相互穿越的关系往往需要通过签订合约来解决。从目前看来，空间权属关系主要有两类：一类是站体和上盖或地下空间均为轨道交通机构产权，轨道交通机构采用“只租不售”的方式出租上盖或地下空间。香港一般采用此种方式。另一类是站体为轨道交通机构所有，上盖或地下空间为开发商所有，即经营性空间和非经营性空间完全予以分开为两个主体。比如上海的日月光中心广场案例。总体而言，该模式为立体式开发，实现了空间要素的充分联合，促进了土地的集约利用，强调功能混合。一般适使用于土地紧张的地区，比如中心城区。

从空间利用角度来讲，综合式联合开发对于空间的利用程度相对而言最为充分，其次为大平台上盖式、普通上盖式、地下空间式。综合式联合开发对上盖和地下空间均进行了综合开发。大平台上盖式及普通上盖式则主要针对上盖空间，地下空间式则主要针对地下空间。四种模式具有各自的特点，因此，它们分别具有不同的适用性。

（1）普通上盖式联合开发主要是结合站体本身进行的开发，建设形式上主要是利用上盖空间。该模式对于位于地下、地面、地上的站体均适用，具有一定的普适性（图 7-17）。

（2）大平台上盖式联合开发主要为车辆段、停车场及交通枢纽等进行上盖开发，其选址有一定的局限性，主要结合交通枢纽设置在城市外围地区，且需要增加结构转换层。

（3）地下空间式联合开发主要连接周边地块的地下空间及站体，一般兼具连接和空间开发的作用。该模式主要适用于地上开发受限时用于空间连接。

（4）综合式联合开发从空间利用程度上来讲最为充分，对上盖、地下等空间均进行了综合开发。通常是站体结合地块进行统筹建设。从站体和开发地块的布局关系上来看，

图 7-17　国内某地铁上盖开发

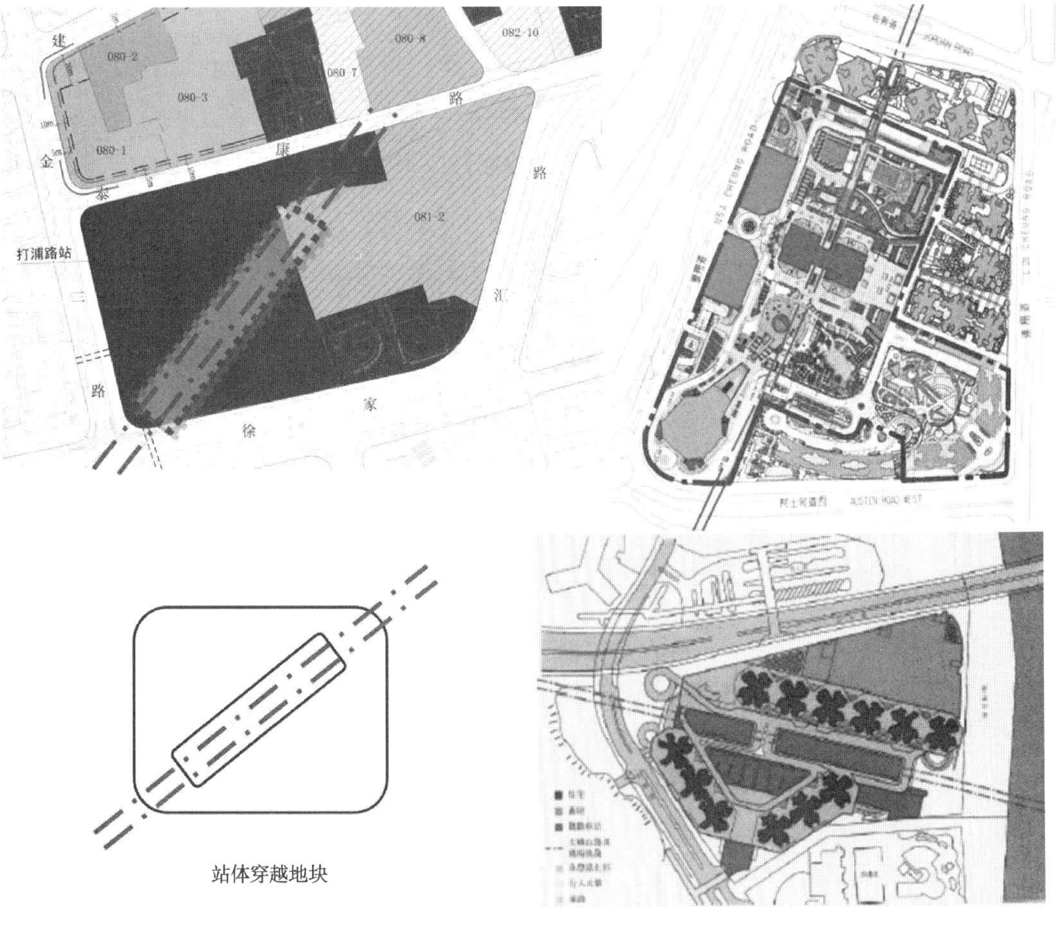

图 7-18　站点式联合开发站体与开发地块关系实例

在该模式下,站体和地块之间主要为穿越关系,如图 7-18 所示,左图为上海日月光中心广场和轨道交通 9 号线打浦路站体之间的关系[134];右图为香港九龙站和青衣城站体与地块的关系[135]。

从开发建设时序上来看,可以分为一体化开发和物业后开发两种。其中,一体化开发是与站体同步建设。一体化开发可以实现空间的充分利用,但不适用于旧城改造中的站点更新。对于综合式联合开发就要求必须一体化开发。物业后开发则可结合站体进行后建,该模式会受到相关站体及周边地块现状条件的限制,空间利用上会受到影响,但对于旧区改造或城市更新的确能起到较好的作用。大平台上盖式、普通上盖式、地下空间式均可以采用物业后开发的方式。

(1) 一体化开发:该种模式一般在轨道交通选线的同时就将物业开发结合起来考虑。以上海轨道交通 9 号线打浦桥路站日月光中心广场为例,该项目从设计到施工将联合开发要求的轨道交通站点与周边物业开发一体化实施体现得淋漓尽致。一开始开发商就主动要求在该广场所在位置增设轨道交通站点,而广场拟建为站点的上盖物业。在具体的实施过程中,由地铁方面设计院提供地铁工艺条件及建筑限界等要求,再由负责物业设计的设计院整合设计条件,特别是地下室,几乎所有专业界面都需要配合。该项目中上盖物业的开发与轨道交通的建设不仅在于空间的合理搭配,在时间上也同步进行实施,开发时序上予以协调一致。

(2) 物业后开发:以上海市轨道交通 1 号线莘庄站上盖项目为例。该项目被称为轨道交通上方空间的二次商业开发。莘庄站上盖项目位于轨道交通 1 号线莘庄站上空和南北广场区域内,地块面积约 117 825 m^2,规划用地性质为市政、公共服务、商业、办公、居住综合开发用地。规划建筑面积不大于 40.5 万 m^2,地下建筑面积不小于 10 万 m^2。建筑密度(地上一层大平台以上)不超过 60%,地上一层大平台以上绿化面积占综合开发用地总面积的比例不小于 20%。用地内承载 1 号、5 号、17 号线和城际铁路莘庄站的换乘站点功能。其中,1 号线莘庄站 1996 年 12 月底建成使用;5 号线莘庄站则在 2003 年 11 月底建成使用。2014 年 6 月底,莘庄综合交通枢纽上盖项目正式动工兴建,一座建在轨道交通枢纽站上方的"空中之城"即将出现。(在 2010 年 9 月 29 日,由现在的建设方香港新鸿基集团、上海城开集团、上海闵行城市建设投资开发有限公司三方组建的联合体"摘"得这个项目)。物业后开发模式是对轨道交通上盖空间的二次开发,对于城市更新或旧区改造具有一定的作用。[136]图 7-19 为上海轨道交通 1 号线莘庄站上盖项目方案示意图。

7.3.2 周边式联合开发

周边式联合开发是与轨道交通站点连接的联合开发模式,存在较少空间权穿越关系,往往有连接界面或连接点,通常包括连通道或出入口的设置,如图 7-20 所示。其中,连通道一般有两种方式,一种由开发商代建,如上海轨道交通 9 号线小南门站连通道;另一种由政府建设交通主管部门出资建设。出入口一般也有两种方式,一种由连接地块的开发

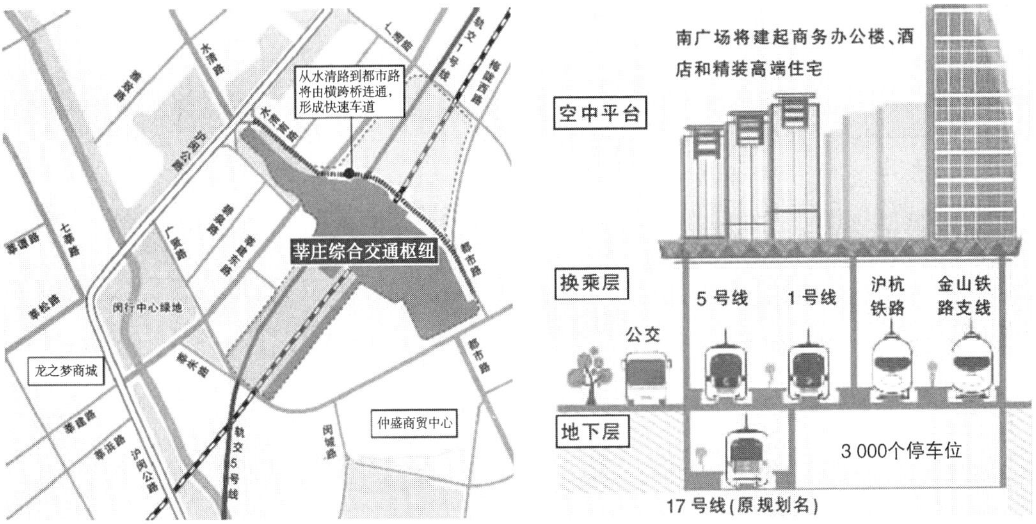

图 7-19 上海市轨道交通 1 号线的莘庄站上盖项目方案示意[136]

商代建，如 163 地块；另一种由轨道交通机构建设，该种方式一般在市政道路或地块中，不存在联合开发关系。该模式轨道交通站点本身一般设置在城市道路上，设置连通道和车站出入口与周边地块中建筑相结合。该模式一般在已建地区实施，或者周边仅有一两块可连接的地块。其中，由政府建设交通主管部门出资建设连通道或由轨道交通机构建设出入口的均不存在公私合作，也均不属于联合开发。

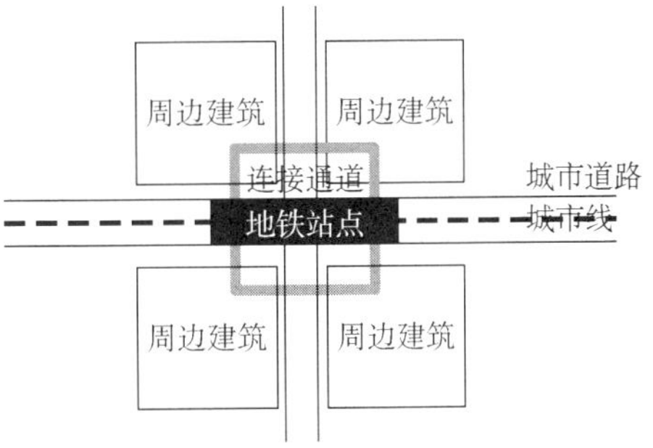

图 7-20 周边式联合开发站体与开发地块关系

从站体和开发地块的空间布局关系上来看，在该模式下，站体主要布置在城市道路之下，紧邻开发地块。如图 7-21 所示，左图为 163 地块和上海轨道交通 10 号线南京东路站体之间的关系示意图。站体基本在河南路下，四个出入口分别设置在两侧地块内。163 地块出让时，在土地出让条件中设置了要求，请开发商代建该处出入口。

该模式一般为政府主导下由开发商出资建设，目的在于吸引轨道交通的人流进入开发地块，政府则可以获得更多的土地出让收益。对于轨道交通机构而言，由开发商代建连通道或出入口，减轻了建设资金压力；对于开发商而言，通过建设连通道或出入口可以吸引更多的人流进入地块，获得更多的消费收益。从建设时序上来看，该模式以物业后开发模式为主，一般为先有轨道交通站点选址并设计，政府再结合周边可开发地块予以统筹考虑，并将相关建设要求以土地出让合同的方式落入到地块开发建设要求中去。

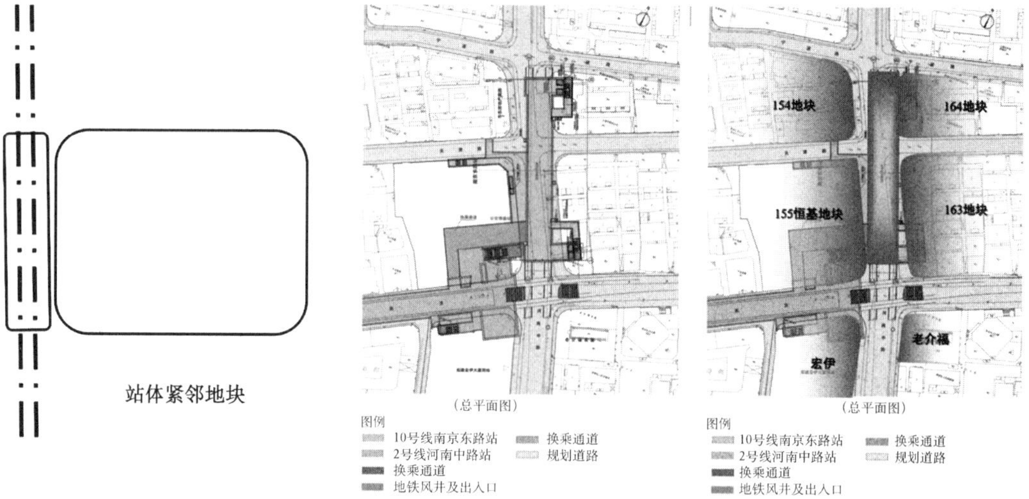

图 7-21 周边式联合开发站体与开发地块关系实例

7.3.3 沿线区域式联合开发

针对沿线区域式的联合开发国内城市典型案例为上海轨道交通 11 号线嘉定段、深圳地铁 4 号线二期。在该模式下，有以下几种实施方式：上海轨道交通 11 号线嘉定段为嘉定区专门成立政府背景区属企业与轨道交通机构合作推进开发(即 B 模式)；深圳地铁 4 号线二期采用特许经营公私合作的方式，由港铁公司实施轨道交通建设，相关地块则采用限制性出让政策逐块出让给港铁公司开发(即 C 模式)。此外，日本东京多摩新城为站城一体化开发模式，则采用私有化 PPP 模式(即 D 模式)予以实施。但 D 模式对于开发商的实力会有很高的要求，目前国内尚无此类案例。沿线区域式联合开发以线为单位，从整条线来考虑合作关系，并结合站体设置城市综合体，主要可以运用在大都市区的外围地区，那里会有较多的未开发用地，例如东京多摩新城、上海嘉定区等。

沿线区域式联合开发多采用土地“珠链式”开发模式，充分利用轨道交通站点周边的地块进行高强度的开发，如图 7-22 所示。上海轨道交通 11 号线嘉定段所涉及开发的地块，基本都是围绕着站点开发的[132]。

该模式对于承担开发建设的主体实力要求较高，因此国内一般由以政府为背景的国有企业与轨道交通机构合作进行。比如上海轨道交通 11 号线嘉定段为区属企业和轨道交通机构合资进行的轨道交通建设。资金来自三个方面[137]：一是嘉定区财政投入，累计直接拨付 17.18 亿元；二是银行贷款，获得银行授信 72 亿元；三是区政府出台的《嘉定轨道交通建设专项资金管理办法》，设立轨道交通专项资金，截至 2011 年8 月已筹到 24.96 亿元，主要包括土地出让金和站点综合开发体内相关税收的归集。该方式对于解决轨道交通建设资金问题起到了一定的作用。但 11 号线嘉定段站体空间上未能予以充分利用，

"珠链式"土地开发模式

图 7-22 沿线区域式联合开发站体与开发地块关系实例

主要原因在于:① 站点设置在市政道路上,无法对上盖空间进行充分利用;② 站点周边管线迁移较为困难,存在开发成本较高的问题,也无法对周边的地下空间进行开发。从建设时序上来看,该模式以轨道交通站点与物业同步开发为主,主要为先有轨道交通站点选址并设计,政府再结合周边可开发地块予以统筹考虑,并将相关建设要求以土地出让合同的方式落入到地块开发建设要求中去。从利益主体关系上看,11 号线嘉定段开发模式为:以整条线路为单位,由轨道交通机构与政府相关企业联合获得沿线土地使用权,分块成立项目公司,通过转让项目公司的土地而获取利益。轨道交通机构和政府均可通过土地整理(土地一级开发)获利。同时,对于未来的房地产开发商而言,可以通过可达性来吸引更多的人流,获得土地的升值。

沿线区域式联合开发可充分借鉴日本东京的阪急模式,在外围地区进行线路及站点规划时需充分考虑不同站点之间的功能和级别的差异性,从而充分利用轨道交通及站点空间。但问题是阪急模式也和东京多摩新城一样,采用的是私有化 PPP 模式,目前国内城市尚不具备实施条件。

7.3.4 小结

综上所述,中心城区首选站点式联合开发。其中,最优为综合开发式;其次为普通上盖式和地下空间式;车辆段、停车场等上空可采用大平台上盖式。站点周边式为开发条件受限时采用,包括出入口和连通道的设置。外围地区则优先考虑沿线区域性联合开发,从"沿线价值"出发,适当考虑站体的差异性,单个站体则以站点式联合开发为首要选择。

7.4 空间资源整合程度划分

本书5.4节已经对空间要素的联合开发程度予以初步划分，即划分为完全空间联合开发和部分空间联合开发。其中，站点式联合开发为完全空间联合开发，周边式为部分空间联合开发。针对三种联合开发空间布局模式可以按照空间要素的整合程度予以进一步细分，主要为站体空间资源的利用效率。

(1) 站点式联合开发体现了空间穿越关系，对站点的空间资源进行了最充分的利用，包括上盖、地下空间等。从空间开发程度上看，属完全空间联合开发。该模式实现了站点及周边地块空间资源的集约利用。目前，上海站点式联合开发实施案例仍然较少。除上文中引入的相关案例之外，较少涉及站点式联合开发。对于站点式联合开发的空间资源整合程度可以根据不同的建设形式予以进一步划分，如表7-1所列。其中，对于地下、地上空间资源进行完全利用的日月光中心广场实现了较为充分的联合开发。但其空间资源却未能实现充分利用，地块的容积率仅为4.0，与香港的联合开发案例的容积率指标相差甚远。由此可见，站体的空间资源的利用程度还受到相关容积率政策的影响。上海市中心城规划建设一直坚持“双增双减”，即增加公共绿地和空间，减少建筑总量和降低容积率。该政策对于上海打造宜居城市、优化城市布局、减缓土地沉降等方面贡献显著，但同时也限制了站点地区空间的充分利用。由于受到“一刀切”的容积率政策的影响，尽管采用了站点式联合开发，但上海的几个站点也未能实现空间资源的充分利用。比如上海日月光中心广场，地块的容积率控制在4.0。由此也可以发现，联合开发空间充分利用除开发主体之间的合作外，仍受到外部政策的影响，比如规划容积率等。

表7-1 站点式合开发空间要素利用程度分类

	建设形式	适合区域	建设时序	联合开发程度	案例
普通上盖式	结合站体上盖	普适性	可后建	充分	虹梅大厦
大平台上盖式	结合车辆段、停车场、交通枢纽等上盖	特殊站体	可后建	充分	金桥车辆段上盖开发
地下空间式	连接站体或地下空间	地上开发受限时	可后建	充分	五角场地下空间
综合开发式	结合地块综合开发	普适性	一体化	最充分	日月光中心广场

(2) 周边式联合开发相对于站点式联合开发较少涉及空间穿越关系。轨道交通线路在规划及站点选择时，由于受限于城市中心区的已建和保留用地，大多将站体设置在市政道路之下，通过连通道和出入口与地块进行连接。通过连通道和出入口设置可以增加地块和交通设施的可达性，而空间穿越关系较少。从空间开发程度上来看，属于部分空间联合开发。站点周边式联合开发对于中心城区而言，空间局促、开发受限，又要求设置站点

的地段比较适用。事实上，在上海轨道交通建设过程中，一般情况下，站点设置首选在市政道路之下，这样可以避免站体建设成本过高，同时减小对周边地块开发的影响，但却不利于形成站点式联合开发，也无法实现对城市空间的最充分利用。因此，从空间资源集约利用角度出发，站点周边式联合开发并不是最优选择，另外，对于实现外部效益内部化的作用也不明显。以上海轨道交通10号线南京东路地铁站涉及的163地块开发为例，在该模式下，开发商仅代建了连通道和出入口的部分空间，对于分担轨道交通的建设成本而言，仅为很小的部分，而未能较好地实现风险共担和利益共享。

(3) 沿线区域式联合开发则需要两方面条件，一是以线为单位进行联合开发；二是有充分的用地进行联合开发。在该模式下，以轨道交通线路作为城市发展轴，以站点作为核心，结合站体和周边地块联合开发作为区域综合交通枢纽和活动中心。该模式适用于大都市区的外围地区，因为用地开阔、资源丰富。因此，在外围地区进行轨道交通线路规划应优先考虑沿线区域式联合开发，以带动新城开发，并结合交通枢纽或核心设置大平台式联合开发。但从上海轨道交通11号线嘉定段实施情况来看，首先若能实现空间最大化集约利用，仍需每个站点采用站点式联合开发方式；其次通过连通道将周边开发地块连接。图7-23为上海轨道交通11号线嘉定新城站中信泰富又一城的相关方案，周边地块的连接采用二层空中连廊形式的连通道[132]。该模式一定程度上实现了外部效益内部化的实施目标，但从空间利用上仍未实现完全空间联合开发的目标。从上海轨道交通11号线嘉定新城站单个站体来看，仍属于代建式联合开发，由周边的开发商代建与轨道交通站体的连通道(二层空中连廊)，从而实现一体化。

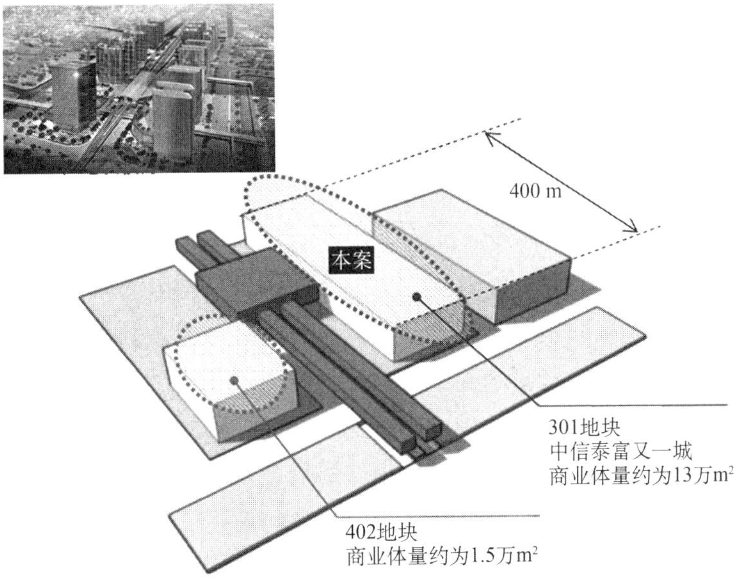

图7-23　上海轨道交通11号线嘉定新城站空间连接关系

7.5 主体合作模式对空间资源整合程度的影响

经过结合上海相关案例分析，并结合三种空间布局模式予以进一步细分发现不同的空间布局模式对于站体空间资源的整合程度有所不同。站点式联合开发实现了站体空间资源的充分利用，但却难以实施。一些实施成功的案例相对于香港对于空间资源整合的程度仍存在差距，除如日月光中心广场存在的规划容积率政策影响外，是否与轨道交通主体合作模式也有一定的关系？这就需结合四种主体合作模式予以分类分析。

7.5.1 “政企合一”模式下空间资源整合程度

在“政企合一”模式下，由政府负责轨道交通的投资、建设，所有权归政府所有，运营则由政府部门或轨道交通机构负责。站体在空间关系上虽然仍划分为经营性和非经营性空间，但其所有权和开发权最终仍属于政府。因此，在该模式下，无论经营与非经营空间其实均为“一家人”，因而空间权属关系处理起来较为简单，往往由轨道交通机构统一进行设计、开发、经营和管理。以上海轨道交通 1 号线的虹梅大厦和雅州大厦为例，分别采取自建式联合开发和合建式联合开发两种方式，并实现了站点式联合开发——主要为普通上盖式空间利用。其中，无论是经营性空间还是非经营性空间均为轨道交通机构所有。但该模式下由政府主导，市场不参与，因而始终存在着空间资源利用效率问题。由此，也解释了为什么早期上海轨道交通 1 号线沿线成功规划建设了多个联合开发物业，但开发总量却不多的情况。

由此可见，在“政企合一”模式下，不存在空间权属穿越关系问题，轨道交通机构可以在其所属地块内进行各项开发建设活动，适用性较强，能够实现空间的充分利用，但却存在单一政府主导的空间资源利用效率问题。

7.5.2 “政企分开”模式下空间资源整合程度

在“政企分开”模式下，轨道交通机构从政府脱离，逐步走上市场化，需要开始考虑自负盈亏。政府委托轨道交通机构进行轨道交通的建设、运营和管理。“政企分开”模式一定程度上解决了单一政府管理体制下的开发中存在的空间资源利用效率问题，但政府和轨道交通机构之间存在委托代理的关系，因而难免产生信息不对称的问题。同时，由于国内经营性土地必须进行“招拍挂”的制度影响，经营性用地与非经营性用地之间始终存在着“鸿沟”。因此，在“政企分开”模式下，轨道交通联合开发实践反而较少，实施案例更多的为周边式联合开发，并采用开发商代建的形式，故未能实现完全的空间联合。即使有为数不多的成功站点式联合开发的实例，如日月光中心广场，也是由开发商主导提出，并由开发商代建站体实施的。因此，对于开发商而言承担了较大的风险。其中，较为成功的日月光中心广场案例，由开发商主导，实现了对空间资源的充分利用，也体现了“政企分开”模式下市场的效率优势。

在“政企分开”模式下，若采用站点式联合开发则存在较多空间权属的穿越关系，在国内相关土地政策不够完善的背景之下，轨道交通机构一般会尽量选择市政道路用地进行选线和设站，因而较少使用联合开发。若采用联合开发，也更多地采用代建式的周边式联合开发，并尽量减少空间的穿越。因此，该模式下空间联合程度较低，仅为部分空间联合开发。

7.5.3 “公私合作”模式下空间资源整合程度

在“公私合作”模式下，一般公共部门（政府部门）和私营机构共同合作进行轨道交通设施的建设管理。根据公私合作制相关分类，公共部门与私营机构之间合作运作方式可以有更多的选择，包括深圳 BDOT 模式的探索等，均可以实现对站体空间的充分利用。在该模式下，政府和市场相结合，一定程度上兼顾了效率与公平。但要在该模式下成功实施的前提在于政府部门能否为公私合作模式的运作创造一个良好的政府环境和市场环境。这也是实现 PPP 模式的基本条件。“公私合作”模式下，从空间布局模式上来讲，以上海为例，目前较为典型的为站点式联合开发中大平台式的模式，如上海金桥车辆段上盖开发。此外，上海近期实施的闵行区轨道交通 10 号线吴中路站停车场上盖；青浦区轨道交通 17 号线徐盈路站车辆段上盖等，均为大平台式上盖开发。正如 PPP 模式实施的基本条件为政府支持，而上海大平台式上盖开发初探实施的原因在于上海市颁布的《关于推进上海市轨道交通场站及周边土地综合开发利用的实施意见（暂行）》，该实施意见授予轨道交通机构参与土地开发的权利。

在“公私合作”模式下，相对空间布局的关系会较为灵活，且适应性较强，并结合了政府和市场的优势，可以实现空间资源的充分利用，但仍需政府政策的支持，比如赋予轨道交通机构房地产开发权。当轨道交通机构获得土地开发权后，再联合开发商进行房地产开发，从而获取收益。

7.5.4 “私营企业”模式下空间资源整合程度

“私营企业”模式对于轨道交通机构或私营机构要求较高，目前我国内地城市相关机构尚不具备该条件。但从空间权属关系上来看，“私营企业”模式权属关系简单，均由轨道交通机构或私营机构所有，由其统一设计、统一开发，空间布局关系上也更为灵活，且完全由市场主导，相对空间资源利用效率最高。当然，其中存在的问题就是市场主导模式下的公平问题，如何保障更多的土地拥有者和公交使用人的利益。以日本私营地铁为例，可以完全从整条线路统筹考虑进行联合开发，立足创造沿线整体的价值。

7.5.5 小结

通过上述四种合作模式的比较，可以发现从“政企合一”模式、“政企分开”模式、“公私合作”模式到“私营企业”模式，均可以实现站点式联合开发即——空间要素的完全联合。从“政企合一”到“私营企业”这四种模式，随着市场要素的逐步介入，逐渐增加了空间资源利用的效率性和灵活度。其中，在“政企分开”模式下，我国内地城市未能更好地实现站点式联合开发的主要原因仍在于政府相关土地政策的影响；另外，受土地“招拍挂”的制度影响，开发商无法更好地介入到轨道交通的建设运营中，从而在一定程度上影响了溢价回收的实现。

7.6 本章小结

通过本章研究发现，根据美国城市土地协会对联合开发空间关系的划分结合上海的实际案例可以将联合开发空间布局模式划分为站点式联合开发、周边式联合开发和沿线区域式联合开发这三种。而这三种模式也可以进一步细分。另外，通过分析发现，不同的联合开发空间布局模式在空间资源利用程度上各有差异，并具有不同的适用性。此外，联合开发空间布局模式的空间资源利用程度除与联合开发的公私合作主体模式有一定关系外，相关规划、土地政策对于空间资源的利用程度也会有影响。

8 轨道交通联合开发规划管理机制

轨道交通联合开发作为一项城市开发建设活动离不开规划的控制和引导，联合开发实施需要以规划为依据。其中，土地利用规划与轨道交通建设体系形成对接，是促进联合开发实施的大前提。经过前几章对轨道交通联合开发的主体联合要素、空间联合要素以及资金联合要素的分析，发现在联合开发的过程中规划控制起着重要的作用，其核心也就是做好统一规划。具体主要表现在四方面：划定特定区域进行规划编制与管理；规划编制中对联合开发参与主体的协调（主体联合要素）；规划设计中的激励性控制与引导（资金联合要素）；联合开发空间资源的集约利用（空间联合要素）。本章基于宏观层面的规划制度梳理，为促进轨道交通建设与土地利用规划的充分对接，从具体规划编制管理、规划实施管理、规划管理内容等要素上，完善联合开发规划管理的实施框架。本章的分析研究逻辑结构图如图 8-1 所示。

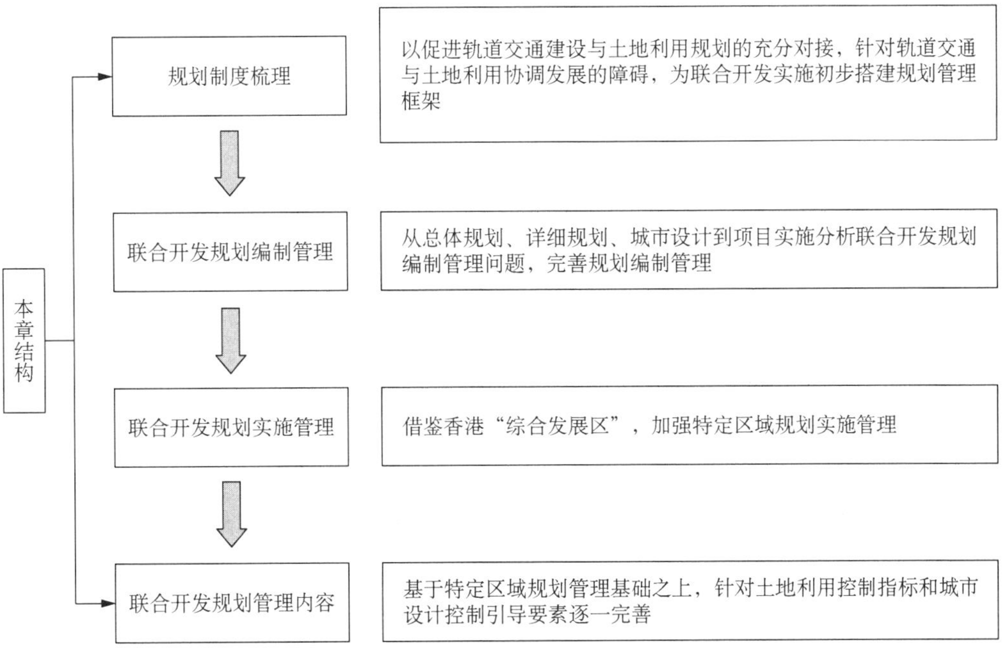

图 8-1 第 8 章分析研究逻辑结构图

8.1 轨道交通联合开发规划制度背景

轨道交通与土地利用之间存在的互动关系是诱发联合开发实施的根本原因。而这一关系是一种循环的作用与反馈的互动关系:土地利用结构决定了交通需求,轨道交通的建设改善了交通条件,反过来改变土地利用强度和模式。城市轨道交通是通过可达性的改善促使地区经济活动被吸引到轨道交通的走廊上来,引导土地利用的分异,带给沿线土地增值,并主要体现在房地产的增值上;而土地的高强度开发,又可以为城市轨道交通增加大量客流,总体而言,轨道交通与土地利用是相辅相成的互动发展关系(图8-2)。因此,在土地利用与轨道交通发展的研究中,不可能单纯以土地利用或轨道交通系统为本位主义,而需要注重二者的互动关系和整合效应,协调好它们之间的规划及发展时序关系,以促进城市轨道交通与城市土地利用的良性循环。事实上,国内很多城市在发展过程中一直存在着轨道交通与土地利用协调发展的障碍而使得联合开发实施存在着政策障碍。

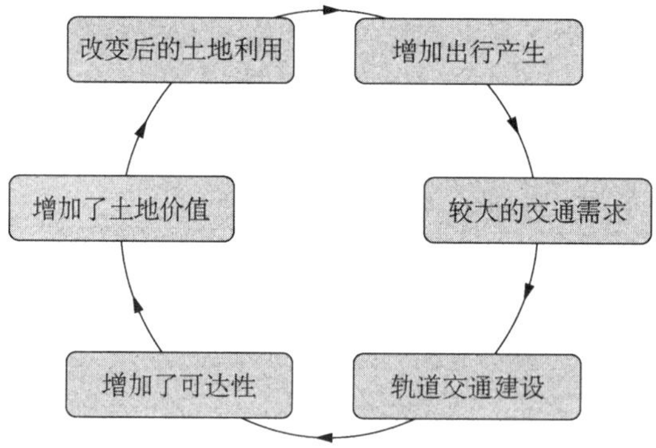

图 8-2 轨道交通与土地利用的互动关系

8.1.1 轨道交通与土地利用协调发展的规划障碍

在国内许多城市的发展过程中,轨道交通和土地利用之间一直存在着协调障碍,使得轨道交通建设和沿线土地开发之间无法实现最优平衡。对于其所产生的问题,国内相关研究已做了很多。从规划作用的发挥来看,主要原因不仅局限于轨道交通和土地利用规划和实施的独特性,也在于我国轨道交通和土地利用在行政管理和体制上的障碍。

(1) 轨道交通和土地利用本身规划和实施的独特性。包括轨道交通在内的交通规划往往包含了一个线性的技术角度,而土地利用规划往往更加灵活、特殊和被动,从而二者的合作十分困难[138]。表 8-1 显示了交通与土地利用协调发展的瓶颈问题。由于城市轨道交通属于城市交通系统范畴,所以轨道交通规划也归于城市交通规划的一个分支,作为交通规划中的一个分支,也同样存在着与土地利用规划之间的障碍。城市轨道交通规划是在城市交通规划的基础上，科学分析客流发展趋势和不同交通方式在城市中的发展比例，同时结合城市的自然地理条件，合理规划路网，确定轨道交通发展规模并制定相应的实施对策以及交通政策。因此，轨道交通规划被深深地打上了交通规划的烙印，在制定规划时，这种以解决交通需求为目标的规划思想体现得较为明显。

表 8-1 交通与土地利用协调发展的瓶颈问题

特征	交通规划	土地利用规划
目的	目的着重于经济和负担得起的可达性	目标是多种多样的，延伸到住房，社会公平和经济发展
规划方法	规划涉及分析为基础的定量方法，主要侧重于交通需求	规划的方法是混合的，这取决于重点领域
规划和执行范围	规划侧重于都市综合线性系统；基础设施的建设是不可分割的	规划问题通常在局部集中于社区和地区；实现捆绑区域
执行权力	政府有权实施项目	个体和私营部门比政府有更多的决策权
影响管理效力和项目范围	项目拥有大型公共资金资助预算，增强了执行力	项目包括小型公共资金资助预算，削弱了个人和私营企业的行政权力
规划角度	部门需要长期规划	特设和短期计划可以与长期规划并行

(2) 城市行政管理和体制上的分开使其对接仍有障碍。在我国，由于轨道交通管理部门和规划管理部门是两个分开的部门。只有两个部门之间实现更好的互通才能促进轨道交通沿线的项目效益的充分发挥，这就需要打破体制的障碍，从规划体制的层面形成互动和对接。目前，国内的轨道交通建设体系和城市规划体系是两个垂直的体系，只有管制、审批，而没有互动和反馈。石楠[9]对轨道交通与沿线地块实施综合开发的现行制度进行了梳理，认为轨道交通相关的综合开发游离在城市规划体系之外，与轨道交通系统规划也未实现有效联系，仍处于二者之间并处于一种交叉位置的设计环节，如图 8-3 所示。

8.1.2 轨道交通与土地利用协调发展的规划体系框架

城市规划是政府调控城市空间资源、指导城乡发展与建设、维护社会公平、保障公共安全和公众利益的重要公共政策之一[139]。任何一个国家或地区都有自己的城市规划体系，这是进行城市开发和建设的基础。城市规划体系包括三方面的内容：规划法规体系、规划行政体系和规划运作体系。城市规划体系构成了开展城市开发和建设的制度框架和组织结构。轨道交通联合开发是一种城市开发和建设行为，仍属城市规划调控范畴。为轨道交通联合开发实施创造外部规划政策环境，需从城市规划体系完善着手。

(1) 从规划法规体系上看，指导城市开发活动实施的主要包括国家、地方及相关部门的城市规划、相关的法律规范以及具有法律效力的城市规划文本[140]，在我国主要是指城市总体规划文本和详细规划文本。其中，城市详细规划的实施主要是通过法律赋予规划行政部门进行城市规划管理的权力来完成的，管理的依据是详细规划文本。轨道交通规划法规体系中对于国家和地方以轨道交通规划为核心的基本法还不存在，轨道交通规划

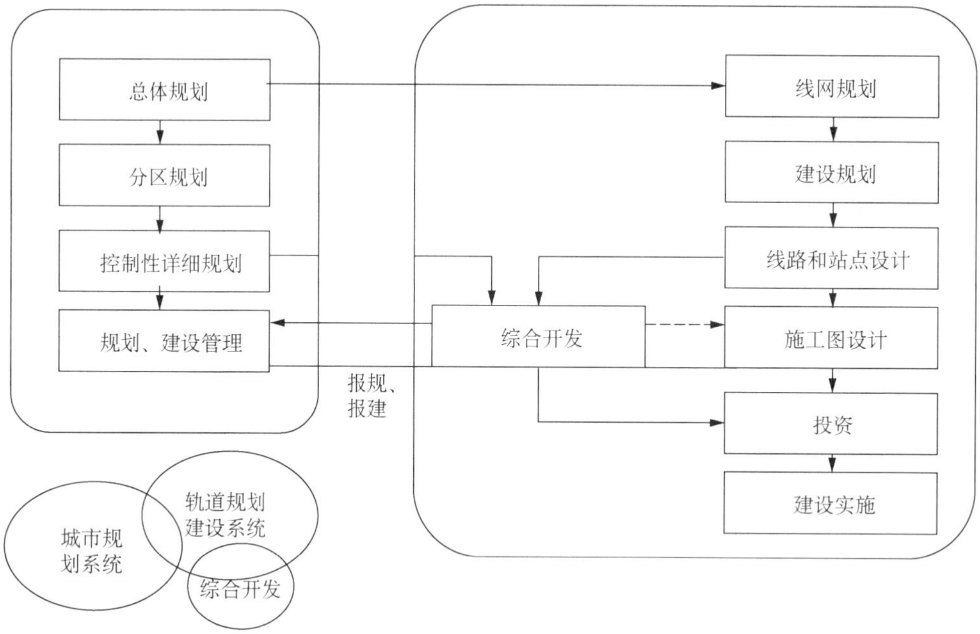

图 8-3　轨道交通综合开发现行制度梳理

体系中主要为一些技术性的行业标准，如《城市轨道交通线网规划标准》(GB/T 50546—2018)[141]、《城市轨道交通工程项目建设标准》(建标 104—2008)[142]等。目前，轨道交通相关规划体系缺少系统完整的构建。从城市规划层面来看，促进轨道交通与土地利用的综合开发，为轨道交通联合开发实施创造条件，需要在宏观层面和中观层面的开发控制要素中予以纳入，并从城市总体规划和城市详细规划两个层面确认其法律地位。比如：在城市总体规划层面将 TOD 开发理念作为城市的发展战略，划定开发走廊、空间节点等重要内容；再通过城市详细规划层面，将总体规划层面确定的内容转换为地块开发控制指标进行管理实施。

(2) 从规划行政体系上看，我国规划行政体系由不同层次的城市规划行政主管部门组成，包括国家城市规划行政主管部门，省、自治区、直辖市城市规划行政主管部门以及城市的城市规划行政主管部门。各级城市规划行政主管部门分别对各自行政辖区的城市规划工作依法进行管理。在轨道交通规划行政体系中，主要为轨道交通行政主管部门，但其不负责轨道交通用地规划，而只负责对轨道交通建设进行管理。由于轨道交通联合开发活动属于城市开发建设活动，需要依据规划文本进行开发建设，因此，轨道交通沿线地块开发控制管理仍由城市规划行政主管部门行使，并征求轨道交通行政主管部门的意见，依靠规划行政行使开发控制权。

(3) 从规划运作体系上看，可以分为规划编制与规划实施两个阶段。我国在进行规划实施的时候，是依靠规划行政行使开发控制权，而依据则是规划编制成果。在规划运作体系中，为轨道交通联合开发实施创造条件是需要对城市轨道交通和土地利用进行整体构思与统筹安排，注重轨道交通规划与城市规划之间的衔接与协调，将轨道交通联合开发规划纳入城市规划体系中。其中，规划编制管理，由规划行政主管部门和轨道交通管理部门共同组织编制；规划实施管理，由城市规划管理部门听取轨道交通部门意见，依靠规划行政行使开发控制权。图 8-4 为城市规划体系和轨道交通建设体系对于促进轨道交通联合开发实施进行的相关完善框架性示意图。具体可从城市总体规划层面、城市详细规划层面及站点周边的设计引导予以细化研究。图 8-5 为基于联合开发实施的规划管理框架。在总体规划、控制性详细规划及修建性详细规划层面加强对轨道交通沿线和站点的编制管理；在项目管理层面，则专门进行站点地区联合开发项目建筑设计。

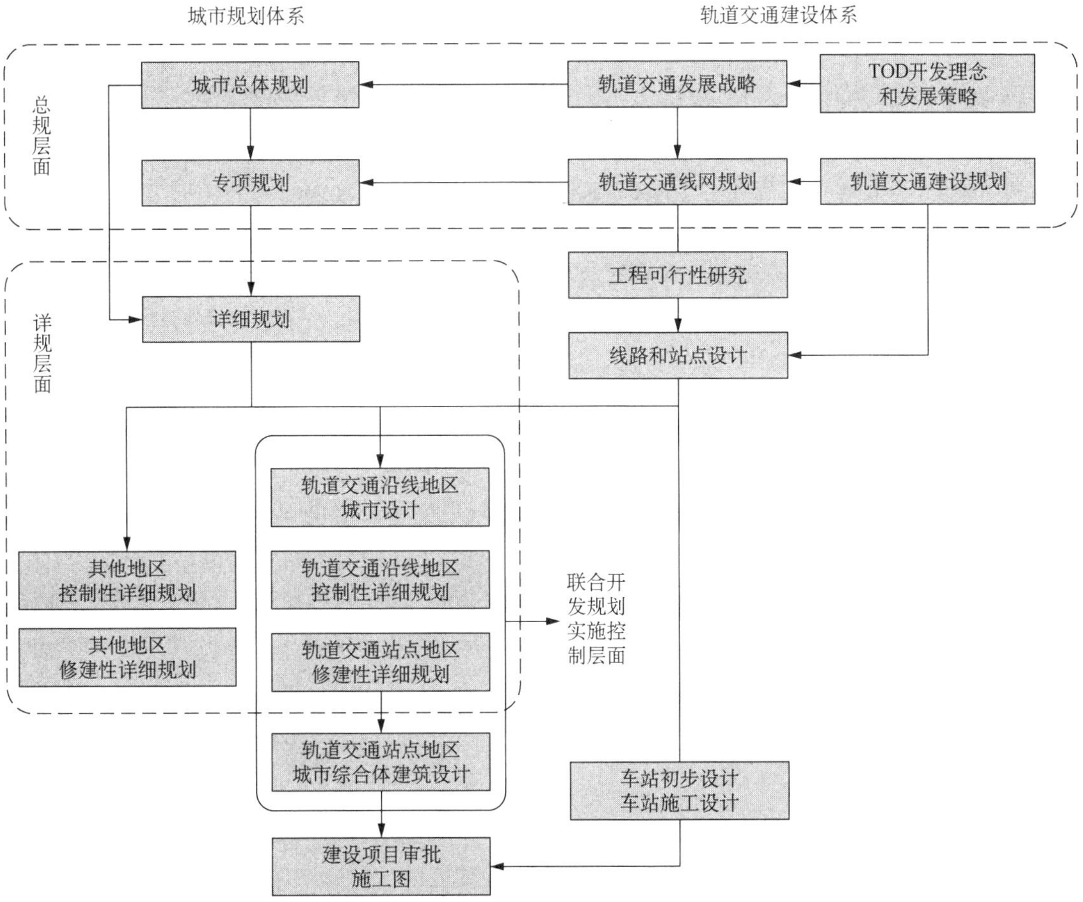

图 8-4　基于轨道交通与土地利用相结合的城市规划体系框架

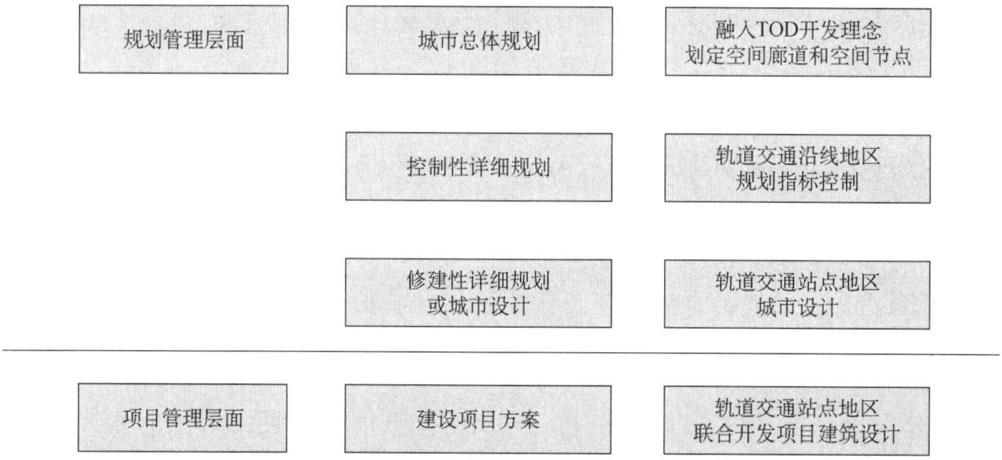

图 8-5　基于联合开发实施的规划管理框架

8.2　轨道交通联合开发规划编制管理

8.2.1　轨道交通规划与土地利用规划的衔接——总体规划层面

问题一：在城市总体规划中，注重轨道交通建设规模

目前，国内城市轨道交通规划是作为城市总体规划中城市交通规划专项中的一项内容。《城市规划编制办法》[139]规定："城市总体规划应当明确各专项规划的原则，包括综合交通、环境保护、商业网点、医疗卫生、绿地系统、河湖水系、历史文化名城保护、地下空间、基础设施、综合防灾等专项规划"。城市轨道交通规划的内容，以原则要求和战略规划为主，通过对轨道交通网络的布局、站点与重要设施的选址、轨道交通政策的制定等，将城市总体规划的目标和原则在城市轨道交通建设中体现出来，并通过轨道交通的规划促进总体规划的部署落实。城市总体规划中的轨道交通规划，主要包括轨道交通远景设想、总体规划期限内的轨道交通建设目标和近期规划期限内的轨道交通建设目标，以及轨道交通的类型选择、建设规模与线网规划的原则。总体而言，从内容上来看城市总体规划中轨道交通专项规划一般主要指轨道交通线网规划，也包含了轨道交通发展战略及轨道交通建设规划的相关内容。

以《上海市城市总体规划》(1999—2020 年)[143]为例，其中第六章的市域交通规划中，从第二十八条到第三十四条，包括市域交通规划原则与目标、轨道交通、道路、越江交通、客运交通、静态交通、城市交通政策共七条。其中，第二十九条轨道交通部分，主要是轨道交通系统规划，除原则性要求和发展目标外，包括了市域轨道交通系统和轨道交通线路两块内容。在第十三章近期建设规划中的第八十条综合交通中，提出基本建成市域综合交通网络和立体交通框架，并提出轨道交通建设的近期目标："(2) 建成地铁 M4 线(明珠线二期)、R1 线北延伸(地铁 1 号线北延伸)、R2 线西延伸(地铁 2 号线西延伸),形成“环加十字形”的轨道交通骨干网络。建成地铁 M8 线(杨浦线)、市域 R1 线南延伸(莘闵线)和 T 线(龙阳路—浦东国际机场磁悬浮线)。建设地铁 M3 北延伸、地铁 M7 线、轻轨 L4 线、市域 R4 线。”。根据《上海市城市总体规划(1999—2020 年)中、近期建设行动计划》[144],综合交通中的轨道交通实施目标为:2007 年,基本形成中心城与重点发展城镇之间的轨道交通联系。全市轨道交通网络规模达到 250 km(中心城 200 km);2010 年,达到 400 km(中心城 300 km)以上。主要任务为:发挥轨道交通对优化城市空间布局的导向、调控作用,优先建设中心城与郊区重点城镇间的轨道交通。建成中心城区轨道交通基本网络。加强城市副中心、黄浦江两岸和 2010 年上海世博会地区的集疏运轨道交通建设。

由此可见,上海 1999—2020 年的总体规划中对于轨道交通的规划仍然注重于轨道交通建设量上的推动,主要衡量标准集中体现在网络规模上,而未对上海中心城区轨道交通与城市公共活动中心体系耦合[145]关系予以进一步关注,如滨江地区开发缺乏轨道支撑。

问题二:在轨道交通规划层面,重视用地范围控制,忽视综合协调

对应城市总体规划,轨道交通规划层面主要涉及轨道交通发展战略、轨道交通线网规划和轨道交通建设规划方面的主要内容。其中,轨道交通线网规划起到核心作用,并纳入城市总体规划文本中,并通过审批而赋予法律效力。线网规划是轨道交通工程项目建设报审、立项的必要条件,是线路设计的主要依据;是确定轨道交通建设规模、修建顺序和编制轨道交通近期建设规划的依据;是确定线网结构、换乘车站和换乘形式的基本依据;是轨道交通工程建设用地规划控制的重要依据;影响着城市结构和城市形态与功能,对城市土地的发展有强大的刺激作用。

根据《城市轨道交通线网规划标准》(GB/T 50546—2018),轨道交通线网规划应以城市总体规划为依据,符合城市综合交通体系规划,宜与城市总体规划同步开展。轨道交通线网规划主要是确定城市轨道交通线网的规模和布局,并相应地提出城市轨道交通设施用地的规划控制要求。其中,线网层面用地控制的主要任务是对城市轨道交通设施用地提出规划控制原则与要求,通过预留与控制设施用地,为城市轨道交通建设提供用地条件,主要包括线路、车站和车辆基地。其中,用地控制主要是根据《城市轨道交通工程项目建设标准》(建标 104—2008)确定轨道交通控制保护地界。在规划控制保护地界内,限制新建各种大型建筑、地下构筑物,或穿越轨道交通建筑结构下方。必要时须制定预留和保护措施,确保轨道交通结构稳定和运营安全。若需开展工程建设,需经工程实施方案研究论证,征得轨道交通主管部门同意后,可依法办理有关许可手续。由此可见,该层面用地控制规划的内容和深度仅作为工程建设范围的控制,缺乏对轨道交通和土地利用经济性的考量,而不作为城市规划管理的依据。

以上海轨道交通线网规划为例,上海的轨道交通网络规划共经历了四次调整。第一次:1983 年,随着上海市城市总体规划的完成,提出了第一个总规模为 176 km 的地铁系统规划;第二次:1992 年,伴随浦东的开发建设,轨道交通的走向和网络随之进行了一系列调整;第三次:1996 年,城市总体规划对轨道交通规划再次做了补充和完善,形成由 11 条地铁线、7 条轻轨线组成的总长 471 km 的轨道交通网络;第四次:20 世纪末,上海开展了新一轮的轨道交通规划研究工作,通过国际方案征集,确定了由市域 R 线(快速轨道线)、市区 M 线(地铁线)和市区 L 线(轻轨)组成的轨道交通网络,即国家发改委于 2005 年7 月批复的上海轨道交通基本网络[146]。尽管为了适应上海城市规模不断扩大、郊区新城(如临港新城、嘉定新城、罗店新城等)建设日益加快的特点,在缓解市区交通紧张,体现服务于城市发展的模式基础上,将公共交通导向的城市发展模式(TOD)作为上海轨道交通网络规划的新理念正在探讨与实施过程中,但仍未能真正体现在轨道交通线网规划之中,在上海城市总体规划层面未予以真正纳入,即未能纳入城市总体规划的文本之中,因此不具有法律效力。事实上,在线网规划确定之后,在城市总体规划下一层次的详细规划中,也仅仅落实了线路、车站及其轨道交通控制保护地界的具体范围,而未对地块开发的影响予以综合考虑。

对策一:城市总体规划编制层面的优化策略

根据《城市规划编制办法》,城市总体规划层面对于促进轨道交通和沿线土地联合开发而言,轨道交通规划与城市规划的衔接内容主要可以体现在:① 城市空间布局及发展交通战略制定;② 城市建设用地中的土地使用强度管制区划和相应控制指标等;③ 城市基础设施中具体的城市轨道交通网络、交通枢纽布局等方面(图 8-6)。事实上,为促进大城市轨道交通与土地利用的协调发展,要充分考虑到轨道交通与城市公共活动中心的空间耦合关系,具体表现在以下内容中:

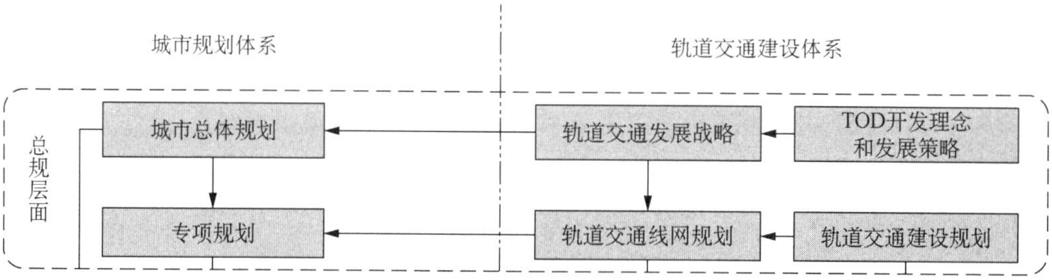

图 8-6 城市总体规划编制层面优化策略示意

(1) 在总体规划纲要中:① 在确定城市空间布局和结构中,聚焦轨道交通站点与城市空间发展的协调模式,将轨道交通网络作为确定城市空间布局及结构的重要因素之一,从而科学地确定城市发展轴线和空间节点。② 在交通发展战略中,明确将加强轨道交通与城市空间和用地的协调发展作为一项重要发展战略,把加强轨道交通沿线的土地使用规划研究,强化功能复合、用地混合,强化围绕轨道交通枢纽、站点引导土地集聚开发的要求提高到总体发展战略的高度。

(2) 在总体规划强制性内容中:① 在轨道交通走廊沿线一定范围及交通枢纽地区划

定为TOD发展走廊和空间节点，并在具体建设用地土地使用强度管制中，明确提出TOD发展原则，要求轨道交通沿线一定范围内用地允许高容积开发(包括建设用地面积、容积率、人口容量等方面)。② TOD发展走廊确定后，根据所属区位的不同，可予以差别化控制。根据站点条件，选择性地推进站点综合体建设。整合交通枢纽、商业、商务、服务等多种功能，集中体现TOD模式的核心优势。比如：以上海国际化大都市为例，其中心城范围内，距离轨道车站15 min内步行可达范围为集中重点开发区域；近郊地区严格按照轨道交通站点1 km左右范围进行高容积土地开发；新市镇(组团)高密度高容积的重点开发半径限制在轨道线路两侧500～600 m范围，特别是与地面、地下人行、自行车、公交网络的协调。

对策二：轨道交通建设体系中的优化策略

在轨道交通发展战略、线网规划及建设规划层面：① 把促进轨道交通规划与土地利用开发相结合，促进轨道交通与城市空间二者之间相辅相成，协调发展，将落实TOD开发理念和发展策略作为城市轨道交通功能定位与发展目标之一。② 针对轨道交通线网规划层面的用地控制须在规划上全面考虑。不仅局限于规划控制保护地界工程建设范围的控制，而是与城市总体规划中的相关土地使用强度管制范围一致，或在控制保护工程建设范围的同时考虑轨道交通沿线和枢纽节点的土地使用强度管制范围。③ 统筹考虑车辆基地用地控制，车辆基地用地面积大、占地多，出于对土地集约、节约利用的角度出让，予以车辆基地用地进行多功能开发。

8.2.2 轨道交通沿线地区一体化规划——详细规划层面

问题一：在城市详细规划中，轨道交通仅作为孤立的控制要素

城市详细规划是对一定时期内城市局部地区的土地利用、空间环境和各项建设用地所做的具体安排。其中，详细规划是地块开发管理的直接依据。目前，国内在控制性详细规划编制层面中仅仅将轨道交通控制要素简单纳入，未对轨道交通的影响做深入分析。在控制性详细规划层面，往往以街道、社区为单元进行规划编制，侧重于对社区公共服务设施的配套，而对于轨道交通的影响往往未能予以全面性考虑。

以上海市中心城控详规划体系为例，目前上海控制性详细规划编制以规划划定的社区为编制单元进行编制。这种划分方式对于社区服务设施配套进行了综合考量，而对于轨道交通线路和站点的影响则简单予以纳入，并未统筹考虑。目前，上海市控制性详细规划编制体系分为以下两个层次：

(1) 层次一，《上海市中心城控制性编制单元规划》对于轨道交通相关内容主要涉及道路交通设施和地下空间部分：道路交通设施规划中，主要包括轨道交通控制线和轨道交通设施(车站等)两部分。对于轨道交通控制仅落实到轨道交通控制线。在地下空间部分内容中，提出城市地下空间应以轨道交通为基本框架，遵循“综合利用、平战结合、上下部空间协调发展”的原则，在重要的公共活动中心结合地下大型市政、交通设施和地下民防工程开发。

(2) 层次二,《社区控制性详细规划》层面中,主要体现在两个部分:① 在轨道交通规划中提到根据全市轨道交通系统规划,在社区内应设置的轨道交通车站的数量;车站周边地块在进行改建、新建时,建筑物应在结构上保留设置轨道交通车站出入口的可能性;同时,提出在轨道交通保护区范围内进行开发时应根据有关规定,到相关部门(城市轨道交通管理处等)办理相关手续。② 在地下空间规划中,提出本地区地下空间将充分利用轨道交通车站,在其周边形成地下公共活动空间,布置交通空间及适当的商业空间,并设置足够的垂直交通系统实现与各层面的联系。各地块地下空间之间应尽可能相互连通,与轨道交通站点相邻的应与轨道交通站点实现连通。

综上所述,上海市控制性详细规划层面,仅对于轨道交通控制线、设施设置等要素予以简单纳入,同时对于地下空间开发进行了规划引导。事实上,该版《上海市控制性详细规划技术准则》中对于地下空间开发未予以强制性控制。因此,规划文本中引导性的文字缺乏开发控制的法律效力。此外,对于轨道交通要素在功能布局和结构中未予以考虑,在土地利用性质及开发强度上未予以明确提出引导和控制要求。举例来说,在开发强度控制上,主要依据地块所处功能上的定位来确定其开发强度,如市级、地区级公共活动中心范围内的商业办公开发地块容积率可略大于一般地区。

目前,上海市围绕轨道交通站点的用地规划与控制规程仍尚未形成,仅有《上海市控制性详细规划技术准则》中提出位于轨道交通站点 300 m 服务范围内可采用此级强度区的特定强度。根据该技术准则,上海对于开发容积率控制方面,提出依据周边道路及轨道交通条件,其内部地块容积率允许在其所在强度区基本强度容积率指标上限的基础上有一定量的上浮,即可进行容积率修正。这在一定程度上对于轨道交通影响地块的开发强度进行了考虑,但对于其他方面的影响和控制要素仍存在盲区。

问题二:在轨道交通建设体系中,缺乏与城市控制性详细规划协调的部分

对于轨道交通规划而言,除前期的线网规划、建设规划外,下一层次即为在工程项目的可行性研究基础之上具体线路和站点设计即建设项目规划层面,而实际上缺乏与城市规划体系中控制性详细规划所对应的规划层次。王荻,张冠增[147]认为我国现有的城市规划体系中,轨道交通规划没有形成与控制性详细规划相对应的规划层面。这种对位缺失会降低控制性详细规划的准确性,削弱其对城市开发的控制力度。从规划体系构成看(图 8-7),控制性详细规划包含了轨道交通站点和沿线地区的规划控制,但轨道交通规划并不把轨道交通空间控制这一层面作为强制性内容。从实践看,轨道交通规划大多从战略规划阶段直接切入到具体的项目规划与设计,因此轨道交通规划与控制性详细规划之间存在规划层面的对位缺失。

现有的轨道交通规划除在宏观层面的网络规划等方面有要求外,在周边用地开发上未有引导和控制。轨道交通线路和车站设计仅为建设项目规划和设计,更多地考虑线路及站点建设可实施性和运营安全。根据 2012 年 6 月 1 日实施的《城市轨道交通建设项目管理规范》(GB 50722—2011)[148],其中 3.2.6 提出:城市轨道交通建设项目规划应结合城市分区规划编制城市轨道交通沿线土地控制性规划,确定城市轨道交通规划控制界限。

一方面为了有利于土地综合开发利用，另一方面明确城市轨道交通规划用地的界限，保证建设运营安全。然而，该点未对控制性规划予以进一步明确的控制要素，仍属建设项目规划层面，与城市规划中的控制性详细规划仍不相匹配。

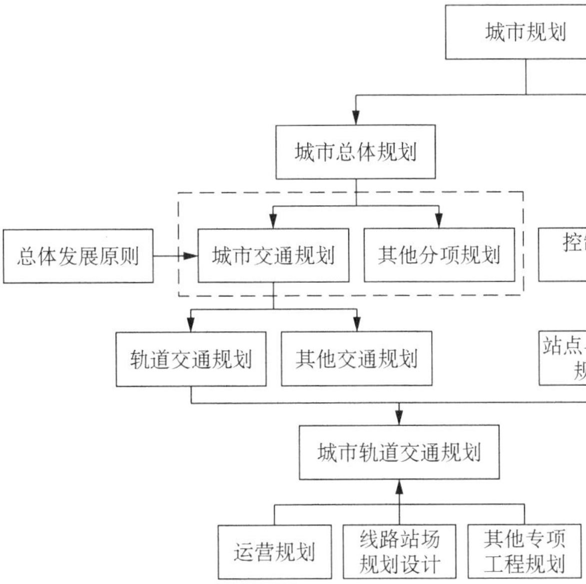

图 8-7　城市轨道交通规划与城市规划的关系构成

优化策略一：增加轨道交通沿线特定区规划控制层面

特定区域的规划编制与管理对于轨道交通联合开发的实施起着重要的作用，但特定区域的划定最为合适的是落实在控制性详细规划层面，从而专门划定适合联合开发的范围，选择联合开发的地块进行规划控制。图 8-8 为城市详细规划编制层面优化策略示意图。

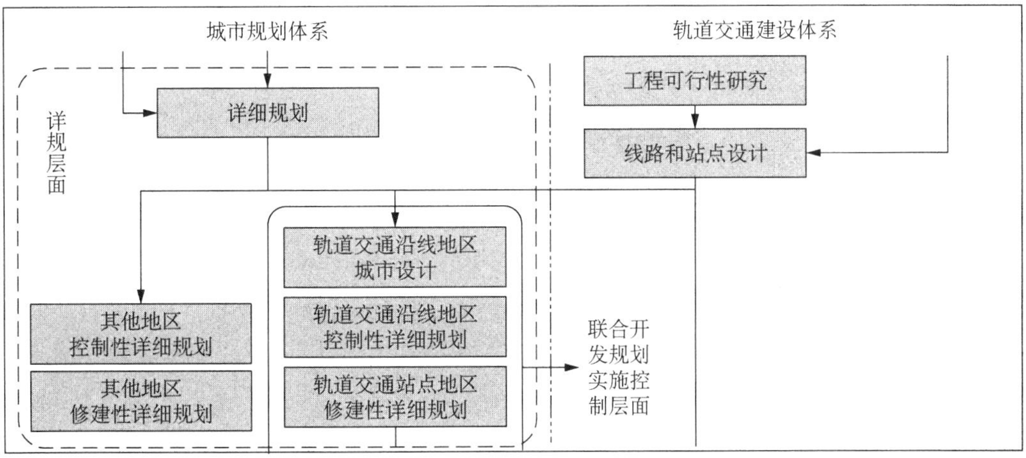

图 8-8　城市详细规划编制层面优化策略示意图

（1）优化法定规划层次——轨道交通沿线特定区控制性详细规划，作为承接轨道交通网络规划与轨道交通线路和车站设计的中间层面，促进轨道交通与土地利用的有效结合。主要可以从两方面来进行控制规划：首先，对线路所经过区域的相关规划进行分析调整，综合考虑轨道交通引入后的影响，提出相关规划指标控制建议，使其适应轨道交通建设的需求或对站点设置进行必要的调整；其次，对车站周边地区一定范围内的用地指标进行控制规划，确定其土地利用性质、开发强度等，引导其土地合理有效的开发，充分发挥轨道交通所带来的经济效益与环境效益。

（2）增加非法定规划层次——轨道交通沿线特定区空间设计，作为有力补充。城市空间设计是对空间环境所做的整体构思和安排，它可以贯穿于城市规划的全过程。通过对轨道交通沿线涉及地块的开发建设进行空间分析和设计，从而确定相关控制性指标的依据。此外，对于控制性详细规划中无法予以控制的与轨道交通联合开发相关的控制要素，比如地下空间开发、连通道等进行统筹考虑。

（3）以线路为单位统筹考虑轨道交通沿线特定区的规划控制内容，可以从三个层面予以控制：① 用地控制范围的划定。根据国外有关城市轨道交通对于沿线地价影响的比较研究，城市轨道交通沿线开发利益的影响范围一般是以车站为中心，半径为 2 000 m 的范围作为轨道交通的影响区域（简称 2000 圈范围），越是靠近轨道交通车站的土地不动产其增值空间越大。由此可以确认，在轨道交通沿线基本可以划定一条宽约 2 000 m 的交通走廊（若考虑到利用自行车、公交换乘等因素，可形成一条宽为 2 000～4 000 m 的交通走廊）；② 用地控制层次的划分。将轨道交通沿线划分为三个层次，紧密影响区、一般影响区和非影响区。在紧密影响区范围内，可以采用高强度的土地开发模式；在一般影响区范围内，可采用中强度土地开发模式；而在非轨道交通走廊影响区范围内，应采用较低强度的开发方式，或通过限制土地开发容量的手段来减少交通的生成量；③ 沿线用地控制要素的确定。根据《城市规划编制办法》，控制性详细规划确定的各地块的主要用途、建筑密度、建筑高度、容积率、绿地率、基础设施和公共服务设施配套规定应当作为强制性内容。此外，由于轨道交通联合开发一般会涉及地下空间、连通道、广场、绿地等内容，因此，在特定区范围内应增加这些控制要素。

（4）适当增加地方相关管理条例，并适当予以补充。除其本身规划文本具有法定效力外，应增加地方条例予以相应补充，对于范围划定、规划管理、规划实施等方面提出相关的要求。以武汉市 2012 年 12 月 2 日开始实施的《武汉市轨道交通管理条例》为例。武汉市以条例的形式规范管理市行政区域内轨道交通的规划、建设、运营及相关管理活动，并由市国土规划主管部门会同市发展改革、建设、交通、公安机关交通管理等部门和轨道交通建设单位组织编制轨道交通线网规划、用地控制规划和线路综合规划。

优化策略二：划定规划控制浮动区，由轨道交通管理部门和城市规划管理部门共同参与管理

控制性详细规划的规划成果是规划部门管理工作的技术依据，为下阶段具体工程设计提供技术条件，也为下一阶段相关规划的调整和编制提供技术参考。因此，该层次是开

发建设活动的直接控制依据，在该层次结合轨道交通综合考虑开发控制要素就显得至关重要。以上海为例，可以将轨道交通沿线特定区控制性详细规划作为浮动区，与上海市的历史风貌保护区类似，编制浮动区控制性详细规划，相关控制性详细规划编制和规划管理均由城市规划管理部门与轨道交通管理部门共同参与审批。规划编制和规划实施均由城市规划管理部门和轨道交通管理部门共同执行。目前，就上海市而言，上海已基本实现控制性详细规划满覆盖，因此，主要是进行规划的调整和优化。综合考虑轨道交通因素，对控制详细规划层面的控制要素进行进一步分析、优化与调整。

8.2.3 轨道交通站点地区一体化设计

8.2.3.1　城市空间设计作用

由于站点地区涉及主体开发，城市空间设计要在三维的城市空间坐标中化解各种矛盾，并建立新的立体形态系统。而控制性详细规划则偏重于以土地区域为媒介的二维平面规划。因此二者表现出不同的形态维度。城市空间设计侧重城市中各种关系的组合，建筑、交通、开放空间、绿化体系、文物保护等城市子系统交叉综合，联结渗透，是一种整合系统设计。

控制性详细规划的重点问题是建筑的高度、密度、容积率等技术数据，依然是数据平衡问题，例如对联合开发的奖励容积率等。而城市空间设计的重点是建筑高度（不同于规划中的高度规定）、室外空间、街墙界面、人流和交通组织的解决方案，空间利用要优先考虑行人，对绿地建设标准可适当调整作为控制性详细规划管理的有力补充。

8.2.3.2　轨道交通站点地区的特殊性

城市轨道交通站点地区作为城市中的一个地域概念，它包含了两个基本的、对立统一的含义：它是城市快速轨道交通网络以及城市交通网络的一个节点；同时它也是一个场所，一个设施集中、有着多样化的建筑和开放空间的区域（图 8-9）。通俗地来说，节点的特性反映了站点地区的交通功能，起着客流通过的作用；场所的特性反映了站点地区的空间与开发功能，起着人员驻留的作用。节点就是系统的附属部分起始或集聚的点。同"线"或"路线"一样，节点是网络最基本的组成部分。场所是物质环境，也是"空间"和"氛

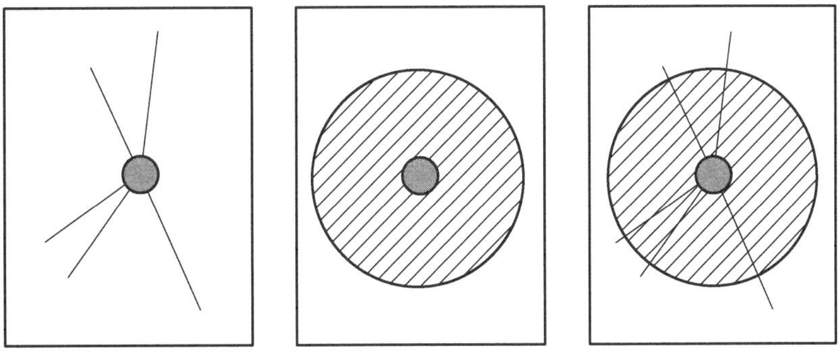

图 8-9　轨道交通站点地区的特殊性

围”的代名词。场所同时存在两种特性：一种是物质的，可以量化的；另一种是非物质的，定性的[149]。

城市轨道交通站点地区具有节点和场所的双重性。潘海啸[149]将轨道交通站点地区特征概况为以下五点：① 交通问题复杂且步行比例高；② 开发强度大，再开发活动多；③ 专项设计互相依赖；④ 功能利益冲突较多；⑤ 地下公共空间发达。

8.2.3.3　轨道交通站点地区城市空间设计理念和内容

由于站点地区有相对于其他地区的特殊性，因此，站点地区城市空间设计也应侧重体现差异性。在总体设计理念上，R. Cervero 提出 3D 原则[150]：① 密度(Density)原则。提升车站周边地区的土地使用密度，以增加大众运输系统使用量。② 混合(Diversity)原则。适当地混合土地使用，提高活动便利性从而增加出行者使用大众运输的意愿。③ 设计(Design)、行人导向原则。这里设计不是建筑形态，而是车站周边地区的环境设计以行人导向为主要原则。围绕 3D 原则，结合轨道交通站点地区的特征从以下几个方面侧重设计：步行环境、开发强度及再开发活动、相关设施配套性内容、功能上复合，从而满足不同使用功能的要求、地下空间开发设计等。

具体而言，轨道交通站点地区城市空间空间设计可以从两个空间层面对地区的开发建设活动予以控制和引导：一个层面是规划研究类城市空间设计，通过城市空间设计对控制性详细规划的地块开发指标予以确定；另一个层面是对除控制性详细指标外的其他控制和引导内容的补充，以体现地区的特殊性。

香港 PTI 设计是一个较好的轨道交通站点地区的设计方法[151]。PTI 是 Public Transport Interchange 的缩写，可以叫作“公共交通换乘项目”。为成功推行 TOD 发展理念，香港轨道交通站点 PTI 规划的目标可以概括为以下四方面：① 轨道交通与其他交通方式(尤其是公共交通)的无缝衔接；② 完善的行人网络；③ 通过四通八达的公交线网提供便捷的接驳服务；④ 通过提高公交分担比例减少外围的路面交通量。通过落实 PTI 的规划目标，一方面，香港轨道交通的服务范围通过公交的换乘网络得以进一步延伸，从而提升了轨道的客运效益；另一方面也提高了人行系统的舒适性与安全性。在设计理念方面，香港轨道站点的 PTI 规划强调“无缝衔接”。在具体案例中主要表现为以下两个重点：① 普通公交与轨道站厅层直接接驳，换乘距离最短。与国内枢纽在设计时往往执着于将公交放在地面层的做法不同，在香港轨道站点的 PTI 设计中，为了方便换乘，公交总站布局非常灵活，既有地面站(如坑口站)；也有地下站(如九龙站)和二层站(如青衣站)，更有将一个公交接驳设施按功能分成两层与轨道站点相衔接的情况(如深圳的机场巴士就将售票及候车区放在地上 2 层，而将上车区放在地面层)。② 注重人行交通的垂直联系，实现换乘环境的高品质。香港轨道站点的人行交通系统强调与高品质商业设施的结合。一方面，这样的结合使得大量的人流可以浏览商业店面，为这些有品牌的店面提供了低投入却高效的宣传机会，港铁公司以此为切入点，吸引大量高品质商业入驻其步行通道两层。另一方面，商业设施的经营也保证了环境维护方面的投入和人行环境的高品质。同时，香港轨道站点的人行环境注重通风、采光、遮雨设施的人性化处理，无论这一人行系统处于哪一标高层，均能创造全天候、安全、舒适的步行环境。

以青衣站的PTI设计为例。青衣站位于港岛西部，是东涌线与机场线换乘的主要站点。青衣站的轨道站台位于地上3层和4层，其公交车换乘枢纽主要布置在地上2层和地面层，出租车站布置在地面层，轨道出站客流从二层大厅可以直接到发位于同一平面的公交枢纽，也可以通过人行天桥和楼梯到达一层的公交站，全过程实现人车分行。青衣站的人行系统主要结合室内商业设置。商业作为上盖高端社区开发和交通功能之间的转接层和"黏合剂"，在青衣站的空间组织中成效卓著，但由于站点地区的孤立设计与周边地区缺乏联系形成了城堡式的开发模式。

8.2.4 车站核心区综合体一体化设计——项目阶段方案设计

当轨道交通站点周边地区进行联合开发，特别是涉及空间权开发的城市综合体，需要将轨道交通站点和周边地块及上下空间进行统一规划、统一设计、统一施工和统一管理。在项目设计阶段需要进一步统一，包括建设管理程序上的同步及设计内容的一体化设计。

项目阶段，即轨道交通站体处于初步设计和施工设计阶段，对应相关城市综合体在建筑设计阶段，并上报建设项目审批已获取建设工程许可证。在设计深度和程度上予以对接。此外，轨道交通站点与周边地区的联合开发将引发多元的城市功能在站点周边聚集，为了更合理地利用土地，这些地区往往以高密度以及集约化的方式开发，促使二者在建筑层面上也呈现出一体化的组织方式。功能的复合以及三维空间布局的复杂性将给它们在建筑设计上的一体化带来难题，这也是联合开发方法中需要研究的一个重要方面[152]。总之，要做到轨道交通站体和建筑一体化设计，不仅需要统一设计，程序上同步，还需要在建筑综合体的具体建筑形态风格、建筑功能组织、建筑空间组合、交通流线等方面进行一体化设计。[113]

8.2.5 联合开发规划编制机制设计

结合轨道交通联合开发案例及实践涉及的四方面与规划控制与引导相关要素来看，在城市总体规划、详细规划、城市空间设计及项目设计四个层面的优化策略如表8-2所列。其中，划定特定区域主要在详细规划层面，具体结合轨道交通选线及设站情况，结合站点周边地块情况划定特定区域。特定区域划定及地块的选定需轨道交通机构共同参与。容积率、公共空间以及绿化率等指标可以在详细规划层面予以统筹考虑，并与非特定区协调，以提供激励性政策给予联合开发实施主体来开发实施。在城市空间设计层面，主要针对站点地区。将站点地区专门划为特定区内的重点地区并编制城市空间设计。该设计需要轨道交通机构共同参与组织设计，特别是统筹设计站体与周边地块的空间关系。在设计过程中，兼顾考虑控制指标以及涉及的空间穿越关系。在具体项目设计层面，联合开发实施主体已经明确，即由轨道交通机构或联合开发公司进行统一设计并联合开发，并将相关激励指标予以具体落实。

表 8-2　　轨道交通联合开发规划编制四方面策略优化

	特定区划定	实施主体参与（体现主体要素联合）	空间布局关系（体现空间要素联合）	激励性措施（体现资金要素联合）
总体规划层面	初步划定 TOD 发展走廊和空间节点，从战略层面加强控制与引导			
详细规划层面	划定特定区，确定特定控制指标	轨道交通机构参与共同组织编制	与周边地块统筹考虑	对容积率、公共空间、绿化指标等统筹考虑控制
城市空间设计层面	站点地区作为重点城市空间设计范围	轨道交通机构参与共同组织设计	站体与地块空间关系详细设计，重点研究行人交通体系	兼顾控制指标、空间穿越关系等
项目设计层面	站体一体设计	轨道交通机构与开发商合作组织设计	达到上报建设工程许可证深度	落实激励性指标

从轨道交通联合开发设计的规划编制阶段来看，除总体规划、详细规划及城市空间设计在联合开发实施过程的第一阶段是由政府部门（公共部门）组织编制外，具体项目设计层面一般在合作开发主体选择与确定之后（阶段二），明确进行项目开发后，由轨道交通机构与开发商合作进行设计。从机制设计理论来看，在第一阶段应减少信息传递，与轨道交通机构之间信息共享。联合开发机制设计中考虑轨道交通机构作为实施主体参与具体规划的编制，主要在详细规划及城市空间设计层面，并在设计中综合考虑体现激励相容的要素，比如详细规划中所涉及的容积率、公共空间以及绿化等指标，以及设计中需要统筹的连通道、出入口及地下空间等。第二阶段，由轨道交通机构与开发商协商交易、共同设计、联合开发，并将相关激励性指标予以协商落实。

8.3　轨道交通联合开发规划实施管理

8.3.1　香港“综合发展区”案例借鉴

香港在总体区划规划中，确立了“综合发展区”及其特征和实施审批机制，专门对全市的“综合发展区”提出综合部署。综合发展区的划定旨在对于居住或商业用途的综合性开发与再开发，为地区提供公共空间以及其他支持设施，区划目的在于促进对于开发混合、规模、设计以及开发结果的合理规划控制，处理各种环境、交通、基础设施以及其他方面的限制。此外，香港对于“综合发展区”的开发有一套完整的相关机制和技术规范保障，必须提出一份详尽的“总纲发展蓝图”。其内容除了常规的规划要求外，还需要 1 个方案，3 个评估报告。总纲发展蓝图的各方面内容最终也会通过《批地条款》和《建筑管理条例》进行落实，并直接体现在轨道交通基地的综合利用之中。香港综合发展区审批流程如图 8-10 所示。

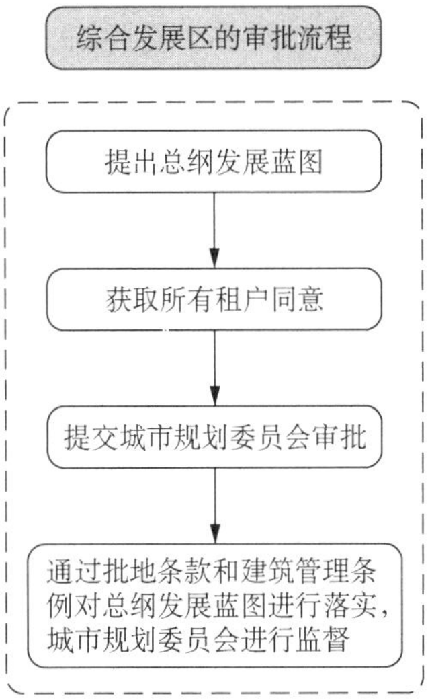

图 8-10 香港综合发展区审批流程图

(1) 设置综合发展区，给予地铁物业发展弹性。香港地铁相关的规划编制主要包括两部分：① 政府层面的规划控制体系：在香港城市规划体系——土地分区计划大纲图、法定图则中，对于轨道交通沿线土地利用均结合轨道交通车站及其附属设施用地在规划上设置 CDA，为轨道交通周边土地的混合、高密度使用创造条件，为地铁物业整合沿线地区发展提供便利。事实上，CDA 最初是港府为鼓励发展商参与旧城市区重建而提出的一种具有鼓励和优惠性的政策区划，将这个政策移植到地铁物业开发上，也就表明香港政府认识到地铁建设为己任，应有尽可能特别的政策支持。香港政府在保证整个地区协调发展的基础上，可以在城市规划体制上充分为地铁物业发展提供支持，使得地铁公司能够通过主导站点周边地区规划，统筹商业、居住、办公等的高强度土地混合使用以吸引、集聚客流，同时为更多市民提供交通便利，引导城市人口疏解，进而提升轨道交通建设和运营的整体效益。② 地铁公司的具体线路规划：香港地铁公司拥有线路规划权，地铁公司可以和政府共同研究规划线路，并磋商任何与车站有关的开发机会。地铁公司编拟开发土地总纲发展蓝图(其规划设计条件可以根据市场规律进行适当修订)。政府认可总纲发展蓝图后，地铁公司通过招标邀请开发商进行合作开发，按合作条件分配利益(一般由合作开发商承担全部开发资金，并负责补地价)。香港地铁公司非常重视公司规划能力的发展。2000 年，地铁公司专门成立城市规划部门以研究符合企业财务目标的土地开发战略，同时加强站区环境。研究表明，每平方米高品质的步行环境设计都可以为“轨道＋物业”项目增加财务回报[153]。在物业开发部门下专设了城市规划部门，从地铁的选线到站点周边大片土地的区域规划以及具体项目的规划，地铁公司全程参与，使得沿线土地开发与地铁建设协调的主动权全在地铁公司的掌握之中。地铁公司可以根据地铁的建设进程与市场条件，决定土地用途及招标时间，从而优化城市结构并把握合理的开发建设时机。此外，地铁公司还主动研究地铁和建筑物的协调配合方案，以便在设计阶段能够配合联合开发要求，促进项目的有效实施。

(2) 规划管理层面，妥善结合交通与土地利用规划。《香港法例》第 131 章《城市规划条例》旨在就规划和管制土地的使用和发展以及就有关事宜制订条文，以期促进社区的卫生、安全、便利及一般福利和改善环境。根据《城市规划条例》(第 4 条)[154]，发展蓝图中需画出综合发展区；规划委员会可向行政长官会同行政会议建议收回对在草图或核准图或核准的总纲发展蓝图上所示地区的布局设计造成干扰的土地。同时，这类为了避免该等妨碍而做出的土地收回须作为《收回土地条例》(第 124 章)[155]所指的为公共用途而做出的收回。另外，规划层面也支持妨碍综合发展区的土地收回。政府规划鼓励位于车站周边地块的高密度发展。其中,专项条例中的《建筑物条例》(香港法例第 123 章)[156]和《建筑物(规划)规例》(香港法例第 123F 章)[157]规定了车站周边各类用地的容积率和覆盖率。在《香港规划标准与准则》[158]第二章住宅发展密度中对容积率有专门规定;此外,该准则第八章内部运输设施中,明确将"更妥善结合运输与土地用途规划"作为政策目标策略的第一条。并提出这些目标及措施的详细内容。"更妥善结合运输与土地用途规划"目标包括:政府充分了解土地用途规划与运输规划互为影响的关系;更妥善结合土地用途规划与运输规划,可减少市民对道路交通的需求,从而舒缓运输系统所承受的压力,减少对环境所造成的不良影响;同时亦可避免某些土地用途与运输活动引起的冲突。在这个目标下会采取的措施包括:① 在铁路车站及主要公共交通交汇处沿线地区进行更多密集发展以及提供大型就业中心,方便市民步行前往。② 在土地用途规划的最初阶段提供综合的分层行人通道系统,并尽可能在规划大纲/发展规范及土地契约中明确有关规定,以鼓励市民安步当车、减少短途使用汽车及促进交通安全。③ 把一些选定的道路划为行人专用区,方便行人流动。

在香港的法定图则中,将不同规划区内的土地划作不同地带。其中也划定了综合发展区,使轨道交通沿线地区享有一定的优惠政策,为联合开发的发展提供了良好的社会环境。CDA 划定的最初设立目标是促使市区重建及重整土地用途,综合发展区和其他地带不同,所有发展需要做出规划申请及递交总纲发展蓝图,获得城市规划委员会批准后才可以进行发展。另一个和其他地带不同的地方是,整个综合发展区地带内的土地必须一并发展,善用土地的发展潜力。此地带土地用途多数以住宅或商业发展为主,而发展区内也会一同提供政府、机构或社区设施、运输及公共交通设施和休憩用地。该地带发展完成后,将会根据已发展用途,改划为"住宅甲类地带"或"商业地带"等。其中,"住宅甲类地带"主要是用作高密度的住宅发展,这些地带内住宅发展通常都享有所在分区的最高容积率。"商业地带"主要用作商业发展,通常为上面中心以及地区的商业及购物中心。土地的主要用途为办公、商店、服务行业、娱乐场所、食肆及酒店。[159]

借鉴香港经验,对于轨道交通沿线地区可以划定专门的"轨道交通综合发展区",作为城市规划实施管理的特定浮动区,强调一套整体开发的规划管理技术:一方面对"轨道交通综合发展区"进行整体规划,提出开发目标、设计导则及实施策略;另一方面专门成立相关部门对"轨道交通综合发展区"进行规划行政管理。

8.3.2 国内轨道交通沿线地区规划实施管理情况

从规划实施来看,城市发展战略对于规划的实施起到重要的指导作用。但目前,从国内相关轨道交通法律规范中,规划实施管理主要在于轨道交通安全保护区范围的规定。也就是说,城市规划实施与轨道交通工程项目实施的交界面,主要体现在轨道交通安全保护区范围的相关规定中。除中华人民共和国住房和城乡建设部颁布的《城市轨道交通工程项目建设标准》(建标 104—2008)标准规定外,以上海为例,上海市交通委员会颁布《上海市轨道交通安全保护区暂行管理规定》(沪交法〔2002〕第555号发布,沪交法〔2006〕第442号修正)[160],明确提出轨道交通安全保护区范围如下:① 地下车站与隧道外边线外侧50 m内;② 地面车站和高架车站以及线路轨道外边线外侧30 m内;(3)出入口、通风亭、变电站等建筑物、构筑物外边线外侧10 m内。在轨道交通安全保护区内进行下列作业的,其作业方案应当征得上海市城市交通运输管理处同意。基本与《城市轨道交通工程项目建设标准》中的要求相符。其中,上海市城市交通运输管理处是上海市城市交通管理局的下属机构。上海市城市交通管理局(现为上海市交通委员会)是上海市轨道交通安全保护区管理的主管部门,其下属的上海市城市交通运输管理处负责轨道交通安全保护区的具体管理和监督工作,其下属的上海市城市交通行政执法总队负责轨道交通安全保护区的监督检查,并受上海市交通委员会委托实施行政处罚。在上海市具体项目开发实施过程中,涉及轨道交通安全保护区范围内的相关建设项目需征得上海市城市交通运输管理处的同意,而在实际操作中轨道交通主管部门也更多地从安全施工的角度出发,提出拟办意见,而一般不会涉及综合开发利用方面的要求。

8.3.3 轨道交通沿线地区规划实施管理改进建议

为了促进轨道交通联合开发,为联合开发创造更好的规划政策环境,从规划的实施和管理两个层面予以改进:① 规划编制管理上:在总体规划层面根据轨道交通线路走向等,确定综合发展区的发展战略目标;在详细规划层面,根据轨道交通对于周边地区的影响划定"轨道交通综合发展区"的具体范围、确定规划控制要素;在城市空间设计层面确定的与站体相关的重点地区的设计导则和实施策略等内容。② 规划实施管理上,专门成立"轨道交通综合发展区"规划行政主管部门,与轨道交通行政主管部门一起作为联合开发机构的组成部门之一,对"轨道交通综合发展区"内的开发活动和建设项目进行规划管理。

8.4 轨道交通联合开发规划管理内容

8.4.1 联合开发特定区域划定

根据国内相关城市(上海、武汉、南京、广州等)相关轨道交通沿线土地开发相关地方政策,轨道交通沿线土地开发范围由各地编制的城市规划予以确定。因此,规划控制要素首要内容是联合开发规划控制范围——特定区域的划定。

8.4.1.1 综合多项因素划定轨道交通站点影响范围

(1) 步行范围——TOD理论:尽管TOD没有完全标准的定义,有多种概念解释,但其中有一个共同特征描述,即以公交站点为中心,以一定距离为半径划定的空间范围。M. Bernick和R. Cervero[161]把TOD的空间范围描述为以公交站点为中心向外延伸大约1/4 mile(约400 m),相当于步行5 min的距离。Peter Calthorpe认为公交社区边界距离中心的公交站点和商业设施大约 1/4 mile(约 400 m)。也有部分美国城市交通管理局对其空间范围描述较为含糊,将其描述为公共交通站点周边适合于步行的范围,比如马里兰州交通局、加利福尼亚交通局等。此外,美国一些城市对于 TOD 空间范围的界定如表 8-3 所列[162]。日本地铁建设经验认为"车站的直接吸引范围为车站两侧各 750 m 以内;在线路终端是以车站为中心,以 750 m 为半径的圆形圈内"。另据第三十六届国际轨道交通会议的资料,"对于大多数城市来说,步行去轨道交通车站的最适宜距离,在城市中心区为 500~600 m,在边缘区为 800~1 000 m"。

表 8-3　　美国一些城市对 TOD 空间范围的界定

城市	TOD 空间范围
西雅图	距离轻轨站 1/4 mile(约 400 m)
希尔斯伯勒	距离轻轨站 1 300 ft(约 390 m)
波特兰	距离轻轨站 1/4 mile(约 400 m)
华盛顿特区	距离轻轨站 1/2 mile,距离普通公交线路 1/4 mile
圣地亚哥	距离公交站点 2 000 ft(约 600 m)

(2) 车站类型对范围的影响——不同车站类型影响范围不一样。根据现状条件和地理位置的不同,区域内的 TOD 主要分为两类"城市型 TOD"和"社区型 TOD"。[163]其中"城市型 TOD"是指位于公共交通网络中的主干线上,将成为较大型的交通枢纽和商业、就业中心。一般以步行 10 min 的距离或 600 m 的半径来界定它的空间尺度。"社区型 TOD"则不是布置在公交主干线上,仅通过公交支线与公交主干线相连,公共汽车在此段距离的运行时间不超过 10 min(大约 5 km)。两种"TOD"类型的结构示意图如图 8-11 所示。

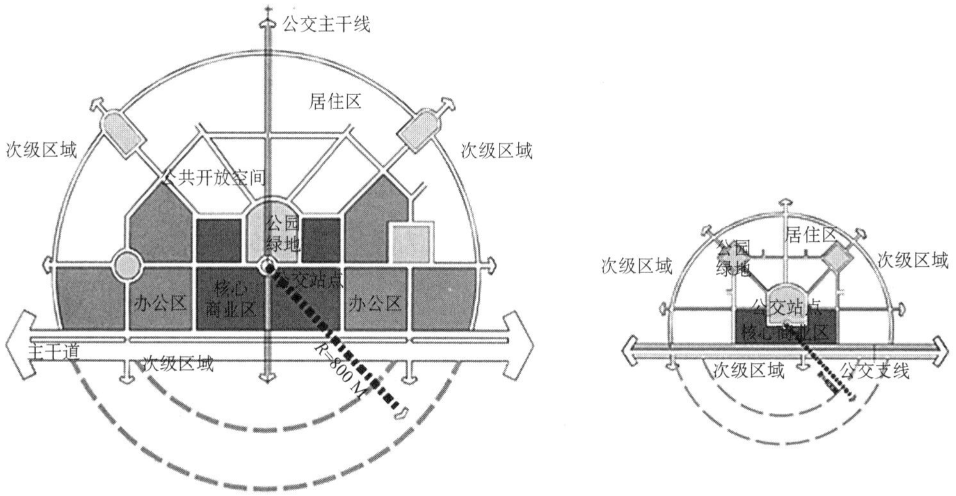

图 8-11　"城市型 TOD"和"社区型 TOD"

在美国夏洛特市为使周边城市环境和车站服务区域整合在一起以满足车站的三种职责，故形成了5种车站类型，它们分别是：城市中心区车站、街坊车站、郊区社区车站、区域车站和混合模式车站(表8-4)。不同的车站类型，其服务区域范围有所不同，扮演的交通、营造场所、土地开发角色和职责也有所不同。[164]其中，城市中心区车站主要支持步行和自行车出行。这类车站主要服务车站周边1/2 mile半径的范围，不提供停车-换乘设施，其设计要求融入已存在的城市社区组织结构。街坊车站主要支持步行和自行车出行，它主要服务车站周边1 mile半径的范围，提供与公共汽车的联系，在可能的情况下会提供少量的停车-换乘设施。郊区社区车站主要为车站周边3 mile半径的范围提供服务，它依赖于公共汽车的联系以及停车-换乘设施。区域车站常常位于铁路线路的终点或接近区域级道路，服务半径不小于5 mile，需要公共汽车接驳和停车-换乘设施的支持。混合模式车站通常位于多种快速交通汇合的地方，提供不同交通方式间的转乘服务。混合模式车站常常扮演着一种关键的城市角色，拥有高质量的装修与公共空间。

表8-4　　夏洛特市车站类型详表

车站类型	交通职责	营造场所的职责	土地开发的职责
中心区车站	车站所处的位置要保证所服务的区域能够在步行5 min内到达，有时也会与其他车站连接以实现城市中心区高质量的服务	车站并不是创造了一个新的地方，而是融入已经建成的活跃的城市中心；车站的场所营造是在现有城市组织结构基础上细部层面上的工作；车站的形式和建筑设计应该由其所处环境建筑和功能建筑来决定	由于城市车站的占地很小，并且置身城市闹市区，它的土地开发角色是有限的；车站极小的占地致使无法进行联合开发
街坊车站	车站为广泛区域的乘客服务，大多数的乘客是步行，或使用公共汽车或者换乘到达。只有很少量会使用汽车；车站附近可以转乘其他模式的公共交通	车站位于城市已建成市区的节点空间附近，因此它将促使已建都市的扩张和增长；车站应该将规划的焦点集中在它所服务的这个区域，更重视与周边环境的协调发展	由于城市车站的占地很小，并且置身闹市区，它的土地开发角色是有限的；如果场地允许，应该进行联合开发
郊区社区车站	车站为来自广泛区域的乘客服务，大多数的乘客都能乘坐私人车辆到达车站；在车站范围内可以转乘其他交通模式；一些街道公共汽车起到接驳联系的作用	车站经常位于一个缺乏场所感的区域；车站的设计需要确立一种品质或者标准，常常要求超越邻近区域的品质；车站设计中应该包括一处公共空间的设计	车站的规模与功能限制了发展的机会；CATS规划设施的发展应该策略性地满足地区公众的需要；这种车站类型将成为公共/私人公司的组成部分，以满足城市和公众的需要
区域车站	这类车站主要倾向于机动车；用于规模和功能的变化，公共汽车的联系方式将会变化；目前，这类车站的步行功能比较有限；当车站附近发展活动增加，步行活动也会增加	车站的装修和材料应该确立起社区的主题；车站场所的布置应该考虑一处公共活动的空间，以适应以后TOD的发展	这类车站处于相对活跃的TOD市场地带，可以为未来发展提供用地；服务设施的设计应该考虑到允许以后可以融入一个TOD联合开发项目中

（续表）

车站类型	交通职责	营造场所的职责	土地开发的职责
混合模式车站	混合模式车站位于多种交通系统的汇合点，提供了多种换乘模式；车站设施包括车站传递到其他交通模式，公共汽车运输和出租车设施等	混合模式车站需要一些强有力的城市元素和高质量的公众活动区域	拥有强有力的公众和私人联合发展的机会，因为它们常常位于已建成的支持公共交通的区域，在这些区域有大量公共交通客流；初始的联合发展计划需要将焦点集中在城市领域或者公共的用途上，这些内容是该地区发展所需要的

深圳市 TOD 规划设计体系将深圳市的 TOD 片区划分为城市型（包括区域级和地区级）、社区型和特殊型（如枢纽型）三类（图 8-12），依据不同 TOD 类型进一步制定量化的规划设计要点。对于不同的 TOD 分区给予不同的发展指引[165]。

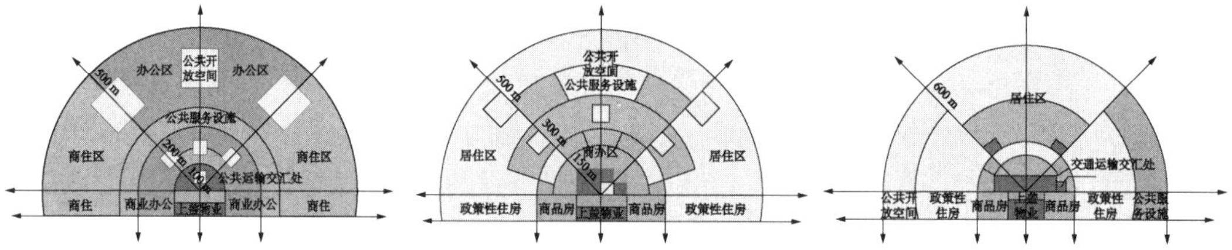

(a) 区域级城市型TOD　(b) 地区级城市型TOD　(c) 社区型TOD

图 8-12　深圳市 TOD 功能结构图

（3）纵向空间的影响范围——综合考虑上盖及地下空间开发。深圳市地铁前海湾车辆段上盖物业用地使用权的挂牌出让就是借鉴香港经验，在中国内地也是首次出让地铁上盖使用权。此次出让以地铁为核心，分三层（地下空间、地上 0～9 m 地铁车辆段配套设施部分、地上 9 m 以上空间综合性物业开发部分）设置土地使用权，创新了轨道交通建设用地多层空间开发模式。[166]

综上所述，轨道交通站点控制范围的划定要综合考虑以下因素：步行或自行车距离、车站所在区位和车站类型、对周边房地产价格的影响范围、纵向上盖和地下空间考虑等，从而予以差别化确定规划控制范围，进行联合开发引导。

8.4.1.2　采用圈层方式对轨道交通站点开发类型进行引导

根据国内外有关城市轨道交通对于沿线地价影响的比较研究，城市轨道交通沿线开发利益的影响范围一般是以车站为中心，半径为 2 000 m 范围作为轨道交通的影响区域，越是靠近轨道交通车站的土地不动产的增值空间越大。郑捷奋[167]应用改进的 HPM 模型得出了深圳地铁一期建设对周边半径 500 m 范围内的房地产价值具有显著影响的结论，并得到对居住、商业和办公房地产增值的影响程度分别为 16.95%、14.70%和 10.11%

的结论。另外，他认为地铁周边半径 300 m 范围内房地产增值尤其显著，居住、商业和办公房地产增值的影响程度分别为 30.62%、26.47%和 20.43%。城市轨道交通对房地产价值的影响具有区域性，轨道交通站所处的区位不同，与同一轨道站的距离不同，对土地价值的影响都是有区别的。同时，城市轨道交通对房地产价值的影响还具有时效性，规划期、施工期、投入运营初期、投入运营中后期等各个时期对房地产价值的影响也是不同的。根据房地产价格影响确定征税范围：洛杉矶是美国第一个采用征税还原法修建地铁的城市。其征集对象为市区(CBD)离车站 1/2 mile(约 805 m)、郊外离车站 1/3 mile(约 536 m)的范围内的商业设施，按每平方英尺(0.093 m^2)30 美分的比例以开通后 23 年为限征收收益税。

我国国内各城市相关站点研究一般把轨道交通站点周边影响范围分为三个层次，即核心圈层半径 200 m 以内，内圈层半径 200～500 m，外圈层半径 500～1 000 m。结合站点地区开发策略分类设置：① 核心圈层优先考虑轨道交通站点综合体开发，即空间权开发，包括上盖空间、地下空间等涉及空间权属的联合开发模式。充分利用站体空间进行复合式开发。如上海轨道交通 1 号线新闸路地铁站上盖物业开发、2 号线龙阳路地铁站上盖物业开发、9 号线打浦桥站日月光中心广场以及 10 号线南京东路地铁站连接通道与出入口等，均为核心圈层范围内的开发。除结合站点进行综合体开发外，须统筹考虑出入口和连通道等。② 内圈层综合考虑在站点的辐射范围内进行联合开发。其中，上海轨道交通 9 号线小南门地铁站连接通道即为此种类型，为带动 200～500 m 范围内地块的开发，以连通道式联合开发为主。③ 外圈层采用与轨道交通同步的沿线型开发模式，按社区式、整体化进行统一开发或通过土地出让金反哺方式、溢价回收方式进行联合开发，从而实现外部效益内部化。

8.4.2　土地利用控制指标

1. 指标一：土地利用性质

影响开发地块用地性质的因素很多，最主要的影响因素是土地区位，而土地价值区位论深刻阐述了土地区位决定其用地属性的规律。城市轨道沿线地块用地性质的确定和调整正是基于地块区位的优化与微调。

根据研究，城市轨道交通对不同性质的城市用地会产生不同方向、不同强度的作用力，使不同性质的城市用地产生不同特征的空间分异。用地功能与轨道交通的相互关系可以概括为四种类型：① 公建类用地。主要包括商业、办公、金融、文化娱乐等建筑能够吸引大量的人流，为轨道交通提供足够的客流支撑。② 居住类用地。主要指住宅及相关配套设施。城市轨道交通对城市居住用地开发的吸引最明显。③ 配套类用地。主要包括交通设施用地。城市轨道交通效益的发挥还有赖于其他交通设施的配套及步行广场、通道的合理设置，城市轨道交通与其他交通方式的衔接非常重要。例如，常规公交网络需要进行优化调整，以轨道站点为中心组织常规公交接驳线网；一般在轨道站点设置常规公交场站、出租车上落客站、自行车接驳场站等交通设施，在适当的区域建立停车换乘设施，形成以轨道站点为核心的综合换乘中心；结合轨道站点的布设及轨道沿线道路的新建和改造，对轨道沿线片区的步行设施进行优化配置。因此，在用地空间允许的情况下，一般在轨道站点 50～100 m 范围内尽可能配套公交场站(或站台)、自行车存放场、人流集散广场，根据需要还可在外围车站设置小汽车停车换乘场。④ 其他类。除上述使用功能外的其他类型用地，包括工业用地等。

综上所述，城市轨道交通沿线土地利用的优选次序为：商业、办公、居住、工业。在地价规律的作用下，以轨道交通站点为中心，距离站点越近，地价和楼面价越高，根据物业类型对于土地成本的敏感性，轨道交通沿线土地及空间利用表现出显著的规律变化，形成不同性质的环形用地功能圈：平面上表现为以轨道站点为中心，依次为商业、办公、居住用地的同心圆模式；竖向上表现为在垂直方向建筑使用性质的半同心圆分布，以轨道站点为核心，竖向上依次为车站、商业区、办公区、公寓区(图 8-13)[168]。

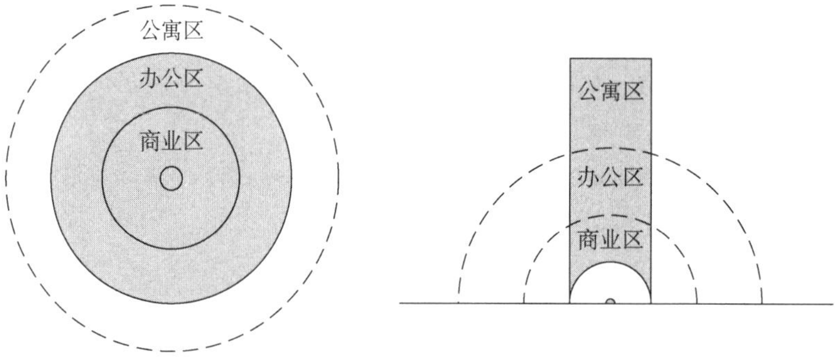

图 8-13　轨道交通站点周边土地利用平面及竖向同心圆结构布局模式

2. 指标二：土地利用强度

土地利用强度是土地开发利用的一个重要指标，轨道交通沿线土地的开发强度影响着土地利用效率、交通发展战略、城市运营效率等。宏观上，“可持续发展”“高效集约利用资源”等发展理念提出要对土地开发强度进行反思，使城市土地开发强度总体趋高发展。

以香港为例，香港一直对综合发展区的住宅发展密度予以最高控制，其站点上盖与周边用地布局如图 8-14 所示。其中，对都市区内，将 CDA 划入住宅发展密度第 1 区(最高区)，范围内住宅最高容积率控制到 6.5；在新市镇对高运载量的交通运输系统容积率采用最高指标住宅发展密度第 1 区，容积率控制到 8.0。在美国的华盛顿地区站点周边开发，无容积率上限。此外，根据国内外成熟地区轨道交通沿线各类用地容积率的经验数据，轨道沿线各功能地块的容积率比其他地区同类功能区块高 0.5～1.5(30%～100%)。也就是说，在轨道交通站点的紧密影响范围内，土地开发强度应适度提高，而且不同区位、不同性质的用地开发强度的调整幅度会有所不同。此外，土地区位和用地性质对于轨道沿线用地的开发强度也有较为显著的影响。轨道交通对于中心区和外围区用地的影响权重有一定差异；尽管轨道交通对居住用地的吸引最强，但是居住用地的开发强度弹性却较小，根据不同城市的日照间距和居住建筑朝向的要求，居住用地的容积率值是有其合理范围的，上限值受到城市相关规划技术管理规定的约束。地块设计要综合考虑土地经济效益和对周边用地的影响。

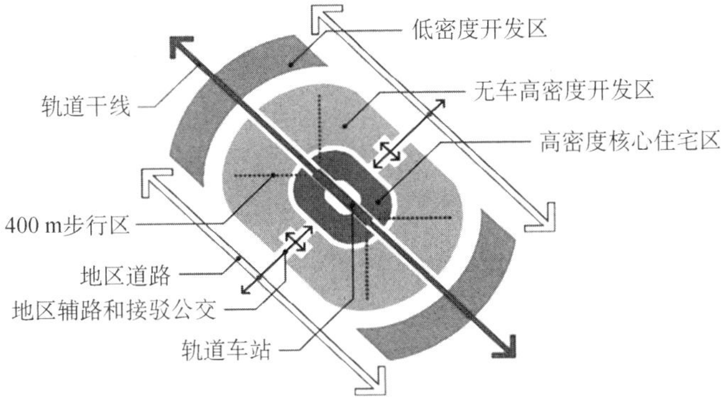

图 8-14　香港轨道交通站点上盖及周边用地布局示意图

8.4.3　城市空间设计引导要素

1. 要素一：出入口位置的选择

出入口的位置是车站人流出入的要点之一。事实上，轨道交通联合开发中车站出入口的设置和设计不仅仅对车站本身的功能有影响，也会影响开发商对联合开发的兴趣。目前，法定规划层面对于出入口的设置未予以控制，需要通过城市空间设计予以进一步引导。

在联合开发中，进出车站的乘客对轨道交通与开发商而言分别有着不同的意义。从轨道交通本身的功能上来说，为乘客提供快速进出车站的服务是其主要目标。而对于开发者来说，则希望乘客在商场内滞留更长的时间，从而才有更多的机会在商场内消费。对于开发商来说，引进的人流使其集中在商业区内是最重要，因此往往不希望有过多的出入口直接通往外面的街道，通过减缓旅客的疏散速度，业主就有更多机会获得这些潜在的市场。很明显，轨道交通机构在处理乘客进出那些车站与商场为一体的车站时的目的与开发商是完全不同的。但是对于这种交通功能与商业功能在一个共同体内的情况，空间上的一体化使得这一矛盾更加激烈。唯一能做的就是找到一个可以平衡二者关系的方法，一方面能引导乘客快速进出车站，另一方面又能引导乘客进入商业区。例如，可以为出入车站的乘客提供一个直接通往所开发商业的入口，从车站出来的乘客迅速经过非商业用途的地下通道，然后进入商业区，这样一方面乘客被及时送出了交通站点，但其实又进入了开发商的零售区域，使二者都达到了各自的目的，轨道交通机构保有了有效率的行人路线，而开发商也从增加的行人数量中得到收益。

在设置车站出入口时应该考虑其对联合开发的促进作用的，设计者在设置车站出入口时要注重将站点附近的物业经济价值往最好的方向发展，而联合开发可以促使这一目标达成。

2. 要素二：连通道的设置与预留

联合开发最吸引开发商的地方是，车站与开发的物业之间可以直接结合或者是通过连接通路来实现二者的连通。通过这样的方式，二者之间的衔接便更加紧密。轨道交通的客流进入开发的商业区内的概率变大，从而更可能成为商场的消费者，而给开发商带来更多的收益。而这个通路的设置也使得在商场内消费的顾客更愿意直接通过通路来到轨道交通站台，基于这个便利性，顾客们经常会选择轨道交通作为往来居住点与购物点的主要交通方式，这也为轨道交通带来了更多的客源。因此，可以说连接通路的设置给公、私投资者都带来了利益，但是同时也引发了一个问题，就是谁来担负这个连通道的建设费用。

连通道建设费用的支付者根据不同的谈判立场会有不同的对象，但是在建设前，轨道交通机构与开发商之间都必须签订运输出入通路协议作为法律上的依据。具体建设费用由哪一方承担通常有以下几种可能性：① 当公共部门本身作为联合开发的物业开发商时，为了吸引大型百货公司来作为合作开发商，若是以建设连通道作为吸引点，那么这部分的费用就可能由公共部门支付。② 若是开发商提出想将其项目通过连通道与现有的交通设施连接，意图增加进入商场的人流量来增加其营业利润，经轨道交通机构将这一提议进行评估后，认为是可行的，那就需要由开发商来承担这部分的建设费用。③ 当公共部门与开发商经过谈判协商后，二者的条件相当接近，则可由轨道交通机构承担连通道的建设费用，而开发商提供另一种轨道交通系统所需的基础设施，这被称为互换设施的方式。④ 轨道交通机构及开发商可以通过费用分摊协议来分摊建设费用，具体分摊比例由双方协商确定。

城市的发展需要规划与设计，而联合开发作为一项复杂的城市开发项目，对其进行相关的规划与设计是必要的，在此基础上，才能通过进一步的引导与控制来达成预期的目标。在轨道交通与土地利用的联合开发过程中，通过从大到小的各层次规划，逐步建立起联合开发规划体系，将规划内容贯穿于整个联合开发过程，从而使联合开发效能被充分挖掘出来，促进联合开发的顺利实施。

3. 要素三：地下街的控制与引导

目前，我国法定规划中很少对地下空间开发进行规划控制，而轨道交通联合开发中已涉及越来越多的地下空间开发。地下街的开发控制和引导对于轨道交通联合开发的规划管理层面已起到重要的作用。现阶段，我国各大城市对于地下空间的控制和引导更多地体现在城市空间设计层面。

在日建编订的《站城一体化开发》中，将日本东京与轨道交通相关的地下街的作用变迁进行了分析，将日本地下街的发展分为三个阶段：① 为促进地铁使用而进行地下街建设；② 为缓解站前交通拥堵而进行地下街和地下停车场建设；③ 为实现车站周边地区一体化而进行地下街网络系统构筑，如图 8-15(左图)所示[133]。日本东京地下街承担的城市机能包括：作为公共地下步行通道的步行网络系统功能、地下停车场等汽车交通基础设施功能以及除上述这些功能之外的店铺等商业功能。东京在 1974 年的三省厅所下达的《关于地下街的基本方针》中对地下街开发做了如下规定：地下街的商店等(包括除地下街的公共停车场部分，其配套停车场及公共地下步行通道以外的其他部分)的总建筑面积不能超过公共地下步行通道的总建筑面积；禁止地下层的改装。另外，停车场、机械室、堆

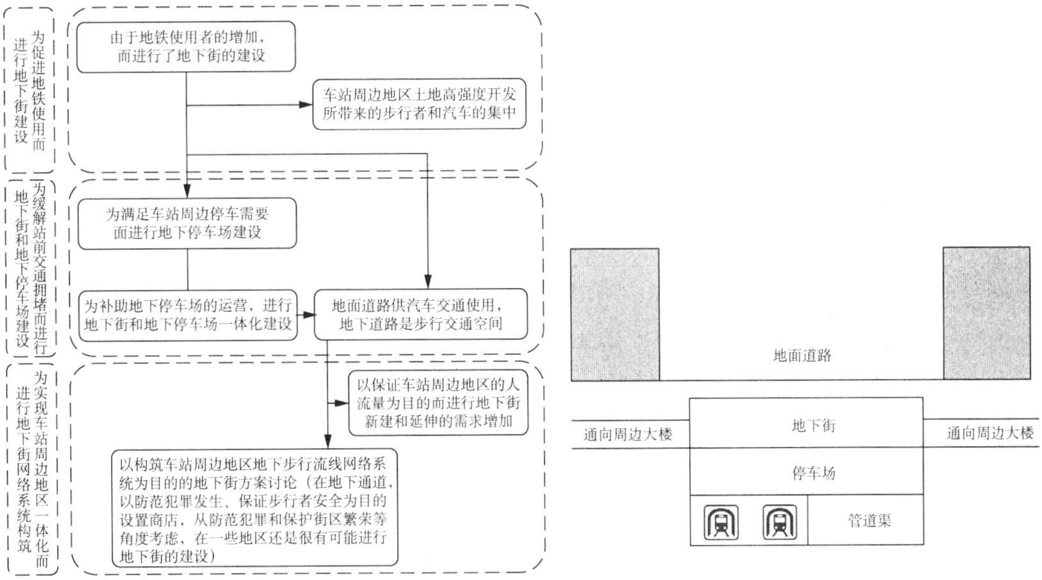

图 8-15　日本东京地下街作用变迁及地下街联合开发

场、仓库以及消防蓄水槽不受限制。根据上述规定，在日本的大多数地下街中，通常在 B1 层中以 1∶1 的空间比例规划店铺和公共地下步行通道。在 B2 层等进行停车场、堆场等汽车交通基础设施建设，如图 8-15(右图)所示。此外，地下街建设的成本控制也是主要考虑的因素。在道路等狭窄的地区进行地下空间开发通常需要更多的建设成本，地下空间的建设成本是建筑的 2～4 倍。同时，地下街的商业面积通常也只能达到商业空间的 50%左右。在京都，地下街常与地铁建设同步，并进行基础设施共同沟的建设，从而可以压缩各自的建设成本，由此地下街也可以作为城市基础设施的一部分得到建设。各部分一次完成，降低成本。通过步行系统将车站、地下街及车站周边的大厦进行联系，能够提升城市的集聚性和增加城市繁荣，但大规模地下空间开发也会带来地面街道的萧条。

日本东京关于地下街的设计经验对于我国城市站点周边联合开发的地下空间设计具有一定的借鉴作用，包括地下街设计目标、主要机能、建筑面积的比例关系以及经典的构造模式等。总体而言，在城市空间设计中要充分考虑地下空间的设计，打造车站和街区、街区和街区一体化的地下空间，有计划地进行地下开发，可以创造更加便利、舒适的空间环境，并增加城市的人流量。事实上，在街区停留的时间与在其中的消费金额往往是呈正相关的，通常人长时间地滞留在街区就会发生更多的消费活动。创造更好的城市环境，提高城市的人流量和空间的舒适度，是轨道交通联合开发的方向，也是城市发展的主要方向。在轨道交通站点周边地下空间设计中主要涉及地下空间可开发范围、层数、功能以及连续关系等方面的具体指标的控制和引导。

4. 要素四：站前广场的立体设计

站前广场是轨道交通乘客向其他交通方式换乘的场所，它具有“交通节点功能”，是保证车站前多聚集的大量交通顺畅、各种交通工具之间顺利换乘的重要设施。此外，站前广场还充当了与城市中心相对应的广场功能，因此，还具有“城市节点功能”。特别是对于人流疏散性要求较高的枢纽型轨道交通站点，其站前广场必不可少。

以日本东京为例，日本在对轨道交通车站周边地块的开发过程中，非常重视站前广场的设计。在站前广场规划中花费了很多心思。其中之一就是对土地进行立体的活用，主要包括地下空间的利用，通过规划利用地下街和地下步行网络来确保步行流线，此外还包括步行平台的建设，通过步行平台可与周边街区建筑的二层相连通。其本质是将平面无法处理的交通量以立体的人车分离的方式进行处理。地下、地面、地上的步行网络系统的建设，使得车站周边地区对车站有良好的通达性，也使得周边地区具有了同车站附近一样的价值，同时也促进了紧凑型的高强度开发地区的形成。日本还制定了立体城市规划制度。站前广场不仅需要具有“交通节点功能”，同时还要兼顾城市景观。空间景观设计仅是众多设计要素中的一项内容。

8.5 本章小结

本章聚焦我国城市规划与轨道交通规划的制度背景，在初步分析了轨道交通与土地利用规划协调发展存在的障碍基础之上，从轨道交通联合开发规划编制管理、规划实施管理、规划管理内容三个层面出发，为促进联合开发的实施提出与规划管理相关的信息共享和激励相容的机制设计建议。通过对香港“综合发展区”的研究发现，轨道交通联合开发特定区的划定对于促进联合开发的实施具有重要的作用。联合开发规划管理机制的确立首先是联合开发特定区的划定，并与其他区域采用差异化的规划管理。在规划编制中划定范围并根据联合开发的三要素——主体联合要素、资金联合要素、空间联合要素赋予指标控制；在指标确定的基础之上，规划管理中设定专门的行政管理部门对联合开发特定区的浮动区进行差异化管理；在规划内容中对于特定区范围划定，土地利用控制指标以及城市空间设计引导要素进行差异化设计。

9　轨道交通联合开发土地管理机制

从轨道交通联合开发相关概念研究及发达国家和地区成功实践的案例可以看出，相关土地管理机制的建立是轨道交通联合开发得以成功实施的基础，它能够为联合开发实施创造合适的制度环境。其核心是能够实现土地运作。从联合开发实施步骤与环节来看，土地整合与获取是联合开发中重要的环节。联合开发区别于其他普通轨道交通站点建设的关键在于它强调轨道交通与沿线土地利用的一体化。但是在目前我国的土地管理制度下，轨道交通站点与周边地块的土地开发权一体获取是件难事，然而这却是联合开发成败的关键。从发达国家及地区的相关经验来看，建立激励相容的土地管理机制是保障土地集中及轨道交通机构顺利获取土地开发权的重要原因。因此，本章基于轨道交通的土地增值及激励相容机制设计原则，在发达国家及地区相关土地开发经验借鉴的基础上，分析目前国内土地储备及土地出让相关政策法规存在的问题，从促进联合开发实施的角度提出改进建议。图 9-1 为本章的分析研究逻辑结构图。

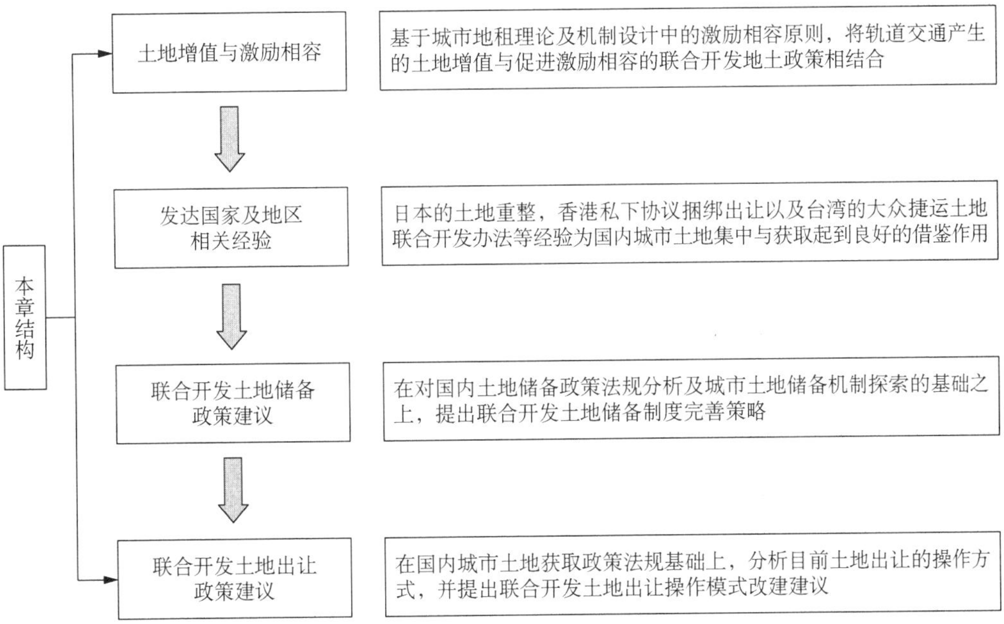

图 9-1　第 9 章分析研究逻辑结构图

9.1 土地增值与激励相容

9.1.1 轨道交通对土地增值的影响

国内外多位学者已经通过实证分析,得到了一些关于轨道交通对周边土地价值影响的结论,也就是说轨道交通设施带来的最大效益是给沿线地块带来的土地增值。以香港地铁经营来看,20 世纪 80 年代,香港地铁基本上是呈现出亏损的状态。自 1991 年起,开始盈亏平衡。至 2012 年,港铁的物业开发总利润已高达 59 亿港元,如图 9-2 所示[169]。香港的"轨道+物业"模式经过一段时间的积累逐步取得了盈利。此外,从香港地铁 2001—2008 年这 8 年的统计数据来看,其中物业开发的利润占到总收入的很大一部分,如表 9-1 所列。因此,联合开发实施机制的设计离不开对轨道交通建设和运营带来的土地增值的考虑。

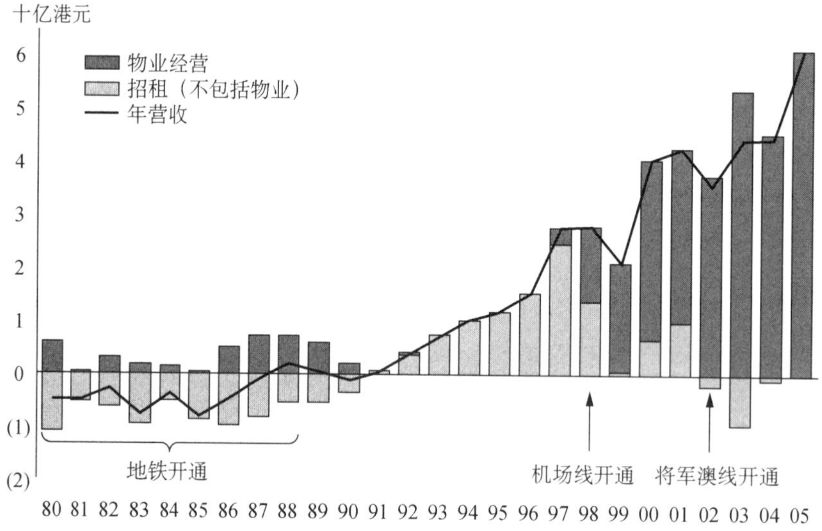

图 9-2 港铁物业开发和非物业开发收益(1980—2005)

表 9-1 香港地铁经营近 8 年统计数据(2001—2008) 单位:百万港元

年份	2008	2007	2006	2005	2004	2003	2002	2001
A 总收入:B+C	22 298	18 994	15 358	15 298	12 919	12 963	11 441	10 840
B 营业额:①+②+③	17 628	10 690	9 541	9 153	8 351	7 594	7 686	7 592
① 车票收入	11 467	7 115	6 523	6 282	5 932	5 489	5 720	5 728
② 车站商务收入	3 449	1 741	1 606	1 555	1 311	1 117	979	973
③ 租务及管业	2 712	1 834	1 412	1 316	1 108	988	987	891
C 物业发展利润	4 670	8 304	5 817	6 145	4568	5 369	3 755	3 248
C/A	20.9%	43.72%	37.88%	40.17%	35.36%	41.41%	32.82%	29.96%

根据城市地租理论，轨道交通对沿线的土地增值，主要反映在绝对地租和级差地租两个方面。其中，城市级差地租又可以分为城市级差地租Ⅰ和城市级差地租Ⅱ。[170]城市级差地租Ⅰ是因为土地基础条件不同而带来的生产率不同，是一次性形成的；城市级差地租Ⅱ则是由于追加投资持续经营而形成。根据城市级差地租的相关理论，城市轨道交通的发展也可以分为两个部分——因线路建设和开通带来的级差地租Ⅰ和因持续运营带来的级差地租Ⅱ，如图 9-3 所示[171]。

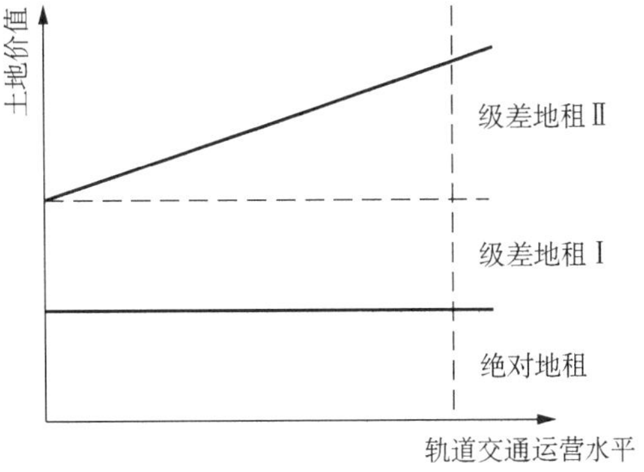

图 9-3 城市轨道交通与城市级差地租

其中，绝对地租增长是轨道交通间接产生的，一般很难把轨道交通开发与其他的影响因素区分开来。因此，轨道交通带来的土地增值研究主要集中在级差地租。对于级差地租Ⅰ而言，轨道交通建设水平越高，其线路开通对于沿线物业交通状况改善程度就越高，其级差地租也就越大。对应于级差地租Ⅰ的增值，目前，主要受益者为政府，政府通过土地批租占有级差地租Ⅰ。级差地租Ⅱ则与城市轨道交通线路的运营水平密切相关，通过提升运营水平使各类资源的集聚效应增强，级差地租Ⅱ就越大。对应于级差地租Ⅰ的增值，目前，级差地租Ⅱ主要的受益对象是沿线不动产拥有者。在轨道交通运营的长期过程中，他们的受益额度随着轨道交通网络化及运营水平的提高而越来越大。根据城市地租理论，土地这部分级差地租即为轨道交通建设运营产生的土地增值。

此外，轨道交通周边土地升值与轨道交通建设运营水平之间存在着一种正反馈机制，即轨道交通运营客流量越大，则越能够促进周边土地的升值；而周边土地越升值，则越能促使轨道交通的客流在沿线周边集聚，从而促进城市轨道交通的运营水平，这是一种正反馈机制。这种正反馈机制如果能够在激励相容的制度安排下，则会得到最大的发挥。

根据城市地租理论以及轨道交通运营与周边土地价值的关系，可以发现轨道交通建设运营与沿线土地升值之间存在良性循环，如图 9-4 所示。轨道交通建设运营水平的提升会带动周边土地的升值，而周边土地价值的提升，同时也会产生更多的溢价，如果对这些溢价进行回收，并将其给予轨道交通建设运营主体，激励其建设运营，则轨道交通运营主体会进一步提升建设运营水准。因此，如果要建立轨道交通建设运营的良性循环，给予轨道交通建设运营主体更多的激励性政策措施是非常重要的。

9.1.2 轨道交通建设运营与土地增值返还

如本书第 2 章理论框架与研究综述中所提到的，赫尔维茨创立的机制设计理论中的“激励相容”强调：在市场经济中，每个理性的经济人都会有自利的一面，其中个体行为会按照自利的规则采取行动；如果能有一种制度安排，使行为人追求个体利益的行为恰好与

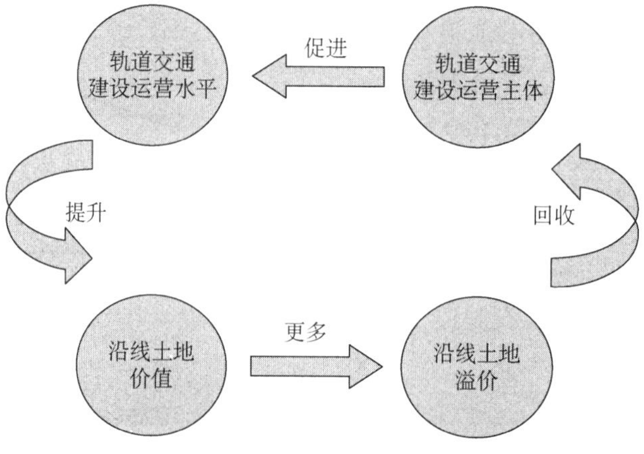

图 9-4　轨道交通建设运营与沿线土地价值提升良性循环

实现集体价值最大化的目标相吻合，这一制度安排就是“激励相容”。现代经济学理论与实践表明，贯彻“激励相容”原则，能够有效解决个体利益与集体利益之间的矛盾冲突，使得行为人的行为方式、结果符合集体价值最大化的目标，个体价值与集体价值的目标函数实现一致化。

在目前国内现有的体制下，轨道交通建设运营资金主要来自政府补贴。轨道交通的经营主体主要靠车票收入和一些辅助业务的收入(包括车厢、车站的广告收入，车站内的商业收入等附属资源收入)，而大量的外部效益则转移到了沿线物业开发商手中。也就是说，沿线的房地产开发商不需要付出额外的代价就能获得可观的轨道交通可达性带来的超额利润，即土地级差地租部分，而轨道交通的投资、建设、运营者却支付着超额的建设费用和运营成本。根据机制设计理论，这是一种典型的“激励不相容”的现象。其中的行为人——轨道交通投资者、建设者、运营者无法获得收益，这与轨道交通系统的整体利益最大化不相匹配。

综上所述，轨道交通沿线土地增值是轨道交通开发最大的溢价，建立起土地增值效益返还的土地管理机制，实现溢价回收，同时又将这部分溢价返还给轨道交通建设运营主体等，作为激励性要素，使得城市轨道交通建设运营主体与城市轨道交通系统的目标函数趋于一致，是联合开发土地管理机制设计的目标。

9.1.3　激励相容的联合开发土地政策导向

通过国内外相关地区联合开发实施案例的研究表明：① 联合开发实施的成功均由轨道交通机构参与，这对于联合开发的实施起到关键性作用。以香港为例，香港“轨道＋物业”模式的成功与全程参与的港铁公司有着重大的关系。如图 9-5 所示[172]，港铁公司在城市发展中起着重要的桥梁作用。日本的私铁运营模式也均由轨道交通机构全程参与实施。但如何能够充分发挥轨道交通机构的作用，需要在联合开发实施机制设计中予以充分考虑。② 设计激励相容的联合开发土地政策对于联合开发的实施主体来说至关重要。

比如中国香港,给予轨道交通机构以较低的地价获地;中国台湾则给予联合开发实施适当的奖励政策等。作为政策制定主体的政府在联合开发实施机制设计中,给予了联合开发实施主体以激励性政策从而激励实施主体参与并促进联合开发的实施。因此,在联合开发土地政策设计中需聚焦以轨道交通机构为主的实施主体,并体现“激励相容”。

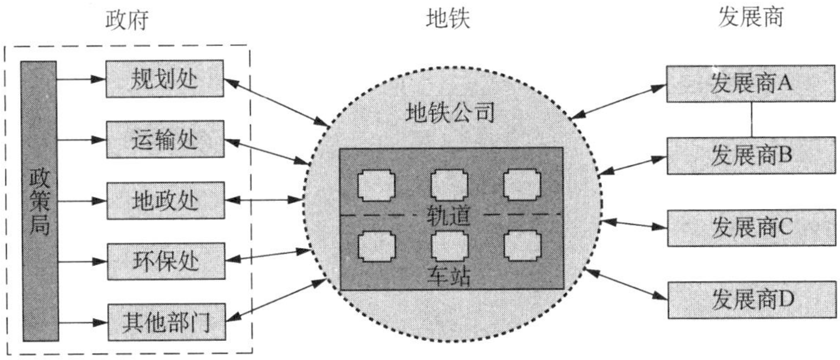

图 9-5　香港港铁公司的桥梁作用

在目前我国的土地开发获益渠道中,主要涉及土地一级开发和土地二级开发。在联合开发实施步骤与环节中为步骤二,即土地整合与获取(图 9-6)。由此,土地增值的返还主要涉及土地储备和土地出让两方面。因此,在土地储备及土地出让相关政策中体现激励原则对于建立起激励相容的联合开发实施机制至关重要。因此,下文主要在借鉴发达国家及地区相关经验的基础上,从国内的土地储备及土地出让两方面的政策法规提出促进联合开发实施的政策建议。

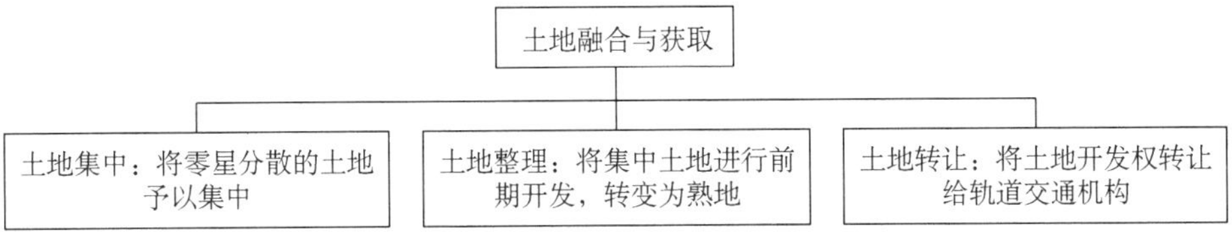

图 9-6　联合开发实施步骤二土地整合与获取

9.2　发达国家及地区相关经验

9.2.1　日本的沿线土地获取相关策略

日本私营地铁公司对于轨道交通沿线土地的获取采用的是“土地重整”策略。通过该策略来集聚土地以满足轨道交通铺设和房地产开发项目建设的需要。具体做法是:私人土地拥有者们组建一个合伙公司,把各自的土地连接在一起(通常是不规则的),并以一块面积更小但享有完善基础设施的用地(通常是矩形的)作为回报。地铁公司先行从多家合伙公司处廉价获得沿线土地,统一进行土地利用与铁路建设规划以及基础设施配套,然后

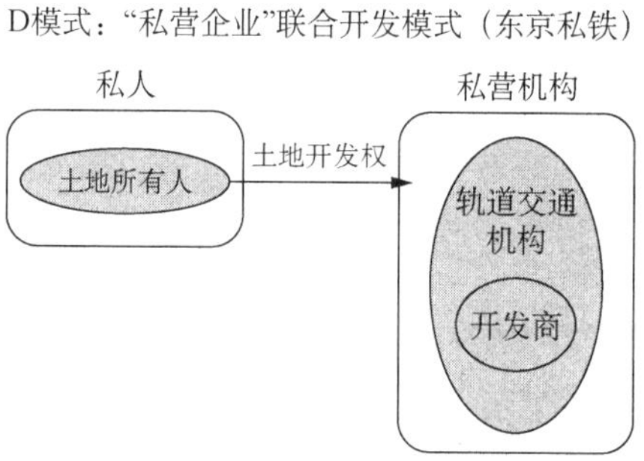

图 9-7 日本"私营企业"联合开发模式

出售部分土地以补偿配套费用，其余用于自行开发。"土地重整"策略缓解了地铁公司在前期土地方面的工作负担，以及购买土地和提供基础设施建设的成本压力。此外，地铁公司还获取了土地开发权和项目规划权。以多摩田园都市为例，多摩田园都市建前，总共有 53 个土地所有者的合伙公司在 1953—1966 年间成立，将 4 900多公顷的土地集中到一起。这些合伙公司把土地开发权和整个项目的规划权全部让给了东急集团，这就是"东急模式"。其中，土地拥有者放弃了 45%的土地，用以换取设备齐全的建成用地。多出的土地一半作为公共用地，另一半则用于储备，并最终被出售以筹集项目发展费用。有投资商愿意购买这些土地，以参与预期的、有轨道交通服务的社区开发[81]。其土地开发模式如图 9-8 所示。

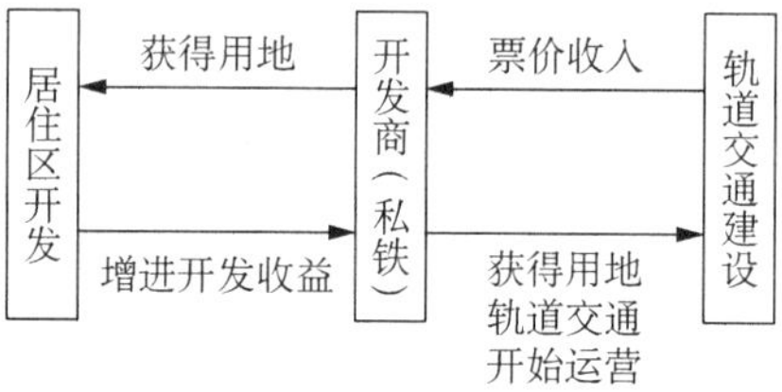

图 9-8 日本东京私营地铁土地开发模式[172]

日本在 1986 年 6 月制定了《关于大城市地区居住区开发和轨道交通整备一体推进的特别措施法》（以下简称《宅铁法》），确定了基本规划和应明确的事项，以及工程实施的各种辅助措施。[173]这一法律的关键是要解决如何确保地铁开通后的运输需求和如何筹备地铁整备的资金及用地的问题。法律规定要让熟悉沿线状况的地方公共团体成为工程推进中起关键作用的主体，由其制定宅地与地铁一体化建设的基本规划，采用发行地方债的特别措施来保证地铁用地和建设资金，在土地规划整治方面采用地铁用地的集约换地制度。这一实施办法最重要的特色就是轨道交通建设项目的上下分离。城市开发建设的主体和当地政府一同进行开发区域周边用地收购和获取、轨道交通项目所需要的用地整理及线路敷设等轨道交通建设工作。通过让轨道交通机构来担当轨道的运行工作，使得作为基础设施建设的轨道交通设施用地所有者（下：项目开发商）和轨道交通的运营主体（上：轨道交通开发商）实现了分离，这是《宅铁法》的主要特征。通过将土地区划调整工程作为一种城市基础设施建设的手法进行利用，划定轨道交通设施区，通过对预先收购的土地进行集约换地，使得轨道铺设所需要的土地能够得到保证。这个法案是以支援筑波快线的建设而产生的。此外，根据《宅铁法》筑波快线建设的基础规划中也明确划分了特定区域，特定区域为住宅地开发以及与轨道交通建设一体推进开发的地区，将特定区域建设的枢纽点划定为重点地区。在《宅铁法》背景下，其土地开发模式如图 9-9 所示[173]。

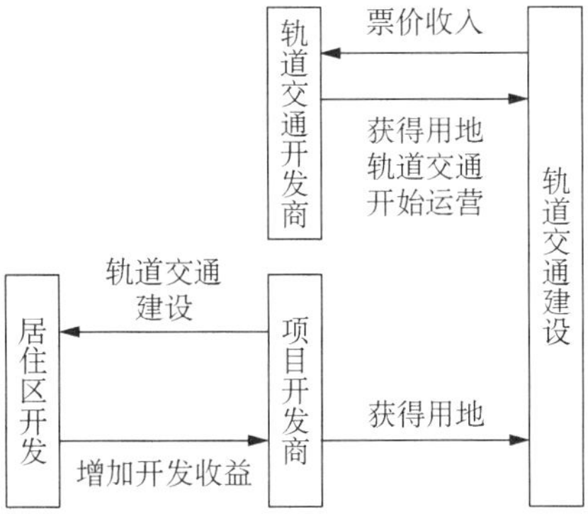

图 9-9　日本《宅铁法》背景下土地开发模式

9.2.2　台湾的大众捷运土地联合开发办法

台湾在轨道交通联合开发进行的每个作业环节都会有相关法律政策予以支持。其中，《大众捷运系统土地联合开发办法》明确规定了联合开发项目从最初的计划、规划，到土地取得与开发方式以及实施管理等整个程序中的各方面事宜，并明确了参与开发的政府、捷运公司和其他参与实体的责任、权利及利益分配方式，为项目有序、顺利进行提供了保障。对于土地获取方面主要涉及联合开发用地范围划定、联合开发土地的获取、联合开发空间划分及开发项目管制等方面。

(1) 联合开发用地范围划定。按台湾《大众捷运法》，为了有效利用土地资源，促进地区发展，主管机关得办理大众捷运系统路线、场、站土地及其毗邻地区土地的开发。其中，以下三种形式之一均称为毗邻地区土地：与捷运设施用地相连接；与捷运设施用地在同一街廓内，且能与捷运设施用地连成同一建筑基地；与捷运设施用地相邻之街廓，而以地下道或陆桥相连通。此外，《台北大众捷运系统土地联合开发办法》将联合开发用地定义为：系指大众捷运系统场、站与路线之土地及毗邻地区之土地中，经划定为联合开发计划范围内供联合开发之土地。

(2) 联合开发土地的获取。按台湾《大众捷运法》第七条第四项规定，联合开发土地通过以下方式取得：有偿拨用(公地)、协议购买、市地重划、区段征收、征收。《台北大众捷运系统土地联合开发办法》提到，联合开发土地取得以协议为原则，协议两次不成，则由主管机关依法报请征收或依市地重划、区段征收方式办理，即土地仍由主管机关进行征收。此外，若划定为联合开发的用地为部分私有或全部私有时，土地所有权人具有优先投资的权利。列入联合开发用地的土地所有权人只有两种选择：或是与捷运局联合开发，或是土地被予以征收。

(3) 联合开发空间划分及开发项目管制。《台北大众捷运系统土地联合开发办法》还将联合开发的项目制定了管制规定。按照以下四种类型分别规定开发项目类别：① 场、站建筑物上下层空间及其毗邻地区；② 场、站供旅客候车及上下车以外空间；③ 采用高架设施者，其下层空间；④ 场、站周围广场及邻近道路下层空间。

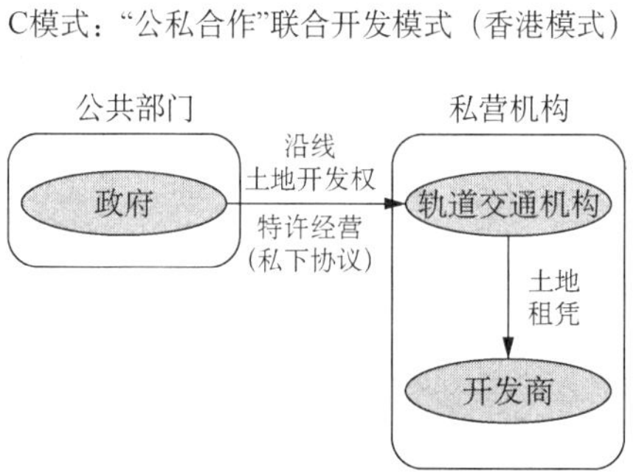

图 9-10　香港"公私合作"联合开发模式

9.2.3　香港的私下协议捆绑出让

区别于西方国家的土地制度，香港辖区内所有土地归政府所用。这与国内土地所有权归国家，各级政府代表国家管理土地相类似，但土地获取方式上有所不同。依据香港的公共土地批租制度，政府可以通过拍卖、招标和私下协议等形式批出土地。其中，私下协议正是政府支持地铁发展的重要途径。通过私下协议，香港地铁公司可以从政府手中拿到土地使用权。在早期香港地铁未开发的土地建设，按当时的地价归地铁公司所有，地铁公司负责向政府偿还地价款，是一种补地价的形式。地铁建成后土地增值的全部收入归地铁公司所有。

（1）土地获取相关政策。与"轨道＋物业"直接相关的主要有两部分：第一部分为土地使用权出让。根据《香港法例》（香港法例第 27 章）和《土地拍卖条例》规定，土地所有权属于政府，批出土地使用权，实行有偿、有期、有条件使用。实行"土地批租"制度，香港政府通过市场作用与行政手段相结合的方式把土地使用权售卖给私人，使用者必须付出经济代价，即付地价。在规定年限内，允许土地使用权横向转让，土地使用者可以根据租约所定条款建造建筑物，并连同租约在市场上出售。香港土地批租的方式主要有公开拍卖、招标、私人协议三种。其中，地铁用地即通过私人协议的方式取得。第二部分为土地收回。为政府工程而征收土地，《收回土地条例》（香港法例第 124 章）是政府为了公共目的而做出征收土地决定的主要法例，地铁为其中一种类型。此外，针对地铁相关用地，政府拟定了一系列相关条例征收土地，具体包括：《铁路条例》（香港法例第 519 章）、《地下铁路（收回土地及有关规定）条例》（香港法例第 276 章）等。《铁路条例》和《地下铁路条例》赋予政府征用任何土地用作铁路项目的权力，铁路公司拥有独立建设及经营权。2000 年 6 月开始生效的《地下铁路条例》还为地铁公司私营化制订法律构架。私营化后的地铁有限公司获批为期 50 年专营权来经营地铁系统，政府拥有公司 76％股份。香港政府给予铁路公司相当大的自主权，铁路沿线物业发展规模通过谈判明确，利润用作发展铁路项目。法律使双方权益责任非常明晰，简化了政府的管理职责。

(2) 综合发展区的特殊政策。根据《香港法例》第 131 章《城市规划条例》(第 4 条)，发展蓝图中需划出综合发展区，使轨道交通沿线地区享有一定的优惠政策，为联合开发的发展提供了良好的社会环境。本书第 7 章已予以具体描述。事实上，综合发展区除涉及规划管理技术外，对于土地征收方面也有一定的要求。规划委员会可向行政长官会同行政会议建议收回对在草图或核准图或核准的总纲发展蓝图上所示地区的布局设计造成干扰的土地；而为避免该等妨碍而做出的土地收回，须当作为《收回土地条例》(第 124 章)所指的为公共用途而做出的收回。

9.2.4　经验小结

日本东京、中国台北以及中国香港虽然均为亚洲城市，但却代表了两种土地所有制度。日本东京和中国台北为土地私有制，因此，轨道交通机构直接参与土地整合，并从土地拥有者手中直接获得土地所有权。中国香港为土地公有制，土地整合由政府进行，轨道交通机构从政府处获得土地开发权，因而不参与土地的整合。国内城市为土地公有制，因此在土地整合与获取方面，中国香港更具有借鉴意义。总体而言，上述城市在联合开发土地管理方面主要有以下几方面经验值得我们学习。

(1) 通过土地储备，实现土地增值部分返还。日本的“土地重整”及《宅铁法》及中国香港的《收回土地条例》，中国台北的《台北大众捷运系统土地联合开发办法》，总体思路上是在轨道交通沿线地区划出一部分待开发的土地进行储备；由轨道交通机构或土地储备运作机构负责土地前期开发；前期开发获得的土地增值收益直接用于轨道交通的建设和运营。其中，根据土地所有制情况，又可以进行进一步划分，其中土地私有制的日本东京和中国台北则是直接由轨道交通机构进行土地储备，获得土地一级开发收益。而土地公有制的中国香港则通过政府进行土地储备，再将土地以私下协议的方式出让给轨道交通机构，某种程度上，相当于是政府将土地一级开发的收益在土地出让金中予以减免。

(2) 划定联合开发特殊政策区域，采取特殊的土地政策。中国香港专门划定综合发展区作为联合开发的特别控制范围；中国台湾则对联合开发用地进行了界定；日本东京，以筑波快线为例，在规划中专门划定特定地区和重点地区。事实上，特殊政策区域范围的划定起到两方面的作用：一方面，作为采取特殊政策获取土地开发权的控制范围或“溢价回收”获益者范围的控制；另一方面，作为规划所控制的特别区域，进行有利于联合开发的土地使用的管制和城市空间设计的引导。

(3) 空间开发权的分层设置与分层出让。中国香港的地铁上盖开发，由轨道交通机构向政府取得发展上层空间的权利，与开发商共同开发车站及上盖空间，根据不同条件兴建住宅、写字楼、商城等。《台北大众捷运系统土地联合开发办法》中对联合开发空间进行的划分均按空间权进行划分。空间开发权的分层设置在一定程度上可以解决目前我国土地出让政策中一体化开发存在的问题和矛盾。

(4) 相关政策法规的保障。无论日本、中国香港还是中国台湾,对于轨道交通沿线土地开发均有专门的政策法规,而非采用"一刀切"的土地管理办法。中国台湾还专门制定《大众捷运系统土地联合开发办法》明确了联合开发项目从最初的计划、规划,到土地取得与开发方式以及实施管理等整个程序中的各方面事宜。

9.3 联合开发土地储备政策建议

结合发达国家及地区的相关经验,轨道交通沿线地块土地储备制度的建立对于联合开发的实施是一项重要的实施保障。通过土地储备可有效避免轨道交通沿线地块开发中存在的土地所有权零碎、不集中等问题。同时,也有利于将轨道交通用地与周边用地进行捆绑开发。此外,还有利于轨道交通机构顺利获得土地开发一级收益从而实现外部效益内部化,建立激励相容的实施机制。

9.3.1 土地储备政策法规背景

9.3.1.1 国家层面的土地储备管理办法

为保证土地资源的高效集约利用,促进社会经济的持续稳定发展,2001 年 4 月国务院下发了《关于加强国有土地资产管理的通知》(国发〔2001〕15 号)[174],标志着土地储备制度开始在我国全面推行。2007 年 11 月 19 日,国土资源部、财政部、中国人民银行印发了《土地储备管理办法》(国土资发〔2007〕277 号)[175],利用部门规章的形式进一步完善了土地储备制度。该办法以"完善土地储备制度,加强土地调控,规范土地市场运行,促进土地节约集约利用,提高建设用地保障能力"为目的,从储备计划、范围、程序、开发、供应、资金等方面,对土地储备制度做了系统性规定。其中"第二条　本办法所称土地储备,是指市、县人民政府国土资源管理部门为实现调控土地市场、促进土地资源合理利用目标,依法取得土地,进行前期开发、储存以备供应土地的行为。土地储备工作的具体实施,由土地储备机构承担。""第三条　土地储备机构应为市、县人民政府批准成立、具有独立的法人资格、隶属于国土资源管理部门、统一承担本行政辖区内土地储备工作的事业单位。"明确规定了土地储备的职能及实施机构。

9.3.1.2 地方层面的土地储备规定

在依据国家的部门规章《土地储备管理办法》的基础上,在地方相关条例及办法中仍可对轨道交通沿线的土地储备进行规定。不同城市有不同的操作办法,各城市总体上均已意识到对轨道交通沿线土地进行储备的重要性。深圳、广州、南京、武汉等城市均已在土地储备制度的完善上为联合开发提供制度保障。具体而言,这些城市分别在土地储备规划编制、土地储备机构调整等方面予以综合考虑轨道交通与土地利用的联合开发。

事实上,我国国家层面针对城市轨道交通进行土地储备的相关法律规范尚不健全,只有少量关于土地储备制度的法律法规。各地方政府在利用土地储备进行融资时,大部分都是根据地方实际情况和操作经验进行管理实施的,缺乏强制性的法律和合理性的规范。

通过完善轨道交通联合开发来进行融资的法律规范，可以统一不同城市土地储备融资模式的资金来源和操作方法等，也可以协调各部门之间的关系。

9.3.2 轨道交通沿线土地储备机制探索

9.3.2.1 深圳市联合开发土地储备制度创新

深圳市联合开发土地储备采用的办法是根据土地利用总体规划及轨道交通规划等相关规划内容，由政府土地储备机构对轨道交通沿线一定范围内的土地进行储备，形成专项土地储备。之后，由规划管理部门结合轨道交通线路走向及站点分布等条件，对沿线用地进行详细规划。待联合开发项目确定后，政府将储备用地“打包”（即与轨道交通工程捆绑在一起）出让给联合开发公司。公司获得政府授予的沿线地块的开发权后，在服从国家土地管理有关法规的前提下，通过土地拍卖和挂牌等方式公开招募有实力、有经验的开发商作为合作伙伴，结合轨道交通建设同步实施沿线土地开发。联合开发土地储备制度下的土地取得流程如图 9-11 所示[102]。

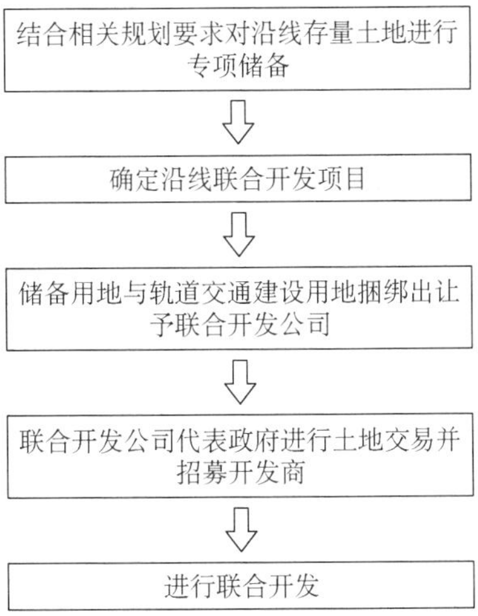

图 9-11 联合开发土地储备制度下的土地取得流程

当前土地“招拍挂”政策中的土地交易主体是政府以及由轨道交通机构和开发商形成的竞争实体（图 9-12）[102]。显然，轨道交通机构不具备取得沿线土地开发权的优势。在联合开发土地储备制度中，通过对轨道交通机构和开发商的性质与特征进行深入解析，对二者的定位有了更准确的认识。轨道交通产品的准公共性表明了轨道交通机构的社会公益属性，它与政府在一定程度上具有相同的价值取向，而与单纯追求经济利益的开发商存在本质的区别。因此，土地交易主体自然形成以政府和轨道

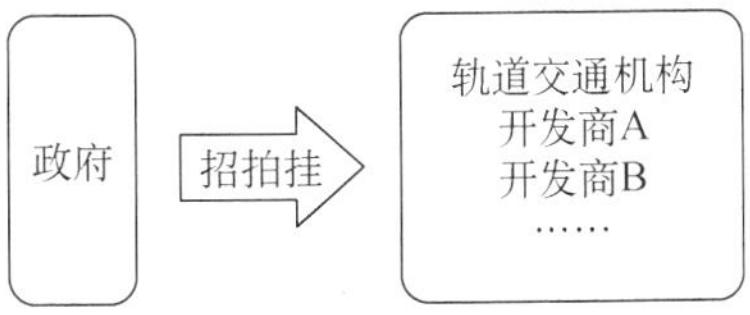

图 9-12 土地“招拍挂”政策下的土地交易主体

交通机构组织而成的联合开发公司与开发商两个阵营(图 9-13),这样的交易关系更有利于实现土地价值的最大化与社会效益的最优化。

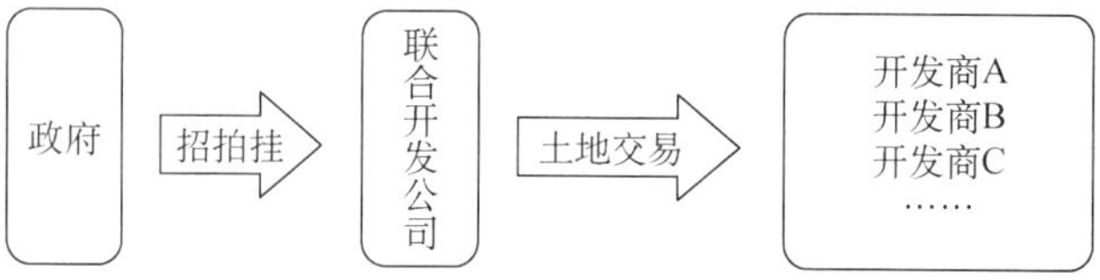

图 9-13 联合开发土地储备制度下的土地交易主体

深圳联合开发土地储备制度的确立,为联合开发提供权属单一、条件良好的土地资源,并赋予联合开发公司优先享有沿线土地的开发权,使其能够在开发过程中对轨道交通建设与沿线土地利用进行统筹考虑,达成二者的有机结合与互动发展。同时,轨道交通机构能够直接获得土地的增值收益,并将该收益纳入轨道交通建设的投融资中,形成"土地储备—增值收益—轨道建设"的良性循环[176],从根本上解决外部效益流失的问题,确保轨道交通建设资金的稳定来源,并有利于建立长效和良性的轨道交通投融资机制,真正解决政府财政问题。此外,通过建立联合开发土地储备制度,还能引导城市功能的合理开发并优化城市结构,以及有效避免开发中土地所有权零碎、不集中等问题。

9.3.2.2 广州市轨道交通沿线土地储备规划编制

广州市根据自身建设的特点,于 2005 年 8 月开始组织编制广州市轨道交通九条线路的沿线土地储备规划——《广州市近期轨道交通沿线土地储备规划》。该规划主要依据广州轨道交通线网规划情况划定储备用地范围,超前进行规划控制,具体流程如图 9-14 所示[177]。

首先,储备规划将站点周边地区的居住用地、行政办公用地、商业金融业用地、文化娱乐用地、工业用地、物流用地逐一进行建设用地规划许可、规划报建、用地通知书、用地批准书等行政许可情况核实。在排除土地使用权已经出让的土地、近期无法收回土地使用权的土地等要素基础上,得到近期可储备地块范围,包括土地使用权尚未出让的土地、近期内可以收回土地使用权的土地等。其次,在综合考虑可储备地块范围涉及控制性详细规划编制情况、轨道交通建设时序、城市建设先后时序、地块自身条件、土地权属状况、储备实施难易程度等因素的基础之上,"土地储备规划"确定初步储备时序,为政府提供行动计划。再次,在划定的可储备地块的基础上,"土地储备规划"进行逐一编码并制定图则,以便进行土地储备的开展和规划控制。图则的内容主要包括:地块编码、用地范围、坐标、现状概况、用地面积、地块的主要规划控制要求(用地性质、容积率、建筑密度、建筑限高、绿地率、配套设施等)。"土地储备规划"作为一种新型的规划项目,带着强烈的政府导向意图,它的编制为轨道交通沿线土地的协调开发建设提出了规划指引,为下一步轨道沿线地区规划的编制或修编提供了良好的指导意义。[178]

9.3.2.3 南京市成立专门轨道交通土地储备机构

南京市政府于 2007 年为包括南京市地下铁道有限责任公司在内的七大平台(均为公

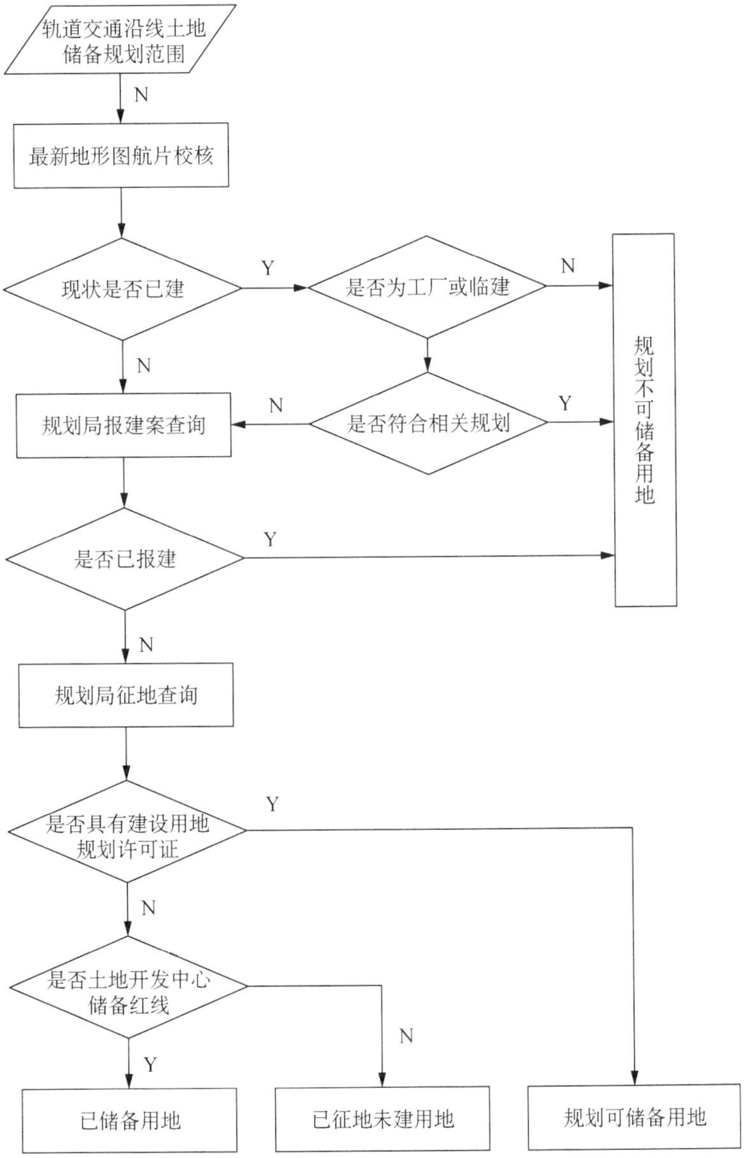

图 9-14　广州轨道交通沿线土地储备核查工作流程

共事业类的企事业单位)设立土地储备分中心。为这些平台进行土地储备,以支持其事业的发展。不久后,南京市土地储备中心地铁土地储备分中心(以下简称地铁土地储备分中心)正式成立。它作为地铁指挥部的直属事业单位,为独立法人;人事、财务则由指挥部统一管理;业务上接受市土地储备中心指导。地铁土地储备分中心按照市政府要求,结合南京地铁工作实际,在与城市轨道交通相关联的范围内,对配套的经营性土地实施储备运作。地铁土地储备分中心可以按现行土地出让金管理要求,与市土地储备中心联合向财政部门申请土地出让金返还。此外,南京市土地储备规划针对轨道交通沿线地块统一编制轨道交通土地储备专项规划，对站点周边土地的储备数量及空间分布进行规划。南京市轨道交通建设资金通过市政府划定的专项储备土地先期向银行贷款，后期通过逐步运作上市实现还本付息。以南京市土地储备中心地铁分中心作为融资运作平台，前期通过收储了青龙片区、南大浦口等储备土地，并成功运作上市了所街兴隆陶瓷城、集庆路1号、南木、南大一期、南延线停车场等地块，累计土地出让总收益(含成本)达到了50多亿元，为地铁建设还本付息做出重要贡献。

9.3.2.4　武汉地铁集团储备开发

武汉市在《中共武汉市委、武汉市人民政府关于加快轨道交通建设发展的若干意见》中，提出加强轨道交通沿线及站点周边土地的规划控制，并对紧密联系轨道交通的站点用地、上盖物业、配套设施用地及其他用途的混合用地提出了不同的供地方案。武汉市也提出通过土地储备和开发来筹措轨道交通建设资金的思路。按照"轨道＋物业"思路，制订详细的轨道交通沿线土地储备计划，通过轨道交通站点及沿线土地储备与综合开发来筹措建设资金。根据规划，对轨道交通沿线特别是轨道交通站点及站点周边500 m范围内的土地，能够储备的都要进行储备。武汉市轨道交通沿线地块由武汉土地储备中心授权，委托武汉地铁集团进行储备开发，除去相关税费，所得收益均返还地铁集团，用于轨道交通建设。

9.3.3　联合开发土地储备制度完善建议

综合国外城市联合开发的经验以及上述国内城市土地储备的一些尝试，对于联合开发的土地储备可以在以下几个方面予以完善。

9.3.3.1　轨道交通专项土地储备规划编制

对轨道交通沿线可储备地块进行全面梳理，与规划控制指标形成对接，用以指导地块开发。其中，《广州市近期轨道交通沿线土地储备规划》编制方法值得推广。广州市按照规划控制综合发展区范围内划定储备地块，在综合考虑相关规划指标、轨道交通建设时序、城市建设先后时序、地块自身条件、土地权属状况、储备实施难易程度等因素的基础之上，确定储备时序，为政府提供行动计划。规划可在划定的可储备地块的基础上，进行逐一编码并制定图则，以便进行土地储备的开展和规划控制。其中，轨道交通机构最好全程参与土地储备规划编制，包括掌握地块的基本情况，参与选择合理的地块。

9.3.3.2　轨道交通机构适度参与土地储备

目前，国内轨道交通沿线土地储备有两种模式：一种为深圳模式，是传统模式，轨道交通机构不参与土地储备。轨道交通机构和城市开发公司联合成立的联合开发公司获得土地开发权。土地储备仍由地方土地储备中心予以储备。该做法解决了土地所有权零碎、不集中等问题，但仍存在如何保障联合开发公司在"招拍挂"过程中顺利获得土地开发权的风险。另一种模式与深圳模式不同，比如南京和武汉模式，轨道交通机构参与土地储备。南京模式是专门成立地铁土地储备分中心，仅业务上受市土地储备中心指导。武汉模式则是由武汉土地储备中心授权，委托武汉地铁集团进行储备开发，所得土地一级开发收益归轨道交通机构。南京和武汉模式实际上是轨道交通机构被授权参与土地储备模式。轨道交通机构不仅可以获得土地一级开发的收益,还被充分调动了积极性。如此这部分资金不需要通过政府财政部门管理,可以直接将土地收益转化为内部效益,实现了专款专用、经济持续。同时,可以对开发地块进行更多的了解,以存在更多的可能性通过招拍挂程序获得土地开发权。

9.3.3.3 专门的联合开发土地储备机制

除了编制专项土地储备规划以及确定参与土地储备主体外,仍需进一步完善地方相关土地储备管理办法,将土地储备规划、土地储备主体等相关要求纳入管理办法中,以管理联合开发土地储备工作。以上海为例,上海政府市制定了《上海市土地储备方法》[179]和《上海市土地储备办法实施细则》[180],以对房地产一级市场进行调控,以此平衡近远期的用地需求,实现长期调控市场的目标。目前,上海的土地储备机构有三类:一类为市土地储备中心:由市政府设立的土地储备机构,在本市区域范围内实施土地储备,负责储备地块的前期开发,承办储备地块按计划供应的前期准备工作。二类为各区(县)土地储备机构:由各区(县)政府设立一个,在本区(县)区域范围内实施土地储备。三类为特定区域的土地储备机构:经市政府批准,其他的专门机构可以在特定区域范围内实施土地储备。目前,上海轨道交通沿线的土地尚未统一储备,均由轨道交通机构向各区县征地后实施。周边地块由各区(县)自行进行土地储备、自行组织开发。因此仍存在轨道交通建设与周边地块开发的隔离问题。若要实现联合开发,仍需轨道交通机构与区(县)级土地储备机构进行协调。由此,对于轨道交通沿线地区最好专门划入特定区域进行单独储备,比如,纳入《上海市土地储备方法》中特定区域的土地储备,并由轨道交通机构根据线路规划以及地块开发分析选择并参与地块储备。从而,在地方层面的土地储备管理办法中予以确定,建立专门的联合开发土地储备机制。

9.4 联合开发土地出让政策探索

由轨道交通机构或联合开发公司顺利获取土地是进行联合开发建设的前提条件,联合开发的实施也以获得土地使用权为前提。进行轨道交通联合开发的用地可以分为两部分:轨道交通建设用地及沿线开发用地。若按空间要素联合进行范围划分,可以分为三部分,即轨道交通站点附着地下空间、轨道交通站点上盖空间及沿线开发用地空间。轨道交通建设用地为城市基础设施用地(非经营性用地),而沿线开发用地主要指经营性用地。不同的国家有不同的土地获取方式,相关的法律规范及相关政策对于轨道交通联合开发的实施有着重要的影响。

9.4.1 土地获取政策法规背景

1. 城市轨道交通用地获取方式

城市轨道交通用地属城市基础设施用地,可以根据划拨方式取得用地。按照 2004 年

8月28日第十届全国人民代表大会常务委员会第十一次会议修改通过的《中华人民共和国土地管理法》[181]第五十四条规定“……城市基础设施用地……可以采用划拨的方式设立建设用地使用权。”按照2007年8月30日第十届全国人民代表大会常务委员会第二十九次会议修改通过的《中华人民共和国城市房地产管理法》[182]第二十四条规定“……城市基础设施用地……可以依法以划拨方式获取建设用地土地使用权。”此外，根据中华人民共和国国土资源部令第9号《划拨用地目录》[183]（2001年10月22日起施行）：根据《中华人民共和国土地管理法》和《中华人民共和国城市房地产管理法》的规定，符合本目录的建设用地项目，由建设单位提出申请，经有批准权的人民政府批准，方可以划拨方式提供土地使用权。其中，包括城市基础设施用地。公共交通设施作为城市基础设施之一，包括城市轻轨、地下铁路线路、公共交通车辆停车场、首末站（总站）、调度中心、整流站、车辆保养场。因此，依据《中华人民共和国土地管理法》《城市房地产管理法》以及《划拨用地目录》，城市轨道交通可向本地国土资源管理局申请划拨用地，并由县级以上人民政府依法批准。

经依法批准，城市轨道交通用地也可以采用协议方式，并有协议出让最低价限制。若要“变性”为经营性用地，需相应补交土地出让金。中华人民共和国国土资源部发布的《协议出让国有土地使用权规范》[184]（国土资发〔2006〕114号），协议出让国有土地使用权范围中包括：原划拨、承租土地使用权人申请办理协议出让，经依法批准，可以采取协议方式，但《国有土地划拨决定书》《国有土地租赁合同》、法律、法规、行政规定等明确应当收回土地使用权重新公开出让的除外。此外，由中华人民共和国国土资源部发布的，自2003年8月1日起施行《协议出让国有土地使用权规定》：“第五条　协议出让最低价不得低于新增建设用地的土地有偿使用费、征地（拆迁）补偿费用以及按照国家规定应当缴纳的有关税费之和。有基准地价的地区，协议出让最低价不得低于出让地块所在级别基准地价的70%。低于最低价时国有土地使用权不得出让”。“第十六条　以协议出让方式取得国有土地使用权的土地使用者，需要将土地使用权出让合同约定的土地用途改变为商业、旅游、娱乐和商品住宅等经营性用途的，应当取得出让方和市、县人民政府城市规划部门的同意，签订土地使用权出让合同变更协议或者重新签订土地使用权出让合同，按变更后的土地用途，以变更时的土地市场价格补交相应的土地使用权出让金，并依法办理土地使用权变更登记手续”。综上所述，如果采用协议的方式获得土地，轨道交通机构仍需支付土地出让金。

2. 周边经营性用地获取方式

城市轨道交通沿线联合开发项目主要为房地产项目，包括商业、娱乐、商品住宅类用地，属经营性用地。根据我国现行相关法律规范，经营性用地必须通过“招拍挂”获得土地使用权。从1995年至2007年，我国的相关法律规范已全面确立了经营性土地使用权的“招拍挂”制度：1995年1月1日开始实施的《中华人民共和国城市房地产管理法》第十二条规定“……商业、旅游、娱乐、豪华住宅用地，有条件的，必须采取拍卖、招标方式；没有条件的……”。1999年1月27日，国土资源部在《关于进一步推行招标拍卖出让国有土地使用权的通知》[185]中要求各地“今后，商业、旅游、娱乐和豪华住宅等经营性用地，有条件的都必须招标、拍卖出让国有土地使用权”。2001年4月30日，在《关于加强国有土地资产管理的通知》[174]中，国务院要求“……各地要大力推行土地使用权招标、拍卖”，“……商业性质房地产开发用地和其他土地供应计划公布后同一地块有两个以上意向用地者的，都必须由市、县人民政府土地行政主管部门依法以招标、拍卖方式提供”。2002年7月1日起开始实施的国土资源部11号令《招标拍卖挂牌出让国有土地使用权规定》[186]确立了市场配置土地资源的制度，其核心是通过市场方式确定土地使用权人，全面确立了经营性土地使用“招拍挂”出让制度，第一次明确了经营性质的用地必须采用“招拍挂”方式出让。2002年以来，国务院及相关部委的规章和文件继续维持和肯定了“招拍挂”出让土地使用权的制度。2007年10月1日实施的《物权法》[187]是我国首次以法律的形式，全面肯定了经营性土地使用权的“招拍挂”制度。其中，第一百三十七条明确：“工业、商业、旅游、娱乐和商品住宅等经营性用地以及同一土地有两个以上意向用地者的，应当采取招标、拍卖等公开竞价的方式出让。”

9.4.2 土地出让操作方式

按照上文提到的我国现行法律规定，轨道交通属于城市基础设施，其用地性质为市政用地，供地方式主要仍为政府划拨。沿线开发用地属于经营性用地，供地方式为通过市场“招拍挂”。二者供地方式的差异客观导致轨道交通建设与土地开发的实施主体会有所不同，由此产生了不同实施主体间的利益分歧与行为差距，从而给轨道交通联合开发工作带来了困难。土地受让主体划分可以分为四种方式：① “各管各”的各自受让开发；② 轨道交通机构受让开发；③ 开发商受让开发；④ 轨道交通机构和其他主体联合受让开发。

1. 方式一：“各管各”分别获取土地进行开发

按照上述法律规范，一般情况下也是常规操作模式，轨道交通建设项目的土地使用权，由政府土地管理职能部门以划拨方式给予轨道交通机构。而沿线物业开发的土地使用权则是在轨道交通线路建设完成后通过公开招投标方式选择房地产开发商出让，进行独立开发。在该种方式下，轨道交通机构和房产开发商“各管各”分别获取，分别进行开发；建设时序上，大多是先进行轨道交通建设，再进行周边地块出让。在该种土地获取方式下，作为轨道交通建设与周边地块开发的联系反映在以下两种方式上。

(1) 土地出让金反哺方式。政府利用轨道交通的可达性及便捷性提高土地出让金，后通过相关资金运作反哺于轨道交通建设中。广州地铁1号线就采用了土地出让金反哺模式。广州市政府全额投入建设资金进行地铁1号线建设，总投资约122亿元，并将沿线土地通过市场化方式出让给开发商。广州市政府通过招商推向市场的地块总数达27个，用地面积32万 m^2，建筑面积200万 m^2。广州地铁建设资金主要有三大来源：国外贷款、市财政综合筹资、地铁沿线物业开发融资。其中，地铁沿线物业开发融资（土地出让金方式）是构成地铁建设资金来源的重要组成部分，预期指标为总投资的43%。上海也采用土地出让金反哺的形式：上海的轨道交通建设基金按照市级土地出让收入1.5%的标准予以提取。

(2) 开发商代建轨道交通设施方式。除土地出让金反哺方式外,在"各管各"各自获地开发的情况下,还涉及另外一种情况,即由沿线地块的开发商代建相应的轨道交通设施,并作为土地出让要求(上文中也有所描述,即开发商代建式联合开发)。比如:在土地出让合同中写明需开发商代建地铁风井、出入口、冷却塔、膨胀水箱等地铁功能性设施,具体由轨道交通机构进行建设,但建设费用由土地受让人承担。如:黄浦区 163 地块由开发商代建或配建出入口、连通道等,均由土地受让人承担。这种由开发商承担地铁设施建设的形式是通过法律协议要求相关的开发商负责地铁设施的工程或承担建设费用。

2. 方式二:由轨道交通机构获取土地进行开发

该方式是由轨道交通机构获得土地后再进行联合开发。在现行政策下,轨道交通机构获得土地的方式会有所差异,将其分为以下三种。

(1) 由轨道交通机构以划拨方式获得土地使用权。划拨范围可以分为两种:一种划拨范围仅为轨道交通建设用地,后续进行上盖物业开发;另一种划拨范围适当扩大,包括沿线部分土地,后续再进行轨道交通联合开发。其中,第二种方式将涉及市政公用设施用地转性为经营性用地。若采用该种方式,需要地方相关政策法规的大力支持方可实施,并涉及后续补交土地出让金等相关事宜。事实上,该种操作方式面临着国有资产流失的质疑。此种操作方式较少使用。

(2) 由轨道交通机构以协议方式获得土地使用权。范围上也可分为仅为轨道交通建设用地和包括沿线土地扩大范围两种。由轨道交通机构通过协议方式获取土地使用权,并相应支付协议地价。根据《招标拍卖挂牌出让国有土地使用权规定》[186],协议地价即"支付协议出让最低价不得低于新增建设用地的土地有偿使用费、征地(拆迁)补偿费用以及按照国家规定应当缴纳的有关税费之和。有基准地价的地区,协议出让最低价不得低于出让地块所在级别基准地价的 70%"。事实上协议地价是按未有轨道交通的地价支付。此种模式类似于香港"轨道+物业"模式,即香港地铁公司以"建地铁之前"的价格从政府处购买土地使用权。在 2002 年 7 月 1 日起施行国土资源部 11 号令《招标拍卖挂牌出让国有土地使用权规定》之前,该种方式仍有城市采用。采用 BOT 投资方式的深圳轨道交通 4 号线曾经希望以协议的方式将沿线土地出让给港铁公司,后因可行性报告未获国家发改委批复,而最终只能采用了"招拍挂"方式将土地出让给深圳地铁公司。

(3) 由轨道交通机构以混合方式获得土地使用权。按照目前相关政策可以分为三类:① "划拨+协议"模式:以划拨方式取得轨道交通用地,以协议方式获得沿线土地。目前受到国土资源部 11 号令的限制,"划拨+协议"模式自 2002 年 7 月 1 日后已经很少采用。② "划拨+招拍挂"模式:以划拨方式取得轨道交通用地,以"招拍挂"方式获得沿线土地使用权。该模式目前有城市采用较多。但面临轨道交通机构如何通过"招拍挂"获得土地使用权的问题。③ 混合获地方式:将空间权分层设置,进行分层出让,可采用混合获地方式。比如深圳市前海湾地铁车辆段上盖物业开发。混合方式获得土地使用权有两方面技术性要求:一方面是为了能够让轨道交通机构获得沿线土地的使用权,从而顺利获得土地增值的利益,需要能让轨道交通机构在土地出让过程中顺利拿地。另一方面是需要符合国土资源部 11 号令《招标拍卖挂牌出让国有土地使用权规定》的要求。因此，该种获地方式需要政府相关部门相关政策法规的大力支持。其中，混合获地方式主要是深圳前海湾地铁车辆段上盖物业开发。在空间权分层设置的基础上，采用"划拨＋协议＋挂牌"结合的方式。主要原因在于深圳贯彻落实了《物权法》关于建设用地使用权可以分层设立和出让的有关规定，采用了空间权分层设置，并进行分层出让的方式。此外，在确保轨道交通机构顺利拿地的目标基础上，深圳市采用了"带条件"土地出让的方式，深圳市挂牌出让的土地其出让公告中规定参与竞买的申请人须满足以下条件：① 具有地铁线路及附属设施建设经营范围，并拥有建设及经营 1 条以上（含 1 条）地铁线路的经验；② 竞买人须通过深圳市轨道交通建设办公室竞买资格审查并取得竞买资格证明，方可参加上述宗地竞买。事实上，符合拿地资格的仅有深圳市地铁公司。

3. 方式三：由开发商获取土地进行开发

该方式是由开发商获得土地后再联合轨道交通机构进行联合开发。该种方式在国内应用较少，具有一定的特殊性。其中，最为典型的案例为上海轨道交通 9 号线打浦路站的日月光中心广场案例。2003 年，该地块作为新一轮旧区改造项目出让给台湾日月光集团进行开发建设。但后来，轨道交通 9 号线须从地块中间穿越，为减少轨道交通线路对地块开发量的影响，日月光集团提出结合轨道交通站点进行开发建设。因此，日月光中心广场实际上是由开发商获得土地后，联合轨道交通机构进行的联合开发。

4. 方式四：由轨道交通机构与其他主体联合获取土地进行开发

轨道交通机构与其他主体联合形成联合体获取土地使用权，获取方式有两种，协议出让方式或"招拍挂"方式。其中，其他主体有三种：政府背景国资公司；房地产开发商；投资发展商。

(1)与政府背景国资公司合作。上海在 2014 年 4 月 11 日《关于推进上海市轨道交通场站及周边土地综合开发利用的实施意见（暂行）》中明确鼓励轨道交通建设主体与相关市、区（县）国资公司组成联合体，对轨道交通车站地区进行综合开发利用。由轨道交通建设主体与相关市、区（县）国资公司组成联合体获取土地的可采用协议的方式，但土地使用权不允许转让。地价按规划建轨道交通前的地价评估收取。

(2) 与房地产开发商合作。深圳地铁老街站上盖物业开发：由深圳市地铁有限公司（甲方）和深圳市远为实业公司（乙方）形成联合体深圳市地铁远为房地产开发有限公司进行合作开发（股权认购比例：甲方占 60%的股份，乙方占 40%的股份），以协议方式获取土地使用权。

(3) 与投资发展商合作。比如，深圳中信地铁商场，由深圳市中信城市广场投资有限公司与深圳市地铁有限公司形成联合体，通过协议方式获得土地，进行地下商业开发。

表 9-2 按照土地"招拍挂"制度实施前后的联合开发实施方式及土地出让操作方式进行了划分。由此可见，土地"招拍挂"制度实施之后，联合开发土地出让方式更多采用的是通过添加限制性条件的方式使轨道交通机构成为相关主体。

表 9-2　　不同土地出让制度下的联合开发实施方式

土地出让制度	案例	实施方式	土地出让操作方式
土地"招拍挂"制度之前获地实施的联合开发	上海轨道交通 1 号线虹梅大厦案例	由轨道交通机构负责动拆迁并负责地铁建设与经营,并作为实施主体自行进行物业开发	由轨道交通机构获取土地进行开发
	上海轨道交通 1 号线雅州大厦案例	由轨道交通机构负责动拆迁并负责地铁建设与经营,获地后寻找开发商进行联合开发	由轨道交通机构获取土地进行开发
	广州地铁 1 号线	由轨道交通机构负责动拆迁并负责地铁建设经营;开发商获得沿线土地开发,其中土地出让金反哺给予轨道交通企业进行建设经营	"各管各"分别获取土地进行开发(土地出让金反哺方式)
	上海轨道交通 9 号线打浦路站日月光中心广场案例	由开发商进行土地动拆迁并获得土地开发权;轨道交通机构则负责地铁建设与经营	由开发商获取土地进行开发
土地"招拍挂"制度之后获地实施的联合开发	深圳地铁 4 号线二期	政府进行动拆迁及土地储备,政府与港铁公司签订《特许经营协议》,由港铁公司进行地铁建设经营。沿线土地通过添加限制性条件通过"招拍挂"方式给予特许经营公司	由轨道交通机构获取土地进行开发(特许经营公司)
	深圳车辆段上盖联合开发	政府进行动拆迁及土地储备,轨道交通机构负责地铁建设与经营,其上盖空间通过添加限制性条件"招拍挂"方式出让给轨道交通机构相关联合体	由轨道交通机构与其他主体联合获取土地进行开发
	上海车辆段上盖联合开发	政府进行动拆迁及土地储备,轨道交通机构负责地铁建设与经营,其上盖空间通过添加限制性条件"招拍挂"方式出让给轨道交通机构相关联合体	由轨道交通机构与其他主体联合获取土地进行开发

9.4.3 问题分析与总结

1. "各管各"分别获取土地进行开发方式存在的问题

出让金反哺方式是把土地出让金一定程度上予以返还,并作为轨道交通建设资金的组成部分,但轨道交通与周边土地开发仍然存在脱离。按照联合开发实施三要素来看:实施主体上"各管各",未能实现主体要素联合;空间资源利用上"各管各",未能实现空间要素联合;资金要素上,一定程度实现了溢价回收,但也仅在资金要素上实现了部分联合。因此,该方式仍未能真正体现轨道交通联合开发的价值。

开发商代建式是由开发商代建相关设施,如代建出入口、连通道等。从联合开发实施三要素来看,相对于出让金反哺方式,它在一定程度上体现了主体要素、空间要素和资金要素的联合；从联合开发实施程度上来说，仅为部分联合，轨道交通联合开发的价值未能充分发挥。作为轨道交通建设和地块开发受限的建成区可以作为折中的轨道交通联合开发方案。

2. 由轨道交通机构获取土地进行开发的方式存在的问题

首先，采用该种方式的首要条件是轨道交通机构应被授予房地产开发权。以上海为例，自从 2000 年以后，上海市轨道交通建设运营推进“四分开”体制，尽管加快了轨道交通线路的建设，但对于促进联合开发却形成了资源割裂的障碍。上海市轨道交通建设运营主体参与房地产开发受限。直到近期，上海在 2014 年 4 月 11 日《关于推进上海市轨道交通场站及周边土地综合开发利用的实施意见(暂行)》出台后，上海市轨道交通机构才逐步开始参与房地产开发。2014 年 10 月 21 日，申通地铁发布公告，拟与上海申通地铁资产经营管理有限公司以及其下属全资子公司上海地铁资产投资管理有限公司和交银国际信托有限公司、上实融资租赁有限公司、上海善卓投资管理合伙企业(有限合伙)签订有限合伙合同，共同出资 40 亿元成立上海轨道交通上盖物业股权投资基金合伙企业。

其次，轨道交通用地及沿线经营性用地取得仍受到相关土地出让政策的限制。按现行政策，其用地性质为市政用地，供地方式采用政府划拨；而沿线物业开发属于经营性用地，一般包括上盖或地下空间和沿线开发土地两个部分。按照现有的政策，国内城市进行联合开发一般采用设置条件的“招拍挂”方式出让。但该出让模式存在较多问题：① 存在轨道交通机构不能顺利竞得开发地块土地使用权的风险；② 设置条件出让的操作一定程度上是非市场化的，出让价格一般比市场竞争出让价格要低，而未能彰显土地价值；③ 按照现行政策规定，轨道交通机构通过“招拍挂”取得土地使用权后，仍需缴纳土地出让金，而轨道交通建设本身就需要大笔资金投入，如此会给企业带来巨大的融资压力。

最后，由轨道交通机构获取土地进行开发，属于轨道交通机构自建式联合开发。从联合开发实施三要素来看，仍仅能够实现空间要素联合与资金要素联合，而未能实现主体要素的联合，轨道交通联合开发的价值仍未能予以充分发挥。

3. 由开发商获取土地进行开发的方式存在的问题

由开发商获得土地后再联合轨道交通机构进行联合开发这一方式在国内使用较少。这种方式对于开发商的实力具有较高要求。从日月光中心广场案例来看，由开发商代建了轨道交通站体，进行了联合开发。事实上，该案例采用该种方式，主要在于开发商衡量了成本与收益，提出联合开发能获得更多的收益。开发商与轨道交通机构签订了合作合同，轨道站点的产权和其上方的土地开发权归属方基本上是明确的，前者归轨道交通机构所有，而后者归开发商所有。但其中合作合同的签订条款需要双方明确划分。在与日月光集团项目工程负责人的访谈过程中，负责人指出建设运营后涉及轨道交通的部分设施的运营费用未予以划分清楚，仍由日月光集团在负责支出。此外，该模式也涉及空间使用权的问题。

4. 由轨道交通机构与其他主体形成联合体获取土地进行开发方式存在的问题

由轨道交通机构与其他主体形成联合体来拿地，已经实现了主体要素联合，成功获地后进行一体化开发，也能实现空间要素的联合。同时，开发后获得的收益由轨道交通机构与其他主体共同获取，实现了资金要素的联合。但前提仍是联合体能够顺利获地。与由轨道交通机构获取土地进行开发的模式一样，目前，国内一些城市采用的也是设置条件的出让方式。但此种方式同样受到质疑，即将地铁建设项目和沿线土地项目捆绑招标，会使绝大多数房地产开发商失去投标资格，而使同时具备地铁建设、地铁运营和房地产开发资质的公司获得中标。这种方法涉嫌违反国土资源部颁布第39号令《招标拍卖挂牌出让国有建设用地使用权规定》第11条规定"中华人民共和国境内外的自然人、法人和其他组织，除法律、法规另有规定外，均可申请参加国有建设用地使用权招标拍卖挂牌出让活动。出让人在招标拍卖挂牌出让公告中不得设定影响公平、公正竞争的限制条件"。另外，《中华人民共和国招标投标法实施条例》[188]第18条规定"……招标人不得以不合理的条件限制或者排斥潜在投标人，不得对潜在投标人实行歧视待遇。"所以，这种捆绑招标，带条件的出让方式的合法性也受到质疑。

9.4.4 土地出让操作模式改进建议

9.4.4.1 空间权分层设置、分层出让

贯彻落实《物权法》关于建设用地使用权可以分层设立和出让的有关规定，实现地表、地上和地下使用权的分层出让。以深圳在车辆段上盖项目地块出让实践为例，对轨道交通建设用地分层设置土地使用权，进行分层出让。在深圳前海湾车辆段上盖项目案例中，土地出让是以地铁为核心，分三层设置土地使用权：地下空间属地铁车辆通行和换乘区专用，土地使用权为政府划拨；地上0～9 m属地铁车辆段所需厂库、公共停车等相关设施，土地使用权部分挂牌；地上9 m以上空间，由竞得人按照规划设计要求，进行综合性物业开发，用地使用权公开挂牌。深圳的案例对于地铁上盖物业及地下空间开发均有指导意义。具体操作方式上，将轨道交通建设空间划拨给轨道交通机构，其上盖或地下空间则以"招拍挂"方式按市场化运作。总体而言，就是土地使用权向空间使用权迈进。

9.4.4.2 "轨道＋土地"捆绑用地出让

模式一：捆绑土地划拨或协议出让，获地转性后由合作开发商补交地价。目前，操作方式是采用将轨道交通设施用地和毗邻地块捆绑，划为城市基础设施用地，先行划拨或协议出让给轨道交通机构。轨道交通机构按协议出让最低价支付地价，即"支付协议出让最低价不得低于新增建设用地的土地有偿使用费、征地（拆迁）补偿费用以及按照国家规定应当缴纳的有关税费之和。有基准地价的地区，协议出让最低价不得低于出让地块所在级别基准地价的70％"。待轨道交通机构获地后，以作价入股形式将地块转让给合作开发商，并在取得出让方和市、县人民政府城市规划部门的同意后，对毗邻地块予以改性为经营性用地，并相应地由合作开发商补交土地出让金。该种方式在现行法律政策上存有障碍，需要政策法规的支持。

模式二：授予轨道交通机构土地储备权，获取捆绑土地一级开发收益并"曲线拿地"。政府授予由轨道交通机构储备机构权利联合对轨道交通沿线土地进行储备，将轨道交通及沿线土地划为综合发展区，由轨道交通机构进行收储，获取土地一级开发收益，将受轨

道交通影响产生的增值部分予以回收，以此支持城市轨道交通的发展。轨道交通机构介入土地一级开发，使得轨道对土地价值的提升部分得以显现，甚至扩大，并通过出让的方式回收提升部分的土地价值，用来支持轨道交通的发展。此外，另外一级开发还可依法进行土地的短期经营，这也能够为一级开发的主体机构带来利润。最为重要的是，随着土地“招拍挂”的进一步规范，一级开发商对土地的开发成本平衡点、项目本身及周边情况的了解比其他竞争者更具优势，承接土地一级开发有利于土地一级开发商“曲线拿地”。另外，在实践中土地交易市场的现实情况也证明了该策略的可行性。这种策略适用于邻近轨道或远离轨道的轨道交通联合开发房地产项目。因此，轨道交通联合开发实施中应当积极争取进入土地的一级开发领域，这将有效地回收因城市轨道交通发展而产生的外部效益。

9.4.4.3 政策差别化考虑

诸如上海等这类大城市多分为市、区两级政府，它们对于区域发展承担不同职能和责任。在轨道交通站点沿线地块开发上，可以充分发挥市、区(县)政府和轨道交通建设主体的各自优势区别对待。其中，轨道交通车辆基地综合开发利用以轨道交通建设主体为主；轨道交通车站综合开发利用以相关区(县)国资公司为主，并鼓励轨道交通建设主体与相关市、区(县)国资公司组成联合体(由轨道交通建设主体、相关市、区(县)国资公司单独或联合设立的开发主体)。新建轨道交通场站综合建设用地，由所在区(县)政府按照现行分工负责征收。即轨道交通场站综合建设用地，在完成轨道交通场站本体工程后，由联合开发主体负责经营性“上盖”建设。在明确规划和形成“净地”或“上盖”后，可以出让给联合开发主体。用于车站、轨道部分的土地，按照划拨土地方式管理；用于经营性开发的部分，按规划建设轨道交通前的市场评估地价收取；涉及地下经营性部分，地价按本市相关规定收取。上海市已于 2014 年 1 月出台《上海市地下空间规划建设条例》，对地下空间规划、建设及相关管理活动进行统一规定。于 2014 年 4 月 11 日出台《关于推进上海市轨道交通场站及周边土地综合开发利用的实施意见(暂行)》。其中也明确规定：联合开发主体以协议方式取得的建设用地使用权，以自主开发为主，土地使用权不得转让；如引入社会投资主体参与开发的，轨道交通场站建设用地使用权以“招拍挂”方式公开出让。轨道交通场站建设用地成本和耕地占补平衡等相关费用，以及经营性“上盖”建设成本，纳入开发土地成本。总之，对于轨道交通站点涉及的开发空间及开发主体采用差异化的政策，从而鼓励轨道交通机构、社会投资主体参与并实施联合开发。

9.5 本章小结

建立起激励相容的土地管理机制对于推进联合开发的实施非常重要。其中，将土地增值部分收益作为激励要素不仅可以实现外部效益的内部化，而且对于有效激励轨道交通建设运营主体参与联合开发起到重要的作用。这些激励要素主要可以体现在土地储备及土地出让相关土地开发的政策改进与完善中，并通过相关土地开发政策的完善推进实施。

10 轨道交通联合开发运行保障机制

轨道交通联合开发是一项庞杂的系统工程，在其实施过程中需要政府建立起完善的运行保障机制，其中相关的机构组织、具体的政策支持以及完善的法律体系是构成运行保障机制的三个主要要素。本章主要从机构组织、政策支持以及法律完善三个层面提出对联合开发实施的保障。其中，在机构组织方面，主要提出确立“两个层级”的联合开发实施主体组织构架；在政策支持方面，主要针对联合开发的主体要素联合、空间要素联合以及资金要素联合“三方面要素”提出政策支持要点；在法律完善层面，主要针对联合开发涉及的专项法和配套法“两个方面”提出法律体系完善建议。本章分析研究逻辑结构如图 10-1 所示。

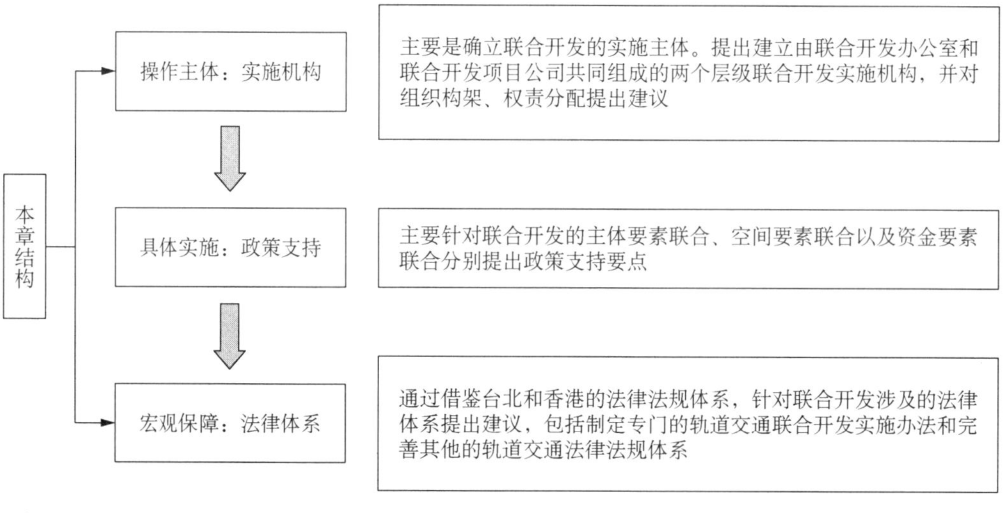

图 10-1 第 10 章分析研究逻辑结构图

10.1 联合开发实施机构建立

10.1.1 联合开发实施机构的组织构架

基于本书第 5 章所述，轨道交通联合开发是一项通过公共部门和私营机构合作进行的与轨道交通站点相结合的房地产开发，其实施过程将涉及多方利益主体的利益诉求。此外，开发建设活动本身也涉及交通、规划、土地、建设等多部门之间的参与和管理。成功的公私合作制需要来自政府高层的政治支持和政府参与[66]。因此，促进轨道交通联合开发的实施，需要政府的支持与参与。首先，政府在机构设置上予以保障，主要是专设一个政府协调管理部门（如联合开发办公室），对开发活动进行全方位的控制与协调，其主要职责包括：联合开发建议的提出、综合规划与设计、推进土地的整合与获取、具体建设活动行政审批事项的组织协调、争取政策支持、起草相关法规等，该部门受地方政府委托。从具体实施主体上来看，成立专门的联合开发项目公司，负责具体合作开发活动，主要职责包括：确定合作开发后的具体设计方案确定、签订合作开发协议、项目开发、后续的利益返还与分配以及物业经营等。该主体与开发商或投资人采用 PPP 合作模式成立公私合作公司，共同作为执行机构，并受地区主管机关监督。在这种模式下，联合开发实施机构由“联合开发办公室＋联合开发项目公司”两个层级组成，是一种综合协调的模式。

此种模式最为典型的就是中国台湾联合开发的组织管理体系，将联合开发的执行机构分为捷运局和捷运公司，并相应规定了机构的职能。此外，上海也有相关探索，最为典型的案例是上海静安寺地区模式。由静安区政府成立具有行政性质的开发管理办公室或指挥部。该开发管理机构主要由区政府相关职能机构组成，主要包括规划管理部门、土地管理部门、建设交通管理部门等，主要职能是协调并推进地区开发。在轨道交通企业进行相关建设活动的同时，相关地区开发事宜由该机构进行组织协调。通过成立指挥部，主要对统筹地区开发起到重要的协调作用。为实现静安寺地区的城市建设目标，对土地开发进行统一操作，彻底打破原有以地块划分为界限的各项建设活动，使得地铁站与周边的静安寺、静安公园、下沉广场、商业、办公及停车等设施进行综合安排，合理布局。

参照中国台湾的组织管理体系以及上海静安寺地区的实践，可以建立起国内其他城市轨道交通联合开发实施机构的组织构架，如图 10-2 所示。

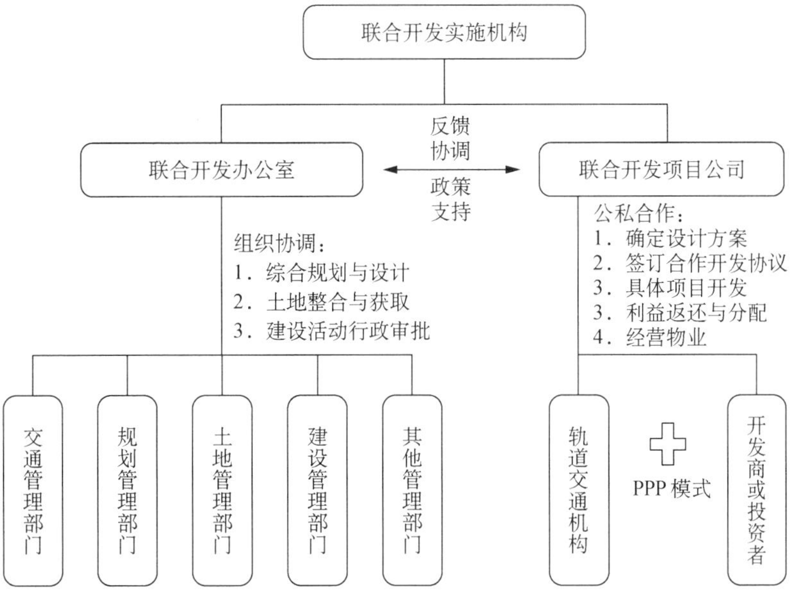

图 10-2　轨道交通联合开发实施机构的组织构架

10.1.2 联合开发实施机构的权责分配

在国内，如果从联合开发初期就由政府部门牵头对联合开发规划进行有效引导，并协调好各方应负的责任，将会使联合开发顺利推进，避免陷入无可挽回的困境。因此，联合开发办公室最好在规划选线时就予以成立，并对其权责予以明确。联合开发项目公司在项目确立后立即参与项目建设。具体分配如下：

1. 联合开发办公室

根据轨道交通建设和房地产开发程序，以土地获取作为两阶段的分界线，将联合开发分为土地整合阶段和项目建设阶段，并对涉及的具体主管机构的相关职能进行分阶段分析，如图 10-3 所示。

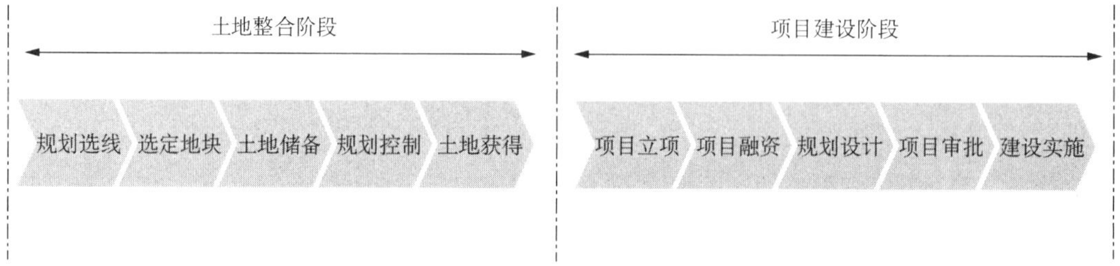

图 10-3 轨道交通联合开发程序分阶段划分

（1）土地整合阶段：主要包括轨道交通规划选线、选定联合开发地块、进行土地收储、地块规划编制以及土地出让等主要环节。具体而言，交通管理部门进行规划选线，与规划管理部门一起选定联合开发地块；规划管理部门负责对相关用地进行规划控制并组织编制联合开发规划方案；土地管理部门对沿线土地预先进行储备及控制，积极筹备并组织土地出让相关事宜。联合开发办公室则出面协调各行政部门之间存在的条块分割以及运作机制不协调的问题，以促进联合开发。

（2）项目建设阶段：主要对具体联合开发项目进行开发建设，联合开发办公室主要负责协调与联合开发项目相关的行政审批事宜，包括项目立项、项目融资、规划设计、项目建设的行政审批以及建设实施等，其间规划管理部门、建设管理部门以及其他相关部门则扮演着重要的行政审批职能。由联合开发项目公司作为项目主体具体予以操作，联合开发办公室予以组织协调。

2. 联合开发项目公司

联合开发项目公司与普通的房地产开发项目公司有所不同，其中一方为轨道交通机构，另一方可以是私营开发商或投资商。本书第 6 章的研究表明，公司型合建式联合开发为最优方式，即典型的 PPP 模式。联合开发项目公司一旦投入运营，就要独立承担经营盈亏，同时还应按照规定纳税。由于联合开发项目公司在对沿线地块开发的同时需主要负责对准公共产品的轨道交通进行建设，因此，政府应予以相关政策支持，适当给予优惠政策。同时,发挥好相关监督职能。联合开发办公室需要充分发挥其主动性并协调好各部门的合作,这将对联合开发的成功起到积极的促进作用。

10.2 联合开发实施政策支持

10.2.1 联合开发主体要素方面的支持

轨道交通联合开发项目与普通的房地产开发项目有所不同,还需要承担作为准公共产品的轨道交通的建设,因此,需要政府提供政策方案的支持。除本书 10.1 节中所提成立专门的政府协调管理部门予以统筹协调外,还需要有针对性的支持政策。其中,涉及主体要素方面,主要包括以下两方面政策支持。

(1) 对于轨道交通机构,予以全过程参与。轨道交通机构在联合开发过程中,扮演着特殊的角色。需要相关政策给予轨道交通机构更多的参与性,包括参与前期准备阶段和后期合作实施阶段,即“两阶段,全过程”。特别是在第一阶段,在综合规划与设计过程中,轨道交通机构与政府部门共同进行规划选线、联合开发地块选定、联合开发地块规划编制等;在土地整合与获取过程中,共同参与相关地块的评估、收储以及出让等,以获得土地一级开发受益。在第二阶段的合作实施过程中,与开发商或投资者合作,全程参与项目开发。联合开发实施完成后,还将负责后续的管理经营。

(2) 对于联合开发项目公司,获地方式上予以支持。联合开发项目公司的成立主要有以下两种方式:轨道交通机构先行选择合作开发商或投资者成立联合开发项目公司,再去获取开发用地使用权,进行联合开发;轨道交通机构先行拿地,再选择开发商或投资商成立联合开发项目公司,进行联合开发。无论哪种方式,都承担着能否成功获得土地使用权的风险。因此,在获地方式上,需要政府予以政策上的支持,允许轨道交通机构参与土地“招拍挂”,参与房地产开发;或允许采用带条件的土地出让方式,但必须是有轨道交通机构参与的开发商参与土地“招拍挂”。

10.2.2 联合开发资金要素方面的支持

基于轨道交通准公共产品的经济特点,在资金政策上,鼓励公私合作——主要采用自愿协议方式[26]。轨道交通机构与开发商或投资商通过签订协议成为联合体进行开发。政府部门则通过采取针对性的政策支持和契约化的监管方式参与。主要包括以下两方面:

(1) 允许投资者参与联合开发。参与方式可以有以下两种:一种是将公益性部分与营利性部分予以定量分开,由轨道交通机构和开发商或投资者签订合作协议。由轨道交通机构负责公益性部分的投资,由开发商或投资者负责营利性部分的投资。另一种,联合开发项目公司按投资比例签订合作协议,共同投资,进行联合开发,最终收益按照投资比例获取。

(2) 给予联合开发奖励性政策。给予联合开发项目公司一定的开发权奖励,包括容积率奖励、开发权转移、广场奖励等;给予联合开发项目公司一定的税收减免政策;给予联合开发项目公司投资资金优惠或长期贷款优惠等。

10.2.3 联合开发空间要素方面的支持

首先，根据轨道交通线路影响范围，划定轨道交通沿线综合开发区。通过地块评估并结合轨道交通站点周边地块，来确定轨道交通站点开发的核心区作为联合开发特定区，将此区域作为联合开发办公室协调管理范围。其次，针对两个范围，采用差别化的开发指标控制体系，特别是高度、密度、容积率等予以更多弹性，鼓励高强度、复合型开发，而相应的其他控制指标要求则适当予以降低。其中，联合开发特定区必须进行城市空间设计引导，从而提升站点地区的土地价值和开发潜力。此外，联合开发对于地下空间的开发较为普遍，因而对于地下空间的性质、权属、开发利用的方式等方面需要政策上予以支持。

10.3 联合开发实施法律保障

与中国台北、中国香港等城市和其他地区相比，国内其他城市针对轨道交通联合开发的法规制度比较缺乏，没有一个以法律形式确定的站点地区的土地利用、规划控制和吸引投资者的激励机制，故目前的联合开发项目基本处于自发阶段，对参与各方权责利的划定，也需要经历长期且不易的商谈才能达成共识，所以错失了很多开发时机并导致了经济损失。从中国台北和中国香港来看，中国台北有专门的联合开发办法，而中国香港则有完善的法律法规体系保障车站地区的联合开发。

10.3.1 制定专门的轨道交通联合开发实施办法

对应中国台北的《台北大众捷运系统土地联合开发办法》，建议制定专门的轨道交通联合开发实施办法，对涉及的联合开发主管机构、执行机构和联合开发的规划、土地取得及开发方式、开发项目管制、申请及审查、相关奖励以及监督、管理及处分等做出明确规定。实施办法主要涉及以下几个方面：

（1）联合开发概念界定：对联合开发、联合开发用地、场站邻近建筑物进行明确定义。

（2）实施主体：明确联合开发主管机构为各地城市地方政府或由地方政府指定的主管部门。主管机关为促进联合开发实施，得设立联合开发协调管理机构，负责交通、规划、土地、建设等协调事项。

（3）范围划定：明确主管机构需在线路选定的同时划定轨道交通沿线综合开发区和联合开发特定区。范围划定需按照规定进行公示。

（4）土地收储：主管机构需委托土地储备机构将联合开发特定区（站点和周边土地）进行捆绑收储，并将特定区的土地增值收益纳入城市轨道交通投资基金。

（5）规划编制：主管机构需组织编制综合开发区的控制性详细规划，并通过评估，划定联合开发特定区；联合开发特定区需在综合开发区控制性详细规划基础之上，组织编制城市空间设计。通过城市空间设计对联合开发特定区内的建筑、地下空间利用、公共空间的形态、布局和景观控制做出特别规定。相关规划需按规定进行公示。

(6) 土地出让:联合开发特定区内的经营性用地需与交通用地捆绑进行一级开发。轨道交通机构可参与一级开发。待一级开发完成之后,对经营性用地(包括地下空间)进行“招拍挂”出让,并规定受让方需与轨道交通机构合作进行联合开发。

(7) 建设管理:主管机构可结合地区建设规范制定符合综合开发利用实际的建设管理标准,鼓励轨道交通场站综合开发和土地复合利用。

(8) 申请与审查:参与联合开发的开发商或投资方必须依据规定递交申请资料。申请资料需要包括:财力证明文件或开发资金来源证明文件以及开发建议书等。主管机构需要对申请方的开发能力及综合指标进行审查。通过审查者方能参与土地“招拍挂”,通过竞标后获得地块开发权。

(9) 相关奖励:明确规定联合开发项目公司可依法申请税收减免;主管机构可协助联合开发项目公司办理投资资金优惠或长期贷款优惠;执行机构可配合开展相关公共设施的建设及技术支持。此外,主管机构可给予联合开发项目公司一定的开发权奖励,包括容积率奖励、开发权转移、广场奖励等。

(10) 其他:监督、处理、处分等方面内容。

10.3.2 完善其他的轨道交通法律法规体系

从中国城市轨道交通法律法规体系来完善轨道交通联合开发的配套法律法规,从而推进轨道交通联合开发的实施,实现轨道交通与沿线土地资源的良性互动。目前,中央层面的城市轨道交通的法律法规文件只有一部,由原建设部颁布的,自 2005 年 8 月 1 日起施行的部门规章《城市轨道交通运营管理办法》。该管理办法仅涉及城市轨道交通运营管理,保证城市轨道交通正常、安全运营,维护轨道交通运营秩序,保障乘客和城市轨道交通运营者的合法权益等方面,具体如表 10-1 所列[189]。地方层面的城市轨道交通法规相对齐全,但相对而言,主要在于轨道交通规划建设、运营、安全以及投融资方面,对于土地开发涉及较少。仅有哈尔滨市颁布了《哈尔滨市地铁沿线地下空间开发利用管理规定》,具体如表 10-2 所列[189]。

表 10-1　　中央层面城市轨道交通法律法规及法规性文件

分类	部门规章	法规性文件①
综合		《国务院办公厅关于加强城市快速轨道交通建设管理的通知》 《国务院办公厅转发建设部等部门关于优先发展城市公共交通意见的通知》
规划建设		《城市轨道交通建设项目机电设备采购核定规划》
运营	《城市轨道交通运营管理办法》	

（续表）

分类	部门规章	法规性文件[①]
安全	《城市轨道交通运营管理办法》	《城市轨道交通工程安全质量管理暂行办法》 《全国地铁安全生产管理工作联络员工作办法》 《关于加强城市轨道交通安防设施建设工作的指导意见》 《关于开展城市轨道交通安全生产检查工作的通知》 ……
土地开发		
投融资		《国务院关于投资体制改革的决定》 《国务院办公厅转发国家计委关于城市轨道交通设备国产化实施意见的通知》 《关于优先发展城市公共交通若干经济政策的意见》

注：① 法规性文件所列仅为主要文件。

表 10-2　　地方层面城市轨道交通法律法规和法规性文件

分类	法规和规章	法规性文件[①]
综合	《上海市轨道交通管理条例》 《南京市轨道交通管理条例》 《广州市城市轨道交通管理条例》 《武汉市轨道交通建设运营暂行办法》 《天津市轨道交通管理规定》 《重庆市城市轨道交通管理办法》 《大连市城市轨道交通管理办法》	
规划建设	《杭州市地铁建设管理暂行办法》 《沈阳市城市轨道交通建设管理办法》 《青岛市轨道交通用地控制管理办法》	《郑州市人民政府关于轨道交通工程建设征地拆迁补偿安置的意见》 《福州市人民政府办公厅关于做好地铁一号线管线迁改工作的通知》 《贵阳市人民政府关于印发〈贵阳城市轨道交通有限公司组建实施方案〉的通知》 ……
运营	《深圳市地铁运营管理暂行办法》 《成都市城市轨道交通运营管理办法》 《沈阳市城市轨道交通运营特许经营管理办法》	
安全	《上海市轨道交通运营安全管理办法》 《北京市城市轨道交通安全运营管理办法》 《南京市轨道交通工程建设质量安全管理实施意见》	《天津市人民政府批转市建委拟定的天津市处置轨道交通突发事件应急预案的通知》 《杭州市人民政府关于切实加强地铁建设安全工作的意见》 ……
土地开发	《哈尔滨市地铁沿线地下空间开发利用管理规定》	
投融资	青岛、南京、福州、武汉等城市轨道交通发展专项基金管理暂行办法	《哈尔滨市人民政府关于印发〈哈尔滨市地铁一期工程建设多元化引资若干政策〉的通知》

注：① 地方法规性文件所列仅为代表性文件。

为推动轨道交通联合开发的实施，需要从轨道交通法律体系上来全面考虑，并予以保障。首先，从基本法层面，借鉴中国台湾《大众捷运法》第 7 条：为有效利用土地资源，促进地区发展，主管机关得办理大众捷运系统路线、场、站土地及其毗邻地区土地之开发。法规明确提出，主管机构必须考虑轨道交通站点地区的综合开发利用。其次，构建完善的配套法规，涉及规划建设、运营管理、土地开发、投融资等多个方面，并在配套法规中增加推动联合开发的条款。除本书 10.3.1 节中提出的编制出台《城市轨道交通联合开发实施办法》外，增加如下配套法规：①《城市轨道交通规划建设管理办法》，借鉴《城市规划条例》(香港法例第 131 章)。明确提出轨道交通站点地区必须划定轨道交通沿线综合开发区和联合开发特定区，并统一编制规划，报规划管理部门审批。轨道交通站点地区联合开发，必须同步规划、同步设计、同步实施。同时，借鉴《建筑物条例》(香港法例第 123 章)，规定轨道交通站点周边地区的高密度开发。②《轨道交通公司设置管理办法》，借鉴《地下铁路条例》(香港法例第 276 章)。鼓励轨道交通公司参与土地一级开发，并与开发商或投资商合作成立联合开发项目公司。③《轨道交通沿线土地收益管理办法》，借鉴《地下铁路条例》(香港法例第 276 章)。鼓励将轨道交通沿线土地开发收益予以返还，从而推动联合开发实施。④ 在其他配套法规中予以考虑，如《地下空间开发利用管理办法》等，推动轨道交通站点地区的地下空间整体开发与利用。最后，在地方性法规和实施细则中予以进一步落实。针对不同城市的特点，进行具体法律法规的补充和细化，形成具有地方特点的法律体系，促进地方轨道交通联合开发的实施如图 10-4 所示。

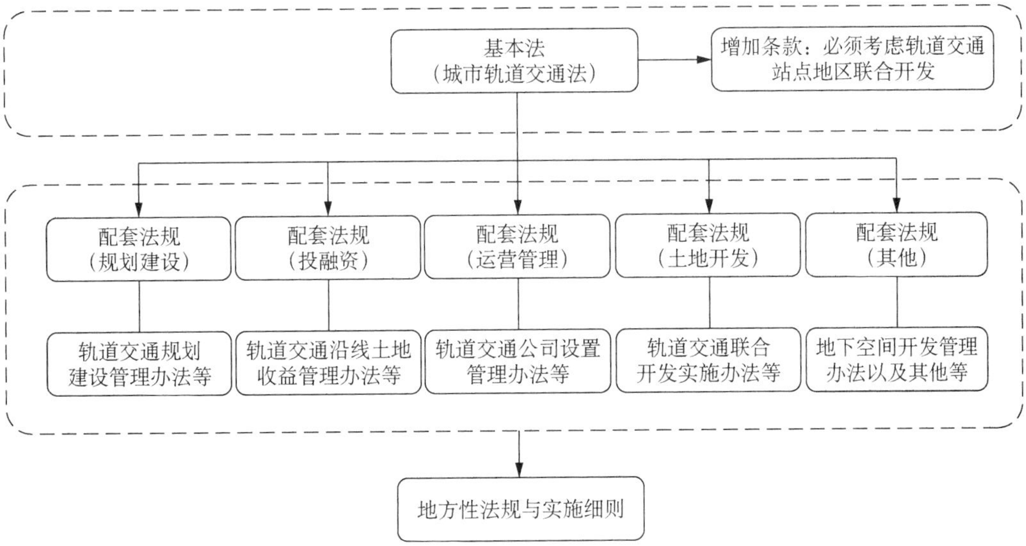

图 10-4　轨道交通法律法规体系完善建议图

10.4 本章小结

轨道交通联合开发的实施需要公共部门和私营机构合作进行，其实施过程涉及多方利益主体。如何平衡多方主体的利益需求，需要建立联合开发实施的操作主体，即实施机构，来统筹协调，实施推进。而具体实施过程中，又离不开主体、空间、资金等要素的联合，需要具体的政策予以支持，方能顺利实施。相关政策的制定又离不开法律体系的保障。总之，轨道交通联合开发实施离不开运行保障机制的建立。

11 主要结论与后续研究建议

11.1 主要结论

11.1.1 什么是联合开发

在就美国及国内一些学者对于轨道交通联合开发的相关定义基础之上，对轨道交通联合开发的定义进一步做了分析与界定。国内相关研究对于轨道交通联合开发的定义主要有两方面：一方面，借鉴美国城市土地协会联合开发相关定义；另一方面，主要将联合开发作为轨道交通与周边用地协调发展的形式、资源经营及利用模式、项目开发模式、不动产开发模式、建设联合，主体联合等。

在美国城市土地协会相关定义基础之上，借鉴国内相关研究的内容，从狭义和广义两个层面对联合开发予以进一步划分界定：一类为狭义的联合开发定义，强调公共交通设施和周边土地开发空间上紧密相连的关系。因此，狭义的联合开发是基于公私合作的一种公共交通设施与周边土地利用结合的房地产开发。另一类为广义的联合开发定义，强调这是一种公私资金的合作关系，更加强调一种“等价交换”理念。只涉及资金的联合开发不作为本书的研究对象，比如按照 R.Cervero 定义提出的对轨道交通沿线地区的土地出让金返还以及土地增值税的征收，此类不作为本书联合开发的研究范畴。因此，广义的联合开发是一种公共交通设施和房屋建设及土地开发之间存在的公私财政合作运作的方式。广义的联合开发概念涵盖了狭义的联合开发概念。本书将狭义联合开发定义归纳为以下五方面特征：① 属于房地产开发；② 空间上与轨道交通等公共交通设施紧密相关；③ 基于公私合作关系，涉及政府部门、轨道交通机构、开发商等；④ 公私双方需要协商和谈判，并用契约关系来规范，规定权责利；⑤ 存在利益共享，风险共担，并实现溢价回收。本书在狭义的联合开发定义基础之上，开展后续相关研究。

根据相关狭义定义进一步提出研究假设——轨道交通联合开发作为一项基于“联合”的轨道交通站点的房地产开发建设活动，轨道交通联合开发可以概括为三方面实施要素的“联合”：① 主体要素的“联合”，是基于合作关系的，公共部门与私营机构之间配合协调，从而实现联合开发；② 空间要素的“联合”：是基于轨道交通站点的房地产开发活动，空间上与轨道交通站点有密不可分的关系；③ 资金要素的“联合”，存在主体之间的利益共享，风险共担，并体现在收入共享和支出分担，以最终实现溢价回收。

11.1.2 如何实施联合开发

本书第 2 章从理论层面研究以下四方面问题：① 是否可以实施轨道交通联合开发？② 为什么要进行轨道交通联合开发？③ 如何实施轨道交通联合开发？④ 如何实现轨道交通联合开发？并搭建起轨道交通联合开发实施机制的理论框架：联合开发的实施机制是基于准公共物品属性基础之上，为实现轨道交通外部效益内部化，采用公私合作制模式的，具有实施性的开发机制。

本书第 3 章通过研究综述，在分析国内外城市联合开发实施案例的基础之上，分析了联合开发成功实施的共同点和差异性，初步验证了本书第 2 章理论研究中提出的三个核心问题，并就国内其他城市联合开发研究的不足进行了分析，为后续研究指明方向。

本书第 4 章聚焦在对照国内外城市特定站点联合开发的具体实施案例上，对站点地区的联合开发实施特征和实施过程进行分析，对实施要素进行总结，从而初步搭建起轨道交通联合开发实施框架。

最后通过理论和实践全方面比较研究，发现其实施经验有三点：

经验一：轨道交通联合开发实施是基于目标导向的实施过程。类似于亚洲大城市，国内城市联合开发的实施目标是通过联合开发促进土地资源的集约利用，实现资源有效配置，从而增加轨道交通的建设运营资金。为了促进联合开发的实施，需要将其从整个实施过程来看：包括从综合性规划与策划；土地整合与获取；合作开发主体选择与确定；具体项目开发；利益返还与分配；经营管理等予以全面的协调与统筹。成功实施的联合开发，每个步骤均起到重要的作用，并且相互影响和制约。其中，轨道交通机构扮演了重要的角色，从规划环节开始就予以参与，包括地块选定以及开发商选择与确定等重要环节。

经验二：联合开发成功实施需要在公共部门和私营机构之间确立良好的合作关系。实施主体中的合作方需要进行交易谈判，以体现风险共担，利益共享，从而实现联合开发的实施目标。作为交易主体的公共部门与私营机构之间，需要签订长期的合同(合作协议)来维持这种合作关系。此外，通过国内外地区、城市相关案例经验初步验证——公私合作关系的“联合”要素可以划分并体现在“三要素”上：主体要素、资金要素和空间要素。其中，主体要素主要涉及了政府、轨道交通机构与开发商以及三方之间的合作关系。资金要素则体现在各城市联合开发契约中对于租赁合同中的权益分配，以及政府提供的相关容积率、连通道建设等鼓励性政策等。空间要素主要体现站体周边空间的利用，包括上盖、地下空间以及连通道、出入口等。

经验三：联合开发法律保障和政策支持是联合开发顺利实施的重要因素。无论是美国、加拿大等对经济不予干涉的高税制国家，还是中国香港、中国台北等注重土地经营政府积极干预的城市，政府对于联合开发均采用不同于其他地区的激励性政策。这些激励性政策主要集中体现在规划和土地管理两方面的相关政策和法规中。

轨道交通联合开发由公私合作模式和制度环境创造两部分组成，其中公私合作是联合开发实施的内部要素——内部合作机制；制度环境是联合开发实施的外部环境——运作机制。两方面缺一不可，相辅相成，共同构成联合开发的实施机制。

公私合作主要是公共部门和私营机构之间的合作，核心主体包括政府、轨道交通机构和开发商三方，合作关系可以分为两阶段合作：阶段一，政府与轨道交通机构之间的合作，主要涉及规划策划与土地交易；阶段二，轨道交通机构与开发商之间的合作，主要是具体项目的建设。其中，轨道交通机构根据不同国家和地区的制度背景所扮演的角色有所不同。其公私合作关系最终体现在联合开发实施的三个要素上：① 合作主体关系——公私部门之间如何合作从而促进实施？解决实施机制中实施主体的问题。② 空间布局关系——公私合作的关系在空间布局上如何体现并实现空间资源充分共享，土地资源集约利用。③ 资金合作关系——如何通过联合开发实现溢价回收，实现外部效益内部化。

制度环境主要是政府通过相关政策以及法律规范的制定来规范，约束或鼓励公共部门和私营机构之间的合作，以及联合开发建设活动管理。从联合开发实施"两阶段"来看，政府主要在前期准备阶段发挥重要作用，在做好统一规划和实现土地运作方面扮演着重要角色。无论政府在联合开发中扮演什么角色，最终实施还需要运行机制的保障，包括主体、政策和法律等方面。根据机制设计理论，联合开发实施框架能够同时满足参与约束和激励相容约束时，称之为可行的可实施机制。因此，作为机制设计者，政府需要在制度环境设计中考虑主体的参与性及政策的激励相容，从而实现资源的有效配置。

基于相关国家、地区的城市实施经验，对联合开发公私合作模式进行划分，并以国内城市作为实证进一步分类分析。依据轨道交通建设运营管理的四种模式，将联合开发模式公共部门与私营机构之间的合作关系划分成 A、B、C、D 四种。在不同的合作模式下，实施主体的参与度有所差别。在对联合开发主体合作模式进行分类的基础之上，针对上海、深圳、广州等国内城市的联合开发实践案例进一步实证分析，发现国内城市联合开发主要有 A、B、C 三种联合开发公私合作模式，并将实施程度按主体要素、空间要素及资金要素予以进一步划分。不同的实施程度对于站点资源的有效配置具有不同的影响。

从国内联合开发实施内部主体合作实施上来看：① 从实施主体联合要素上看，国内城市联合开发可以分为轨道交通机构自建式联合开发；开发商代建式联合开发；轨道交通机构和开发商合建式联合开发。其中，从机制设计理论上来看，轨道交通机构和开发商合建式联合开发则体现了信息共享和有效利用。此外，轨道交通机构在联合开发中扮演着重要角色。② 从资金联合要素上来看，采用租赁权方式的自建式；条件性政策下的代建式和轨道交通机构与开发商合作开发的合建式(公司型合建式和非公司型合建式)。其中，公司型合建式最能体现利益共享，风险共担，实现溢价回收，最终实现站点资源有效配置。③ 从空间联合要素上来看，可以将联合开发划分为站点式联合开发、周边式联合开发和沿线区域式联合开发三种模式。其中，站点式联合开发实现了土地资源的最集约利用。此外，联合开发空间布局模式的土地资源利用程度与联合开发的公私合作模式有一定关系。通过案例分析，进一步研究发现尽管国内相关城市已经对联合开发有所探索，并有实施成功的相关案例。但从"三要素"联合程度上来看，尚未实现站点资源的充分利用：①主体联合上来看，自建式和代建式未能充分实现公私主体的联合；②空间联合上来看，周边式未能充分利用站点空间；③资金联合要素上来看，自建式和代建式也未能实现利益共享，风险共担，从而更好地实现溢价回收。

国内其他城市联合开发探索仍仅限于个别站点或单条线路的零星探索，未能形成实施机制，政府在相关促进联合开发的政策法规上仍存在着实施的障碍，主要体现在规划与土地相关的法律规范方面。在本书第8、第9章中，基于机制设计理论，结合中国香港、中国台北以及日本东京案例进一步进行对比。

11.1.3 怎样实现和保障联合开发实施

(1) 规划管理机制：促进轨道交通联合开发，需要从规划编制管理、规划实施管理、规划管理内容三个层面出发：规划编制管理中，划定轨道交通联合开发特定区并与其他区域采用差异化的规划管理；在规划编制中划定范围并根据联合开发的三要素——主体联合要素、空间联合要素、资金联合要素赋予指标控制；规划实施管理中，在指标确定的基础之上，规划管理中设定专门的行政管理部门对联合开发特定区的浮动区进行差异化管理；规划管理内容中，对于特定区范围划定，土地利用控制指标以及城市空间设计引导要素进行差异化设计。

(2) 土地管理机制：从轨道交通联合开发相关概念研究及发达国家和地区成功实践的案例可以看出，相关土地管理机制的建立是联合开发得以成功实施的基础，它能够为联合开发实施创造合适的制度环境。制度保障主要体现在土地储备及土地出让的政策的改进与完善。其中，土地储备工作主要包括：轨道交通专项土地储备规划编制；轨道交通企业适度参与土地储备；建立专门的联合开发土地储备机制等建议。土地出让操作中主要包括：空间权分层设置、分层出让；"轨道＋土地"捆绑用地出让；相关政策差别化考虑等方面建议。

(3) 运行保障机制：轨道交通联合开发是一项庞杂的系统工程，在其实施过程中需要政府建立起完善的运行保障机制，其中相关的机构组织、具体的政策支持以及完善的法律体系三个方面是构成运行保障机制的主要要素。本章主要从机构组织、政策支持以及法律完善三个层面提出对联合开发实施的保障。其中，机构组织方面，提出建立由政府及相关部门组成的"联合开发办公室"和由公共部门和私营机构合作形成的"联合开发项目公司""两个层级"的联合开发实施主体组织构架；政策支持方面，针对联合开发的主体要素联合、空间要素联合以及资金要素联合"三方面要素"提出政策支持要点；在法律完善层面，主要针对联合开发涉及的专项法和配套法"两个层面"提出法律体系完善建议。

附录 A　美国华盛顿康乃狄克大道 1101 号案例梳理

美国交通建设中采用公私合作方式进行联合开发已经有几十年的历史。这种策略一直被认为除了可以集资以外，还可以协调交通和土地利用的相互关系。随着联邦公共交通补贴的日益下降，联合开发策略越发显得重要。美国地铁的规划与开发过程是州政府、地方政府与联邦政府之间的政治运作[19]。当地政府、州政府及联邦政府之间存在经费分担比例的问题。地铁建设主要由联邦政府承担大部分资金。因此，一般的地铁规划和设计中，联合开发并非当地政府地铁主管官员的首要目标。此外，线路选择与土地获取政策的重点也在于路权条件及成本要素，因此很多车站都设置在未开发的公共土地上。因此，轨道交通联合开发尽管在美国城市中起步较早，但相对亚洲城市而言，联合开发在美国并不是备受青睐。

以美国华盛顿地区联合开发为例。相对于较新的美国铁路或地铁公共交通系统而言，华盛顿都会区运输局（WMATA）在联合开发的实践和客流量建设方面处于领先地位。华盛顿地区联合开发的成功深受 WMATA 对地铁系统地权的取得及处理政策的影响。全美盟约第 12 节 b 款赋予 WMATA 以购买、承租以及必要情况下回收沿线土地使用权的权利。同时，美国出台了新的关于联合开发的重要规定，联邦立法提案赋予公共交通机构为实施 TOD 而购买相关土地的权利[26]。因此，WMATA 除了取得用来作为车站、出入口、永久停车场和其他永久性公共设施所需的不动产外，还可以取得建造地铁系统所需的土地之外的土地。WMATA 取得土地后大多采用土地出租供私人公司承租开发。WMATA 也可利用建造地铁站出入口来取得地役权而获得收益。多数土地所有者愿意提供土地给 WMATA，以获得与车站直接接通的好处。其中，康乃狄克大道 1101 号是华盛顿地区具有强势市场潜力的联合开发的典型个案，是一个中密度办公室及商场的联合开发，其用地就是向 WMATA 承租的。它位于华盛顿特区的“新市区”（这个区域是华盛顿区内最高级的办公与商业区之一），与北法拉格特地铁车站（位于康乃狄克大道下方）有一地下通道连接。地铁上盖建筑是一个十四楼高的办公及商场开发计划，地下两层及地面一、二层为商场，以上十层为办公空间（图 3-3）[19]。该建筑在设计时，出于联合开发考虑，行人可从地下第二层经由可敲除的隔板通往车站夹层，而且这个通道通达四层商场，如果没有该通路，超过两层以上的商场是否可行就值得怀疑。事实证明，这一通道的设置为商场增加了近 70%的客流。该地铁车站共设有三个出入口（图 3-4），其中在街面上面对 L 街的出入口是最重要的一个。该出口舍弃基地的中心位置而选于西南角的原因有二：一是确保车站在公众可及范围之内，而且无论从康乃狄克大道或 L 街来都很便利；

二是地铁当局不希望负担车站夹层及通道延伸至基地中间的费用。

北法拉格特地铁车站康乃狄克大道1101号联合开发实施程序如下：

(1) 1966年，全美盟约签署，WMATA(轨道交通机构)主管地铁系统计划。建造及运营洲际当局(政府相关部门)进行策划、规划、设计以及土地取得和相关经费的承诺。

(2) WMATA获得土地：北法拉格特用地是WMATA于1970年以现金收益方式取得的(4 204 193美元取得了17 566 ft^2的土地)，包括三块零星土地上的小商业建筑。由于只用部分土地来建造出入口会限制其余土地的利用价值，故WMATA取得了全部土地。此外，WMATA还可以用作施工用地，而后进行联合开发。

(3) WMATA编制项目书：项目书除设定土地租赁年限及租金要求外，还包括设计图以说明施工捷运所需使用地权等。此外，还包括满足营运要求条文、起租时间、相关土地使用分区调整要求等。

(4) 对土地开发权进行承租招标：WMATA发放项目书，通过意向开发商提供的建议书选择承租商。WMATA选择了米勒集团(房地产开发商)，进行土地长期租赁。WMATA免费取得出入口这部分的用地权。

(5) 与米勒集团签订租赁合同：土地租赁年限50年，期满后再依照对该房地产股价可在续约49年；每年247 902美元的基本地租；50%净现金红利；债务上限；固定股本回收额；不附属的土地等要求。

(6) 米勒集团进行履行租约，进行项目开发。

从华盛顿地区联合开发实施案例中可获取的经验是：① 政府成立WMATA主管地铁系统建设。全美盟约允许WMATA进行其运营区域范围外的地产上进行商业活动。② 在进行车站规划时，预先考虑联合开发的可能性与要求，如市场条件、沿线用地的功能结构等。③ 车站位置的选址综合考虑与周边建筑的连通道、行人流量、商场位置以及临街面等因素。④ 在车站的设计中需要考虑直接出入口的配置以及与未来联合开发设想进行协调等问题。此外，WMATA联合开发获得成功的原因还在于在地铁建设和开通之前，建立房地产开发部门，通过聘请经验丰富的房地产专业人士为本部门工作和管理其运作[2]。

附录 B　加拿大蒙特利尔波纳文图尔广场车站案例梳理

蒙特利尔市从 1950 年代晚期开始，一直是作为魁北克省的财政和文化中心，但随后因城市郊区扩张不力及外围商业竞争无序，使其发展变得迟缓。1961 年，城市内部拥挤和人口成长促使市政府决定兴建地铁，并经过政府各主管部门和行政部门的讨论，最终达成将地铁从通勤工具提升为城市发展工具的设想，包括刺激地铁沿线的城市开发及鼓励重大投资、借助提供地铁通道设施促进文化娱乐、商业和工业活动等一系列目标。

加拿大国家铁路(CNR)拟对其所持有的蒙特利尔市中心区铁路隧道上方土地进行商业开发，由康科迪亚开发公司提出的超大型多用途建筑计划方案——波纳文图尔广场，最后中选并被授权负责开发。但随着财务安排、整合基地周边土地及获得政府核准等一系列工作的开展，项目规模也随之逐渐扩大，康科迪亚开发公司无法独自完成开发工作，便引入更多股东组成营造公司共同继续参与开发。1964 年与 CNR 签下长期土地租约，1967 年，占地约 2.4 hm^2，总造价超过 8 000 万美元，混合旅馆、办公、商业、展览、交通等功能于一体的波纳文图尔广场竣工使用，其创新的设计及理念以及高效率的施工为人所称道。但由于开发项目过大且来得太快，头两年却是惨淡经营，只有 40%的零售区域和 50%的商品中心得以出租，而顾客和商品亦姗姗来迟。康科迪亚由于之前的快速扩展及后期参与其他项目，未能负担其应付的费用；同时一项新税法的颁布使得任何公司对非百分百拥有的产权不能长久使用。因此，作为项目资方的大西部寿险公司买下了康科迪亚在波纳文图尔广场项目中的权益，并聘请特里扎克公司来经营。未来三年后，随着人口规模的增长，波纳文图尔广场发展迅速，现已凭借其独特的设计和多样性的活动成为蒙特利尔市中心商业区最具商业文化特色的城市地标，其中特里扎克公司认为方便到达地铁对商场的成功比项目中任何一部分都来得重要[19]。

波纳文图尔广场车站联合开发实施程序如下：

(1) 市政府订立路线及规划车站位置。市政府成立决策委员会(包括地铁推动委员会、地上再开发委员会和车配建筑委员会)会同城市规划部、城市公共道路和房地产部和交通运输署等主管部门负责地铁系统的开发。

(2) 土地的获取。由蒙特利尔规划部门及房地产部门负责土地征收；规划部门负责调查基地当时和未来的用途；房地产部门先估价，再收购，直接负责土地取得及车站路权；加拿大国家铁路(CNR)拥有土地所有权，可自由与房地产开发商商讨。CNR 是由政府指定的董事会经营，资金活动及伺机获利的方式就像民营公司一样经营。

(3) 房地产部门根据拟定租赁条件,招标选择开发商。康科迪亚公司入选为开发单位。由加拿大国家铁路公司(CNR)与康科迪亚公司进行谈判。项目租赁时间为 99 年,合同到期前 30 年,合同会被重新协商。土地租金是地价的 6%,这是市财务部定的。

(4) 康科迪亚公司施工建设。

从蒙特利尔波纳文图尔广场车站经验来看,纳文图尔广场车站是若干政策和目的结合而成的联合开发:① 政府部门为达成目标,成立专门联合开发机构推动地铁系统开发,如决策委员会(包括地铁推动委员会、地上再开发委员会和车配建筑委员会)会同城市规划部、城市公共道路和房地产部和交通运输署等主管部门负责组织地铁系统的开发。② 联合开发的目标导向。与美国的实施方式不同,蒙特利尔市政府特意将地铁作为蒙特利尔引导城市成长和活力的工具,并作为规划的方向。其中,城市规划主管部门对于蒙特利尔市联合开发项目的影响相对较大。③ 出台相关法令政策对于地铁沿线土地的取得及处置做出支持。蒙特利尔市政府为地铁修改法令,允许为获得地铁上方的空间权及车站的用地多征用土地。④ 波纳文图尔广场项目显示了私人开发者实现了所谓的谨慎计划和设计以开发该基地有利位置以及加强内部循环的构想。更重要的是,此项目突破了长期以来官方的单一交通运输计划。⑤ 政府对该项目的重视和协调作用。政府成功地协调地铁和波纳文图尔广场双方的计划与施工,是项目计划能迅速完成的主要原因。⑥ 政府对连接车站的人行步道的考虑。拟定奖励办法鼓励开发商提供地铁车站、集结站和大型停车场之间的连接通道。

附录C 香港“轨道+物业”模式梳理

香港是我国特大城市之一，也是世界上人口密度最大的城市之一，但却能保持城市交通畅通，并形成了现代化和多元化的公共交通体系，建立现代化城市管理交通体制，成为大城市交通发展的成功典范。1997年以来，香港地铁就没有再上调过票价，却成为全世界最赚钱的地铁公司，其中的关键在于港铁公司将地铁建设与物业开发结合在了一起，采用了“轨道+物业”模式，形成共赢，其地铁沿线的地产、商业开发强劲地支撑了地铁本身的运营。

香港地铁公司“轨道+物业”模式流程可以简化为：香港地铁公司先以“建地铁之前”的价格从政府购买土地开发权，之后再把部分土地开发权以“建地铁之后”的价格销售给开发商或自己经营获得盈利。此次价格差用以支付地铁建设成本，还与开发商进行利润分成或与出价最高竞标者分享共同所有权。香港很多地铁站均采用了“轨道+物业”的联合开发模式，比如，青衣站、九龙站、杏花邨等都是香港典型的“轨道+物业”开发代表。以与青衣站结合开发的青衣城为例，其地块面积仅5.4 hm^2，总建筑面积却高达29万 m^2，容积率高达5，在如此高密度开发的基础上，配置了各种公交换乘方式，满足了周边居民的出行、休闲、生活需求。具体而言，香港“轨道+物业”模式联合开发实施流程如下：

(1) 前期规划、策划：前期由香港政府制定铁路发展纲领，地铁公司进行铁路及沿线物业开发的可行性研究。香港地铁公司与政府规划部门协商确定车站物业开发的主要内容和设计方案。香港地铁公司将规划方案提交城市计划委员会审批。

(2) 土地获取：规划获批后，香港地铁公司即开始与政府土地管理部门商讨补地价及获取批地。香港政府安排香港地铁公司对新铁路线进行建设、融资和运营时，根据双方签署的项目协议，以总承包的方式批给香港地铁在车站车辆段上部及其邻近范围进行物业开发的权利。

(3) 招标开发主体：香港地铁公司根据物业开发设计方案通过公开招标寻求符合资格的开发商，并与中标的开发商签订发展合约，由开发商对整个开发项目进行全资建设，包括补地价。

(4) 项目开发：获选开发商对项目具体进行设计、策划、建设。其间，香港地铁公司需与开发商之间协调地铁建设与物业开发之间的关系。

(5) 利润分成：在项目竣工时，按协议商定比例，开发商与香港地铁分配物业发展的利润，一般由地铁公司享有五成的利润。同时策略性地保留部分已落成物业作租赁用途，以提供稳定的租金收入。地铁公司历年出售物业所获得的利润，全部用于地铁建设，成为香港地铁发展的重要资金来源。

(6) 经营管理。

以香港九龙站为例，其具体物业开发流程如图 C-1 所示[190]。

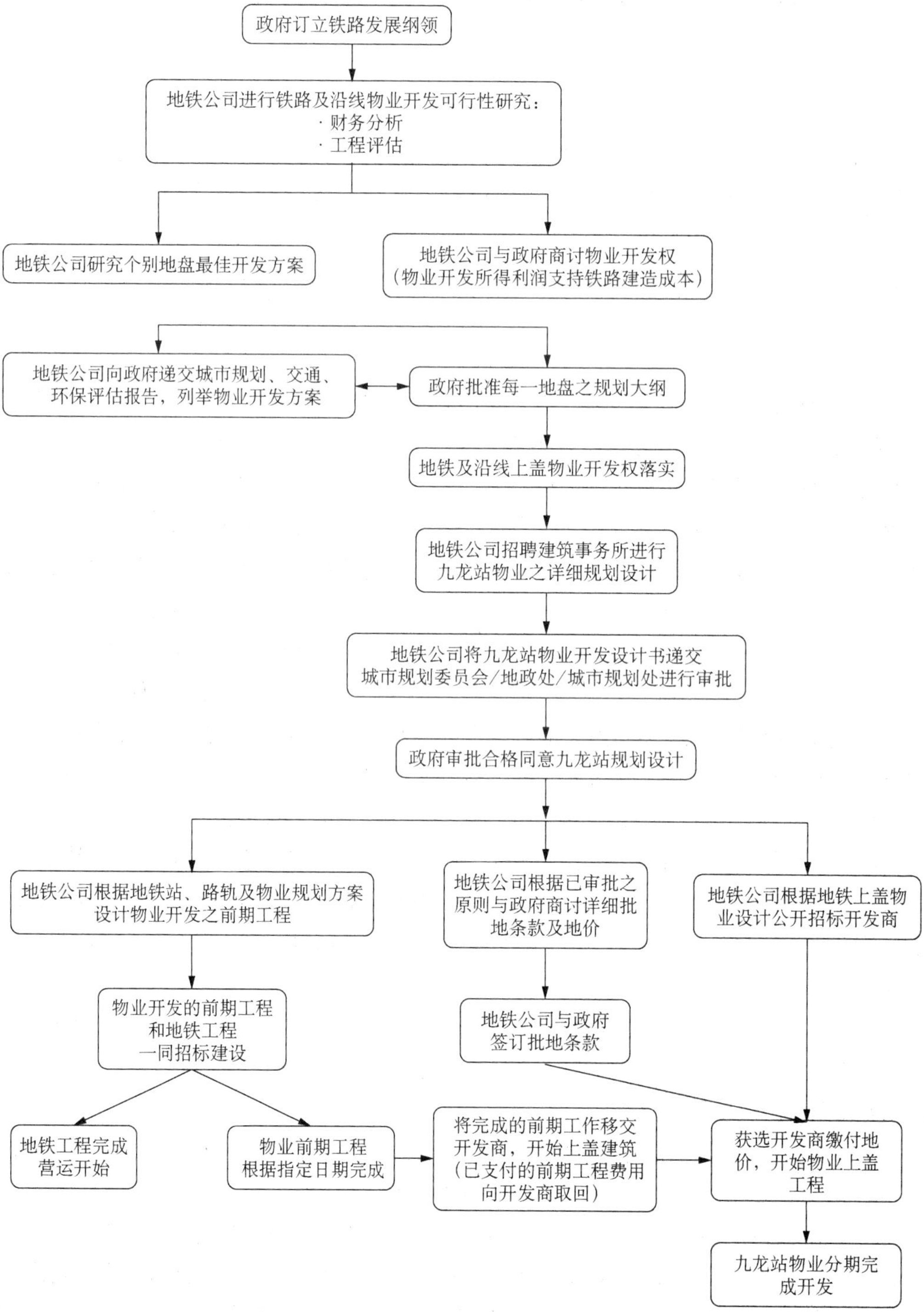

图 C-1　香港九龙站物业开发流程图

香港政府地铁建设和运营管理采用政府投资，企业运营的方式。相对而言，香港政府赋予地铁公司以较多的激励性政策，包括地铁建设前沿线未开发土地，按当时地价归地铁公司所有，地铁公司负责向政府偿还地价；地铁建成后的土地升值收益全部归地铁公司所有；地铁公司利用地铁资源开发的项目如广告、商铺、电信服务、地下空间等收入也全部归地铁公司所有；地铁建成后地铁公司自行确定票价；政府确定建设的线路不能达到资金回收的要求所带来的损失由政府承担。具体实施方式上：① 采用设置综合发展区（CDA）政策，给予地铁物业发展弹性。对于轨道交通沿线土地利用均结合轨道交通车站及其附属设施用地在规划上设置 CDA，为轨道交通周边土地的混合、高密度使用创造条件，为地铁物业整合沿线地区发展提供便利。② 地铁公司参与具体线路规划。香港地铁公司拥有线路规划权，地铁公司可以和政府共同研究规划线路，并磋商任何与车站有关的开发机会。香港地铁公司非常重视公司规划能力的发展，2000 年，港铁公司在物业开发部门下还专设了城市规划部门，专门研究符合企业财务目标的土地开发战略。从地铁的选线到站点周边大片土地的区域规划以及具体项目的规划，地铁公司全程参与，使得沿线土地开发与地铁建设协调的主动权全在地铁公司的掌握之中[2]。③ 在土地获取方式上，由香港政府按照《地下铁路土地征收条例》（香港法例第 276 章）[91]赋予的权力及对有关赔偿的规定负责执行征地及赔偿工作。在土地出让上，采用私下协议方式，将土地捆绑供给于地铁公司。区别于西方国家的土地制度，香港辖区内所有土地归政府所用。这与国内土地所有权归国家，各级政府代表国家管理土地相类似。

附录 D　台北捷运土地开发模式梳理

台北市区土地私有，土地昂贵，捷运建设用地取得较为困难，所以，台北捷运建设较多选择采用联合开发的方式。以捷运为导向的土地开发方式引导沿线土地良性发展，并且尽量降低因取得建设用地、过路权或空权给土地所有者带来的损失。至 2006 年底，台北捷运已通过联合开发节省设施用地费用约 185 亿新台币，取得开发权的 67 万 m^2 建筑面积，净效益为 180 亿新台币，开发奖励约 29 万 m^2 建筑面积，净效益为 120 亿新台币。而奖励后的容积率(FAR)得以充分使用，开发后建筑面积约为原来的 2 倍[191]。台湾典型的联合开发案例有 SOGO 百货、木栅线中山国中站、木栅线科技大楼站以及台北车站五铁共站项目。图 D-1 为台北捷运土地开发作业流程图[192]，描述了整个台北捷运联合开发的过程。

台北捷运联合开发作业程序按照以下环节进行：

(1) 编制捷运土地开发基地规划。

(2) 划定土地开发用地范围，评估土地开发用地范围的因素主要包括：① 具有高度市场潜力的开发；② 有助地方生活品质改善，有益捷运营运的开发者；③ 可协助解决捷运系统用地取得的开发者。

(3) 变更都市计划：若已符合车站功能与都市发展实际需求，得调整其土地分区、强度、组别等再提交主管机关审查后，按相关程序予以公告实施。其目的在于确定开发用地的开发强度及使用项目。

(4) 取得土地开发用地：① 公有土地以有偿拨用方式办理；② 私有土地以协议签约、协议购买、征收、市地重划、区段征收等方式办理。

(5) 投资人甄选与评审：土地开发甄选与评审作业包括办理投资甄选作业、公告征求、申请人送件、审查投资申请案、报府核定审定条件、书面通知申请人签订投资契约书。其目的在于征得各开发案最适投资人。

(6) 新建工程管理：包括审查投资人提送之细部设计图说、工程预算书、营造保险及施工计划与按月编制之施工进度报告，并随时派员视察工程施工状况。投资人依法应申办之各式审查(例结构、水土保持、环境影响评估)并如期如质完工。

(7) 权益分配及议定建造成本：使土地所有人、投资人与主管机关按其贡献分享开发成果之利益。依不动产估价及建筑工程估价，按不动产总值、土地与建筑物价格的分配以确定各公、私人土地拥有者及投资人间之权益分配比例。

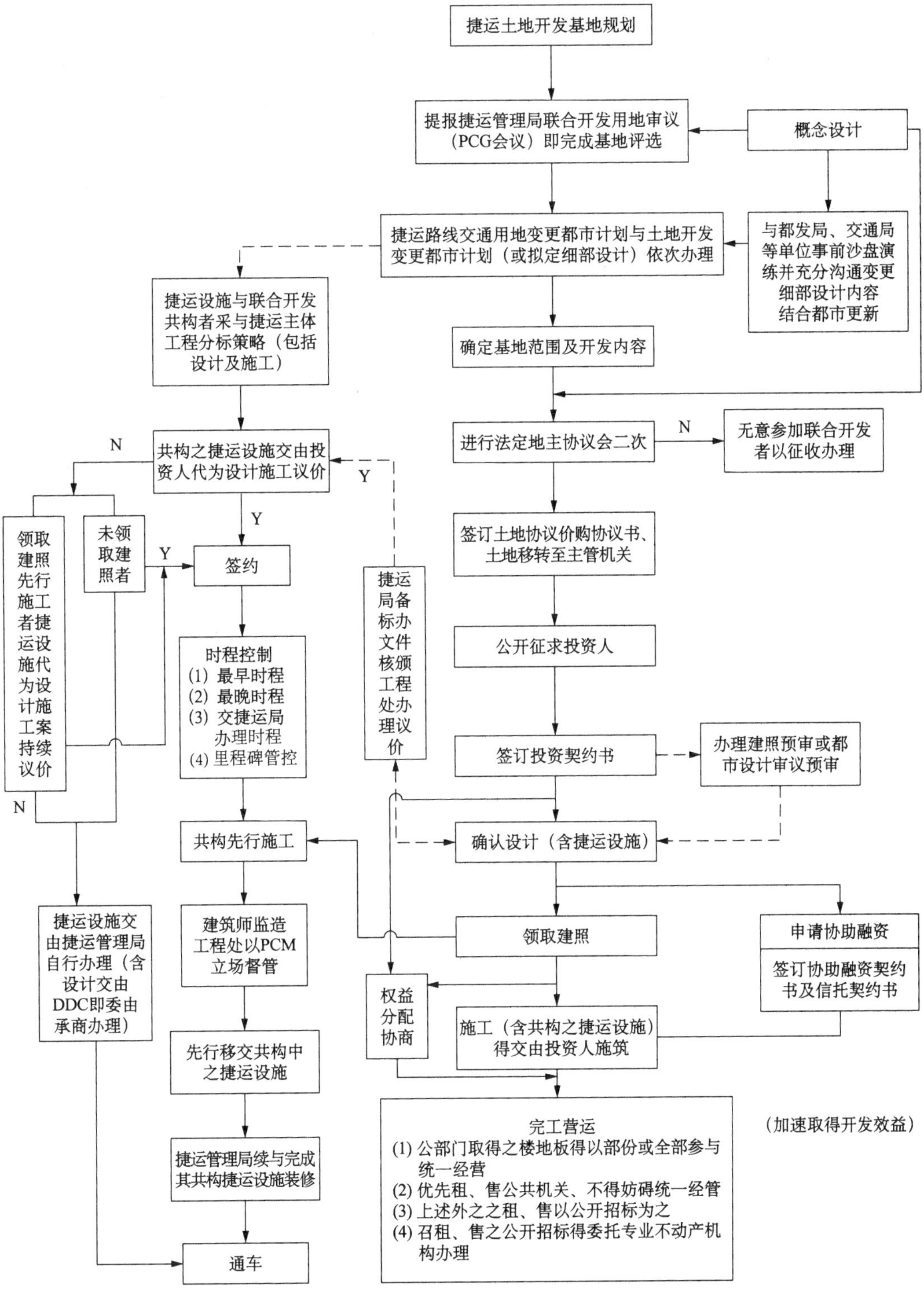

图D-1　台北捷运土地开发模式作业流程图

(8) 营运及管理。

台湾捷运联合开发最大的特征就是法律政策相对完善，并在进行捷运开发的每个作业环节时都有相关法律政策予以支持，包括《大众捷运法》《大众捷运系统土地联合开发办法》《台北都会区大众捷运系统土地联合开发实施要点》《大众捷运系统土地联合开发契约书》《台北都会区大众捷运系统土地联合开发投资契约书》《大众捷运系统工程使用土地上空或地下处理及审核办法》等。其在联合开发实施上：① 专门对联合开发用地进行界定。《台北大众捷运系统土地联合开发办法》[77]将联合开发用地定义为：系指大众捷运系统场、站与路线之土地及毗邻地区之土地中，经划定为联合开发计划范围内供联合开发之土地。② 土地获取。联合开发土地通过有偿拨用(公地)、协议购买、市地重划、区段征收、征收等方式获取。联合开发土地取得以协议为原则，协议两次不成，则由主管机关依法报请征收或依市地重划、区段征收方式办理。事实上列入联合开发用地的土地所有权人只有两种选择：或是与捷运局联合开发，或是土地被予以征收。因此，台北捷运系统联合开发被称为半强迫式的公私合作开发模式。③ 空间布局划分及开发项目管制。台北大众捷运系统按照以下四种类型分别规定开发项目类别：场、站建筑物上下层空间及其毗邻地区；场、站供旅客候车及上下车以外空间；采用高架设施者，其下层空间；场、站周围广场及邻近道路下层空间。④ 机构设置。台湾联合开发的执行机构包括捷运局和捷运公司(图3-5)，并相应规定了机构的职能。⑤ 权益分配。联合开发的权益分配方式是以各投资人所投的资金额度或同值的土地占总投资额的比例，一次比例换算同值楼地板面积为分配原则，简单地说就是以价值认定方式使投资人获得同值的楼地板面积。⑥ 激励性政策。在《台北大众捷运系统土地联合开发办法》中专门提出对联合开发实施的奖励：联合开发项目可依法申请减免税捐；政府予以关联性公共设施及提供技术协助；政府帮助洽请银行予以贷款优惠；对于建筑物楼板面积与高度予以适当放宽；对部分费用予以免息优惠。其中，通过额外容积率奖励可以调动沿线私地主的积极性，创造了共赢局面，如图3-6所示。

附录E　日月光中心广场项目规划情况梳理

上海日月光中心广场项目建设位于徐家汇路、瑞金二路交会处。南临徐家汇路，北至泰康路，西抵瑞金二路，基地东侧为数幢高层办公和住宅楼，原是卢湾打浦桥地区居住密度高、条件差的旧式里弄集中区域。2003年，该地块作为新一轮旧区改造项目出让给台湾日月光集团进行开发建设，当时项目建设规划已确定，地块的拆迁也在持续推进。正在这个时候，上海轨道交通9号线规划方案编制完成，明确9号线须从地块中间穿越，且为了迎办世博，建设时间异常紧张，地铁部门要求地块内立即腾出盾构端头井位置以便开始施工。有轨道交通线经过，对于方便当地居民出行、为商场带来购物客流无疑是件好事，然而摆在开发商面前的现实问题是，一旦地铁先期建设，地块将被划分为南北两部分，后期开发时还必须满足规划退界的要求，无疑给地块的规划设计、建设施工等带来巨大难度。根据初步估计，日月光中心项目如果先建地铁，两侧分别退界50 m，项目建设用地面积将缩减至2万 m^2，比原规划范围的4.4万 m^2 要减少2.4万 m^2。地铁规划必须服从，但卢湾区"寸土寸金"，如何发挥土地的最大效益？经过黄浦区政府多方论证后果断决策，并积极向市规划部门和轨道交通建设部门申请，争取在打浦桥地区增设站点，与日月光中心广场项目地下空间同步建设、联动开发，解决打浦桥地区交通上"流而不留"、欠缺轨道交通站点等制约内涵式发展的突出问题，也避免项目被切割，对中心城区异常匮乏的地下空间实现了集约利用。从相关政策看，地铁上盖商场可行，关键是要各方面协调一致，共同推进。为争取各方的支持，各类协调会、推进会开了多次。经过不懈努力，这一设想得到市规划部门的大力支持。

该项目地下部分分有四层，地下四层为轨道交通9号线打浦桥站站台层；地下三层为机动车停车库(战时兼做六级人防)；地下二层为轨道交通9号线打浦桥站厅层及设备用房和商业，地下一层为商业用房及地下交通和货运区，地下一层夹层为自行车库。地下总建筑面积为129 908 m^2。主体建筑为一幢高140 m的办公楼和两幢高100 m的公寓式办公楼，地上总建筑面积185 482.9 m^2。由于轨道交通9号线经基地西南角45°斜穿基地，9号线打浦桥站车站主体、出入口及风井均设在基地内。方案的重点是如何将各个方向尤其是地铁的大量人流导向商场，并与商业布局完美结合。轨道交通9号线打浦桥站4个地面出入口，结合建筑主体分别设在徐家汇路、瑞金二路和泰康路上，并结合各个方向主要商业出入口布置，使其与主体建筑商业氛围融为一体，从而将来自各个方向的地面、地下人流引入商场。基地四周的城市道路及基地内的中央广场顺利地解决了整个交通流线与消防道路、消防登高场地的问题。其中：

(1) 裙房立面主要采用不同颜色的玻璃幕墙,配合不同形态的金属挂件,以流线型的线条表现立面的节奏感和层次感,巨大建筑体量所造成的压迫感被打散,使立面与附近环境更和谐配合。

(2) 办公楼的立面,亦是采用玻璃幕墙与金属挂件,其设计将裙房的流线型线条,延伸至竖向立面,其简洁有力的表现手法,彰显这幢标志性建筑的现代感,使其既能自然地与裙房融合,又能保持其独立性。

(3) 公寓式办公楼的立面设计,材料主要是瓷砖玻璃,再配以铝面饰线,贯彻项目流线型的建筑形态及富现代感的表现手法。

2007 年 1 月,项目地下部分与轨交站点同步开工。至此,前期的巨大挑战转化为项目推进的重大机遇。这一项目的实施,不仅改善了 3 365 户居民的民生问题,也为打浦桥地区的形态开发、功能提升和结构优化注入强劲动力(图 E-1)。

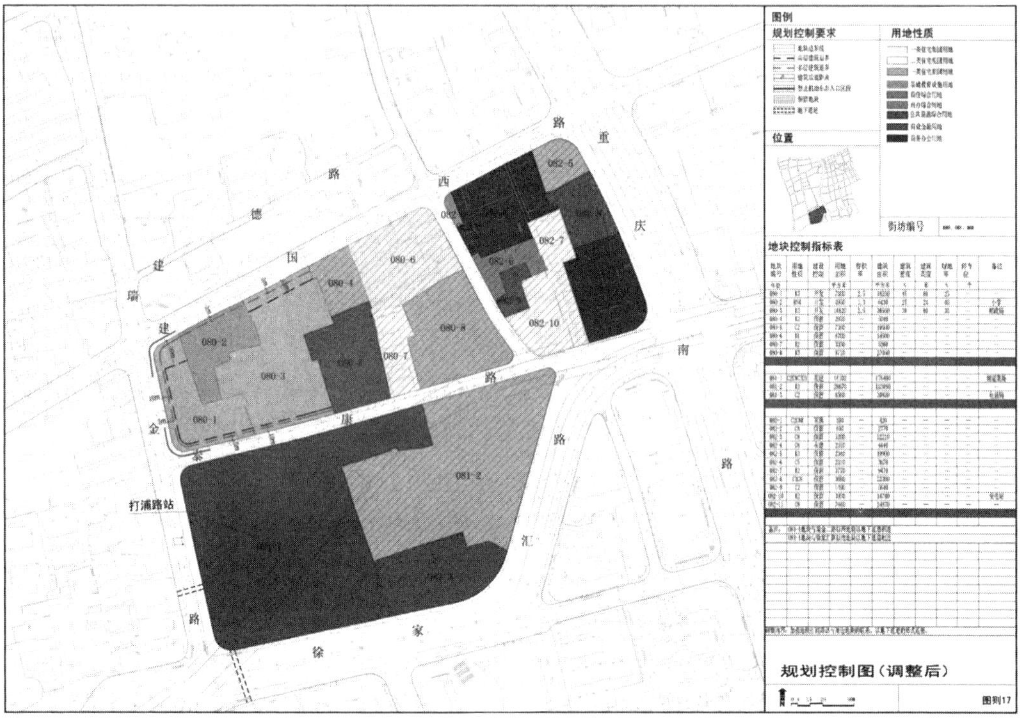

图 E-1 日月光中心广场项目规划控制图(调整后)

(资料来源:日月光集团及黄浦区规划和土地管理)

附录F　上海黄浦区163项目规划情况梳理

上海黄浦区163地块项目范围：东至江西中路，南至南京东路，西至河南中路，北至天津路。项目名称：新世界名品城。用地批准面积为13 709 m^2，规划批准面积：50 894 m^2（地下部分），该项目主要功能为商办。

1. 轨道交通10号线南京东路站本体方案

概况：轨道交通10号线南京东路站本体位于宁波路—南京路之间的河南中路地下。宽约19 m，长约159 m。

周边地块开发动态：站点东侧163地块土地已于2018年2月成功拍卖，规划建设为顶级商业办公，164地块为部分保护保留（保护光大银行、保留变电站）部分待改造规划商办地块；西侧155为在建的恒基地块，154靠河南路为待改造商办地块，其西侧为保留应昌期围棋学校；南侧为保留改造老介福地块和已建成宏伊地块。该站西南为南京路地下已经建成的轨道交通2号线南京东路站。

2. 连通道和出入口

根据设计方案，轨道交通2号线、轨道交通10号线南京东路站之间以付费区连通实现地铁换乘，以非付费区连通疏解地铁人流、服务过街人流。轨道交通10号线与恒基和宏伊地下室之间的连通已经确定，与163地铁之间也有通道实现地下连通，即河南路和南京东路交叉口三个方向地下可实现连通。

轨道交通2号线南京东路站出入口：轨道交通2号线南京东路站设有出入口5处，除155与10号线共享的1处出口外，另有4处分别位于156宏伊广场、157圣德娜广场、145置地广场及155中联商厦地块内。

轨道交通10号线南京东路站出入口：轨道交通10号线南京东路站设计出入口4处，分别位于163地块、164地块、155地块北侧、155地块南侧恒基大厦门前，利用现有2号线出入口改造后两线共享该出入口，该出入口经协商由恒基一并施工，出入口变动不大，作加宽处理，共设2部扶梯（增设1部）。

3. 规划调整情况（图7-19）

1）原规划控制要求（国有土地使用条件）

（1）用地规划性质：商业服务业、金融保险业、商务办公等综合性质。

（2）建筑面积：核定容积率4.8，折合地上建筑面积约65 810 m^2，其中商业不低于地上总量的20%，另地下可建建筑面积控制在40 000 m^2以内。

（3）建筑密度：小于50%。

(4) 集中绿地率：不低于5%，河南路沿线控制10 m绿化带，绿地面积不小于900 m^2。

(5) 建筑高度：沿河南中路第一层面建筑高度是40 m以下，沿天津路、南京东路、江西中路第一层面建筑高度是30 m以下，地块内东侧建筑高度是60 m以下、西侧高度是100 m以下。

2) 规划调整内容(国有土地使用条件)

(1) 建筑高度：主体建筑高度55 m，局部塔楼高度75 m。

(2) 覆盖率：覆盖率调整到75%。

(3) 退界：地块沿河南中路退界调整到3 m，街面延续性增强，更符合商业建筑的典型做法。

(4) 绿化带：原来沿河南南路规划设置10 m宽绿化带的主要原因是考虑设置轨道交通10号线1个出入口、4个风井、1组冷却塔、1只膨胀水箱等设施，其绿化功能极弱。后经与轨道交通建设相关部门协商，上述设施在考虑轨道交通运营及结构安全的前提下，结合建筑设置，更有利于空间形态的优化。该处绿化带建议取消。

参考文献

[1] 黄鹤群.发展城市轨道交通是促进大城市可持续发展的必由之路[J].理论学习与探索,2007(2):42-43.

[2] 铃木博明,罗伯特·瑟夫洛,井内加奈子.公交引导城市转型:公交与土地利用整合促进城市可持续发展[M].赵晖,李春艳,王书灵,译.北京:中国建筑工业出版社,2013.

[3] 中华人民共和国国家统计局.中国统计年鉴 2016[M].北京:中国统计出版社,2016.

[4] 潘家华,魏后凯.城市蓝皮书:中国城市发展报告 NO.3[M].北京:社会科学文献出版社,2010.

[5] 上海市统计局.2016 年上海市国民经济和社会发展统计公报[EB/OL]. [2017-03-02]. http://www.shanghai.gov.cn/nw2/nw2314/nw2318/nw26434/u21aw1210720.html.

[6] 中国城市轨道交通协会.城市轨道交通 2016 年度统计和分析报告[EB/OL]. [2018-03-20]. https://www.docin.com/p-2094511566.html.

[7] 上海市城市规划设计研究院.上海市轨道交通网络规划实施评估研究[R].2014.

[8] 中华人民共和国国务院办公厅.国务院办公厅关于加强城市快速轨道交通建设管理的通知[EB/OL].[2005-08-14].http://www.gov.cn/zwgk/2005-08/14/content_22487.htm.

[9] 石楠.中国城市轨道交通沿线开发建设与规划管理问题及需求调查分析[M]//中国城市规划学会.城市新引力 2:轨道交通综合开发规划理论与实践.北京:中国城市出版社,2013.

[10] 陈欢,赵飞飞.上海投资资金缺口超千亿,市长直言不知钱从哪来[EB/OL] .[2009-01-17]. http://news.sohu.com/20090117/n261799158.shtml.

[11] 中国广播网.发改委:全国 28 个城市建设地铁规划获批[EB/OL]. [2010-03-30]. http://info.cm.hc360.com/2010/03/301043173054.shtml.

[12] 邓文斌,梁青槐,刘金玲.城市轨道交通系统的利益关系分析[J].北京交通大学学报:社会科学版,2004(1):7-9.

[13] 中经未来.2013—2017 年中国城市轨道交通行业发展模式与未来前景分析报告[R].2013.

[14] 耿明英.我国城市轨道交通项目的融资模式探讨[J].城市公共交通,2005(8):24-26.

[15] 范利祥,胡宝强.上海"四号线事故"惊醒中国地铁千亿投资热梦[N/OL].中国经营报.[2003-07-14]. http://www.china.com.cn/chinese/2003/Jul/365477.htm.

[16] 张奕.上海磁悬浮由我国专家独立维护[EB/OL].[2004-05-21]. http://www.china.com.cn/chinese/2004/May/569645.htm.

[17] 国家标准局.城市公共交通常用名词术语:GB/T 5655—1985[S].北京:中国标准出版社,1986.

[18] 刘畅,潘海啸,贾晓韡.轨道交通对大都市区外围地区规划开发策略的影响:外围地区 TOD 模式的实证研究[J]. 城市规划学刊,2011(6):60-67.

[19] 美国城市土地协会.联合开发:房地产开发与交通的结合[M].郭颖,译.北京:中国建筑工业出版

社，2003.
[20] CERVERO R，FERRELL C，MURPHY S. Transit-oriented development and joint development in the united states：a literature review[R]. Washington，D. C.：Transportation Research Board，2002.
[21] KEEFER L E. Profit Implications of Joint Development：Three Institutional Approaches[R]. Washington，D. C.：U. S. Department of Transportation，Urban Mass Transportation Administration. 1984.
[22] Sedway Kotin Mouchly Group. Joint Development Entrepreneurial Study[M]. Oakland：San Francisco Bay Area Rapid Transit District，1996.
[23] SALVESEN D. Promoting Transit-Oriented Development[J]. Urban Land，1996，55(7)：31-35，87.
[24] WHITE S M，MCDANIEL J B. TCRP legal research digest 12：the zoning and real estate implications of transit-oriented development[R]. Transportation Research Board of the National Academies，1999.
[25] GILLEN L，EILERS S，UNGER，J. Moving towards joint development：the economic development-transit partnership[R]. Washington，D.C.：National Council for Urban Economic Development，1989.
[26] CERVERO R，HALL P，LANDIS J. Transit Joint development in the united states：a review and evaluation of recent experiences and an assessment of future potential[R]. Berkeley，C A，United States：University of California，Berkeley，1990.
[27] CERVERO R. Rail Transit and joint development：land market impacts in washington，d. c. and atlanta[J]. Journal of the American Planning Association，1994，60(1)：83-94.
[28] 袁奇峰，郭晟，邹天赐.轨道交通与城市协调发展的探索[J].城市规划汇刊，2003(6)：49-56.
[29] 陈运来，骆汉宾.城市轨道交通与土地利用联合开发规划探讨[J].华中科技大学学报：城市科学版，2005，22(zl)：116-120.
[30] 宋宏，马宁.建设项目联合开发的形成机理和问题研究[J].建筑经济，2009(2)：10-12.
[31] 阮哲明.加拿大联合开发的理论与实践[J].国外城市规划，2004(3)：44-46.
[32] 宋聚生，司美林.联合开发：泛轨道交通时代的建设出路[C]//中国城市规划年会中国城市规划学会.生态文明视角下的城乡规划：2008 中国城市规划年会论文集.大连：大连出版社，2008.
[33] 世经未来.2011 年城市轨道交通行业风险分析报告[R].2011.
[34] 世联地产.轨道黄金链：轨道交通与沿线土地开发[M].北京：机械工业出版社，2009.
[35] 郑捷奋，刘洪玉.香港轨道交通与土地资源的综合开发[J].中国铁道科学，2002(5)：1-5.
[36] 中国社会科学院语言研究所词典编辑室.现代汉语词典[M].北京：商务印书馆，1997.
[37] 辞海之家[EB/OL].http：//www.cihai123.com/.
[38] SAMUELSON P A. A pure theory public expenditure[J]. Review of Economics and Statistics，1954，36(4)：387-389.
[39] COASE R H. The lighthouse in economics[J]. Journal of Law and Economics，1974，17(2)：357-376.
[40] DEMSETZ H.The private production of public goods[J]. Journal of law and Economics，1970，13

(2)：293-306.
[41] 马歇尔.经济学原理(上卷)[M].朱志泰，陈良璧，译.北京：商务印书馆，1964.
[42] PIGOU Arthur C. The Economics of Welfare[M]. London：Macmillan and Co.，1932.
[43] 方福前.福利经济学[M].北京：人民出版社，1994.
[44] 陈建先.公共物品理论与政府经济行为定位[J].行政与法，2004(3)：47-49.
[45] 徐桂华，杨定华.外部性理论的演变与发展[J].社会科学，2004(3)：26-30.
[46] 姚影，欧国立.基于外部性理论的城市轨道交通与房地产联合开发政策分析[J].北京交通大学学报：社会科学版，2008(4)：31-34.
[47] LANGTON S. Public-private partnership：hope or hoax? [J]. National Civic Review，1983，72(5)：256-261.
[48] HARDING A. Public-private Partnerships in Urban Regeneration[S]. Local Economic Policy，London：Cassell，1990.
[49] STEPHENSON Max O. Wither the public-private partnership? A critical overview[J]. Urban Affairs Quartely，1991，27(1)：109-127.
[50] PEIRSON G，MCBRIDE P. Public/private sector infrastructure arrangements [J]. CPA Communique，1996，73：1-4.
[51] KERNAGHAN K. Partnerships and public admininstration：conceptual and practical considerations [J]. Canadian Public Administration，1993，36(1)：57-76.
[52] E.S.萨瓦斯.民营化与公私部门的伙伴关系[M].北京：中国人民大学出版社，2002.
[53] ARMSTRONG M，COWAN S，VICKERS J. Gulatory Reform：Economic Analysis and British Experience[M]. London：The MIT Press，1994.
[54] 曹远征.公共民营合作制及其在中国的应用[J].城乡建设，2003(7)：20-21.
[55] 王灏.PPP的定义和分类研究[J].都市快轨交通，2004(5)：23-27.
[56] 余晖，秦虹.公私合作制的中国试验：中国城市公用事业绿皮书[M].上海：上海人民出版社，2005.
[57] 汪文雄.PPP模式下城市交通基础设施项目产品定价[M].南京：东南大学出版社，2013.
[58] 李开孟：政府和社会资本合作(PPP模式)概念辨析[EB/OL].[2018-05-09].https://mr.baidu.com/dt1ilkc? f=cp&u=48de15ab1cb49322.
[59] UNITAR. PPP-For Sustainable Development[R]. 2000.
[60] The European Commission. Guidance for successful PPP[R]. 2002.
[61] The National Council For PPP，USA.For the good of the people：using PPP to meet America's essential needs[R]. 2002.
[62] ALLAN R J. PPP：a review of literature and practice[R]. Saskatchewan Institute of Public Policy Paper，No.4，1999.
[63] Hong Kong Efficiency Unit.公营部门与私营机构合作[EB/OL].[2013-12-04]. http://www.eu.gov.hk/sc_chi/psi/psi_ppp/psi_ppp_over/psi_ppp_over.html.
[64] The World Bank. Selecting an option for private sector participation[R]. 1997.
[65] GRIMSEY D，LEWIS M K. Public private partnerships：the worldwide revolution in infrastructure provision and project finance[M]. Edward Elgar Publishing，2007.
[66] NCPPP. How Partnerships Work [EB/OL]. http://ncppp org/howpart/index html.

[67] Public Private Partnerships: Introduction, Handbook, Recommendations and Conclusions[R]. Private Operations and Financing of TEN's: NEI Transport, 2001.
[68] 王灏.轨道交通 PPP 模式的理论与实践[EB/OL].[2010-09-07]. https://wenku.baidu.com/view/2aa8230e7cd184254b3535ba.html.
[69] 屈哲.基础设施领域公私合作制问题研究[D].大连:东北财经大学,2012.
[70] 段绪柱.公私合作制中的政府角色冲突及其消解[J].行政论坛,2012,19(4):42-45.
[71] 章迪诚.中国国有企业改革编年史[M].北京:中国工人出版社,2006.
[72] 晓佳.上海申通地铁上盖开发的实践和探索[J].上海房地,2015(6):41-43.
[73] HURWICZ L. Optimality and informational efficiency in resource allocation processes[M] // ARROW,KARLIN, SUPPES. Mathematical Methods in the Social Sciences. Stanford: Stanford University Press, 1960.
[74] HURWICZ L. On informationally decentralized systems[M]//MCGUIRE C B,RADNER ROY. Decision and Organization. Amsterdam: North-Holland, 1972.
[75] 田国强.激励、信息与经济机制[M].北京:北京大学出版社,2000.
[76] HURWICZ L. The design of mechanisms for resource allocation[J]. American Economic Review, 1973, 63(2): 1-30.
[77] 郑明远.轨道交通时代的城市开发[M].北京:中国铁道出版社,2006.
[78] CERVERO R, LANDIS J. Twenty years of BART: land use and development impacts[J]. Transportation Research A, 1997, 31(4): 309-333.
[79] 陈雪明.城市交通的联合开发策略:试谈美国经验在中国的应用[J].城市规划,1995(4):36-38.
[80] Implementing Oregon's Transportation Rule in the Portland Region[EB/OL]. http://www.china.cupa.pax.edu.
[81] 罗伯特·瑟夫洛.公交都市[M].宇恒可持续交通研究中心,译.北京:中国建筑工业出版社,2007.
[82] CERVERO R, MURAKAMI J. Rail + property development: a model of sustainable transit finance and urbanism[R]. UC Berkeley Center for Future Urban Transport, 2008.
[83] 郑捷奋,刘洪玉.日本轨道交通与土地的综合开发[J].中国铁道科学,2003,24(4):133-138.
[84] 东京都建设局.都市更新法 2002.[EB/OL]. http://www.kensetsu.metro.tokyo.jp.
[85] 江利红.日本受益者负担制度研究[J].四川农业大学学报,2007,25(2):219-224.
[86] 叶霞飞,胡志晖,顾保南.日本城市轨道交通建设融资模式与成功经验剖析[J].中国铁道科学,2002,23(4):126-131.
[87] 张耀仁.捷运系统联合开发理论与实务:不动产投资新方向[M].台北:詹氏书局,1993.
[88] 周航.基于联合开发的城市轨道交通周边土地溢价回收模式研究[D].上海:上海交通大学,2010.
[89] ZHANG Ming. Chinese edition of transit-oriented development[J]. Transportation Research Record Journal of the Transportation Research Board, 2007, 2038: 120-127.
[90] TANG S B, LO H K. On the financial viability of mass transit development: the case of Hong Kong[J]. Transportation, 2010, 37(2): 299-316.
[91] 香港条例.第 276 章《地下铁路(收回土地及有关规定)条例》[EB/OL].http://www.hklii.hk/chi/hk/legis/ord/276/.
[92] 郑捷奋,刘洪玉.新加坡城市交通与土地的综合发展模式[J].铁路运输与经济,2003,25(11):4-7.

[93] Singapore Urban Redevelopment Authority.Towards a thriving world-class city in the 21st century. [EB/OL]. [2019-02-13] http://www.ura.gov.sg/uol/concept-plan.aspx? p1=View-Concept-Plan&p2=concept-plan-2001.
[94] Land transport authority, republic of Singaporea.World Class Land Transport System[R]. 1996.
[95] 刘金玲,梁青槐,邓文斌.城市轨道交通与土地利用联合开发的筹资途径[J].北京交通大学学报:社会科学版,2004,3(2):61-64.
[96] 骆汉宾,聂规划.城市轨道交通与房地产联合开发研究[J].武汉理工大学学报:信息与管理工程版,2006,28(1):86-89.
[97] 仝允桓,翁东风.城市交通与房地产联合开发[J].城市问题,1994(5):10-14.
[98] 任春洋,潘海啸.关于我国轨道交通与房地产联合开发的若干思考[J/OL].中国科技论文在线.[2006-11-06]. http://www.paper.edu.cn/releasepaper/content/200611-127.
[99] 熊睿智.我国城市轨道交通与房地产的联合开发策略研究[D].武汉:华中科技大学,2006.
[100] 骆汉宾,祁神军.轨道交通与房地产联合开发政策机制研究[J].建筑经济,2007(10):42-45.
[101] 肖慧奇.城市轨道交通站点地区联合开发初探[J].城市轨道交通研究,2008,11(2):6-9.
[102] 司美林.深圳市轨道交通与土地利用的联合开发策略研究[D].哈尔滨:哈尔滨工业大学,2008.
[103] 迈步前进:香港长远运输策略[EB/OL].[2018-11-14]. www.info.gov.hk/tb/chinese/highlight/.
[104] 香港运输及房屋局.铁路发展策略 2000[EB/OL].[2019-01-31]. http://www.hyd.gov.hk/chi/public/publications/rds/index.htm.
[105] 香港特区政府.香港 2030 规划远景与策略[EB/OL].[2018-01-24]. https://www.pland.gov.hk/pland_en/p_study/comp_s/hk2030/chi/finalreport/.
[106] 乔纳森·巴奈特.都市设计概论[M].谢庆达,庄建德,译.台北:创兴出版社有限公司,1982.
[107] Frederick W C, POST J E, DAVIS K. Business and society: corporate strategy, public policy, ethics[M]. New York: McGraw-Hill,1992.
[108] CLARKSON M B E. A risk based model of stakeholder theory[C] //Proceedings of the Second Toronto Conference on Stakeholder Theory, Centre for Corporate Social Performance & Ethics, University of Toronto, Toronto, 1994.
[109] WHEELER D, BARICHELLO L B, SIEWERT C E, et al. Including the stake holders: the business case[J]. Long Range Planning, 1998, 31(2): 201-210.
[110] 曹燕荣.我国轨道交通 PPP 模式研究[D].北京:北京交通大学,2008.
[111] 香港条例.第 270 章《地下铁路公司条例》[EB/OL].[2018-12-03]. http://www.hklii.hk/chi/hk/legis/ord/270/.
[112] 蔡蔚,叶霞飞.轨道交通与城市物业的一体化建设[J].上海铁道大学学报,2000,21(10):81-85.
[113] 陈丽莉.我国轨道交通站点与周边地区联合开发方法研究[D].长沙:中南大学,2013.
[114] 庄焰,王京元,吕慎.深圳地铁 4 号线二期工程项目融资模式研究[J].经济建筑,2006(9):19-22.
[115] 东方早报.11 号线嘉定段学习香港 9 个站分建城市、地区、社区中心[EB/OL].[2010-01-04]. http://news.163.com/10/0104/10/5S65KDRC000120GR.html.
[116] 上海嘉定规划设计院有限公司,嘉定区轨道交通前期工作总指挥部办公室.轨道交通 11 号线(嘉定段)联动开发地块选址研究[R].上海:上海嘉定规划设计院有限公司,2006.
[117] 深圳市规划国土发展研究中心.轨道交通网络规划与沿线城市规划土地利用政策研究[R].2012.

[118] 喻祥，宋聚生.地铁车辆段上盖综合体设计探索：以深圳市前海湾车辆段上盖综合体为例[J].新建筑，2013(3)：158-161.

[119] 廖佩云，杨智锋.地铁上盖都市综合体：集约型的城市空间开发模式[C]//2007年中国城市地下空间开发高峰论坛论文汇编，2008.

[120] 许健，盛妍彬.轨道交通车辆基地综合利用规划实践：以上海浦东金桥停车场综合利用项目为例[J].城市规划学刊，2013，(z2)：52-58.

[121] 金卫忠.上海轨道交通建设投融资模式探讨[J].中国市政工程，2006(4)：74-75.

[122] 黄浦区规划和土地管理局.地铁10号线南京东路站体方案[R].上海：黄浦区规划和土地管理局，2007.

[123] 上海市发展和改革委员会，上海市规划和国土资源局.关于推进本市轨道交通场站及周边土地综合开发利用的实施意见(沪府办〔2016〕79号)[EB/OL].[2016-10-28]. http://www.shpt.gov.cn//shpt/shxxwjhb-2016/20170515/191218.html.

[124] 徐巍.徐泾地铁上盖地块出让以21.98亿价格被拍出[N/OL].东方网.[2015-02-04]. http://sh.eastday.com/m/20150204/u1a8567887.html.

[125] 广州市地下铁道总公司.物业开发与经营[EB/OL]. http://www.gzmtr.com/ygwm/dyhyw/wykfyjy/.

[126] 智库百科.项目公司[EB/OL]. http://wiki.mbalib.com/wiki/%E9%A1%B9%E7%9B%AE%E5%85%AC%E5%8F%B8.

[127] 王璇，束昱，侯学渊，等.大阪的Nagahori地下街[J].中国勘察设计，1999(8)：28-31.

[128] 徐方晨，董丕灵.江湾：五角场城市副中心地下空间开发方案[J].地下空间与工程学报，2006，2(7)：1154-1159.

[129] 黄浦区规划和土地管理局.黄浦区南外滩规划资料整理[R].2017.

[130] 日建公司.董家渡1315地块城市空间设计方案[R].2014.

[131] 黄浦区规划和土地管理局.黄浦区相关规划资料整理[R].2017.

[132] 上海嘉定规划设计院有限公司.嘉定区11号线相关资料整理[R].2016.

[133] 日建设计站城一体开发研究会.站城一体开发——新一代公共交通指向型城市建设[M].北京：中国建筑工业出版社，2014.

[134] 黄浦区规划和土地管理局.黄浦区控制性详细规划[R].2017.

[135] MTR.物业发展、租赁及管理[EB/OL]. http://www.mtr.com.hk/ch/corporate/consultancy/property-development.html.

[136] 东方网.莘庄地铁上盖"延迟"3年终将开工：同铁路改造一起进行[EB/OL].[2014-06-05]. http://sh.eastday.com/m/20140605/u1a8129691.html.

[137] 刘魏巍.城市轨道交通开发投融资革新模式：溢价回收的理论与实践[M].北京：中国建筑工业出版社，2013.

[138] GAKENHEIMER R. Land use and transport in rapidly motorizing cities: contexts of controversy [M]//DIMITRIOU H T, GAKENHEIMER R. Urban transport in the developing world. Cheltenham: Edward Elgar, 2011.

[139] 中华人民共和国住房和城乡建设部.《城市规划编制办法》(中华人民共和国建设部令第146号)[EB/OL]. [2018-05-09]. https://wenku.baidu.com/view/d5fb0375842458fb770bf78a6529647d

2728343a.html.

[140] 孙施文.城市规划法规读本[M].上海:同济大学出版社,1999.

[141] 中华人民共和国住房和城乡建设部,中华人民共和国国家质量监督检验检疫总局.城市轨道交通线网规划标准:GB/T 50546—2018[S].北京:中国建筑工业出版社,2010.

[142] 中华人民共和国建设部.城市轨道交通工程项目建设标准(建标 104—2008)[EB/OL]. http://www.jianbiaoku.com/webarbs/book/18503/912217.shtml.

[143] 上海市人民政府.上海市城市总体规划(1999—2020 年)[EB/OL].[2006-11-16]. .http://www.360doc.com/content/06/1116/21/13037_262075.shtml.

[144] 上海市人民政府.上海市城市总体规划(1999—2020 年)中、近期建设行动计划[EB/OL].[2019-03-21]. https://max.book118.com/html/2015/0524/17589713.shtm.

[145] 潘海啸,任春洋.轨道交通与城市公共活动中心体系的空间耦合关系:以上海市为例[J].城市规划学刊,2005(4):76-82.

[146] 应名洪.上海城市轨道交通网络建设发展战略[J].现代城市轨道交通,2007(4):2-9.

[147] 王荻,张冠增.轨道交通规划与城市控制性详细规划的对位缺失[J].城市轨道交通研究,2011,14(11):13-16,22.

[148] 中华人民共和国住房和城乡建设部.城市轨道交通建设项目管理规范:GB 50722—2011[S].北京:中国建筑工业出版社,2012.

[149] 潘海啸.轨道交通站点地区可达性优化[EB/OL].[2013-07-08]. https://wenku.baidu.com/view/0ed292687fd5360cba1adb89.html.

[150] CERVERO R, KOCKELMAN, K. Travel demand and the 3ds:density, diversity, and design[J]. Transportation Research Part D Transport and Environment, 1997, 2(3): 199-219.

[151] 王昊.城市轨道怎样让生活更美好:香港城市轨道及枢纽建设经验分享(一)[EB/OL].[2016-08-13]. https://www.docin.com/p-1705127187.html.

[152] 韩冬青,冯金龙.城市·建筑一体化设计[M].南京:东南大学出版社,1999.

[153] CERVERO R, MURAKAMI J. Rail and Property Development in Hong Kong: Experiences and Extensions[J]. Urban Studies, 2009, 46(10): 2019-2043.

[154] 香港条例.第 131 章《城市规划条例》第 4 条　综合发展区[EB/OL]. http://www.hklii.hk/chi/hk/legis/ord/131/s4a.html.

[155] 香港条例.第 124 章《收回土地条例》[EB/OL]. http://www.hklii.hk/chi/hk/legis/ord/124/.

[156] 香港条例.第 123 章《建筑物条例》[EB/OL]. http://www.hklii.hk/chi/hk/legis/ord/123/.

[157] 香港条例.第 123F 章《建筑物(规划)规例》[EB/OL]. [2013-01-23]. https://wenku.baidu.com/view/ce3016dec1c708a1284a445a.html.

[158] 香港特别行政区规划署.香港规划标准与准则[EB/OL]. [2018-12]. http://www.pland.gov.hk/pland_sc/tech_doc/hkpsg/full/index.htm.

[159] 香港政府一站通.法定图则注释总表[EB/OL]. [2011-10-04]. http://www.info.gov.hk/tpb/sc/forms/master_schedule.html.

[160] 上海市轨道交通安全保护区暂行管理规定[EB/OL]. http://www.shmetro.com/node70/node73/201002/con103130.htm.

[161] BERNICK M, CERVERO R. Transit villages in the 21st century[M]. New York: McGraw-

Hill, 1997.

[162] Community Design+Architecture. Model Transit-Oriented District Overlay Zoning Ordinance[R]. Oakland, California: Report Prepared for Valley Connection, 2001.

[163] 马强.近年来北美关于“TOD”的研究进展[J].国外城市规划,2003,18(5):227-232.

[164] 吴放.美国夏洛特市TOD发展概况及TOD车站类型分类方法[J].国际城市规划,2013,28(1):121-125.

[165] 张晓春,田锋,吕国林,等.土地利用与交通协调发展(TOD)研究[R].深圳:深圳市城市交通规划设计研究中心,2009.

[166] 宗传苓,覃蓊,谭国威,等.深圳市轨道交通近期建设规划(2011—2020)[R].深圳:深圳市城市交通规划设计研究中心,2009.

[167] 郑捷奋.城市轨道交通与周边房地产价值关系研究[D].北京:清华大学,2004.

[168] 何建军,郑声轩,赵艳莉.轨道交通沿线土地开发利用规划控制要素研究[J].规划师,2008,24(6):67-70.

[169] MTR.财务及报告[EB/OL]. http://www.mtr.com.hk/ch/corporate/investor/financialinfo.html.

[170] 吴才锐,杜小川,过秀成.城市轨道交通沿线土地增值机制研究[J].道路交通与安全,2008(2):19-21.

[171] 张晓莉.城市轨道交通发展模式研究[M].北京:中国铁道出版社,2010.

[172] MTR.香港“地铁枢纽综合开发”规划设计情况介绍[EB/OL].[2012-02-22]. https://wenku.baidu.com/view/076c6e45be1e650e52ea9976.html.

[173] 孙壮志,周晓勤,胡思继.日本城市轨道交通的相关制度[J].铁道工程学报,2002(4):16-19,11.

[174] 中华人民共和国自然资源部.关于加强国有土地资产管理的通知(国发〔2001〕15号)[EB/OL]. http://f.mnr.gov.cn/201702/t20170206_1436558.html.

[175] 中华人民共和国自然资源部.国土资源部 财政部 中国人民银行 中国银行业监督管理委员会关于印发《土地储备管理办法》的通知(国土资规〔2017〕17号)[EB/OL].[2018-01-03]. http://www.mnr.gov.cn/gk/tzgg/201801/t20180110_1992824.html.

[176] 陈伟,范黎萍.结合城市轨道交通建设的土地储备机制研究[J].城市交通,2006,4(2):21-24.

[177] 徐里格.以土地储备规划之手推动轨道交通与城市建设理论研究的协调发展[J].城市建设理论研究(电子版),2011(20).

[178] 赖慧芳,王玉.基于效率的轨道交通沿线土地储备规划:以广州市为例[J].规划师,2008(12):118-122.

[179] 上海市土地储备办法(上海市人民政府令第25号)[EB/OL].[2018-10-01]. https://wenku.baidu.com/view/810924dea1116c175f0e7cd184254b35effd1a77.html.

[180] 上海市人民政府.上海市人民政府关于印发《上海市土地储备办法实施细则》的通知[EB/OL].[2004-11-05]. http://www.shanghai.gov.cn/nw2/nw2314/nw2319/nw10800/nw11407/nw12940/u26aw2410.html.

[181] 国土资源部.中华人民共和国土地管理法[EB/OL].[2017-02-06]. http://www.mnr.gov.cn/zt/zh/xzzfgs/yj/fl/201702/t20170206_2029854.html.

[182] 国土资源部.中华人民共和国城市房地产管理法[EB/OL].[1994-07-05]. http://www.mnr.gov.cn/zt/zh/xzzfgs/yj/fl/201702/t20170206_2029847.html.

[183] 国土资源部.划拨用地目录[EB/OL].[2001-10-22]. http://www.mnr.gov.cn/zt/zh/xzzfgs/yj/gz/201702/t20170206_2029890.html.

[184] 国土资源部.《协议出让国有土地使用权规定》(中华人民共和国国土资源部令第21号)[EB/OL].[2018-07-01]. https://wenku.baidu.com/view/3908976da2161479171128b0.html.

[185] 国土资源部.关于进一步推行招标拍卖出让国有土地使用权的通知(国土资发〔1999〕30号)[EB/OL]. http://f.mnr.gov.cn/201702/t20170206_1436085.html.

[186] 国土资源部.招标拍卖挂牌出让国有土地使用权规定(中华人民共和国国土资源部令第11号)[EB/OL]. http://f.mnr.gov.cn/201702/t20170206_1436787.html.

[187] 中华人民共和国人民政府.中华人民共和国物权法[EB/OL]. http://gc.mnr.gov.cn/201806/t20180615_1796863.html.

[188] 中华人民共和国人民政府.《中华人民共和国招标投标法实施条例》[EB/OL]. [2011-12-21]. http://ghgtw.beijing.gov.cn/art/2011/12/21/art_2487_716.html.

[189] 张子栋,苗彦英.中国城市轨道交通法律法规体系研究[J].城市交通,2012,10(6):36-42.

[190] 香港地方.政策及背景资料:城市规划制度[EB/OL]. [2000-04-01]. http://www.hk-place.com/view.php? id=402.

[191] 钟维力.台北都会区捷运系统建设的报告[C]//2007年上海—台北城市发展与轨道交通开发论坛,2007.

[192] 林勋杰.台北捷运办理路线、场、站土地开发之检讨及执行成效[C]//第九届海峡两岸隧道与地下工程学术及技术研讨会论文集,2011.